EN CONTACTO

Nouveau programme

Tle

B1/B2

SOUS LA DIRECTION DE :

José Inzaurralde
IA-IPR Académie de Paris

COORDINATION PÉDAGOGIQUE :

Dolores Vázquez Salvadores
Professeure certifiée - Académie de Paris

Sara Sciuto Linares
Professeure agrégée - Académie de Créteil

AUTEURS :

Natalia Calvo
Professeure agrégée - Académie de Paris

Margaux Canet
Professeure agrégée - Académie de Créteil

Carmen Cendán Martínez
Professeure agrégée - Académie de Paris

Beatriz De Val Arruebo
Professeure agrégée - Académie de Paris

Marie Guiet
Professeure agrégée - Académie de Paris

Andrea Hinglais
Professeure certifiée - Académie de Paris

Francisco-Diego Rodriguez
Professeur certifié - Académie de Créteil

Ayose Suárez Armas
Professeur - Académie de Paris

Franck Tarin
Professeur certifié spécialisé - Académie de Paris

PRÉCIS GRAMMATICAL

Dulce Gamonal

Belin: ÉDUCATION

Sommaire

AXE FICTIONS ET RÉALITÉS

01 La vida en series

02 Juego de espejos

Flash

170 bis, boulevard du Montparnasse, 75680 Paris cedex 14

ISBN 979-10-358-0903-4

AXE **DIVERSITÉ ET INCLUSION**

03 Típicamente hispano

→ ¿Cómo se expresa la diversidad del mundo hispano? 40

DESCUBRE

PROYECTO

GRAMÁTICA

VOCABULARIO

MÉTHODE BAC

OBJETIVO BAC

04 Conciencia afro

Flash

→ ¿Debemos conocer el pasado para reconocer los derechos? 56

DESCUBRE

PROYECTO

GRAMÁTICA

VOCABULARIO

OBJETIVO BAC

05 LiberArte

→ ¿La libertad de expresión en España resiste al paso del tiempo? 68

DESCUBRE

PROYECTO

GRAMÁTICA

VOCABULARIO

MÉTHODE BAC

OBJETIVO BAC

06 Lo latino arrasa

Flash

→ ¿La música latina puede romper todas las fronteras? 84

DESCUBRE

PROYECTO

GRAMÁTICA

VOCABULARIO

OBJETIVO BAC

07 Raíces

08 El desafío latino

Flash

09 Volverse digital

DESCUBRE

PROYECTO

GRAMÁTICA

VOCABULARIO

MÉTHODE BAC

OBJETIVO BAC

10 Ciberactivistas

Flash

DESCUBRE

PROYECTO

GRAMÁTICA

VOCABULARIO

OBJETIVO BAC

11 Un barrio emblemático

→ ¿Sigue manteniendo Malasaña su carácter histórico? 152

12 Flash Condena al olvido

→ ¿Todo hecho histórico debe ser recordado? 168

AXE **INNOVATIONS SCIENTIFIQUES ET RESPONSABILITÉ**

15 Reaccionar ya

DESCUBRE

PROYECTO

GRAMÁTICA

VOCABULARIO

MÉTHODE BAC

OBJETIVO BAC

16 Flash Estar en la luna

DESCUBRE

PROYECTO

GRAMÁTICA

VOCABULARIO

OBJETIVO BAC

THÉMATIQUE L'ESPAGNE ET L'AMÉRIQUE LATINE DANS LE MONDE

17 LLCE Tan cerca y tan lejos

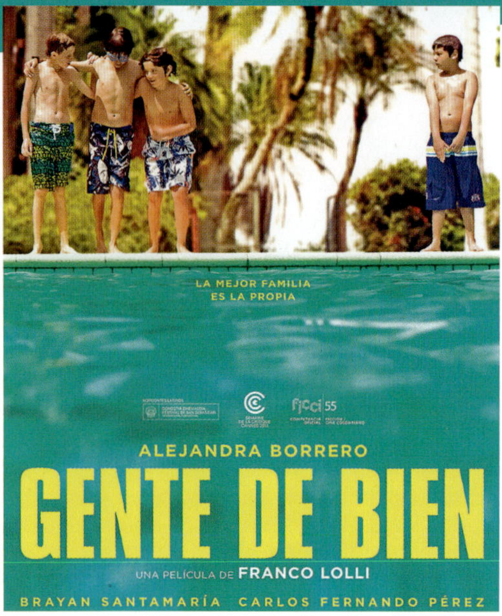

REPRÉSENTATIONS CULTURELLES : ENTRE IMAGINAIRES ET RÉALITÉS

18 LLCE Clásica y transgresora

THÉMATIQUE DOMINATIONS ET INSOUMISSIONS

Luchas sin fin

19 LLCE

→ ¿Las revoluciones del mundo hispánico constituyen una ruptura total con el pasado? 256

DESCUBRE

PROYECTO

MÉTHODE

PARA TU DOSIER

OBJETIVO BAC

Tous les axes du programme en 16 séquences

Séquence 01

La vida en series

¿Las series reflejan la vida real o la transforman?

Descubro

- Différents genres de série : noire (*Señoras del (h)AMPA*), fantastique (*Siempre bruja*), futuriste (*La valla*)
- L'importance croissante des séries dans la vie quotidienne
- La terrible réalité des gangs au Salvador

Utilizo

Vocabulario

- Le monde des séries

Gramática

- Les prépositions *hacia* et *hasta*
- *Estar/pasarse* + gérondif
- L'expression de l'opinion et du jugement

Actúo

Proyecto

- Réaliser un photomontage représentant l'univers d'une série hispanophone, sur le modèle de celui de la page d'ouverture (p. 13), et enregistrer une présentation audio du document

¿TE SUENA?

Las *series* ya forman parte de nuestra vida. ¿De la tuya también? En Latinoamérica, se llama telenovela o *culebrón* a una serie muy larga, cuya historia da muchas vueltas como una culebra. Algunas llegan hasta los 600 episodios, ¿las conoces? El señor de la foto se llama *Manolo Caro*, es un escritor y director mexicano que ha actualizado y reinventado ese género con humor y transgresión.

¿Te gustaría descubrir una de sus series?

protagonista
claqueta de cine
barroco palomitas
marioneta visor
recargado divertido
colorido extravagante
loco

EN TU MÓVIL
Escucha las canciones

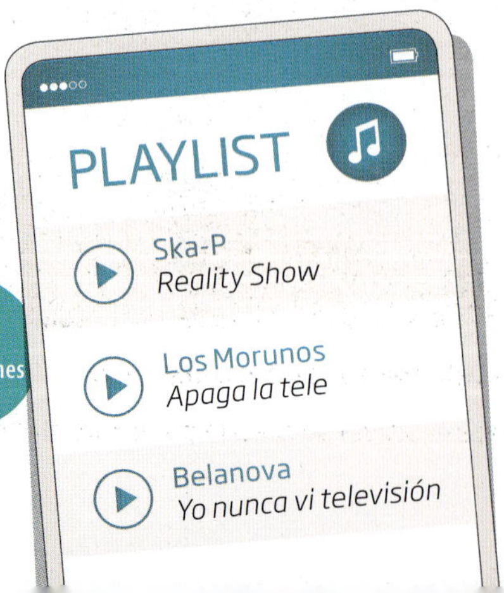

Axe 5
Fictions et réalités

Manolo Caro, creador de la serie mexicana *La casa de las flores*.

1. Observa este retrato e identifica los diferentes elementos que lo componen.
2. A partir de tus observaciones, deduce cómo será el universo creado por el director mexicano.

¿Conectar ficción y realidad?

¡Cuidado! Espóiler

Andrés y Rubén están dudando si crear un blog o un canal YouTube relacionado con su pasión por las series.

–¿Y un blog da dinero?
–Lo que da es trabajo.
–Y alguna satisfacción.
–Sí, alguna que otra. Lo que da pasta[1] es un canal de YouTube.
–No todos.
–[...] Pero ¿tú has visto a algún youtuber haciendo series? Quiero decir, los hay que hablan de series. También hay series más o menos cutres[2], con bajo presupuesto[3] y muchas ganas. Pero si nos ponemos los dos a contar una...
–¿Nuestra serie?
–Esa.
–Como los cuentacuentos, pero en serie. Por capítulos. Trazamos la biblia, nos escribimos el capitulito y tenemos detrás de la cámara una pizarra con cuatro apuntes.
–El *prompter* casero.
–Exacto. Después podemos editar. Unas musiquillas y tres efectos...

Más o menos así había sido el principio. Quien proponía era Andrés. El que secundaba, Rubén.

Se quedaron en el blog. Tampoco estaba diseñada la serie. Valoraron[4] hacer una histórica, de grandes gestas y hazañas[5], con sangre, traiciones, sagas dinásticas, incestos..., y ya estaba hecha. [...] La comedia necesita de otra épica. Ahí sí que son necesarios los actores, y un ritmo. Así que optaron por el blog *Asesinos de series*. En casi todas había un criminal, hasta en comedias atípicas como *Mujeres desesperadas* o *Santa Clarita*[6]. A la vez jugaban con los destrozos[7] y spoilers que estaban dispuestos a cometer.

Roberto Sánchez (periodista y escritor español), *Asesinos de series*, 2018.

1. *(fam.) fric* 2. *miteuses, minables* 3. *à petit budget* 4. *(ici) ils ont pensé que c'était une bonne idée* 5. *des exploits* 6. *deux séries americaines* 7. *les dégâts*

Para expresarte

- un asesinato: *un assassinat*
- un crimen: *un crime*
- un(a) asesino/a: *un(e) meurtrier/ère*
- una trama: *une trame, une intrigue*
- contar: *raconter*
- un guion: *un script*
- investigar: *enquêter, rechercher*
- hacer un espóiler: *del inglés* to spoil, *revelar eventos de una serie o película*

Escoge tu camino

POR ETAPAS

1. Lee el texto y di qué planean los dos protagonistas.
2. Explica por qué la imagen podría ser el logotipo de su blog.
3. Identifica los diferentes tipos de series citados.

EN DIRECTO

Identifica qué se necesita para realizar una serie y los diferentes tipos de serie que les gustan a los protagonistas.

PON EN PRÁCTICA

¿Alguna vez te han hecho un espóiler o lo has hecho tú? Cuenta la situación y las diferentes reacciones.

Madres y asesinas

Cartel de la serie española *Señoras del (h)AMPA*, 2019.

Entra en acción

1. Describe el cartel. ¿Cómo crees que son estas mujeres?
2. Deduce cuál puede ser el argumento de la serie y el género:
   drama • comedia negra • documental • policíaca • comedia romántica
3. ¿Qué pistas nos da el título sobre la serie?

PON EN PRÁCTICA

4. Elige a una de las cuatro mujeres y basándote en los elementos del cartel preséntala a la clase (inventa su nombre, precisa cuál es su trabajo, cómo es su familia y cuál es su papel en la serie).

Para expresarte

- AMPA (asociación de Madres y Padres de Alumnado)
- el hampa: *la pègre*
- un ama de casa: *une femme au foyer*
- el mantel: *la nappe*
- el suelo: *le sol*
- la fregona: *la serpillère*
- el cubo: *le seau*
- un charco: *une flaque*
- la sangre: *le sang*
- el humor negro: *l'humour noir*
- esconder: *cacher*

Lo esencial

Vocabulario

- **el arma del crimen:** l'arme du crime
- **ser cómplice de algo/de alguien:** être complice de quelque chose/de quelqu'un
- **tener una coartada:** avoir un alibi
- **ser testigo de:** être témoin de
- **violar la ley:** enfreindre la loi
- **ser culpable:** être coupable

Gramática

Les suffixes diminutifs

- «Nos escribimos el **capitulito**.»
- «Unas **musiquillas** y tres efectos...».

Ser et *estar*

- **Están** en la cocina, **están** en actitud...
- **Son** mujeres, **son** amas de casa.

Précis p. 286

Pronunciación

Les lettres *z* et *s*

Écoute les mots et indique lequel de ces deux sons tu entends : [θ] ou [s] ?

Para el oral del BAC

En el texto estudiado se afirma que «en casi todas las series había un criminal, hasta en comedias atípicas». ¿En qué medida esta frase puede relacionarse con *Señoras del (h)Ampa*?

- Concéntrate en los elementos contradictorios de la frase: un criminal/comedias.
- Identifica en el cartel qué elementos permiten afirmar que se trata de una «comedia atípica».
- Explica cómo se mezclan estos elementos.
- Cierra tu presentación con otros ejemplos que conozcas.

¿Impulsar cambios en la realidad?

Sobrevivir a las maras

VÍDEO 1

Así se hizo la campaña «Maras no es una serie»
© Comisión española de ayuda al refugiado (CEAR), 2019.

Para expresarte

- llevar un tatuaje: *porter un tatouage*
- una banda, una pandilla: *une bande*
- el torso desnudo: *torse nu*
- supuesto/a: *prétendu(e)*
- ser víctima de: *être victime de*
- el asilo político: *l'asile politique*
- salvadoreño/a: *salvadorien(ne)*
- un(a) refugiado/a: *un(e) réfugié(e)*
- violento/a: *violent(e)*
- la violencia: *la violence*

¿SABÍAS QUE...?

Las maras son **pandillas criminales** que se originaron en El Salvador a principios de los años 80 y que se han expandido a otras regiones de Estados Unidos, Canadá, México, Guatemala, Honduras y al sur de Europa.

Escoge tu camino

POR ETAPAS

1. Observa la imagen, describe y explica qué indicios da sobre «la serie».
2. ¿Qué son y de dónde son originarias las maras? ¿Se trata de una ficción?
3. El proyecto *Maras: ver, oír y callar* es una:
   campaña de sensibilización • película sobre una pandilla criminal • serie falsa • campaña de ayuda para refugiados • publicidad

EN DIRECTO

Explica qué tipo de proyecto es *Maras: ver, oír y callar* y cuál es su objetivo.

PON EN PRÁCTICA

Con un(a) compañero/a graba una publicidad radiofónica que incite a ver *Maras: ver, oír y callar.*

La obsesión por ver series

EL PAÍS

ANXO F. COUCEIRO
2 de febrero de 2018

Fotograma de la serie española *Mira lo que has hecho*, 2018.

Sales de trabajar. Coges el transporte público. Mientras rebuscas en el bolso o la mochila ese libro con el que quieres amenizar[1] el trayecto, las luces del bus, metro o tranvía te parecen escasas[2] para la lectura, lo que te indigna porque sientes que estás en tu derecho de reclamar iluminación digna para leer esos dos párrafos miserables de rigor antes de quedarte sopa[3]. [...] Luego llegas a casa. ¿Y qué? ¿Vas a reabrir el libro? Oh: podrías. Pero, ¿no sería mejor dejarlo para justo antes de ir a dormir? Leer en la cama, esa quimera. Lo que haces al llegar a casa no es leer. Lo que haces es preparar cuatro chorradas[4] de cena y ponerte frente a esos servicios de VOD tan chulos[5] que has contratado a unos precios de risa. Todas las series del mundo por menos de diez euros al mes. ¿Y una película? Bah, estás bastante cansado, no vas a aguantar dos horas. Además, te han hablado bien de esa serie que tiene solo diez capítulos por temporada y... Vaya, vaya. Engancha. Pones otro capítulo. Y otro. No tenías tiempo para dedicar atención completa a una historia de 90 minutos y de repente te ves engullendo[6] seis capítulos de 50 minutos cada uno, [...], como un maníaco babeante[7].

1. *rendre agréable* 2. *rares* 3. *(fam.)* quedarse sopa = dormirse 4. *(fam.) bricoles, bêtises*
5. *(adj.) chouettes* 6. engullir: *gober, ingurgiter* 7. *qui bave*

Lo esencial

Vocabulario

- **poner el foco en:** mettre en lumière
- **estar bajo los focos:** être sous le feu des projecteurs
- **hacerse eco de:** se faire écho de
- **tener mono de algo:** être en manque
- **ser adicto/a a una cosa:** être accro à quelque chose

Gramática

Le présent et le gérondif

- ¿Qué **hacen**? Ven series *(en general)*.
- ¿Qué **están haciendo**? **Están viendo** una serie *(en este momento)*.
- La pareja **se pasa** la vida/el tiempo **viendo** series.
- **Son** las 12 de la noche y **siguen viendo** la serie.
- **Llevan** horas **viendo** la serie.

Ortografía

L'accent écrit dans les hiatus

Mets les accents écrits sur les mots soulignés si nécessaire.
Es muy sabia. • He leido un libro. • Fuimos a ver la obra. • Yo no lo sabia. • En continuo movimiento. • El capítulo continua con la misma temática.

Entra en acción

1. Describe la escena del fotograma.
2. Explica cómo es la rutina después del trabajo que se describe en el texto.
3. Identifica las razones por las que la gente ya no lee tanto.

PON EN PRÁCTICA

4. Escribe un informe sobre cómo afecta el consumo excesivo de series al ritmo de vida, a las costumbres y a las relaciones familiares y sociales.

Para expresarte

- trasnochar: *veiller jusqu'à tard*
- consumir compulsivamente: *consommer frénétiquement*
- engancharse: *être accro à*
- desengancharse: *décrocher*
- evadirse: *s'évader*
- encender: *allumer*
- apagar: *éteindre*
- la pantalla: *l'écran*
- quedarse despierto/a: *rester éveillé(e)*
- estar abonado/a: *être abonné(e)*

Para el oral del BAC

En tu opinión, ¿por qué enganchan tanto las series?

- Identifica en los documentos estudiados cómo enganchan las series.
- Explica las diferencias que existen con otros pasatiempos.
- Apóyate en tu experiencia personal y la de tu entorno.

¿Crear mundos paralelos?

Un salto en el tiempo

En aquellos civilizados tiempos de la Colonia y la Inquisición deciden quemar[1] viva a Carmen pero ella se les adelanta y viaja al siglo XXI. Una vez en el futuro ella echa a andar la misión que le permitirá salvar a su amor: Cristóbal, quien es el hijo de su propietario y que compró a Carmen arrobado[2] de amor, fascinado por su belleza. [...]
Por supuesto el encuentro de Carmen con una época tan distinta a la suya hará que su misión sea mucho más compleja, y en muchos sentidos divertida. Y es que si para los que vivimos en pleno 2019 la vida de hace tan solo dos décadas nos parece lejana y muy distinta, ¿qué sería para una persona del año 1646? Por lo menos los avances tecnológicos serían vistos como verdaderas brujerías[3] y el choque tecnológico, social y cultural sería bastante fuerte. Pues con todos estos elementos juega *Siempre bruja*. [...]
De cualquier manera *Siempre bruja* en general es amena y entretenida[4], además si hay algo que no se le puede negar es que es una ventana enorme a la cultura colombiana [...]. Y es que, después de todo, la representación de toda clase de paisajes, personas, tradiciones, colores de piel y, en este caso, de formas de vivir y hablar el idioma español es el botín[5] más preciado y fino de las producciones originales que Netflix ha confeccionado y sigue trabajando.

Vonne Lara, «*Siempre bruja*, la segunda serie colombiana de Netflix, se ama o se odia», hipertextual.com, 08/02/2019.

1. *brûler* 2. arrobar: *fasciner, captiver* 3. brujería: *sorcellerie* 4. *divertissante* 5. *le butin*

Entra en acción

1. Describe el cartel y deduce el argumento de la serie:
   un cuervo • un amuleto • una piedra preciosa • las llamas • las fechas
2. Di dónde y en qué época transcurre la serie. Justifica con elementos del texto.
3. ¿Cómo se entremezclan la realidad y la ficción en esta serie?

PON EN PRÁCTICA

4. Si pudieras viajar en el tiempo, explica a qué época irías y por qué.

Para expresarte

- un hallazgo: *une trouvaille*
- un hechizo: *un sortilège*
- un embrujo: *un sort*
- conocer a alguien: *rencontrer quelqu'un*
- un hecho histórico: *un événement historique*
- el desfase temporal: *le décalage temporel*
- un anacronismo: *un anachronisme*

España, 2045

La escasez de recursos naturales ha llevado a que regímenes dictatoriales hayan asumido el poder en gran parte de las democracias occidentales, incluida España. La capital está dividida en dos sectores por una valla, que separa al gobierno y las clases privilegiadas del resto de la población.

VÍDEO 2

Tráiler de la serie *La valla* de Daniel Écija, España, 2020.

Lo esencial

Vocabulario

- **una máquina del tiempo:** une machine à voyager dans le temps
- **viajar en el tiempo:** voyager dans le temps
- **(no) poder negar:** c'est indéniable
- **vivir tiempos difíciles:** vivre des temps difficiles
- **permitirse el lujo de:** se permettre le luxe de
- **declarar el estado de emergencia:** déclarer l'état d'urgence
- **apretarse el cinturón:** se serrer la ceinture

Gramática

Le futur simple

- Les **tocará** vivir situaciones nada corrientes.
- También **querrán** viajar por...
- **Habrá** que...
- **Exigirá** cambios radicales.

Pronunciación

La lettre *r*

Écoute les mots et indique s'ils s'écrivent avec « r » ou « rr ».

Entra en acción

1. Explica las situaciones a las que tiene que enfrentarse la España del 2045 del tráiler.
2. Haz la lista de las decisiones que toma el gobernante.
3. Identifica las consecuencias de estas decisiones para la familia protagonista.

PON EN PRÁCTICA

4. Organiza en el instituto un concurso de relatos cortos que presenten un futuro distópico.

Para expresarte

- la escasez: *la pénurie*
- un recurso: *une ressource*
- el agotamiento: *l'épuisement*
- apocalíptico/a: *apocalyptique*
- racionar: *rationner*
- colapsar: *s'effondrer*
- enfrentarse con: *affronter*
- luchar: *lutter*
- una amenaza: *une menace*
- privarse de: *se priver de*
- una distopía: *une dystopie*

Proyecto

Tomando como modelo la fotografía de apertura (p. 13), realiza un fotomontaje de una serie de habla hispana y graba un audio para explicarlo.

- Elige una serie hispanohablante y reúne material: textos cortos, fotogramas, etc.
- Realiza el cartel a partir de la foto del/de la director(a) o de un(a) actor/actriz.
- Prepara lo que vas a comentar: enfoca tu discurso en la relación que existe entre ficción y realidad en la serie.

01 Gramática

EXERCICES INTERACTIFS

Les prépositions *hacia* et *hasta*

Observe et déduis

1. Dans laquelle des deux répliques est-il question d'une heure précise ? Dans laquelle d'une heure approximative ?
2. Quelle préposition est employée pour introduire chacune de ces deux notions ?

Retiens la règle

- Devant une date ou une heure, l'espace ou une action, ***hasta*** exprime la limite ou **le terme**. ***Hasta*** s'emploie aussi pour indiquer **un moment qui sert de repère**.
- ***Hacia*** peut se traduire en français par « **vers** ». Devant une date ou une heure elle sert à exprimer **l'approximation**. Lorsqu'il s'agit de l'espace, ***hacia*** exprime **la direction**.

Entraîne-toi

3. Complète les phrases avec *hasta* ou *hacia*.

a. ... la mitad de la película es cuando matan al protagonista.

b. ¿... dónde puede llegar este culebrón?

c. La tormenta iba avanzando poco a poco ... el oeste.

d. ¿... cuándo podremos confiar en ellos?

Précis p. 282

Estar / pasarse + gérondif

Observe et déduis

1. Identifie les formes verbales au gérondif.
2. Comment se traduisent ces formes en français ?

Retiens la règle

- Le **présent** sert à exprimer des faits généraux, des actions répétées ou des habitudes.
- La **forme progressive** doit être utilisée lorsque l'on veut exprimer des actions en train de se dérouler ou lorsqu'on veut insister sur le déroulement d'une action.

Entraîne-toi

3. Complète les phrases avec la forme qui convient.

a. En octubre en general nunca ... (nevar). Sin embargo, hoy 14 de octubre ... (nevar).

b. En general no ... (leer, ella) el argumento de las series antes de verlas.

c. Ahora no ... (poder, nosotros) hablar porque ... (ver, nosotros) el final de nuestra serie favorita.

d. Malena ... (ser) actriz y ahora ... (rodar, ella) la segunda temporada de *Señoras del (h)AMPA*.

e. La serie en general no ... (ser) violenta, pero en la temporada actual ... (matar, ellos) a todo el mundo.

L'expression de l'opinion et du jugement

Observe et déduis

1. Indique le mode et le temps des verbes en gras.
2. Identifie les expressions qui les précèdent, puis déduis ce qu'elles indiquent concernant la conjugaison du verbe qui suit.

Retiens la règle

- Les **verbes d'opinion** tels que *creer (creo que), pensar (pienso que), parecer (me parece que)* à la forme affirmative sont suivis d'un verbe à l'**indicatif**.
- Lorsque ces verbes d'opinion sont à la forme négative, ils sont suivis par des verbes au **subjonctif**.

Entraîne-toi

3. Conjugue les verbes au temps qui convient.

a. No creo que ... (haber) una tercera temporada de la serie *Los Chichos*.

b. El guionista no cree que ... (poder) escribir dos temporadas más.

c. A los actores no les parece que su trabajo ... (estar) tan bien pagado.

d. Yo sinceramente no pienso que este drama ... (poder) acabar bien.

Observe et déduis

1. Identifie les formes verbales qui suivent le verbe *encantar*.
2. Identifie à quelle personne renvoie chaque verbe en gras et justifie la conjugaison du verbe *ver* dans les deux cas.

Retiens la règle

- Lorsqu'on exprime des goûts, des intérêts ou des sentiments, les verbes *alegrar, gustar, encantar, molestar, interesar, preocupar, sorprender* sont suivis de l'**infinitif** si le sujet de la proposition subordonnée est le même que celui de la principale. Si c'est une personne différente on utilise le **subjonctif**.

Entraîne-toi

3. Mets le verbe entre parenthèses au temps qui convient.

a. Me molesta que el final de esta serie ... (ser) tan trágico.

b. A los guionistas les encanta ... (sorprender) al público.

c. Me preocupa que mi novia ... (estar) enganchada a tantas series.

d. A la directora le sorprendió ... (saber) que su película fue un éxito en Japón.

Précis p. 285

EXERCICES INTERACTIFS

EL MUNDO DE LAS SERIES

EL FORMATO
- una temporada
- un episodio
- el final
- la trama
- una adaptación
- una serie independiente
- una superproducción
- una webserie

LA PRODUCCIÓN
- el rodaje
- el talento
- un cameo
- los efectos especiales
- el presupuesto
- los créditos de entrada y salida
- el elenco, el reparto
- la cabecera musical

LA DIFUSIÓN
- un tráiler
- el estreno
- un lanzamiento
- el contenido
- una plataforma digital
- la pantalla
- una estrategia de marketing
- la oferta
- el éxito / el fracaso
- vídeo bajo demanda
- en streaming
- descargar

LOS GÉNEROS
- comedia romántica / dramática
- comedia negra
- romance
- telenovela
- melodrama
- drama político / histórico
- thriller psicológico / policíaco / político / de mafia
- acción y aventura
- ciencia ficción
- horror
- animación

LOS ESPECTADORES
- crear expectación
- el apego a
- la cuota de pantalla
- la audiencia
- el público
- la crítica
- un(a) seguidor(a)
- un(a) adepto/a
- una comunidad
- la seriefilia
- viralizar
- aclamar

1 B1 Busca en el mapa mental los nombres que derivan de los adjetivos en negrita.

a. Es una actriz muy **talentosa**.
b. La escena del restaurante es muy **cómica**.
c. La serie de los zombis es **horrorosa**.
d. El final de la serie es demasiado **melodramático**.
e. *La casa de papel* es la serie española más **exitosa** del año.

2 B1 Busca en el mapa mental palabras que corresponden a las siguientes definiciones:

a. **(el formato)** Argumento de una obra literaria o cinematográfica, o de cada una de sus partes.
b. **(la producción)** Intervención breve de un personaje célebre, actor o no, en una película o una serie de televisión.
c. **(la difusión)** Representación o ejecución de un espectáculo público por primera vez.
d. **(los espectadores)** Fan o seguidor(a) de alguien o algo, como una serie, una idea o un movimiento.
e. **(los géneros)** Obra en la que se acentúan los aspectos patéticos y sentimentales.

3 B1+ Escribe un artículo de prensa para presentar la serie *Noche de Paz*. Identifica:

el género | el formato | el modo de difusión | la trama | los destinatarios (el público)

Noche de Paz es una webserie argentina, puede verse por YouTube. Son seis episodios de entre 6 y 10 minutos. Se estrenó en Facebook en diciembre de 2016.

Méthode BAC 01

Comprendre un document audio

1 Avant l'écoute

- Anticipe en prenant connaissance du **titre du document** audio ou vidéo que tu vas écouter. Sois attentif aux **mots-clés** qui le composent ainsi qu'à la **date** et à la **source**. Ce sont des éléments porteurs de sens.
- **Déduis le type d'informations** que tu vas entendre.

Je m'attends à entendre une interview récente d'un scénariste, diffusée sur une chaîne de télévision, au sujet de l'inspiration autobiographique d'une série.

- Garde les mots-clés du titre en tête pour **organiser ton brouillon** ; ils te serviront de guide durant les trois écoutes.

AUDIO 6

Berto Romero explica qué tiene de autobiográfica la serie *Mira lo que has hecho*

Source : Fórmula TV, 23/02/2018

Durée : 1' 28"

- Qui ? Berto Romero.
- Quoi ? La série *Mira lo que has hecho*.
- Comment ? Une interview.
- Où ? Sur une chaîne de télévision, Fórmula TV.
- Quand ? 23/02/2018.
- Pourquoi ? Pour apporter des explications.

2 Première écoute

- Concentre-toi sur les **aspects non-verbaux** :
  - le **nombre de locuteurs** (un ou plusieurs)
  - le **ton employé** (enthousiaste, neutre, critique...)
  - la **bande son** (musique, bruits extérieurs...)

- Deux hommes, l'intervieweur + l'interviewé.
- Ton explicatif.
- Musique de fond dans un genre musical rock.

- **Identifie la nature du document** dont il est question.

Échange de questions/réponses ▶ une interview.

- **Repère le thème** principal en t'appuyant sur des mots que tu peux associer au titre.
- **Note les informations explicites** à travers les mots que tu comprends, ceux que tu connais, qui sont transparents ou répétés, ainsi que **les idées-clés**.

Le scénariste définit la série comme :
a) muy divertida, pero que cuando necesita ponerse dramática se pone
b) muy parecida a la vida
▶ C'est donc une comédie dramatique et réaliste.

- **Pendant le temps de pause, relie les informations entre elles** en identifiant la nature de leur lien.

Souviens-toi, par exemple, des caractéristiques d'un récit autobiographique :
▶ **à la 1e personne** : *mi mujer, nosotros, nuestra vida, nuestra experiencia...*
▶ **rétrospectif** : *al cabo de un tiempo* + verbes au passé
▶ **par une personne réelle** : *ficcionar mi vida*, néologisme construit à partir du substantif *ficción* qui signifie ici « faire de sa vie réelle une fiction ».

3 Deuxième et troisième écoutes

- Vérifie et **complète** les informations repérées.
- Concentre-toi parallèlement sur les informations détaillées qu'il te manque afin de terminer par une **écoute plus ciblée**.

Le titre du livre mentionné ? *Padre, el último mono*.
Le substantif *padre* t'oriente sur le sujet de la série.

- **Repère des informations complémentaires parfois implicites** qui te permettront de relier des éléments.

Puisqu'à la fin B. Romero évoque son expérience et la compare à celle de la série, **on suppose que** cette série met en scène un couple devenu parents.

- **Identifie la structure du document** et essaie de **déduire** ce que tu n'as pas compris.

L'interview s'articule autour de deux questions du journaliste. **Premièrement**, il demande à B. Romero d'expliquer **la genèse** de la série. Le scénariste explique que l'idée lui est d'abord venue d'un livre qu'il avait écrit auparavant. **Ensuite**, il définit ses deux caractéristiques principales. **Dans un second temps,** le journaliste lui demande à quel point elle s'inspire de sa vie réelle. L'auteur évoque **alors** le mélange entre réalité et fiction ; avant de **conclure** sur son ressenti une fois la série réalisée.

EN TU MÓVIL

Flashe la page pour retrouver le compte-rendu du document et compare-le avec le tien.

Le jour du BAC

Le **premier temps** de l'examen consiste en :

→ une **épreuve écrite** consacrée à l'évaluation des compétences de compréhension de l'oral et de l'écrit ;

→ un **sujet d'expression écrite** en lien avec la thématique du dossier constitué par les documents supports de l'évaluation de la compréhension de l'oral et de l'écrit.

1er temps 1 h 30

Compréhension de l'oral

AUDIO 7

Entrevista a Alexia Dodd de *El Observatorio de las series*

Source : La aventura del saber, RTVE, 14/10/2019
Durée : 1' 23"

Vous rendrez compte librement, en français, de ce que vous avez compris du document audio.

CONSEILS ET MÉTHODE

Écoute 1

- Dès la première écoute identifie les différentes interventions des locuteurs et note les mots qui te paraissent les plus importants.
- Liste les thématiques qui se dégagent (note les questions du journaliste).

Écoute 2

- Trace deux colonnes sur ton brouillon (une pour chaque question du journaliste).
- Reporte dans chaque colonne les idées essentielles.

Écoute 3

- Cette dernière écoute te permettra de vérifier que tu as bien compris les différentes idées et les enchaînements.

Compréhension de l'écrit

Documento 1

El fenómeno social de los *binge racers*[1]: los adictos a los atracones[2] de series

¿Por qué tenemos un consumo audiovisual casi obsesivo?
Existen múltiples razones. «La primera es que, a diferencia de la emisión semanal tradicional propia de la televisión, la mayoría de las plataformas apuesta[3] por subir todos los capítulos de una temporada de golpe, dejando en manos del espectador el ritmo de su consumo», afirma Elena Neira, profesora de los Estudios de Ciencias de la Información y de la Comunicación de la UOC[4]. «Esta disponibilidad inmediata ayuda a que nuestro sistema nervioso del refuerzo[5], que tolera mal la demora, se active, y que la persona pueda 'engancharse' con mayor facilidad», explica Diego Redolar, neurocientífico y profesor de los Estudios de Ciencias de la Salud de la UOC. [...]
También hay una buena estrategia de marketing: los grandes lanzamientos siempre coinciden en viernes. [...]. «Así, consiguen unos extraordinarios picos de conversación social, que les permiten tener una mayor popularidad de sus programas, que convierten en tendencia y que llaman la atención de nuevas masas de público», detalla.
La tecnología impulsa el *binge-watching*[6] gracias al consumo multipantalla, al encadenado automático de episodios y a la posibilidad de saltarse los créditos de entrada y salida. [...]
«Este consumo crea un mayor apego[7] y camaradería entre el espectador y los personajes que el contenido ofrecido semanalmente», considera Neira. Cuando vemos un programa de

1. Personas que devoran series de manera casi compulsiva.
2. *le visionnage boulimique de séries*
3. apostar: *parier*
4. Universitat Oberta de Catalunya (Universidad Abierta de Cataluña)
5. *(ici) la gratification*
6. *le visionnage boulimique*
7. *attachement*

•••

●●●
televisión, se activan las mismas áreas en el cerebro que cuando vivimos una experiencia real. «Los usuarios se identifican con los personajes, se sienten atados emocionalmente y se preocupan por los conflictos que viven», afirma Redolar. [...]
En cualquier caso, las series se han convertido en una forma social de consumo cultural. «La satisfacción inmediata de las maratones de contenidos, el potente efecto llamada a nuevos públicos y la resonancia de los contenidos las ha convertido en un fenómeno social», concluye Neira.

Jon M. Rhode, en *Gacetas Locales* (información local de Madrid), 10/07/2019.

Documento 2

La vida está para vivirla, no para malgastarla viendo series

Cuando todo el mundo habla del último capítulo de la serie del momento, hay personas que callan, sacan el móvil o cambian de tema. Son aquellas que han decidido resistir al influjo de la que es, a buen seguro, la forma de entretenimiento[1] más extendida de los últimos tiempos entre los consumidores de productos culturales de todas las edades.
[...] Nos referimos a quienes, aún habiéndolo intentado con más o menos empeño[2], han llegado a la conclusión de que las series no merecen la pena. Que no son para ellos. Y más aún: que pasar horas y horas delante de la tele es una de las peores formas que existen de invertir el escaso tiempo libre que tenemos.
Afri, de 30 años, asegura ser «muy consciente» de la poderosa capacidad de adicción que tienen las series. Y es precisamente por eso por lo que las rechaza[3]. «Al final te pasas el día enganchada hasta que termina. ¡Y muchas no terminan nunca!», se queja. «La vida está para disfrutarla, no para perder el poco tiempo que tenemos viendo series».
Afri añade algo más. «Hay pocas series que no sean tóxicas. La mayoría te ponen ante situaciones muy violentas o extremas para llamar tu atención. Situaciones que no tienen nada que ver con la realidad. Si eres una persona sensible, como es mi caso, acabas pensando que el mundo también es un lugar violento y extremo. En cierto modo, las series dirigen tu pensamiento y te quitan libertad, pues te venden un estilo de vida y unos patrones que no tienen por qué ser los tuyos».

Dani Cabezas, *El País*, 16/02/2018.

1. *divertissement*
2. *effort*
3. *rejeter*

Diga de qué tratan los documentos y cómo se relacionan con el eje temático «Fictions et réalités».

CONSEILS ET MÉTHODE

Repère les principaux éléments
- Identifie la nature des documents et leur date de publication pour les contextualiser.
- Repère les idées principales de ces deux textes, recherche les similitudes et les différences dans les propos tenus.

Établis des liens
- Dans quelle mesure le deuxième texte confirme-t-il les recherches présentées dans le premier ? Comment réagissent ces personnes face au phénomène des séries ? Pour quelles raisons ont-elles pris cette décision ? Quelles en sont les conséquences ?
- Fais le lien avec l'axe « Fictions et réalités » : à quelle(s) question(s) posée(s) dans cette séquence ces articles de presse pourraient-ils répondre ?

Construis ton propos
- Introduis ton compte rendu en formulant la problématique commune aux deux textes.

Expression écrite

Vous traiterez en espagnol l'un des deux sujets suivants au choix.

Question A ▶ **En un artículo para el periódico español *El Mundo* del 09/08/2017, el periodista Juan Manuel de Prada escribió: «Las series son el libro de los que no leen». Comente esta afirmación.**
En unas 120 palabras

Question B ▶ **El escritor argentino Rodrigo Fresán, en un artículo titulado *Me fascina ver malas series*, escribe: «Las series –excelentes y lamentables– son un gran tema de conversación para parejas y padres e hijos que ya no tienen nada que decirse». Comente esta afirmación apoyándose en la imagen.**
En unas 120 palabras

CONSEILS ET MÉTHODE

Question A ▶

- Pour commenter cette affirmation, compare les séries et les livres : identifie les points communs et les différences.
- Tu peux structurer ta réflexion sur ta propre expérience : quels rapports entretiens-tu avec la lecture et avec le visionnage de séries ? Ces expériences te semblent-elles comparables ? Dans quelle mesure ?

Question B ▶

- Pense à l'impact des séries dans la vie quotidienne des familles.
- Tu peux structurer ta réflexion à partir des documents du dossier et/ou de la séquence, qui t'apporteront de nombreuses idées pour construire ton écrit.

Documento

Las plataformas digitales proporcionan gran variedad de contenidos.

Le jour du BAC

→ Pendant le **second temps**, l'examinateur propose soit 2 documents iconographiques, soit 2 citations, soit un document iconographique et une citation en lien avec l'axe choisi par le candidat parmi les trois proposés.

→ Le candidat devra **expliquer en espagnol** pendant 5 minutes quel document ou quelle citation illustre le mieux l'axe choisi et pourquoi.

2d temps 10 mn

Expression orale

Documento 1

Los hechos y/o personajes del siguiente programa son ficticios. Cualquier similitud con la realidad es pura coincidencia.

Frase que aparece muy a menudo en las producciones audiovisuales.

Documento 2

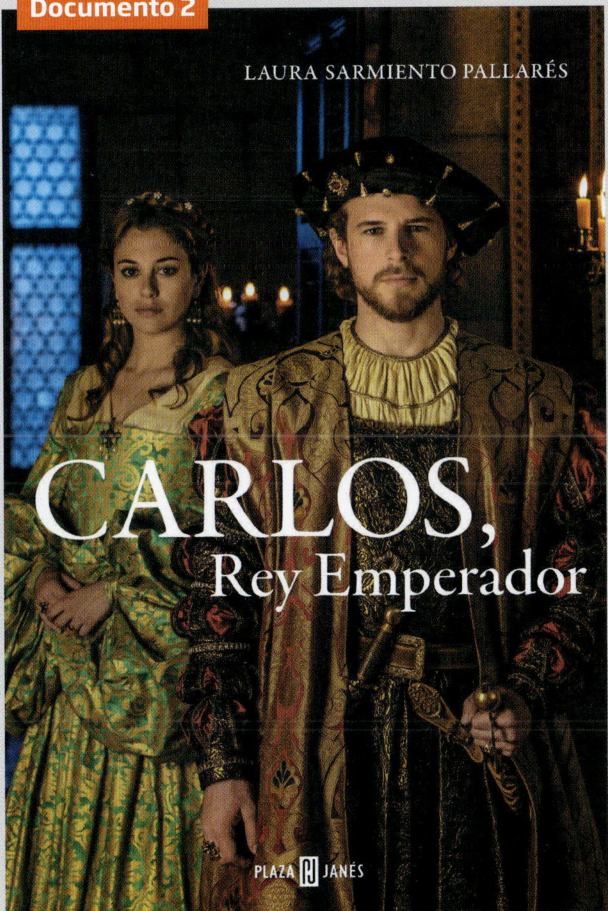

Cartel de la serie *Carlos, Rey Emperador*, 2016.

1. **Diga cuál de los dos documentos ilustra mejor el eje temático «Fictions et réalités». Justifique con ejemplos precisos.**
En unos 5 minutos

2. **¿Conoce otro ejemplo en el que las series de ficción tengan similitudes con la realidad?**
En unos 5 minutos

CONSEILS ET MÉTHODE

Pour commencer

- Réfléchis bien avant de te lancer ! Choisis le support qui te parle le plus.
- Les documents proposés sont reliés à l'axe « Fictions et réalités », l'important est donc d'arriver à expliquer le lien à l'axe.
- Pense à tous les éléments du support qui pourront nourrir ta réflexion : la thématique, le type de support, le message transmis, les faits culturels ou sociétaux que tu peux identifier.

Analyse le support en lien avec l'axe

- Problématise tout de suite ta pensée. Surtout ne te limite pas à une description du support. Quelles questions ce document pose-t-il ? Parler des différents genres de séries (et les définir) te permettra, par exemple, d'organiser plus facilement ton exposé.
- Justifie ton choix de support (lien plus explicite, écho avec ce que tu as vu en classe, soulève des questions plus intéressantes...).

Expose clairement tes arguments

- Structure ta présentation en te concentrant sur le message que le support fait passer ou le thème qu'il illustre.
- Développe tes arguments à partir de tes connaissances personnelles en privilégiant une communication claire, précise et illustrée.

Séquence
02 Juego de espejos

Flash

→ ¿Cómo dialogan la realidad y la ficción en las creaciones artísticas?

Descubro

- La mise en abyme et les jeux de miroirs dans l'art et le cinéma
- La relation entre fiction et réalité dans une œuvre littéraire majeure : *Niebla* de Miguel de Unamuno
- Le concept de « métapeinture » (peinture dans la peinture) dans *Las meninas* de Diego Velázquez

Utilizo

Vocabulario

- La création littéraire

Gramática

- Le style direct et le style indirect

Actúo

Proyecto

- Écrire une scène dans laquelle un personnage de fiction parle avec son créateur/sa créatrice

¿TE SUENA?

¿Crees que «la realidad supera la ficción»? En ocasiones, el arte imita la realidad, es como un espejo que nos muestra el mundo. Los autores se basan en personas reales para crear sus personajes o incluso ellos mismos aparecen dentro de su propia obra. ¿Nunca has sentido que un libro te habla directamente a ti como si fueras tú el/la protagonista? Cuando nos sumergimos en el mundo de la literatura nos convertimos en un personaje más de la historia: una reina, un detective, una espía… Es como si hubiéramos vivido más de una vida.

Y tú, ¿te apuntas a vivir más aventuras?

EN TU MÓVIL
Escucha las canciones

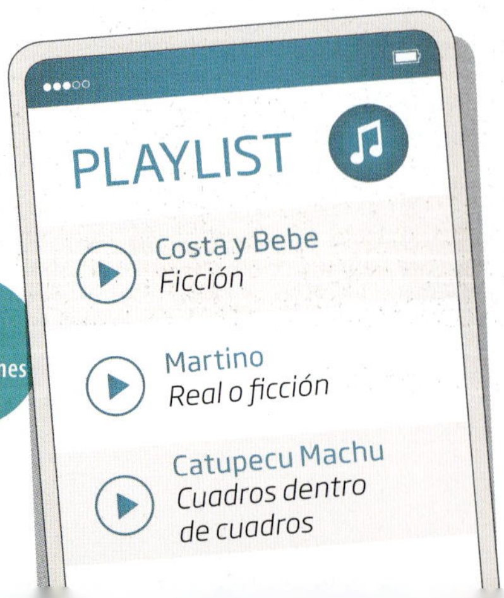

recogimiento realidad reflejo concentración sumergirse transformarse dimensión traspasar novela imaginar ficción evasión

Axe 5
Fictions et réalités

Fernando Vicente (pintor e ilustrador español), *En otra dimensión*, 2015.

1 ¿Dirías que esta mujer está viviendo un momento especial?

2 ¿Qué efectos produce en ella la lectura?

¿Un personaje puede cobrar vida?

¡Tú no estás vivo!

Augusto, el protagonista de la novela, viaja hasta Salamanca para encontrar a Miguel de Unamuno, su autor y propio creador.

–No me lo explico... no me lo explico –añadió–; mas[1] puesto que usted parece saber sobre mí tanto como sé yo mismo, acaso[2] adivine mi propósito... [...]

–Es que tú no puedes suicidarte, aunque lo quieras.

–¿Cómo? –exclamó al verse de tal modo negado y contradicho.

–Sí. Para que uno se pueda matar a sí mismo, ¿qué es menester[3]? –le pregunté.

–Que tenga valor para hacerlo –me contestó.

–No –le dije–, ¡que esté vivo!

–¡Desde luego![4]

–¡Y tú no estás vivo!

–¿Cómo que no estoy vivo?, ¿es que me he muerto? –Y empezó, sin darse clara cuenta de lo que hacía, a palparse[5] a sí mismo.

–¡No, hombre, no! –le repliqué. Te dije antes que no estabas ni despierto ni dormido, y ahora te digo que no estás ni muerto ni vivo. [...] La verdad es, querido Augusto –le dije con la más dulce de mis voces–, que no puedes matarte porque no estás vivo, y que no estás vivo, ni tampoco muerto, porque no existes...

–¿Cómo que no existo? –exclamó.

–No, no existes más que como ente[6] de ficción; no eres, pobre Augusto, más que un producto de mi fantasía y de las de aquellos de mis lectores que lean el relato que de tus fingidas venturas y malandanzas[7] he escrito yo; tú no eres más que un personaje de novela.

Miguel de Unamuno (escritor y filósofo español), *Niebla*, 1914.

1. mas = pero ; *à ne pas confondre avec* más = *davantage* 2. quizás 3. ¿qué hace falta?, ¿qué se necesita?
4. ¡Desde luego! = ¡Por supuesto!: *Bien sûr!* 5. *tâter* 6. *un être* 7. *malheurs, mésaventures*

Para expresarte

- estar vivo/a ≠ estar muerto/a
- (re)cobrar vida: *prendre vie, s'animer*
- la fantasía: *les rêves, les songes*
- una persona (de carne y hueso): *une personne (en chair et en os)*
- un personaje (de ficción): *un personnage (de fiction)*
- el propósito: *le but*

Escoge tu camino

POR ETAPAS

1. Identifica a los personajes. Di cómo se llaman, quiénes son y qué hacen.
2. Identifica el «propósito» de Augusto y explica si podrá realizarlo. ¿Por qué?
3. ¿Qué resulta extraño en este diálogo?

EN DIRECTO

Este diálogo es inusual. Identifica los elementos del texto que permiten afirmarlo.

PON EN PRÁCTICA

En unas diez líneas, continúa el diálogo entre el autor y su personaje Augusto:

- Los dos se tratan de «usted».
- Augusto explica su punto de vista.
- Augusto puede intentar convencer al/a la lector(a).

Héroes y villanos

Fragmento de la película
El cuento de las comadrejas
de Juan José Campanella, Argentina, 2019.

VÍDEO 3

Lo esencial

Vocabulario

- **las venturas y desventuras:** les aventures et mésaventures/ les péripéties
- **el/la creador(a) y su criatura:** le/la créateur/trice et sa créature
- **ver para creer:** voir pour croire
- **la puesta en abismo (o construcción en abismo):** la mise en abyme

Gramática

Le style direct et le style indirect

- El director **dice que** en el cine no existe una vida como la suya.
- El director de cine **afirma que** no sabe hacer nada, ni siquiera el café.

Ortografía

L'accent écrit sur les mots monosyllabiques

Mets les accents écrits sur les mots soulignés si nécessaire.

Yo no lo se. • ¿Que piensas? • Solo piensa en si mismo. • ¡Que bien! • Ya se lo he dicho. • Si quieres te lo digo. • El cuento de las comadrejas. • Creo que no es necesario. • Para el no sirve.

Précis p. 275

Entra en acción

1. Apunta los nombres y profesiones de los personajes. Identifícalos en las fotos.
2. Indica lo que diferencia la «vida real» de la «vida de película» según el director de cine Norberto Imbert.
3. Explica cómo interviene el elemento perturbador en esta secuencia.
   la banda sonora • los *cross cut* (cortes rápidos) • los silencios

Para expresarte

- un guion, un(a) guionista: *un scénario, un(e) scénariste*
- dirigir una película: *diriger un film*
- la banda sonora: *la bande-son*
- el papel: *le rôle*
- el elenco: *la distribution (liste des intervenant(e)s dans un film)*
- brindar: *porter un toast*
- alabar: *faire l'éloge*

PON EN PRÁCTICA

4. Con tu compañero/a, representa una escena en la que te encuentras por casualidad con una estrella de cine hispanohablante. Expresa tu sorpresa a través de un diálogo.

Para el oral del BAC

La relación de un(a) autor(a) con sus criaturas de ficción es tan intensa, compleja e imprevisible como la de una madre o un padre con su hijo/a. ¿Estás de acuerdo con esta idea? Para argumentar tu reflexión:

- Analiza los adjetivos intenso, complejo e imprevisible.
- Piensa en cómo debe ser el proceso de creación de una criatura de ficción.
- Piensa en tu propia experiencia como hijo/a, pero también como lector(a) y como creador(a) de ficciones.

02 Descubre

¿Dentro o fuera del lienzo?

Un cuadro dentro del cuadro

VÍDEO 4

El Prado reflexiona sobre el cuadro dentro del cuadro en *Metapintura*
© EFE, 2016.

Diego Velázquez (pintor español), *Las meninas*, 1656.

Escoge tu camino

POR ETAPAS

1. Después de ver el vídeo, observa el cuadro de *Las meninas* y explica cómo se ilustra la idea de «metapintura».
2. Identifica las diferentes obras de arte citadas en el vídeo y explica qué tienen en común.
3. Di cuáles son las dos referencias clave de la exposición.

EN DIRECTO

A partir de los documentos, define el concepto de «metapintura».

PON EN PRÁCTICA

Elige uno de los cuadros citados o que aparecen en el vídeo. Descríbelo y di por qué se ha seleccionado para una exposición sobre la pintura dentro de la pintura.

Para expresarte

- la **meta**pintura = la pintura **dentro de** la pintura o cuando la pintura habla de pintura
- un lienzo: *une toile*
- reflejar: *refléter*
- escaparse: *s'échapper*
- la inauguración: *le vernissage*
- un recorrido por: *un promènade à travers*
- el marco (de un cuadro): *le cadre (d'un tableau)*

¿SABÍAS QUE...?

Las meninas *o La familia de Felipe IV* se considera la obra maestra del pintor del **Siglo de Oro** español Diego Velázquez.
Se puede ver en el Museo del Prado en Madrid. Inspiró a muchos artistas, como Pablo Picasso, el grupo artístico Equipo Crónica o Manolo Valdés.

Un personaje estrella

Corona Borealis, mural de Sfhir en Ferrol (Galicia), 2018.

Dicen que mientras Diego Velázquez retrataba en una de las salas del Alcázar al rey Felipe y a su esposa Mariana de Austria, la hija de ambos, la infanta Margarita, irrumpió en el estudio seguida de sus damas de compañía. La infanta estaba sofocada y María Sarmiento –la menina de la izquierda–, le acercó un búcaro[1] de barro con agua fresca. Al otro lado, un grupo de personajes contemplaban absortos[2] la reacción de los reyes, a quienes puede verse reflejados en el espejo que cuelga al fondo del salón.

Velázquez, pues, inmortalizó una escena doméstica, íntima, sin trascendencia aparente. [...]

Ángel del Campo descubrió que existía cierta relación geométrica entre una de [las] constelaciones y la disposición de los personajes principales de *Las Meninas*. Los mejor iluminados –esto es, el autorretrato del pintor, la menina Sarmiento, la infanta Margarita, la menina Isabel de Velasco, y el hombre de la puerta del fondo, el aposentador[3] de la reina, José Nieto–, estaban dispuestos siguiendo el mismo orden que las estrellas de la constelación Corona Borealis. Es este un semicírculo[4] estelar situado en el hemisferio norte, integrado por cinco grandes estrellas y otras menores.

–Me di cuenta de que había descubierto algo importante cuando supe que la mayor de las estrellas de esa constelación se llamaba Margarita Coronae. ¿Lo ve? ¡Margarita! ¡Como la protagonista de *Las Meninas*! [...] Disfrazó[5] el trazado de esa constelación en los personajes de su obra, ubicando[6] a la hija de Felipe IV en el lugar exacto que hoy ocupa la estrella Margarita.

Javier Sierra (escritor español), *La ruta prohibida*, 2007.

1. *vase (utilisé pendant le Siècle d'or espagnol)* 2. *absorbés* 3. *(ici) le chambellan* 4. *un demi-cercle*
5. disfrazar: *déguiser* 6. ubicar: *placer*

Lo esencial

Vocabulario

- **la cara es el espejo del alma:** le visage est le miroir/reflet de l'âme
- **los límites de la creación:** les limites de la création
- **un juego de espejos:** un jeu de miroirs
- **la realidad supera la ficción:** la réalité dépasse la fiction

Gramática

L'expression de la volonté, de la préférence ou du souhait

- La exposición del Prado quiere **hacer reflexionar** sobre el concepto de metapintura.
- La exposición del Prado **busca que** el público **reflexione** sobre el concepto de metapintura.

Précis p. 285

Pronunciación

La prononciation des lettres *y* et *ll* dans l'espagnol *rioplatense*

Écoute les mots et indique dans lesquels tu entends le *sheísmo*.

Entra en acción

1. Describe la foto y deduce cuál será el tema de este texto.
2. Identifica, sitúa y presenta a los diferentes personajes del texto. (¡Cuidado! Algunos vivieron en el siglo XVII y otros en el siglo XXI).
3. Explica cuál es el gran descubrimiento del narrador.

PON EN PRÁCTICA

4. Con todo lo que has aprendido sobre la obra, graba una presentación del cuadro *Las meninas* para una audioguía.

Para expresarte

- una máscara: *un masque*
- un marco: *un cadre*
- una pared medianera: *un mur mitoyen*
- un mural: *une fresque*
- una ilusión óptica: *une illusion d'optique*
- un homenaje: *un hommage*
- un retrato: *un portrait*
- un trampantojo: *un trompe l'œil*
- un traje de época: *un costume d'époque*
- ocultar: *cacher*

Proyecto

Escribe una escena en la que un personaje de ficción hable con su creador(a).

- Piensa en un personaje que te guste (literario o televisivo).
- Infórmate sobre el/la creador(a) de este personaje.
- Imagina el encuentro entre los dos: cómo reaccionarían, qué se dirían, qué sentirían, etc.

EXERCICES INTERACTIFS

Le style direct et le style indirect

Observe et déduis

1. Analyse et compare les éléments en gras en tenant compte des personnes et des temps.
2. Traduis-les. Que remarques-tu ?

Retiens la règle

- Lorsqu'on rapporte les **paroles énoncées par un locuteur**, on introduit la phrase avec un verbe comme « *decir* », « *declarar* », « *afirmar* » suivi de « *que* ».
- Si on rapporte une question, on utilise le verbe « *preguntar* ».
- Lors du **passage au style indirect**, il faut penser à adapter la personne à laquelle on conjugue les verbes des paroles rapportées ainsi que les pronoms personnels.

Entraîne-toi

3. Transpose les phrases au style indirect.
   a. Un artista: «Aquí está el retrato del rey». El artista dijo … .
   b. Un actor: «Tengo que estudiar bien el papel». El actor dijo … .
   c. Un personaje de ficción: «Quiero conocer a mi creador». El personaje de ficción dijo … .
   d. Una escritora: «No puedo escribir aquí porque hay demasiado ruido». La escritora dijo … .

Velázquez pensó que **esa/aquella** obra **le** haría inmortal.

Observe et déduis

1. Lis les deux phrases et indique à quel temps sont conjugués les verbes soulignés.
2. Observe les éléments en gras. Dis quelle est leur nature et pourquoi ils sont différents dans chaque réplique.

Retiens la règle

- Lorsqu'on rapporte un **discours énoncé** par un locuteur **dans le passé** introduit par « *dijo que* » :
  - les verbes conjugués au futur passent au conditionnel ;
  - les adjectifs démonstratifs comme « *este/a, estos/as* » deviennent « *ese/a* » ou « *aquel/ella* ».

Entraîne-toi

3. Transpose les phrases au style indirect.
   a. Norberto Imbert: «En el cine, no existe una vida como la nuestra». Norberto dijo que … .
   b. Unamuno: «Cuando vuelva a encontrarme con Augusto, le diré que soy su padre». Unamuno pensó que … .
   c. Velázquez: «Dejaré mi huella en este cuadro». Velázquez pensó que … .

LA CREACIÓN LITERARIA

EL ESQUEMA NARRATIVO
- la situación inicial
- el nudo
- el elemento perturbador
- las peripecias
- la resolución/el desenlace
- la situación final

GÉNEROS DE TEXTOS
- una novela
- un cuento
- un poema
- una obra de teatro
- una fábula
- un discurso
- un ensayo
- un artículo de prensa
- una autobiografía

FUNCIONES
- una forma de evasión/evadirse
- una diversión/divertirse
- la cultura/cultivarse
- una reflexión/reflexionar

RECURSOS LITERARIOS
- la metaficción
- la metalepsis
- la puesta (o construcción) en abismo
- la intertextualidad
- el pacto ficcional (entre el/la autor(a) y los lectores)
- el punto de vista interno/externo/omnisciente
- la verosimilitud/inverosimilitud

LOS PERSONAJES
- un personaje/un personaje ficticio
- las aventuras y desventuras
- dichas y desdichas
- héroes y villanos
- el/la protagonista
- un personaje secundario

EL/LA AUTOR(A)
- la fantasía
- la imaginación
- un manuscrito
- la creación artística
- los límites de la creación
- la inspiración
- el/la creador(a)
- una persona (de carne y hueso)

1 B1 Encuentra el mayor número posible de palabras del campo léxico de los verbos siguientes:

escribir | contar | narrar | crear

2 B1 Asocia las definiciones con el género literario correspondiente:

teatro | fábula | novela | cuento | poema

a. Narración breve, oral o escrita, en la que se narra una historia de ficción con un reducido número de personajes, una intriga poco desarrollada.

b. Narración en prosa, generalmente extensa, que cuenta una historia de ficción.

c. Género literario constituido por obras, generalmente dialogadas, destinadas a ser representadas ante un público en un escenario.

d. Composición literaria en verso que se concibe como expresión artística de la belleza por medio de la palabra.

e. Relato o composición literaria en prosa o en verso que proporciona una enseñanza o consejo moral.

3 B1 ¿Persona de carne y hueso o personaje ficticio? Explica tu respuesta.

Diego Velázquez | Miguel de Unamuno | Las meninas | Don Quijote | Mara Ordaz | Juan José Campanella

4 B1+ Imagina en qué pensaba Miguel de Unamuno cuando fue sacada la foto. Utiliza tantas palabras del mapa mental como sea posible.

El filósofo y escritor Miguel de Unamuno (1864-1936) en su despacho de la Universidad de Salamanca.

Le jour du BAC

Le **premier temps** de l'examen consiste en :

→ une **épreuve écrite** consacrée à l'évaluation des compétences de compréhension de l'oral et de l'écrit ;

→ un **sujet d'expression écrite** en lien avec la thématique du dossier constitué par les documents supports de l'évaluation de la compréhension de l'oral et de l'écrit.

1er temps 1 h 30

Compréhension de l'oral

AUDIO 11

Antonio Banderas y Pedro Almodóvar presentan *Dolor y gloria*

Source : Las mañanas de RNE, 14/03/2019
Durée : 00"58'

Vous rendrez compte librement, en français, de ce que vous avez compris du document audio.

CONSEILS ET MÉTHODE

Écoute 1

- Prends appui sur le titre, identifie la situation d'enregistrement et à quels moments interviennent les différents locuteurs : combien sont-ils ? Qui sont-ils ?

Écoute 2

- Note les idées essentielles de chaque intervention : noms propres, évènements/actions, dates...

Écoute 3

- Complète ta prise de notes : affine certaines idées et vérifie que tu n'as pas fait de contresens.
- Résume les points importants et les détails significatifs.

Compréhension de l'écrit

Documento

Leopoldo (sus trabajos)

Leopoldo era un escritor minucioso, implacable consigo mismo. A partir de los diecisiete años había concedido todo su tiempo a las letras. Durante todo el día su pensamiento estaba fijo en la literatura. Su mente trabajaba con intensidad y nunca se dejó vencer por el sueño antes de las diez y media, Leopoldo adolecía[1], sin embargo, de un defecto: no le gustaba escribir. Leía, tomaba notas, observaba, asistía a ciclos de conferencias, criticaba acerbamente el deplorable castellano que se usa en los periódicos, resolvía arduos crucigramas como ejercicio (o como descanso) mental; sólo tenía amigos escritores, pensaba, hablaba, comía y dormía como escritor; pero era presa de un profundo terror cuando se trataba de tomar la pluma. A pesar de que su más firme ilusión consistía en llegar a ser un escritor famoso, fue postergando[2] el momento de lograrlo con las excusas clásicas, a saber: primero hay que vivir, antes se necesita haberlo leído todo, Cervantes escribió el *Quijote* a una edad avanzada, sin experiencias no hay artista, y otras por el estilo. Hasta los diecisiete años no había pensado en ser un creador. Su vocación le vino más bien de fuera. Lo obligaron las circunstancias. Leopoldo rememoró cómo había sido la cosa y pensó que hasta podía escribirse un cuento. [...]

Estaba escribiendo un cuento sobre un perro desde hacía más o menos siete años. Escritor concienzudo, su deseo de perfección lo había llevado a agotar, casi, la literatura existente sobre estos animales. En realidad, el argumento era muy sencillo, muy de su gusto. Un pequeño

1. adolecer: *souffrir*
2. postergar: *remettre à plus tard*

perro de la ciudad se veía de repente trasladado al campo. Allí, por una serie de sucesos que Leopoldo tenía ya bien claros en la cabeza, la pobre bestia citadina se encontraba en la desdichada necesidad de enfrentarse en lucha a muerte con un puercoespín[3]. Decidir quién resultaba vencedor en la pelea fue algo que a Leopoldo le costó muchas noches de implacable insomnio, pues su obra corría el riesgo de ser tomada simbólicamente por más de un lector desprevenido[4]. Si eso llegaba a suceder, su responsabilidad de escritor se volvía inconmensurable. [...]

Durante meses este dilema absorbió todo su tiempo. A través de noches enteras Leopoldo dio infinitas vueltas en su cama de insomne, en busca de la luz. Sus amigos lo vieron preocupado y más ojeroso[5] y pálido que nunca. Los más allegados[6] le aconsejaron que viera un médico, que se tomara un descanso; pero como en otras ocasiones (el cuento del avión interplanetario, el cuento de la señora que bajo un farol, en medio de un frío inclemente, tenía que ganar el pan de sus desventurados hijos) Leopoldo los tranquilizó con su peculiar aire abatido: «Estoy escribiendo un cuento; no es nada». Ellos, es verdad, se hubieran alegrado mucho de ver uno de esos cuentos terminado; pero Leopoldo no los mostraba; Leopoldo era en extremo modesto. A Leopoldo no le preocupaba la gloria. Un día vio su nombre en el periódico: «El escritor Leopoldo Ralón publicará en breve un libro de cuentos». Solamente estas palabras, en medio del aciago[7] anuncio de que un artista de cine se había roto un pie y de que una bailarina tenía catarro[8]. Pero ni aun este claro reconocimiento a su genio envaneció[9] a Leopoldo. Desdeñaba tanto la gloria que, generalmente, ni siquiera terminaba sus obras. Había veces, incluso, en que ni se tomaba el trabajo de comenzarlas. Y luego, no era cuestión de apresurarse. Había oído, o leído, que Joyce y Proust corregían mucho. Por eso en todas sus creaciones acostumbraba dejar un detalle suelto, algún matiz[10] pendiente. Uno no sabía nunca el momento de acertar. El talento tenía ciclos de esplendor cada siete años. ¡Cuántas veces era necesario que pasaran semanas y meses antes de que la palabra justa viniera a colocarse como por ella misma en el sitio preciso, en el lugar único e insustituible!

Augusto Monterroso (escritor guatemalteco), *Leopoldo (sus trabajos)* en *Obras completas (y otros cuentos)*, 1959.

3. *un porc-épic*
4. *pris au dépourvu*
5. *cerné, hagard (perdu)*
6. *proche*
7. *funeste*
8. *rhume*
9. envanecer: *gonfler d'orgueil*
10. *nuance*

Después de leer el texto, conteste las preguntas siguientes y redacte las respuestas.

a. Precise el tema general y defina el carácter del protagonista.
b. Determine la relación del personaje con la literatura.
c. Diga en qué medida se trata de una puesta (o construcción) en abismo.

CONSEILS ET MÉTHODE

Repère les principaux éléments

- Prends connaissance du paratexte (auteur, titre de l'œuvre puis du sujet d'expression écrite (p. 38). Lis attentivement le texte, plusieurs fois si nécessaire, en gardant à l'esprit ce qui t'est demandé.
- Le texte se compose de trois paragraphes :
  - Identifie l'idée essentielle de chacun d'eux que tu peux résumer en une phrase.
  - Pour définir le caractère du personnage principal, relève les adjectifs qui le décrivent.
  - Repère l'identité et la profession du personnage principal ainsi que ses différentes actions afin de comprendre comment il évolue.
  - Prends en compte le thème de cette narration pour déterminer où réside la mise en abyme.

Construis ton propos

- Sur la base de tous les repérages effectués, tu pourras plus facilement identifier le lien de ce texte avec l'axe « Fictions et réalités ».
- Pour rédiger ton compte rendu, tu peux réemployer certains mots présents dans le texte et t'appuyer sur de courtes citations de celui-ci.

Expression écrite

Documento

Miguel Ángel Gaüeca, *I am a Picture of a Picture of a Picture...* (serie *Me, Myself and I*), 2002.

Vous traiterez en espagnol l'un des deux sujets suivants au choix.

Question A Explique cómo interactúan la realidad y la ficción en la película *Dolor y gloria*, en el relato *Leopoldo (sus trabajos)* y en la fotografía de Miguel Ángel Gaüeca. En unas 120 palabras

Question B Comente esta afirmación de Carlos Alberto Gamissans López (periodista y escritor español): «Quizá las mejores novelas sean aquellas que mezclan deliberadamente realidad y ficción. Nos hacen replantearnos nuestro concepto de la realidad y, por tanto, nuestra visión del mundo». En unas 120 palabras

CONSEILS ET MÉTHODE

Question A

- Cette question réutilise les éléments que tu auras repérés dans les documents du sujet.
- Identifie les points communs entre ces trois documents et les outils employés dans chacun des arts dont il s'agit (cinéma, littérature, photographie).

Question B

- Pour cette question, tu dois prendre appui sur les textes littéraires étudiés dans la séquence pour illustrer ton propos.
- Dis comment ces textes brouillent la frontière qui sépare fiction et réalité, et en quoi ils remettent en cause le concept de réalité.

Le jour du BAC

→ Pendant le **second temps**, l'examinateur propose soit 2 documents iconographiques, soit 2 citations, soit un document iconographique et une citation en lien avec l'axe choisi par le candidat parmi les trois proposés.

→ Le candidat devra **expliquer en espagnol** pendant 5 minutes quel document ou quelle citation illustre le mieux l'axe choisi et pourquoi.

2d temps 10 mn

Expression orale

Documento 1

Salvador Dalí, *Dalí de espaldas pintando a Gala de espaldas*, 1972-1973.

Documento 2

> **« El espejo es el único objeto verdaderamente mágico; es un objeto que duplica el mundo, que crea un mundo paralelo; como el arte; como nuestra mente. »**

Andrés Ibañez, *A través del espejo*, 2016.

1. **Diga cuál de los dos documentos ilustra mejor el eje temático « Fictions et réalités ». Justifique con ejemplos precisos.** En unos 5 minutos
2. **¿Conoce otras creaciones artísticas que utilizan construcciones en abismo?** En unos 5 minutos

CONSEILS ET MÉTHODE

Document 1 : image

- Dès que tu découvres l'image, essaie tout de suite d'établir son lien avec l'axe du programme.
- Commence par repérer les choses évidentes (l'explicite) puis pousse ton regard à aller plus loin (vers l'implicite). Les images sont comme des histoires : il faut trouver ce qu'elles te racontent !
- Analyse sa composition : y a-t-il des lignes directrices qui organisent l'image et attirent le regard ? Regarde le mouvement, l'organisation des différents plans.
- Observe les couleurs : sont-elles chaudes (vers le rouge), froides (vers le bleu) ? Que pourraient symboliser ces couleurs ? Y a-t-il des zones d'ombre ou un effet de clair-obscur ?

Document 2 : citation

- Repère les mots de la citation en lien avec l'axe ainsi que les éléments qui pourront t'aider à cadrer ton analyse. N'oublie pas la source !
- Quelles questions le support soulève-t-il ? Pour répondre, connecte les mots-clés entre eux et reformule les idées à ta manière.
- Justifie ton choix de support en donnant le pour ou le contre des deux documents.
- Commente la citation en passant de l'explicite à l'implicite. Ne néglige pas les intentions (pourquoi ?) et le public visé (pour qui ?).

Séquence 03

Típicamente hispano

→ ¿Cómo se expresa la diversidad del mundo hispano?

Descubro

- Les langues co-officielles de l'Espagne
- Les rivalités dans le milieu du football en Espagne
- Des exemples de fêtes populaires

Utilizo

Vocabulario

- Les langues et la diversité culturelle

Gramática

- Les pronoms compléments (COD et COI)
- Les prépositions *a* et *en*
- Les périphrases verbales avec gérondif

Actúo

Proyecto

- Rédiger un programme d'activités pour célébrer la Journée mondiale pour la diversité culturelle, qui a lieu chaque année le 21 mai

¿TE SUENA?

El mundo hispanohablante es rico y diverso en *lenguas, folclore, celebraciones*. ¿Cuáles conoces? Esa riqueza y *diversidad cultural* atrae a turistas de todo el mundo y suscita pasiones, también en el deporte. El *fútbol* y sus clásicos, los carnavales y tantas *fiestas populares* están presentes en cada rincón del mundo hispano, conforman su diversidad y son una forma de *cohesión social*. Como la noche de San Juan, que da la bienvenida al verano, o la Fiesta Mayor del barrio de Gracia en Barcelona, en la que cada calle compite por ser la mejor decorada y el barrio entero se transforma en una fiesta.

¿A cuál de ellas te gustaría asistir? ¿Sabes de otras?

EN TU MÓVIL
Escucha las canciones

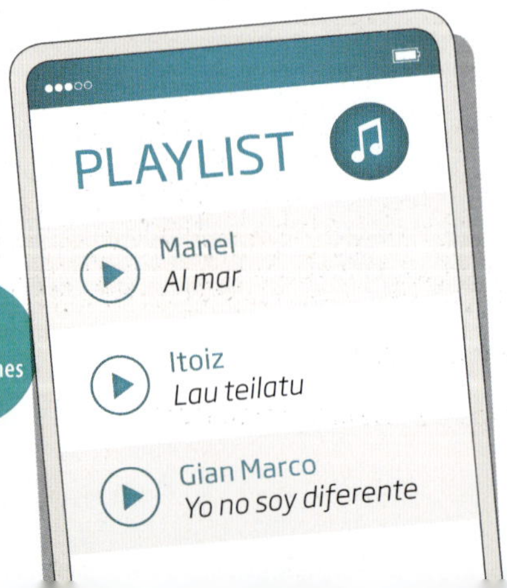

barrio decorar guirnaldas popular tradición festejar vecinos concurso compartir callejero colorido

Axe 7
Diversité et inclusion

Fiesta Mayor en el barrio de Gracia (Barcelona), 2017.

1. ¿Quiénes serán estas personas? ¿Qué estarán haciendo?
2. Deduce a partir de tus observaciones de qué tipo de celebración se trata.

¿Las lenguas unen o separan?

Las seis palabras en español favoritas de James Rhodes

EL PAÍS

JAMES RHODES
13 de octubre de 2019

Bastante avergonzado, debo admitir que, a pesar de vivir en España durante dos años, este es el primer artículo que escribo en castellano sin un traductor. Hablaba aproximadamente cinco palabras en español antes de mudarme[1] aquí y en los últimos dos años me he enamorado del castellano como si acabara de descubrir a Mozart por primera vez. Y no solo del castellano. Mi santa trinidad de Bach, Beethoven y Chopin podría fácilmente ser ahora gallego, catalán y euskera [...].

El castellano tiene un ritmo, es un lenguaje tan musical... La alegría de «rifirrafe»[2] [...] la onomatopeya de «gruñir»[3] o «roncar»[4], el deleite de los juegos de palabras simples (¿Cómo se llama un oso enfadado? «¡Furioso!»), la belleza de «petricor»[5] (una sorprendente e imperdonable omisión de la RAE), el sabor del «escuchimizado»[6] (o *escuchimizao*) mientras rueda por tu lengua.

Y esa diversidad. La variedad increíblemente rica de idiomas dentro de un país que puede conectarnos con la cultura y la historia de igual manera que la comida, la danza o la arquitectura. El hecho de que pueda apagar las luces en la casa de un amigo gallego diciendo «non somos de Fenosa[7]» y hacerlo sonreír. O lanzar un «salut y força al canut» a mi editor catalán. O, si me siento muy valiente, tuitear «Donostiak munduko janaririk onena dauka» (Donostia tiene la mejor comida del mundo). Estas cosas realmente me emocionan.

¿Con qué frecuencia usamos palabras, todos los días, sin ser conscientes de su belleza? Lampiño[8], ñaca-ñaca[9], mariposa, estrambótico[10], estremecimiento[11], ofendidito, rechoncho[12], tiquismiquis[13] (esto debería estar en mi lápida) y mil más [...]. El milagro de la triple negación «no ni ná»[14] (Andalucía merece un libro entero solo para sí misma).

Hay 88 teclas en un piano, 12 tonos en una escala y 27 letras en el alfabeto, y todas son capaces de expresar milagros. Aunque me llevará muchos años llegar al nivel C2, aprender su(s) idioma(s) me está haciendo una mejor persona. Gracias. *Moitas grazas. Gràcies. Eskerrik asko.*

1. mudarse: *déménager* **2.** *querelle, bagarre* **3.** *grogner* **4.** *ronfler* **5.** *odeur de pluie* **6.** *maigrichon* **7.** *fournisseur d'énergie espagnol* **8.** *imberbe* **9.** *han-han* **10.** *farfelu, excentrique* **11.** *frémissement* **12.** *rondouillard* **13.** *pointilleux, pinailleur* **14.** (na' = nada) *bien sûr !*

Escoge tu camino

POR ETAPAS

1. Lee el artículo y di qué le ha enamorado de España al narrador. ¿Por qué?
2. Apunta las palabras favoritas del narrador y por qué le gustan.
3. Busca los elementos que demuestran que para el narrador la música y los idiomas están muy asociados.

EN DIRECTO

Justifica e ilustra esta afirmación con elementos del texto: «España es un país con diversidad lingüística; un país con varias lenguas tiene mayor riqueza cultural.»

Para expresarte

- el significado: *la signification*
- un refrán: *un dicton*
- los falsos amigos: *les faux-amis*
- la sonoridad: *la sonorité*
- entender: *comprendre*
- la onomatopeya: *l'onomatopée*
- la riqueza: *la richesse*
- el patrimonio cultural: *le patrimoine culturel*

PON EN PRÁCTICA

Debate con tus compañeros/as acerca de la diversidad lingüística.

- Un equipo defiende la idea de que esa diversidad nos une y enriquece.
- El otro que representa una barrera.

¿El idioma más bonito que existe?

VÍDEO 5

El vídeo que muestra que el euskera «es el idioma más bonito que existe»
© El Periódico, 2018.

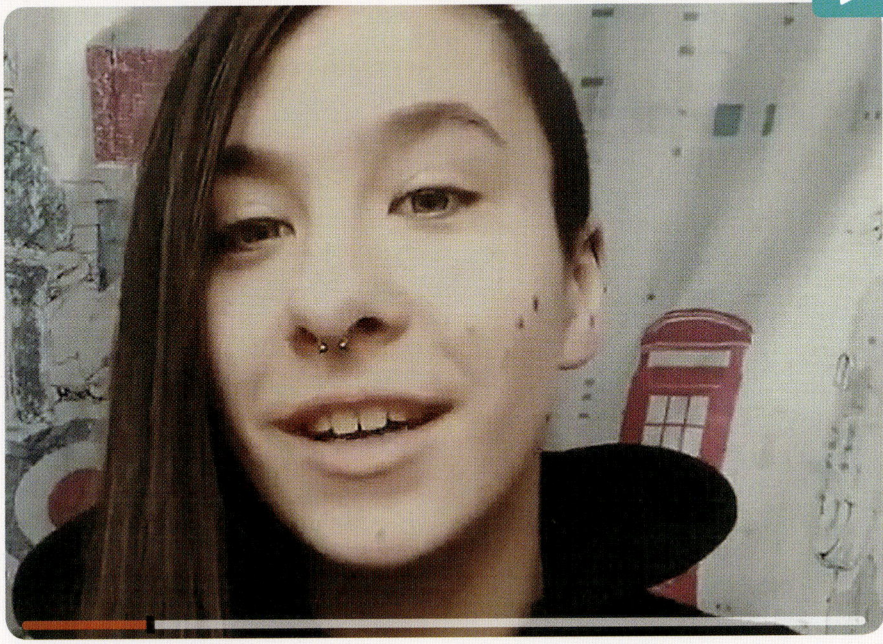

Para expresarte

- la metáfora: *la métaphore*
- una imagen: *une image*
- poético/a: *poétique*
- la traducción: *la traduction*
- una adivinanza: *une devinette*
- una lengua oficial: *une langue officielle*
- una etimología: *une étymologie*
- el origen: *l'origine*
- ser bilingüe: *être bilingue*

Entra en acción

1. Ve el vídeo y di cuál es el propósito de la chica.
2. Asocia estas palabras en vasco con lo que en realidad significan:

abuela (amonak) •	• mes de los lobos
enamorado (maiteminduta) •	• herido por amor
febrero (otsaila) •	• buena madre
luna (Ilargi) •	• a cambio de un beso
desierto (basamortu) •	• bosque muerto
gratis (musu truk) •	• luz de los muertos

3. En el vídeo has escuchado algunas palabras en euskera. ¿Crees que esta lengua tiene el mismo origen que el español o el francés? Justifica.

PON EN PRÁCTICA

4. Piensa en las palabras que más te gustan del español y haz un vídeo como el que viste para defender y justificar que es el idioma más bonito que existe.

Lo esencial

Vocabulario

- **irse de la lengua:** ne pas tenir sa langue
- **las malas lenguas:** les mauvaises langues
- **sin pelos en la lengua:** sans mâcher ses mots
- **lengua de trapo:** bafouillage
- **morderse la lengua:** se retenir de parler
- **la lengua materna:** la langue maternelle

Gramática

Les pronoms COI et les verbes réfléchis

- «**Me** he enamorado». (enamorar**se**)
- «**Me** siento». (sentir**se**)
- «Hacer**le** sonreír».
- «**Me** está haciendo una mejor persona».

Les pronoms compléments COD

- «Decir**lo**».
- «**Lo** digo».
- «Traducir**lo**».

Précis p. 283

Ortografía

Les graphies *c*, *qu*, *k*

Complète les mots avec « **c** », « **qu** » ou « **k** ».

...asa • ...oala • ...uando • má...ina • ...iwi • ma...eta • ...ilogramos • ...ultural • ...uanto • ...izás

Para el oral del BAC

Explica cómo ilustra este vídeo la riqueza de la diversidad lingüística de España evocada en el artículo de *El País*.

- Primero explica qué lenguas se hablan en España.
- A continuación, di por qué la diversidad lingüística es una riqueza para un país.
- Para terminar, pon en relación el vídeo con el artículo.

El fútbol, ¿amor y odio?

¿Es el equipo del pueblo?

depor — La pasión de tu vida

JOSU GOGEASCOECHEA
27 de septiembre de 2019

«Somos el equipo del pueblo». Cuántas veces habremos escuchado esas palabras de la boca de Diego Pablo Simeone, entrenador del Atlético de Madrid, quien desde su llegada no ha dejado de conseguir éxitos en el equipo 'colchonero'[1]. [...]

Más allá de la historia del club del Río Manzanares[2] –que se rememora a los inicios del siglo XX cuando nace como filial del Athletic Club de Bilbao–, los verdaderos apodos para el equipo [...] son los de 'colchoneros' e 'indios'.

Sin sonar despectivo[3], la élite de la capital madrileña siempre perteneció al Real Madrid. Desde la época del dictador Franco, el cuadro 'blanco' ha estado relacionado con la aristocracia española hasta el punto en el que en la actualidad puede sacar pecho de[4] no haber descendido nunca y conseguir el premio a mejor club del siglo XX.

En la otra parte de la ciudad, a los atléticos se les hacía referencia como aquellos ciudadanos que odiaban a la clase alta; es decir, el club con el que hoy en día han generado una clásica rivalidad. [...]

El Atlético nació como la contraparte de lo que era el equipo franquista en la capital española y, por lo tanto, se formó como una especie de resistencia a la clase elitista de Madrid. Después de más de 100 años, el mercado y la globalización ha cambiado todo, pero en el fondo, que su entrenador tenga el apodo de 'Cholo'[5] deja en claro que la relación del equipo del Manzanares con el pueblo sigue existiendo intrínsecamente aunque sus jugadores valgan oro.

1. los colchoneros: *(littéralement « les matelassiers ») surnom donné aux supporteurs de l'Atlético de Madrid.* 2. El primer estadio del Atlético de Madrid fue construido a orillas del río Manzanares. 3. *méprisant* 4. *se vanter de* 5. El Cholo: apodo de Diego Pablo Simeone.

VÍDEO 6 «Otra forma de entender la vida»: el anuncio de Navidad del Atlético de Madrid, 2019.

Para expresarte

- el pueblo: *le peuple*
- la clase popular: *la classe populaire*
- la clase alta: *la classe supérieure/aisée*
- la élite madrileña: *l'élite madrilène*
- una rivalidad: *une rivalité*
- los/las hinchas: *les supporteurs*
- enfrentarse: *s'affronter*
- el éxito: *le succès*

¿SABÍAS QUE...?

«El Cholo» es un insulto creado por criollos hispanos del siglo XVI para ofender a los mestizos; pero con el paso del tiempo, algunos países sudamericanos terminaron por adoptar el término dentro de su vocabulario coloquial, sin tintes ofensivos.

Entra en acción

1. Ve el vídeo y explica su título.
2. Lee el artículo y di por qué el Atlético de Madrid es considerado como el equipo del pueblo:
   rivalidad • resistencia • oposición
3. Precisa cuál es la paradoja planteada al final del texto.
4. Recuerda a los dos abuelos del vídeo y di qué equipo apoya cada uno. Justifica tu respuesta.

PON EN PRÁCTICA

5. Crea la portada de un periódico deportivo para el día de un enfrentamiento entre el Real Madrid y el Atlético de Madrid. Redacta un título, busca una fotografía en internet y escribe un artículo breve sobre la rivalidad entre los dos equipos.

Una rivalidad histórica

Tráiler de la película
No llores por mí, Inglaterra
de Néstor Montalbano, 2018.

VÍDEO 7

Los conflictos más significativos entre Argentina e Inglaterra

LA INVASIÓN INGLESA

1806-1807

Fracaso de una serie de **intentos de invasión** por parte **de Inglaterra** en las colonias españolas del Virreinato del Río de la Plata

12 de agosto de 1806

Día de la Reconquista de Buenos Aires por los españoles y **capitulación inglesa**

LA GUERRA DE LAS MALVINAS

26 de marzo de 1982

El **General Galtieri**, a la cabeza de la dictadura militar argentina, intenta anexionar **las islas Malvinas** por la fuerza, en poder del Reino Unido desde su ocupación en 1833

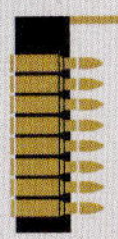

3 de abril de 1982

Organización de **una gran expedición militar** por el gobierno de **Margaret Thatcher**

14 de junio de 1982

Derrota del ejército argentino en una serie de batallas y combates hasta la rendición y el desalojo de los argentinos en el archipiélago

LA RIVALIDAD FUTBOLÍSTICA

1966

Choque muy polémico entre los dos equipos después de la expulsión del capitán argentino **Antonio Rattín**

Dicen que a raíz de este partido se crearon las **tarjetas amarillas y rojas**

1986

Argentina se tomó su revancha futbolística en un partido controvertido marcado por el gol con la mano de **Diego Armando Maradona** conocido como **«La mano de Dios»**

1998

Eliminación de Inglaterra en octavos de final del Mundial después de la expulsión de la joven promesa inglesa, **David Beckham**, tras la entrada de **Diego Pablo Simeone**

Escoge tu camino

POR ETAPAS

1. Observa la infografía y explica por qué la rivalidad futbolística entre Argentina e Inglaterra es tan fuerte.
2. Ve el tráiler y di de qué tipo de película se trata. Justifica tu respuesta.
3. Explica por qué los ingleses introdujeron el fútbol en Argentina:
   divertir • entretener • distraer
4. Di cómo aparece la rivalidad entre los dos países en este tráiler.

EN DIRECTO

Observa la infografía y ve el tráiler. Luego explica por qué para los argentinos es un sueño ganar a los ingleses.

Para expresarte

- una película de época: *un film d'époque*
- odiar: *haïr*
- distraer: *distraire*
- una venganza: *une vengeance*
- volverse: *devenir*
- una pasión: *une passion*

PON EN PRÁCTICA

Imagina y redacta los argumentos del director para promocionar la película *No llores por mí, Inglaterra.*

03

Lo esencial

Vocabulario (13)

- **sonar despectivo:** sembler péjoratif
- **sacar pecho de:** se vanter de
- **estar hecho/a pelota:** être abattu(e), être fichu(e)
- **hacer la pelota a alguien:** fayoter
- **en pelotas (vulg.):** à poil
- **generar una rivalidad:** créer une rivalité

Gramática

Dejar de + infinitif

- **«No ha dejado de conseguir éxitos».**

Pronunciación (14)

La lettre **c**

Écoute les mots et indique lequel de ces deux sons tu entends : [θ] ou [k] ?

Para el oral del BAC

Apoyándote en los documentos y en tus conocimientos personales, di si para ti el deporte une o separa a una nación. Para argumentar tu reflexión:

- Piensa en cómo y por qué se relaciona el deporte (fútbol u otro) con los colores nacionales.
- Imagina qué momentos deportivos favorecen la unión entre la gente y cuáles separan.
- Piensa en tu propia experiencia como aficionado/a o seguidor(a) de algún equipo.

¿La vida es una fiesta?

En torno al fuego

La Opinión A Coruña

La tradición señala que el agua de las hierbas de San Juan protege de las enfermedades y de *meigallos*[1], envidias y mal de ojo[2]. Hay más leyendas y tradiciones que regresan cada año en la noche de San Juan. Costumbres vinculadas al 23 de junio, y no solo en A Coruña sino en toda Galicia. Cientos de personas se reúnen en torno a las hogueras[3] y el mar para celebrar los más diversos rituales con el fin de atraer salud, dinero y amor. Pero... ¿de dónde procede esta milenaria tradición?

El origen de las hogueras de la noche de San Juan se remonta a tiempos anteriores al cristianismo. En esa época, el fuego se encendía coincidiendo con el solsticio de verano y con el objetivo de purificar y «dar fuerza» al sol, ya que a partir de entonces los días iban haciéndose más cortos hasta llegar al segundo solsticio, el de invierno.

Tras la llegada del cristianismo, las antiguas tradiciones fueron asimiladas dentro del calendario cristiano y la costumbre de encender hogueras quedó unida a la celebración del nacimiento de San Juan Bautista. Hoy el ritual más popular es el saltar por encima de una hoguera. El fuego protegerá a todo aquel que tenga el valor de atravesar las llamas. El agua, símbolo de pureza[4] y fertilidad, juega también un papel fundamental. La leyenda dice que bañarse en el mar la noche de San Juan garantiza salud para todo el año. Hay que meterse desnudo y de espaldas mirando a la luna [...].

«San Juan A Coruña 2017 | *Hierbas y rituales para la noche de las hogueras*», 23/06/2017.

Cartel de las Fiestas de San Juan en A Coruña 2019.

1. *(en galicien) sortilège, ensorcellement*
2. *mauvais œil*
3. hoguera: *un feu (de joie)*
4. *la pureté*

Entra en acción

1. Observa el cartel, descríbelo y deduce de qué tipo de fiesta se trata.
2. Precisa cuándo es la fiesta de San Juan (San Xoan), qué se celebra y cuál es su origen.
3. Haz una lista del tipo de rituales que se hacen. Di para qué y busca su símbolo en el cartel.

PON EN PRÁCTICA

4. San Juan, la llegada del verano o la fiesta del fuego se celebran de muchas más maneras en el resto de mundo. ¿Cómo te gustaría celebrarlas a ti?

Para expresarte

- las llamas: *les flammes*
- una sirena: *une sirène*
- un tatuaje: *un tatouage*
- el faro: *le phare*
- la calavera: *la tête de mort*
- el reloj: *l'horloge, le cadran*
- una bruja: *une sorcière*
- quemar: *brûler*
- el solsticio de verano: *le solstice d'été*
- el anochecer: *la tombée de la nuit, le crépuscule*
- el amanecer: *l'aube*
- las olas: *les vagues*

Bajo un manto de guirnaldas

Hogueras de San Juan en la playa de Arrigunaga (País Vasco).

Fiesta

Gloria a Dios en las alturas,
recogieron las basuras
de mi calle, ayer a oscuras
y hoy sembrada[1] de bombillas[2]. [...]
Y al darles el sol la espalda
revolotean[3] las faldas
bajo un manto[4] de guirnaldas
para que el cielo no vea,
en la noche de San Juan,
cómo comparten su pan,
su mujer y su gabán[5],
gentes de cien mil raleas[6]. [...]
Vamos subiendo la cuesta
que arriba mi calle
se vistió de fiesta.
Y hoy el noble y el villano,
el prohombre[7] y el gusano[8]
bailan y se dan la mano
sin importarles la facha[9].
Juntos los encuentra el sol
a la sombra de un farol
empapados[10] en alcohol
abrazando a una muchacha.
Y con la resaca[11] a cuestas[12]
vuelve el pobre a su pobreza,
vuelve el rico a su riqueza
y el señor cura a sus misas. [...]
Se acabó,
el sol nos dice que llegó el final,
por una noche se olvidó
que cada uno es cada cual.
Vamos bajando la cuesta
que arriba en mi calle
se acabó la fiesta.

Joan Manuel Serrat (cantante español), en el álbum *Mi niñez*, 1970.

1. *(ici) couverte* 2. *ampoules* 3. revolotear: *virevolter* 4. *robe, manteau* 5. *pardessus* 6. *des gens riches* 7. *homme remarquable* 8. *ver de terre* 9. *allure, apparence* 10. *trempés, imbibés* 11. *gueule de bois* 12. *sur son dos*

Entra en acción

1 Lee la letra de la canción. ¿De qué trata?

2 Apunta elementos que describen el ambiente.

3 Identifica a las personas que asisten a la fiesta.

4 Busca en el texto la o las frase(s) que justifican esta afirmación: «La noche de San Juan borra las diferencias sociales».

PON EN PRÁCTICA

5 Presenta alguna fiesta local parecida a la celebración de la noche de San Juan.

Lo esencial

Vocabulario

15

- **ser un(a) aguafiestas:** être un(e) rabat-joie
- **echar leña al fuego:** mettre de l'huile sur le feu
- **tener la fiesta en paz:** ne pas créer d'embrouilles
- **pasárselo genial:** s'éclater
- **ser épico:** (fam.) être génial
- **divertir(se) de lo lindo:** bien s'amuser

Gramática

La périphrase *ir* + gérondif

- «**Vamos subiendo** la cuesta.»
- «**Vamos bajando** la cuesta.»

Les prépositions *a* et *en*

- «No solo **en** A Coruña sino **en** toda Galicia.»
- «Hasta llegar **al** segundo solsticio.»

Précis p. 281

Pronunciación

16

Les sons [an], [in], [en], [un]

Écoute les mots et indique s'ils s'écrivent avec [an], [in], [en] ou [un].

Proyecto

Imagina y redacta un programa de actividades para celebrar la diversidad cultural.

- Piensa que se trata de sensibilizar al público acerca de la diversidad cultural y, para ello, primero hay que dar a conocer otras culturas.
- Puedes elegir actividades y manifestaciones culturales de todo tipo (proyección de cine, encuentros deportivos amistosos, exposiciones de fotografía, bailes...).

EXERCICES INTERACTIFS

Les pronoms compléments

Observe et déduis

1. Repère les pronoms dans les phrases et dis ce qu'ils remplacent.
2. Observe la place des pronoms COI dans les phrases. Que remarques-tu?

Retiens la règle

- Les **compléments COI** singuliers sont remplacés par les pronoms *me*, *te*, *le*.
- Les pronoms qui remplacent les COI se placent **devant les verbes conjugués**.
- Lorsque les verbes sont à l'infinitif, les pronoms se placent **après le verbe et soudés à lui**.

Entraîne-toi

3. Réécris les phrases en remplaçant les mots soulignés par des pronoms.
   a. ¿Vas a contar a María la película?
   b. Quiero hablar a ti de algo importante.
   c. No dejes el coche a Paco, es muy temerario.
   d. ¿Podrías invitar a mí al concierto de esta noche?
   e. No digas a ella que han anulado el partido.
   f. ¿Cuándo vas a escribir al director?

Observe et déduis

1. Observe les mots soulignés et dis par quels pronoms ils sont remplacés.
2. Observe la place des pronoms COD dans les deux phrases. Que remarques-tu ?

Retiens la règle

- Les **compléments COD** de la troisième personne du singulier sont remplacés par les pronoms *lo*, *la*.
- Les pronoms qui remplacent les COD se placent **devant les verbes conjugués**.
- Lorsque les verbes sont à l'infinitif, les pronoms se placent **après le verbe et soudés à lui**.

Entraîne-toi

3. Répond aux questions en remplaçant les mots soulignés par des pronoms.
   a. ¿Fue complicado organizar la fiesta? No, ...
   b. ¿Quieres ver a Antonio? Claro que ... .
   c. ¿Has hecho ya el ejercicio?
   d. ¿Quieres traducir el libro?
   e. ¿Quién se ocupa de comprar las entradas?
   f. ¿Cuándo vas a escribir la carta?

Précis p. 283

EXERCICES INTERACTIFS

Les prépositions *a* et *en*

Observe et déduis

1. Observe les mots soulignés et dis s'ils expriment un déplacement ou la permanence.
2. Dis quelle préposition accompagne chaque type de verbe.

Retiens la règle

- Les verbes qui **expriment un mouvement** ou déplacement sont suivis de la préposition *a* pour indiquer la destination.
- Les verbes qui **n'expriment pas un déplacement** sont suivis de la préposition *en* pour situer dans l'espace ou le temps.

Entraîne-toi

3. Complète les phrases avec la préposition qui convient.
   a. Los monumentos están ... el centro de la ciudad.
   b. Desde el aeropuerto vamos en taxi ... centro de la ciudad.
   c. En la noche de San Juan nos quedamos ... la playa toda la noche.
   d. En agosto vamos ... la playa todas las mañanas.
   e. En junio viajaremos ... España para celebrar San Juan.
   f. Me mudaré ... un apartamento más grande ... febrero.

Précis p. 281

Les périphrases verbales avec gérondif

Observe et déduis

1. Observe les structures en gras. Comment sont-elles composées ?
2. Comment traduis-tu ces locutions en français ?

Retiens la règle

- Les **périphrases verbales** formées avec le **gérondif** indiquent un développement ou un changement graduel, régulier ou progressif.

Entraîne-toi

3. Remplace l'expression soulignée par une périphrase verbale avec gérondif.
   a. Las hojas de los árboles se caen poco a poco cuando empieza el otoño.
   b. Me canso cada vez más de escuchar reguetón en la radio.
   c. El barco se acerca a la costa progresivamente.
   d. Bajo las maletas poco a poco mientras tú terminas de prepararte.
   e. En cuanto me llames iré rápido como si volara.
   f. Las costumbres en España cambian poco a poco a medida que pasa el tiempo.
   g. Prepárate poco a poco a lo que se avecina.

EXERCICES INTERACTIFS

LA DIVERSIDAD

LINGÜÍSTICA
- una lengua
- un idioma
- el bilingüismo
- el trilingüismo
- el plurilingüismo
- una lengua oficial
- una lengua en peligro de extinción
- un(a) hablante nativo/a
- la riqueza
- la melodía
- la sonoridad
- los acentos

CULTURAL
- el folclore
- la gastronomía
- las costumbres
- la interculturalidad
- los intercambios
- la multiplicidad
- el patrimonio
- las creencias
- los ritos
- el mestizaje
- la apropiación cultural
- la identidad
- el multiculturalismo

PRESERVAR
- enriquecer
- manipular
- favorecer
- ignorar
- discriminar

HABLAR
- promover
- traducir
- tergiversar
- interpretar
- malinterpretar

MARGINAR
- incluir
- excluir
- aceptar
- compartir

SOCIAL
- el pluralismo
- la tribu
- la pertenencia
- la comunidad
- las minorías
- las creencias religiosas/políticas
- la discapacidad
- el estatus
- las capas sociales
- la orientación sexual
- el origen
- los valores
- el riesgo de exclusión

1 B1 Busca en el mapa mental palabras que corresponden a las siguientes definiciones:

a. Uso habitual de dos lenguas por parte de un individuo o un grupo de individuos en una comunidad de hablantes.

b. Conjunto de costumbres, creencias, artesanías, canciones, y otras cosas semejantes de carácter tradicional y popular.

c. Posición social que una persona tiene dentro de un grupo o una comunidad.

d. Conjunto de tradiciones, leyendas, creencias, costumbres, proverbios, etc., populares y mantenidos por la tradición.

e. Sacar o dejar fuera de un lugar o de un grupo a alguien o algo.

2 B1 Busca en el mapa mental los sustantivos de los que derivan los adjetivos siguientes:

discapacitado/a · mestizo/a · múltiple · plural · originario/a · exclusivo/a · identitario/a · rico/a · melódico/a · sonoro/a · trilingüe

3 B1+ Comenta este mapa que publicó un usuario en Twitter y di cómo ilustra la diversidad en España. Utiliza al menos cinco palabras del mapa mental. ¿Qué emojis añadirías y dónde para completarlo?

miguel
@delaspueblas
Seguir

Así es España

Prendre des notes pendant une activité d'écoute

AUDIO 17

Respetar la diversidad lingüística en España
Source : ivoox.com, 21/10/2018
Durée : 1' 22"

1 Optimiser sa prise de notes

- **Prends toutes tes notes en espagnol.** Ne traduis pas maintenant pour ne pas perdre de temps.

> Utilise des abréviations pour gagner du temps.

- **Anticipe le contenu** de ce que tu vas entendre en analysant rapidement le titre.

> Je comprends qu'il sera question de la diversité linguistique, en Espagne, à travers ce qui semble être une invitation à la respecter. Je m'attends à découvrir les différentes langues qui y sont parlées.

- **Retranscris l'essentiel :** noms propres, chiffres, dates, mots accentués… Autant d'éléments porteurs de sens !
- **Complète** tes notes **au fur et à mesure** des écoutes, car il est normal de ne pas tout retenir à la première.

> Lors de la première écoute, je peux ne rien noter et me concentrer d'abord sur ce que j'entends.

> **1re ÉCOUTE** Comme le laisse présumer le titre, je comprends qu'on parle de la diversité linguistique en Espagne.
> **2e ÉCOUTE** Je note une énumération des différentes langues parlées en Espagne.
> **3e ÉCOUTE** J'en déduis la comparaison avec la diversité linguistique en France.

2 Organiser son brouillon

- **Dresse un tableau** pour classer les informations récoltées à chaque écoute.
- **Utilise un code couleur** pour te repérer dans ta prise de notes, une couleur pour chaque type d'informations, par exemple.
- **Concentre-toi sur des mots-clés,** sans chercher à tout noter et à reproduire des phrases entières, et classe-les selon leur champ lexical.

> Pour t'aider, tu peux créer une petite carte mentale avec les mots-clés de l'axe et de ses séquences.

- **Aère ta prise de notes** afin d'avoir suffisamment d'espace pour les organiser et les relier entre elles pendant le temps de pause.

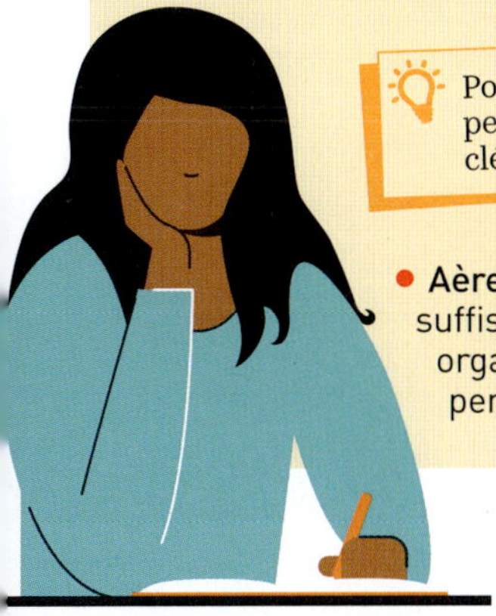

ÉCOUTE 1	ÉCOUTE 2	ÉCOUTE 3
diversidad ≠ uniformidad numerosos idiomas el español // el francés	el valenciano el gallego el catalán el vasco el aranés	respetamos y valoramos ≠ ataque desarrollar cultura estudiar diferentes idiomas el modo de ser español

3 Les informations à noter

- **Identifie le nombre de locuteurs.** S'il y en a plusieurs, distingue leur voix selon leur sexe, leur âge ou leur accent.

> Un homme d'âge moyen sans accent remarquable.

- **Détermine le ton employé** afin de repérer les émotions et traduire **la nature des informations** données (expression d'un point de vue, d'une expérience, d'un souvenir…).

> Ton globalement assez neutre malgré l'expression d'un certain enthousiasme sur la diversité linguistique en Espagne au début :
> *diversidad, ¡Qué bonita palabra!, tenemos suerte ; la diversidad es casi siempre preferible a la uniformidad.*

- **Repère des sons** susceptibles de te donner des indices sur le contexte.
- **Repère des informations complémentaires parfois implicites** pour étoffer ton compte rendu et/ou relier des éléments entre eux.

> La diversité linguistique de l'Espagne apparaît être une richesse. Il semble y avoir un parti pris pour l'enseignement pluriel et la diversité face à ses opposants :
> *esa diversidad […] es objeto de ataque.*

4 Le résumé en français

- Pour transformer tes notes en un résumé clair et structuré, **raie les éléments sur ton brouillon au fur et à mesure** que tu les replaces pour être sûr(e) de ne pas en oublier.

03 Objetivo BAC Épreuve 3

Le jour du BAC

Le **premier temps** de l'examen consiste en :
→ une **épreuve écrite** consacrée à l'évaluation des compétences de compréhension de l'oral et de l'écrit ;
→ un **sujet d'expression écrite** en lien avec la thématique du dossier constitué par les documents supports de l'évaluation de la compréhension de l'oral et de l'écrit.

1er temps 1 h 30

Compréhension de l'oral

AUDIO 18

Larga vida al judeoespañol, una lengua de más de 500 años

Source : Euronews, 13/04/2018
Durée : 1' 24"

Vous rendrez compte librement, en français, de ce que vous avez compris du document audio.

CONSEILS ET MÉTHODE

Écoute 1

- Lors de la première écoute, identifie le sujet du document et les différents locuteurs. Repère les noms propres et, à l'aide des mots les plus accessibles, commence à élaborer une amorce de compréhension.

Écoute 2

- Pendant la deuxième écoute concentre-toi davantage sur le problème que rencontre la langue judéo-espagnole et sur les différentes initiatives qui ont vu le jour.

Écoute 3

- Lors de la dernière écoute, vérifie que tu as bien compris les différentes idées et les enchaînements.

Compréhension de l'écrit

Documento 1

Detrás de mi nariz

La narradora, joven argentina refugiada en París, evoca su primer contacto con la lengua francesa.

Mi viaje comenzó en alguna parte detrás de mi nariz. [...] En La Plata, al principio aprendí a contestar en francés ciertas preguntas simples –*Comment t'appelles-tu ? Quel est ton âge ?*– y más tarde a formular esas mismas preguntas a compañeritos imaginarios. Esforzándome por proponer variaciones a partir de las palabras que acababa de aprender. Fue una de las primeras cosas que me aconsejó Noémie, mi profesora de francés.

–Estoy segura de que podés hacer la misma pregunta de otro modo; a ver, pensá un poquito– me decía en español.

–*Mmmm... toi aussi, tu as huit ans ?*

–*Très bien !*

Junto a Noémie descubrí sonidos nuevos, una erre muy húmeda que hay que ir a buscar al fondo del paladar, casi a la garganta, y ciertas vocales que se hacen resonar detrás de la nariz, como si uno quisiera a la vez pronunciarlas y guardarlas para uno. El francés es una lengua muy extraña: deja caer los sonidos y al mismo tiempo los retiene, como si en el fondo

no estuviera muy seguro de querer liberarlos... y esto fue, me acuerdo, lo primero que me dije a propósito de mi nuevo idioma. Y también que me haría falta practicar mucho.
Pronto Noémie me descubrió caracteres que no había visto nunca, el acento grave y el circunflejo, y, después, la «ce cedilla». De este nuevo signo, «Ç», mucho más que de los otros, me enamoré enseguida; y en pedacitos de papel, y en los márgenes blancos de los diarios, y en el reverso blanco de los sobres de las cartas, me aplicaba a escribir esta simple palabra, français, y a veces ces cedillas solas, o pegadas unas a otras, ççç, hasta formar una especie de cadena o surco. Era una manera de pasar el tiempo hasta esa partida que yo creía inminente.
Mi madre se había refugiado en Francia en agosto de 1976, y mi permanencia en La Plata no habría debido ser más que un breve paréntesis antes de reencontrarnos al otro lado del océano. Pero pasaron los meses. Llegó a pasar un año y yo no me iba de La Plata. *Moi, j'ai neuf ans. Et toi ?*, era la pregunta que ahora le hacía a Noémie.

Laura Alcoba, *El azul de las abejas*, 2015.

Documento 2

El enigma de la palabra Agur

En el euskera no existe ni de lejos otra palabra tan grandiosa como nuestro Agur. Se mire por donde se mire es sublime: en lo referente a su extensión geográfica ocupa todo el territorio del euskera, no tiene variantes dialectales de ningún tipo (inaudito[1] en nuestro idioma) y, por otra parte, es el vocablo con mayor aceptación y uso social, incluso entre los que no saben euskera. Es la palabra-llave de la que primero se valen los extraños que desean integrarse en Euskal Herria[2], la que les abre la puerta a las mil y una maravillas de nuestra cultura, idioma y país. Es también la palabra de nuestra lengua que primero ofrecemos para que todos la compartan con nosotros. Agur es, al fin y al cabo, el vocablo con el que los vascos abrazamos y besamos el universo que nos rodea... [...]
Aunque ahora la usemos fundamentalmente como fórmula de despedida, en origen fue un saludo ambivalente, tanto para dar la bienvenida como el adiós. [...] Era, por así decirlo y como tantas veces se ha recordado, algo similar al «salve» o al «ave» de los romanos.
Hoy en día, y especialmente en Ipar Euskal Herria[3], aún es común el uso de «agur» como saludo distinguido de recepción, por ejemplo al encabezar[4] una carta, en oraciones. No es que en sí el saludo «agur» fuese clasista sino que en su antiguo uso quedaba reflejada la estratificación social de otras épocas. [...] Sí tenemos constancia de que la palabra «agur», por ser tan grandiosa, reverente y solemne sólo podía usarse para dirigirla a gente de un estatus igual o superior [...]. Hoy al regalar un «agur» a alguien, en realidad le estamos deseando lo mejor. Incluso podríamos ir más allá y afirmar que, en esas épocas en que se forja[5] el término, el citar esa palabra mágica suponía hacer un llamamiento para intentar atraer con ella a aquellas buena suerte y prosperidad tan necesarias.
[...] De pasado ilustre y glorioso, cabalga ya para batallar por la conquista de nuevos territorios, los del futuro. Pero no necesita de artilugios[6] belicosos para ello, porque ella en sí es la mejor de las armas que han defendido esta tierra y pueblo: el arma del saber dar la bienvenida, la de la hermandad, la de desear lo mejor al que tenemos al lado, la del abrazo al extraño, la del llanto[7] de los que se van... Hay que sentirla y llevarla con orgullo por el mundo como siempre se ha hecho. Porque agur es nosotros y nosotros somos agur. *Agur, agur eta agur...*

Félix Mugurutza, «El enigma de nuestra palabra "Agur"», 28/01/2017.

1. *inouï*
2. *Pays basque*
3. *Pays basque français*
4. *dans l'en-tête*
5. forjar = construir
6. *engins, machines*
7. *pleurs*

(suite p. 54)

1er temps (suite)

Diga de qué tratan los documentos y cómo se relacionan con el eje temático «Diversité et inclusion».

CONSEILS ET MÉTHODE

Repère les principaux éléments

- Identifie la nature et la source des deux documents.
- Repère dans chaque texte la langue évoquée puis explique quelle est l'intention de l'auteur.

Construis ton propos

- Explique quel rapport entretient la narratrice avec cette langue dans le texte 1. Pourquoi a-t-elle dû l'apprendre ? Qu'est-elle devenue maintenant ? Que lui permet-elle ?
- Dans le texte 2, explique l'importance du mot « Agur » dans l'identité basque.

Fais le lien avec l'axe

- Recherche les similitudes entre les deux textes et établis des liens entre eux.
- Fais le lien avec l'axe « Diversité et inclusion ».
- Pour structurer ta rédaction, n'oublie pas d'utiliser des connecteurs logiques (*además, igualmente, con el objetivo/la intención de, para (que), a causa de...*).

Expression écrite

Vous traiterez en espagnol l'un des deux sujets suivants au choix.

Question A **Cada lengua es una manera diferente de relacionarse con el mundo. Comente esta afirmación.**
En unas 120 palabras

Question B **¿Cree que la diversidad lingüística de un país es una ventaja o un inconveniente para la convivencia? Puede apoyarse en la imagen para elaborar su respuesta.**
En unas 120 palabras

Documento

Mapa de las principales lenguas cooficiales de España.

CONSEILS ET MÉTHODE

Question A

- Pour commenter cette citation, repère les mots-clés et définis-les.
- Analyse les différents liens que l'on peut établir entre ces mots.
- Ta réflexion pourra apporter des arguments pour et contre cette citation.
- Illustre tes arguments par des exemples basés sur ton expérience personnelle et tes connaissances.

Question B

- Dans un premier temps, explique ce qu'est la diversité linguistique.
- Ensuite, en t'appuyant sur la carte, illustre comment se manifeste cette diversité en Espagne.
- Pour donner ton point de vue sur la question, trouve des arguments qui illustrent tes propos.
- Termine par une conclusion qui résume tes propos et relance le débat.

Le jour du BAC

→ Pendant le **second temps**, l'examinateur propose soit 2 documents iconographiques, soit 2 citations, soit un document iconographique et une citation en lien avec l'axe choisi par le candidat parmi les trois proposés.

→ Le candidat devra **expliquer en espagnol** pendant 5 minutes quel document ou quelle citation illustre le mieux l'axe choisi et pourquoi.

2d temps 10 mn

Expression orale

Documento 1

Seguidores de dos equipos adversarios en Madrid.

Documento 2

« Aquí no hay distinciones ni de clases sociales, de creencias, de razas ni de discapacidades. Esto es una fiesta incluyente y participativa donde todos tengan la posibilidad de mostrar de lo que están hechos y de las grandes capacidades que tienen. »

Vivian Namén,
integrante de la Fundación Valledupar Tradición y Cultura, sobre los Carnavales de Valledupar (Colombia).

1. **Diga cuál de los dos documentos ilustra mejor el eje temático «Diversité et inclusion». Justifique con ejemplos precisos.** En unos 5 minutos
2. **¿Conoce otros tipos de celebraciones y acciones que contribuyan a la cohesión social?** En unos 5 minutos

CONSEILS ET MÉTHODE

Pour commencer

- Choisis le support qui te parle le plus. Les documents proposés sont reliés à l'axe « Diversité et inclusion », l'important est donc d'arriver à expliquer le lien à cet axe.
- Pense à tous les éléments du support qui pourront nourrir ta réflexion : la thématique, le type de support, le message transmis, les faits culturels ou sociétaux que tu peux identifier.

Document 1 : image

- Pour commencer, décris l'image et identifie le message qu'elle fait passer.
- Explique pourquoi les manifestations culturelles populaires sont importantes pour la cohésion sociale.

Document 2 : citation

- Repère les mots de la citation en lien avec l'axe ainsi que les éléments qui pourront t'aider à cadrer ton analyse.
- Définis les mots-clés et relie-les entre eux : *distinciones, clases sociales, creencias, razas, discapacidades, fiesta incluyente.*

Pour conclure

- Justifie ton choix de support (lien plus explicite, écho avec ce que tu as vu en classe, soulève des questions plus intéressantes...).
- Développe tes arguments à partir de tes connaissances personnelles en privilégiant une communication claire, précise et illustrée.

Séquence

04 Conciencia afro

Flash

→ ¿Debemos conocer el pasado para reconocer los derechos?

Descubro

- L'heritage africain dans la culture latino-américaine
- La lutte contre les stéréotypes et la discrimination

Utilizo

Vocabulario

- La culture afro-américaine en Amérique latine

Gramática

- Le gérondif
- La voix passive

Actúo

Proyecto

- Présenter une initiative en faveur de la reconnaissance des Afro-américains en Amérique latine

¿TE SUENA?

Todos/as asociamos el *tango* a *Carlos Gardel* y a músicos/as blancos/as pero, ¿y si este baile tuviera su origen en los/las africanos/as llegados a la fuerza a Latinoamérica durante el periodo colonial?
Después de la independencia, muchos países latinoamericanos han tratado de construir su *identidad nacional* basándola principalmente en la *herencia europea*, borrando e invisibilizando el aporte y la herencia de los millones de africanos.
Hasta ahora la comunidad de *afrodescendientes* seguía siendo la más desfavorecida pero actualmente las cosas están cambiando.

Y tú, ¿conoces algún ejemplo de reivindicación afrolatina?

sonriente
afro elegancia
baile diversidad
ritmo salón
mezcla pasos
milonga abrazarse
pareja

EN TU MÓVIL
Escucha las canciones

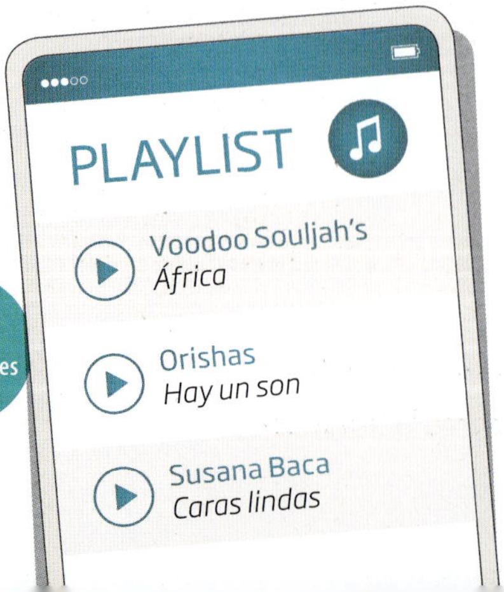

Axe 7
Diversité et inclusion

Cubierta de un libro de partituras de tango, 1900.

1. Observa la imagen e intenta explicar cómo sería la vida milonguera.
2. Además del tango, ¿conoces otros bailes latinoamericanos? ¿Te gustan?

¿Quiénes son los afrodescendientes?

Bailando con los negros

Negros del continente, al Nuevo Mundo
habéis dado la sal que le faltaba:
sin negros no respiran los tambores
y sin negros no suenan las guitarras.
Inmóvil era nuestra verde América
hasta que se movió como una palma[1]
cuando nació de una pareja negra
el baile de la sangre y de la gracia.

Y luego de sufrir tantas miserias
y de cortar hasta morir la caña
y de cuidar los cerdos en el bosque
y de cargar las piedras más pesadas
y de lavar pirámides de ropa
y de subir cargados las escalas
y de parir[2] sin nadie en el camino
y no tener ni plato ni cuchara
y de cobrar más palos[3] que salario
y de sufrir la venta de la hermana
y de moler harina todo un siglo
y de comer un día a la semana
y de correr como un caballo siempre,
repartiendo cajones de alpargatas[4],
manejando la escoba[5] y el serrucho[6],
y cavando caminos y montañas,
acostarse cansados con la muerte,
y vivir otra vez cada mañana
cantando como nadie cantaría,
bailando con el cuerpo y con el alma.

Corazón mío, para decirte esto
se me parte la vida y la palabra
y no puedo seguir porque prefiero
irme con las palmeras africanas,
madrinas[7] de la música terrestre
que ahora me incita desde la ventana:
y me voy a bailar por los caminos
con mis hermanos negros de La Habana.

Pablo Neruda (poeta chileno), *Canción de gesta*, 1960.

1. *un palmier* 2. *accoucher* 3. *recevoir des coups*
4. *espadrilles* 5. *le balai* 6. *la petite scie* 7. *marraines*

En Cuba.

Escoge tu camino

POR ETAPAS

1. Explica porqué el autor dedica el poema a los negros del continente latinoamericano.
2. Apunta los elementos que hacen referencia al aporte africano en la música.
3. Las condiciones de vida de «los negros» fueron muy difíciles. Cita los elementos que lo ilustran.
4. ¿Qué recursos estilísticos emplea el poeta para expresar la rutina trágica de «los negros» y la música omnipresente en sus vidas?
   anáfora • rima • repetición • aliteración • ritmo
5. Di cómo se siente el yo poético a causa de esta situación. Explica lo que decide hacer al final.

EN DIRECTO

¿A quién rinde homenaje Pablo Neruda en este poema y de qué manera?

PON EN PRÁCTICA

Haz una presentación personal de este poema a partir de uno de estos ejes interpretativos: la explotación, el racismo o los estereotipos. Cita ejemplos de imágenes poéticas que los ilustran en esta obra.

Ser afrodescendiente

VÍDEO 8

21 de mayo, Día de la Afrocolombianidad
© RTVC, Colombia, 2015.

Sacado del vídeo: teñirse de discriminación: *teinter de discrimination* • manchar: *tâcher* • una beca: *une bourse* • un mestizo: *un métis* • hacerme una trampa: *me tendre un piège, tricher*

Lo esencial

04

Vocabulario

19

- **encontrar sus raíces:** trouver ses racines
- **tender una trampa:** tendre un piège
- **dar por terminado/a:** conclure
- **estar orgulloso/a de:** être fier/fière de

Gramática

Le gérondif

- «**Cantando** como nadie cantaría, **bailando** con el cuerpo y con el alma».
- «**Manejando** la escoba y el serrucho, y **cavando** caminos y montañas».

Pronunciación

20

Les sons [r] et [x]

Écoute les mots et indique lequel de ces deux sons tu entends : [r] ou [x] ?

¿SABÍAS QUE...?

La **Nieves** es una caricatura creada por **Consuelo Lago** que representa a una mujer afrodescendiente del Pacífico colombiano. Desde hace ya más de 50 años, el personaje de Nieves aparece a diario en una viñeta del periódico *El País* (Colombia) y cuatro veces por semana en *El Espectador*, ya sea elogiando la flora y fauna del Valle del Cauca o comentando la actualidad local e internacional.

Dibujo de Consuelo Lago (caricaturista colombiana).

Entra en acción

1. Observa el vídeo y di cómo viven los/las entrevistados/as por su condición de afrodescendientes. Di cómo se reflejan estos sentimientos en el cartel.
2. Explica lo que se celebra el 21 de mayo en Colombia.
3. Da ejemplos de discriminación sufrida por los afrocolombianos/as.
4. Di qué imagen de los afrocolombianos/as da la caricatura. ¿En qué medida ilustra el vídeo?

PON EN PRÁCTICA

5. Explica a tus compañeros/as la importancia de conmemorar el 21 de mayo en Colombia.

Para el oral del BAC

A través de los documentos de esta doble página, explica la evolución de las condiciones de vida de los/las afrodescendientes en Latinoamérica.

- Primero explica cómo fueron tratados/as los/las africanos/as al llegar a Latinoamérica.
- Luego explica lo que sienten actualmente los/las afrodescendientes.
- Di lo que intentan hacer hoy en día los gobiernos latinoamericanos.

¿Cómo darles más visibilidad?

Tan solo por mi color

BBC | BBC Account | Menú

NEWS | MUNDO

«Muchas veces en mi propio país he pasado por extranjera tan solo por mi color, mi pelo rizado, y tengo que decir con orgullo que soy chilena, teniendo que soportar la incredulidad[1] de muchos y muchas». Estas palabras de la activista Marta Salgado describen la realidad que muchos afrodescendientes tienen que enfrentar hoy en día tanto en Chile como en la vecina[2] Argentina, países en los que no es extraño escuchar una frase que se ha convertido en un lugar común: «Aquí no hay negros». [...]

Según muestran los registros históricos, hace 200 años en ciudades como Buenos Aires y Santiago los negros llegaron a representar más del 20% de la población, una cifra que podía llegar al 60% en otros lugares en los que la mano de obra de los esclavos traídos de África era fundamental para las economías locales.

Expertos coinciden en que durante décadas[3], los historiadores tanto en Chile como en Argentina, empeñados en construir[4] una identidad nacional basada principalmente en la herencia europea, obviaron[5] el aporte crucial de los esclavos y sus descendientes al desarrollo económico, cultural y político de ambos países.

Jaime González de Gispert, «Aquí no hay negros: cómo se borró de la historia de Argentina y Chile el aporte de los esclavos y los afrodescendientes», BBC News Mundo, 11/06/2019.

1. *l'incrédulité* 2. *la voisine* 3. *décennies* 4. *déterminés à construire* 5. obviar: *négliger*

VÍDEO 9

San Isidro inauguró dos muestras sobre la cultura negra y el legado de los afroargentinos
© Zona Norte Hoy, 02/07/2019.

Bernardo Troncoso, *Joven negro con niño blanco*, 1835-1928.

Escoge tu camino

POR ETAPAS

1. Lee el artículo y di a qué problema suele enfrentarse Marta Salgado.
2. Explica cómo se suele hablar de los antepasados negros en Argentina y Chile.
3. Ve el vídeo y di cuál es el objetivo de la exposición «[In] visibles».
   mostrar • rescatar • reivindicar • homenajear
4. Precisa cómo nació esta exposición.

EN DIRECTO

Apoyándote en los documentos, di por qué el tópico de que en Chile y Argentina no hay negros es falso.

Para expresarte

- invisibilizar: *rendre invisible*
- borrar: *effacer*
- el aporte: *l'apport*
- una muestra: *une exposition*
- la vergüenza: *la honte*
- negar: *nier*

PON EN PRÁCTICA

Graba la audioguía del cuadro *Joven negro con niño blanco*.

- Primero presenta y describe la obra.
- Luego da una explicación sobre la exposición.
- Para terminar, explica el interés de este cuadro para dar a conocer la herencia afro en Argentina.

Orgullo afro

VÍDEO 10

AfroLatinos: Lia Samantha
© Renzo Devia/Creador Pictures, 2017.

Colombiamoda 2016, Medellín.

Para expresarte

- la costura: *la couture*
- inspirarse en: *s'inspirer de*
- mirar hacia: *se tourner vers*
- estampado: *imprimé (à motifs)*
- la sabiduría ancestral: *la sagesse ancestrale*
- el diseño: *le design*
- incluyente: *inclusif/ive*

¿SABÍAS QUE...?

La artista y diseñadora de moda **Lia Samantha** es la vocalista de ***Voodoo Souljah's*** banda de reggae-dancehall colombiano con la que ha participado en numerosos festivales internacionales. Su estilo mezcla ritmos urbanos con melodías y percusiones afrocolombianas.
«Souljahz» es el término utilizado en la cultura reggae para referirse a quienes transmiten mensajes positivos en su música.

Entra en acción

1. Presenta a Lia Samantha y di cómo logró comunicar su sentimiento más profundo.
2. Explica de qué hablan las «telas africanas» según esta diseñadora.
3. Apunta la noción de elegancia que interesa a Lia Samantha.
4. Precisa por qué, para ella, se deben usar estos tejidos a diario.

PON EN PRÁCTICA

5. Comenta esta frase en unas quince líneas: «No se trata de disfrazarse de afro para el Día de la Afrocolombianidad».

04

Lo esencial

Vocabulario

21

- **construir una identidad nacional:** construire une identité nationale
- **obviar el aporte:** omettre la contribution
- **de tal palo tal astilla:** tel père tel fils
- **dar rienda suelta a:** donner libre cours à
- **buscar en sus propias raíces:** chercher dans ses propres racines

Gramática

La voix passive
- «La gente que **había sido esclavizada**».

L'obligation personnelle avec *tener que* + infinitif
- «**Tengo que decir** con orgullo».

Ortografía

Le suffixe *-aje*
Traduis les mots suivants en espagnol. Que remarques-tu ?
hommage • reportage • pourcentage • métissage

Proyecto

En equipo, busca en internet otras iniciativas para reconocer a los afrodescendientes y preséntalas al resto de la clase.

- Infórmate acerca de otras iniciativas que existen en los diferentes países latinoamericanos.
- Selecciona una iniciativa que te parezca interesante.
- Redacta un texto para explicar su interés y su modo de acción.
- Reúne los elementos en un Powerpoint y preséntalos.

EXERCICES INTERACTIFS

Le gérondif

Observe et déduis

1. Observe les verbes en gras, indique leur forme et comment ils sont formés.
2. Traduis les phrases en français. Que remarques-tu ?
3. Le gérondif sert-il à exprimer la même idée dans les deux phrases ?

Retiens la règle

- Le gérondif se forme en ajoutant au radical du verbe les formes *-ando* (verbes terminés en *-ar*) ou *-iendo* (verbes terminés en *-er/-ir*).
- On utilise le gérondif pour **exprimer la manière** dont on fait quelque chose.
- La locution *estar* + gérondif sert à exprimer le **déroulement d'une action.**

Entraîne-toi

4. Complète les phrases en utilisant le gérondif.
   a. ¿Cómo solucionaste el problema? ... (hablar) con un especialista.
   b. ¿Cómo estás ... (organizar) las mesas del coloquio? ... (poner) a los especialistas juntos y ... (evitar) las mesas muy grandes.
   c. ¿Cómo visibilizar a las minorías? ... (sensibilizar) a todo el mundo y (reconocer) ... la riqueza y el legado de las diferentes culturas.

Conjugaisons p. 270

La voix passive

Observe et déduis

1. Repère les tournures en gras dans les deux répliques et dis comment elles sont construites.
2. Compare les verbes en gras et les verbes soulignés. Que remarques-tu ? Qui réalise l'action dans chaque cas ?

Retiens la règle

- À la **forme passive**, le sujet subit l'action exprimée par le verbe au lieu de la réaliser.
- Cette forme est employée pour mettre en valeur le fait lui-même ou la personne qui subit l'action.
- L'agent qui effectue l'action est introduit par *por* et le verbe employé est *ser*.

Entraîne-toi

3. Réécris les phrases suivantes à la voix passive.
   a. La sociedad discrimina a los afrodescendientes.
   b. Los colonizadores llevaron a esclavos africanos a América.
   c. El gobierno de la ciudad patrocinó la exposición.
   d. Los medios de comunicación tacharon al alcalde de racista.
   e. El conferenciante trató el tema de los afroamericanos.
   f. La ciudad ha invitado a la cantante.

REIVINDICAR LO AFRO

¿QUIÉNES?

- afroamericanos/as
- afrodescendientes
- antepasados/as
- la piel
- la minoría
- el mestizaje
- la etnia
- comunidad negra

¿QUÉ?

- la herencia
- heredar
- las huellas
- África
- el pasado colonial
- el legado
- el mestizaje
- los/las criollos/as
- el sincretismo
- la riqueza
- el racismo
- la inclusión
- la diversidad
- la identidad

¿QUÉ HACER?

- asumir
- reivindicar
- conocer
- reconocer
- incluir
- integrar
- valorar
- preservar
- celebrar
- conmemorar
- recordar
- festejar

¿QUÉ PASÓ?

- la injusticia
- la esclavitud
- la discriminación
- esclavizar
- forzar
- marginar
- la marginación
- ignorar
- ningunear

¿CÓMO HACERLO?

- aceptando (aceptar)
- reconociendo (reconocer)
- exponiendo (exponer)
- investigando (investigar)
- proponiendo (proponer)
- compartiendo (compartir)
- viajando (viajar)
- leyendo (leer)

1 B1 Busca en el mapa mental los sinónimos de las palabras siguientes:

legar | mezcla | opulencia | apreciar

2 B1 Asocia cada palabra del ejercicio anterior con un contrario:

despreciar | pobreza | desheredar | pureza

3 B1 Busca en el mapa mental palabras que corresponden a las siguientes definiciones:

a. Individuo del que desciende otro, especialmente si vivió en una época pasada remota.
b. Mezcla de culturas distintas, que da origen a una nueva.
c. Sujeción excesiva por la cual se ve sometida una persona por otra, o a un trabajo u obligación.
d. El patrimonio material e inmaterial de un pueblo o comunidad que ha sido legado para ser conservado y transmitido a las siguientes generaciones.
e. Dar trato desigual a una persona o colectividad por motivos raciales, religiosos, políticos, de sexo, de edad, de condición física o mental, etc.

4 B1+ Completa el texto siguiente con palabras del mapa mental:

minoría | invisibilizada | reconocer | reivindicar | inclusión | asuman

Los afrodescendientes son la ... más ... de Latinoamérica y viven en condiciones muy difíciles. Ya es hora de ... y de ... sus derechos. Hacen falta políticas enfocadas en la ... para que los afrodescendientes ... el papel que les corresponde como actores clave en el desarrollo de la región.

5 B1+ Forma verbos a la manera del ejemplo. Ten cuidado y haz las modificaciones ortográficas necesarias:

orgullo ➜ en-orgull-ecer ➜ enorgullecer

caro/a | bruto/a | triste | pobre | raro/a | rico/a | sombra

Épreuve 3

Le jour du BAC

Le **premier temps** de l'examen consiste en :
→ une **épreuve écrite** consacrée à l'évaluation des compétences de compréhension de l'oral et de l'écrit ;
→ un **sujet d'expression écrite** en lien avec la thématique du dossier constitué par les documents supports de l'évaluation de la compréhension de l'oral et de l'écrit.

1er temps 1 h 30

Compréhension de l'oral

AUDIO 22

¿Qué es lo afro?

Source : Encuentro, 23/02/2013
Durée : 1' 33''

Vous rendrez compte librement, en français, de ce que vous avez compris du document audio.

CONSEILS ET MÉTHODE

Écoute 1

- Repère la nature du document et liste les différents intervenants.
- Identifie le thème et appuie-toi sur les mots transparents pour comprendre le sens général.

Écoute 2

- Repère les deux dates et mets en relation les deux périodes pour pouvoir expliquer l'évolution des noirs africains en Amérique latine.
- Concentre-toi aussi sur la définition du terme « afro » en t'appuyant sur les mots les plus évidents.

Écoute 3

- Lors de la troisième écoute, complète la définition du terme « afro » et affine les autres idées.

Compréhension de l'écrit

Documento 1

La pulsera de cascabeles

Por el ventanuco[1] enrejado[2], Bingo espía los negreros ingleses. Sus figuras se recortan en la barranca[3] del Retiro, con fondo de crepúsculo, más allá de las higueras[4] y de los naranjos. Fuman sus largas pipas de tierra blanca, con los sombreros echados hacia atrás, y sus casacas color pasa[5], color aceituna, color miel y color tabaco se empañan y confunden sus tonos frente al esclavo que llora. Bingo vuelve los ojos hacia su hermana muerta, que yace[6] junto a él sobre el suelo duro. A lo largo de la habitación, se apiñan[7] los cuerpos sudorosos[8]. Hay treinta o cuarenta negros, hombres y mujeres, los unos sobre los otros, como fardos. Su tufo[9] y sus gemidos[10] se mezclan en el aire que anuncia al otoño, como si fueran una sola cosa palpable.

En la barranca, los ingleses de la South Sea Company pasean lentamente. Rudyard, el ciego, tantea[11] la tierra con su bastón. Ríe de las bromas de sus compañeros, con una risa pastosa que estremece[12] sus hombros de gigante. Se han detenido frente a la fosa que cavan[13] los africanos, más allá de la huerta. Ya sepultaron a doce apestados[14]. Basta por hoy.

Bingo salmodia con su voz gutural, extraña, una oración por la hermana que ha muerto. Su canto ondula sobre las cabezas de los esclavos, como si de repente hubiera entrado en la cuadra una ráfaga[15] del viento de Guinea. Incorporándose los otros encarcelados y, mientras la noche desciende, suman sus voces a la melopea[16] dolorosa.

1. *petite fenêtre*
2. *avec grille*
3. *le ravin*
4. *figuiers*
5. *raisin sec*
6. yacer: *gésir*
7. apiñarse: *s'entasser*
8. *en sueur*
9. *puanteur*
10. *gémissements*
11. tantear: *tâter*
12. estremecer: *ébranler*
13. cavar: *creuser*
14. *pestiférés*
15. *rafale*
16. *chant monotone*

•••

Pero a los empleados de la South Sea Company poco les importan los himnos fúnebres. Están habituados a ellos. Tampoco les importa la peste que diezma[17] a los cautivos. Mañana fondeará[18] el Riachuelo un barco que viene de África con cuatrocientos esclavos más. Los negocios marchan bien, muy bien para la Compañía. Hace siete años que adquirió el privilegio de introducir sus cargamentos en el Río de la Plata, y desde entonces más de una fortuna se labró en Londres, más de un aventurero adquirió carroza y se insinuó entre las bellas Covent Garden y del Strand, porque en el otro extremo del mundo, en la diminuta Buenos Aires, los caballeros necesitan vivir como orientales opulentos, dentro de la sencillez de sus casas de vastos patios.

Rudyard, el ciego, muerde la pipa blanca. Pronto llegará la hora de buscar a su favorita, a Temba, la muchachita frágil que lleva en la muñeca su pulsera[19] de cobre con tres cascabeles. Ignora que Temba ha muerto también. Ignora que en ese mismo instante Bingo, su hermano, la está despojando[20] del brazalete.

Manuel Mujica Láinez, *Misteriosa Buenos Aires*, 1950.

17. diezmar: *décimer*
18. fondear: *jeter l'ancre*
19. *bracelet*
20. despojar: *dépouiller, enlever*

Documento 1

África al otro lado del Atlántico

África en América, un continente dentro de otro continente, unas raíces[1] que se extienden por toda la región. El Centro de la Imagen del Gobierno de México inauguró el pasado 17 de agosto la exposición *Africamericanos*, un recorrido por la aportación de África en la construcción de la identidad latinoamericana. La muestra consta de[2] 400 imágenes y otros objetos de más de 70 artistas de las comunidades afrodescendientes de México, Cuba, Nicaragua, Costa Rica, Panamá, Surinam, Guyana, Guadalupe, Venezuela, Colombia, Ecuador, Perú, Brasil, Argentina, Uruguay y Haití. La muestra estará abierta hasta el 4 de noviembre. Bajo el comisariado de Claudi Carreras, la muestra busca «dar visibilidad a la herencia africana que ha sido negada, que ha sufrido una injusticia histórica en comunidades abandonadas y marginadas, a través de obras que resaltan[3] la belleza de la piel negra y la riqueza cultural de la afrodescendencia». *Africamericanos* también presenta dos murales[4] pintados *in situ* por los artistas panameños Manuel Golden y Gustavo Esquina y el mexicano Balzatar Castellano. «Pese a siglos de invisibilización, la comunidad afrodescendiente es una de las influencias culturales más importantes de América Latina», destaca la revista *Time Out*, de México.

«África al otro lado del Atlántico, una herencia marginada», *El País*, 18/08/2018.

1. *racines*
2. se compone de
3. resaltar: *souligner*
4. *fresques*

Documento 1

1. Precise el tema general del documento y diga cómo eran tratados los africanos a su llegada al Río de la Plata.

Documento 2

2. Explique por qué la herencia africana fue marginada.

Documentos 1 y 2

3. Ponga en relación los dos documentos y explique en qué medida se relacionan con el eje temático «Diversité et inclusión».

CONSEILS ET MÉTHODE

Document 1

- Explique les raisons pour lesquelles les noirs africains ont été emmenés de force en Amérique latine.
- Dis comment étaient traités les noirs africains et dégage l'ambiance générale du texte.

Document 2

- Dégage le thème principal du document et explique l'importance de l'exposition « Africamericanos ».

Documents 1 et 2

- Établis le lien entre les deux textes et avec l'axe.

Expression écrite

Vous traiterez en espagnol l'un des deux sujets suivants au choix.

Question A ▸ Apoyándose en los dos textos y en la grabación, redacta un artículo informativo para presentar la conferencia «Esclavitud y afroargentinos en busca de la tercera raíz».
En unas 120 palabras

Question B ▸ Comente esta afirmación: «Pese a siglos de invisibilización, la comunidad afrodescendiente es una de las influencias culturales más importantes de América Latina.»
En unas 120 palabras

Documento

CONSEILS ET MÉTHODE

Question A ▸

- Repère les mots-clés du titre de la conférence.
- En t'appuyant sur les différents documents, définis-les. Que signifie « la tercera raíz » ? Pourquoi faut-il la chercher ? Que nous montre ce document de la situation du peuple noir en Argentine ?

Question B ▸

- Définis les termes les plus importants de l'affirmation.
- À partir des documents du dossier ainsi que des documents de la séquence, explique l'importance de la culture africaine en Amérique latine.

Le jour du BAC

→ Pendant le **second temps**, l'examinateur propose soit 2 documents iconographiques, soit 2 citations, soit un document iconographique et une citation en lien avec l'axe choisi par le candidat parmi les trois proposés.

→ Le candidat devra **expliquer en espagnol** pendant 5 minutes quel document ou quelle citation illustre le mieux l'axe choisi et pourquoi.

2d temps 10 mn

Expression orale

Documento 1

« Intuimos que los negros no habían desaparecido, se habían vuelto invisibles. »

Eleonora Jaureguiberry,
comisaria de la exposición [In]Visibles.

Documento 2

« África está en la Argentina desde el primer día que llegaron los europeos, o incluso desde antes. La historia se empeñó sistemáticamente en negar su existencia, en no difundir sus aportes al deporte, a la ciencia, la literatura, el arte, entre otros ámbitos. »

Miriam Gomes,
activista e integrante de la Sociedad de Socorros Mutuos «Unión caboverdeana» de Dock Sud (Argentina).

1. **Diga cuál de las dos citas ilustra mejor el eje temático «Diversité et inclusion». Justifique con ejemplos precisos.** En unos 5 minutos
2. **¿Se le ocurren otras iniciativas para dar más visibilidad a los afrodescendientes?** En unos 5 minutos

CONSEILS ET MÉTHODE

Pour analyser une citation

- Dans un premier temps, prends le soin de bien lire la citation et de définir les mots les plus importants afin d'en dégager le sens.
- Une fois les citations bien comprises, choisis celle qui te semble illustrer le mieux l'axe.

Document 1

- Réfléchis au lien entre les documents étudiés lors de la séquence et la citation. En quoi fait-elle référence à ce qui a été vu ?
- Ensuite, en t'appuyant sur les différents documents et sur tes connaissances personnelles, prépare tes arguments.
- Problématise ensuite ta pensée et réfléchis à la relation avec l'axe « Diversité et inclusion ».

Document 2

- Montre les difficultés rencontrées par le peuple noir depuis son arrivée en Amérique latine.
- En t'appuyant sur la séquence étudiée, liste les différentes initiatives menées par les pays latinoaméricains pour donner davantage de visibilité au peuple noir.

Conclusion

- Justifie ton choix et exprime ton opinion. Veille à utiliser des expressions adéquates.
- Sois plus respectueux/euse et plus poli(e) que jamais. N'oublie pas de regarder l'examinateur/trice dans les yeux. Écoute attentivement ses questions, elles seront bienveillantes et seront là pour t'aider à faire tes preuves.

Séquence **05**

liberArte

¿La libertad de expresión en España resiste al paso del tiempo?

Descubro

- La découverte de la liberté pendant la transition démocratique espagnole
- L'explosion de la créativité pendant la Movida, un mouvement culturel apparu au debut des années 1980
- Les limites de la libérté d'expression dans la société espagnole contemporaine

Utilizo

Vocabulario

- La liberté d'expression et la censure

Gramática

- Les relatifs
- La subordonnée à valeur comparative et conditionnelle
- Le verbe *pasar*

Actúo

Proyecto

- Écrire un article retraçant l'évolution de la liberté d'expression en Espagne à partir de la fin de la dictature jusqu'à aujourd'hui

¿TE SUENA?

Es imposible hablar de *Madrid* y sus años 80 sin hablar de la *Movida*. ¿Te suena este nombre?
Tras cuarenta años de dictadura franquista, los jóvenes comienzan a expresar sus ansias de *libertad* y *progreso*.
Así nació la Movida, un movimiento artístico innovador y muy provocador que apareció para acabar con la opresión y romper con el pasado autoritario.
Este cuadro de *Ceesepe*, uno de los iconos de este movimiento junto a *Pedro Almodóvar* y tantos/as otros/as artistas, nos transporta a aquella época festiva y extravagante.

¿A ti también te transmite deseos de libertad?

mezcla
transgresión
llamativo actitud
ambigüedad
colores
pop-art contraste
festivo
liberar heterogéneo

EN TU MÓVIL
Escucha las canciones

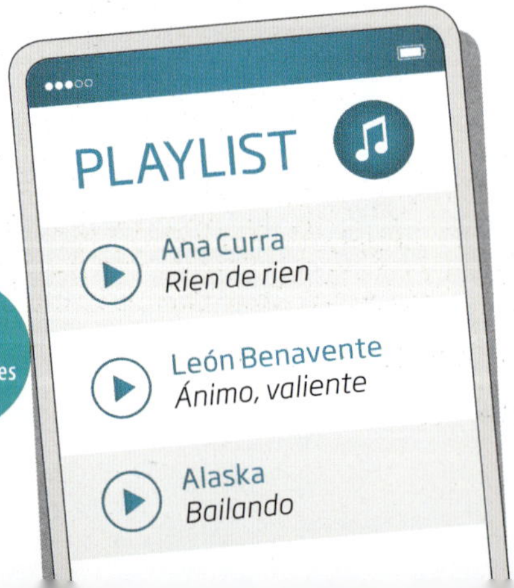

Axe 3
Art et pouvoir

Ceesepe (artista español), *Café de Madrid*, 1982.

1. Observa el cuadro de Ceesepe y di qué impresión se desprende de él.
2. Explica cómo consigue crear este ambiente el artista.

¿Y después de la dictadura?

Hacia la reconciliación

AUDIO 23

Entrevista al pintor Juan Genovés
© Congreso de los Diputados, Canal Parlamento, 2016.

Juan Genovés (artista español), *El abrazo*, 1976.

Para expresarte

- un abrazo: *une étreinte*
- la alegría: *la joie*
- los colores oscuros/apagados: *les couleurs sombres/ternes*
- la resistencia: *la résistance*
- el odio: *la haine*
- la unión: *l'union*
- la reconciliación: *la réconciliation*
- emblemático/a: *emblématique*

Escoge tu camino

POR ETAPAS

1. Observa el cartel y di qué sensación se desprende de él. Fíjate en:
   los colores • la actitud • el personaje femenino de la derecha
2. Escucha el testimonio y di qué tipo de artista es Juan Genovés.
3. ¿Cómo le vino la idea del cuadro a Juan Genovés?
4. Explica cuál era la intención del autor y di por qué su obra se hizo emblemática.

EN DIRECTO

Observa el cartel y di qué impresión produce. Explica por qué hoy es emblemático.

PON EN PRÁCTICA

Debate con tus compañeros/as: «una obra de arte puede ser un arma de resistencia». ¿A favor o en contra?

Salir de la oscuridad

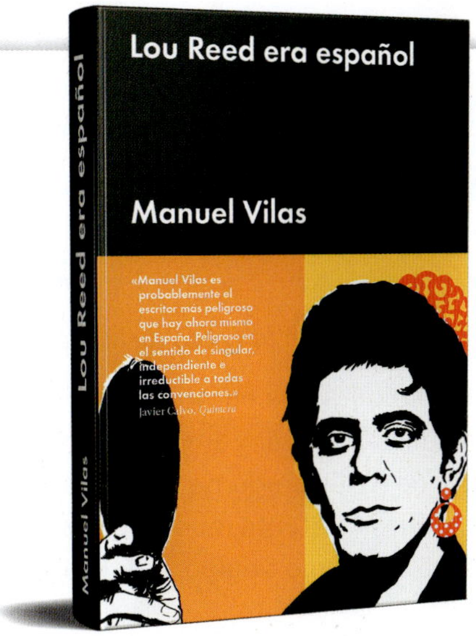

Corre el año 1980 y el joven tiene un nuevo y sofisticado amigo que vive en Zaragoza. Se llama Rodrigo Velasco. Es mayor que él, tiene seis años más. [...] Su nuevo amigo estudia Derecho en Zaragoza; también es de Barbastro [...], se habían conocido en un pub recién inaugurado que causaba sensación en el pueblo. Era la época en que fueron apareciendo tímidamente esos bares a los que la gente llamaba pubs y en los que la oscuridad y las barras[1] y los taburetes y la moqueta y la música parecían conquistas sociales [...].
A Rodrigo también le gusta Lou Reed[2], aunque prefiere a David Bowie[2]. El joven ya sabe perfectamente que Lou Reed se droga o se ha drogado. Ha aprendido el suficiente inglés como para saber de qué hablan esas canciones. Aunque el inglés no había penetrado aún en España, donde en todas partes se seguía estudiando francés. Era absurdo: todo un país estudiando francés. Así nadie se enteraba de nada y menos el ministro de Educación, que debía de ser un inepto[3]. Todos eran unos ineptos. España era una ineptitud global [...].
El joven [...] está cambiando de actitud. Se da cuenta, por ejemplo, de que su padre por no saber no sabe ni que existe la lengua inglesa, se da cuenta de que en España nadie sabe nada más allá del padrenuestro y el avemaría[4], [...] se da cuenta de que España es lo que el Caudillo[5] y la Iglesia y la aristocracia y la derecha de siempre han querido que sea, es decir, un país gris, vulgar y retrasado.

Manuel Vilas (escritor español), *Lou Reed era español*, 2016.

1. *les comptoirs* 2. *Icônes légendaires du rock des années 1970.* 3. *un incapable* 4. *prières catoliques*
5. Francisco Franco, dictador español (desde 1939 hasta 1975).

Lo esencial

Vocabulario

24

- **darse un abrazo:** se prendre dans les bras
- **hacerse emblemático:** devenir emblématique
- **luchar/resistir contra los enemigos:** lutter/résister contre les ennemis
- **cumplir un sueño:** accomplir un rêve
- **darse cuenta:** se rendre compte
- **tomar conciencia de:** prendre conscience de
- **ir hacia adelante:** aller de l'avant

Gramática

L'expression de l'obligation

- **«Tengo que pintar un abrazo».**

Le gérondif

- **«Seguía estudiando francés».**
- **«Está cambiando de actitud».**
- «Todo un país **estudiando** francés».

Ortografía

Les lettres c et z

Complète les mots avec « **c** » ou « **z** ».

evolu...ión • referen...ia • abra...o • resisten...ia • cono...ido • sin...ero • Zarago...a • agoni...ar

Entra en acción

1. Presenta a los protagonistas y di cómo se conocieron.
2. Define lo que eran los pubs. ¿Por qué esos lugares eran conquistas sociales?
3. Explica qué importancia tuvieron para los protagonistas las letras de las canciones de Lou Reed:
   una ruptura • una oposición • una novedad

PON EN PRÁCTICA

4. Apoyándote en el texto, redacta cinco líneas explicando cómo la música permite marcar una ruptura con el pasado.

Para expresarte

- un descubrimiento: *une découverte*
- la letra de las canciones: *les paroles des chansons*
- un idioma = una lengua: *une langue*
- una ruptura: *une rupture*
- retrasado/a: *en retard, arriéré(e)*
- replegarse: *se replier*
- sí mismo/a: *soi-même*
- anclado/a: *ancré(e)*

Para el oral del BAC

Explica por qué el arte puede ser una forma de resistencia al poder.

- Fíjate en los colores del cartel de Juan Genovés y en la actitud de los personajes. Di cómo reflejan la salida del oscurantismo de la dictadura.
- Busca en el texto los elementos que hacen referencia a estos dos aspectos.
- Explica cómo en los dos documentos el arte permite resistir.

¿Qué cambió con la Movida?

Un choque artístico

El Rock-Ola fue una de las salas de conciertos más emblemáticas del Madrid de la Movida.

El narrador recuerda su juventud en los años 80, en la época de la Movida.

Cada día, casi siempre a través de la radio [...] nos enterábamos[1] de un grupo, cineasta, dibujante o escritor que debíamos degustar y admirar a la mayor brevedad. Era como si el mundo, buena parte de su decorado, no hubiera existido hasta ese preciso momento, y se creara ante nuestra atenta mirada, cada día. Todo era nuevo, diferente y, a veces, mágico. Pero, al mismo tiempo, todo era muy lejano[2], y complicado, muy complicado.

Una tarde de primavera, creo recordar, mi hermano Pedro y yo nos plantamos en el Palacio del Cine, centro de Córdoba, para ver una película titulada *Laberinto de pasiones* de un tal Pedro Almodóvar[3]. Conocíamos a Almodóvar, por su faceta musical, loca loquísima, junto a Fabio McNamara y por unos cortos[4], más locos todavía y que no entendía [...]. No exagero en nada, en ninguno de los detalles: cinco espectadores en total nos plantamos esa tarde en el Palacio del Cine, contándonos mi hermano y yo [...].

Tal y como me sucedió con Kafka[5], incluso con Joy Division[6], tal y como me había sucedido con sus cortos anteriores, la película de Almodóvar me gustó, o, más que gustar, me impresionó, me atrajo[7], por motivos que yo desconocía, a pesar de que abandoné el Palacio del Cine con la incómoda sensación de no haberlo entendido todo [...]. Sería más sincero si indicara que no entendí nada. Algunas escenas, sobre todo las que mostraban sexo entre dos hombres, me impactaron especialmente, como si hubiera atravesado una frontera que jamás hubiera podido imaginar que existiera. Aquello no formaba parte de mi mundo, no encajaba[8] en lo que era mi vida. Mi vida hasta entonces.

Salvador Gutiérrez Solís (escritor español), *Biografía autorizada*, 2015.

1. enterarse: *(ici) découvrir* 2. *éloigné, lointain* 3. Director de cine español muy famoso. 4. *courts-métrages* 5. Escritor checo (1883-1924). 6. Banda de musica post-punk inglesa de los años 1980. 7. atraer: *attirer* 8. *ne collait pas*

Escoge tu camino

POR ETAPAS

1. Para el narrador, los años 80 fueron años de:
   descubrimiento • transformación • explosión artística
   Justifica tu(s) elección(es) con elementos del texto.
2. En aquel entonces, en la ciudad del narrador, Pedro Almodóvar era un cineasta:
   alternativo • famoso • desconocido
   Justifica tu(s) elección(es) con elementos del texto.
3. Di cuáles son las diferentes sensaciones que provocó la película de Pedro Almodóvar en el narrador.

EN DIRECTO

Explica por qué dice el narrador que en los años 80, «todo era nuevo, diferente y, a veces, mágico. Pero, al mismo tiempo, todo era muy lejano».

Para expresarte

- el cambio: *le changement*
- la provocación: *la provocation*
- provocador(a): *provocateur/trice*
- lo desconocido: *l'inconnu*
- el entusiasmo: *l'enthousiasme*
- revolucionario/a: *révolutionnaire*

PON EN PRÁCTICA

A partir de lo que relata el narrador, intenta explicar lo que es el movimiento artístico de la Movida (movimiento que descubre el narrador aquí).

Cantar para rebelarse

Entrevista a Ana Curra
© RF, 2011.

AUDIO 25

Pablo Péréz-Mínquez (fotógrafo español), Retrato de Ana Curra, 1983.

Entra en acción

1. Observa la foto y trata de adivinar quién será Ana Curra.
2. Escucha el audio y presenta a la artista Ana Curra:
   tipo de música • época • grupo • títulos
3. Apunta las expresiones con las que Ana Curra califica la época en la que ella tocaba música.

PON EN PRÁCTICA

4. Redacta un breve artículo sobre Ana Curra. Cita datos biográficos, presenta el movimiento artístico al que pertenecía y precisa lo que representaba para ella la música.

Para expresarte

- llamativo/a: *criard(e)*
- la referencia: *la référence*
- consensual ≠ extravagante
- un corte de pelo: *une coupe de cheveux*
- variopinto/a: *multicolore*
- estrafalario/a: *exubérant(e)*
- la alegría: *la joie*
- inspirarse en: *s'inspirer de*

Lo esencial

Vocabulario (26)

- **descubrir nuevos horizontes:** découvrir de nouveaux horizons
- **un momento de gran entusiasmo y creatividad:** un moment de grand enthousiasme et créativité
- **sentirse parte del cambio:** se sentir partie prenante du changement
- **sentirse a gusto/incómodo/a:** se sentir bien/mal à l'aise

Gramática

L'expression *como si*
- «Era **como si** el mundo no **hubiera** existido hasta ese preciso momento».
- «**Como si hubiera** atravesado una frontera».

L'expression *tal y como*
- «**Tal y como** me sucedió con Kafka, **tal y como** me había sucedido con sus cortos anteriores...»

Pronunciación (27)

La diphtongue et le hiatus
Écoute les mots et indique si c'est une diphtongue ou un hiatus.

Para el oral del BAC

El movimiento artístico de la Movida permitió a muchos/as jóvenes españoles de los años 80 «atravesar una frontera».
- Explica primero en qué contexto histórico surgió este movimiento.
- Cita sus características más relevantes.
- Explica por qué la expresión «atravesar una frontera» corresponde perfectamente a lo que vivieron muchos jóvenes en aquel entonces.

¿Expresarse libremente hoy?

Condenas a tres raperos

Campaña en apoyo a Valtonyc.

Pablo Hasél[1] siempre ha sido un bocazas[2], un maleducado, un troll. Su primera condena a cárcel, en 2014, fue por rapear que «dispararía[3] uno a uno a los puercos del PSOE[4]» [...] o «no me da pena tu tiro en la nuca, pepero[5]» eran otras de las rimas de este autor cuyo mayor talento es el insulto y la provocación. Sus nuevas letras y tuits, esta vez dedicadas a la monarquía o criticando la impunidad de las torturas policiales, le han costado una segunda condena de dos años y un día de prisión. La decisión en el tribunal no ha sido unánime. La jueza Manuela Fernández Prado firma un voto particular donde pide la absolución. [...] «Sus mensajes emplean un lenguaje soez[6], y contienen una crítica ácida, pero no por ello puede entenderse que superen los límites de la libertad de expresión y la crítica frente a las instituciones públicas», asegura Fernández Prado. [...]

Los países del mundo se dividen en dos. Aquellos donde las injurias y las calumnias se castigan con una multa[7] o una indemnización para los injuriados. Y esos otros donde lo que dices o escribes te puede llevar a prisión. [...]

Las condenas a Hasél, Strawberry o Valtonyc[8] nos hacen peores. Nos degradan como sociedad. Retratan a España como un país con dejes autoritarios, con formas reaccionarias, que está sufriendo en estos años una clara involución [...]. Un lugar donde la libertad de expresión está seriamente amenazada y en cuestión. Hasél es y será un bocazas, un troll fanfarrón con un discurso político de garrafón[9]. Pero su condena es injusta y en ningún caso merece la prisión.

Ignacio Escolar (periodista español), «Los bocazas no merecen la prisión», eldiario.es, 02/03/2018.

1. Rapero español. 2. *grande gueule* 3. disparar: *tirer sur* 4. *les porcs du PSOE* (Partido Socialista Obrero Español) 5. (fam.) miembro del PP (Partido Popular) 6. *grossier* 7. *une amende* 8. Dos músicos también condenados a cárcel. 9. *(ici) au ras des pâquerettes*

Para expresarte

- injuriar: *injurier*
- las injurias: *les injures*
- defender: *défendre*
- criticar: *critiquer*
- vulgar: *vulgaire*
- la vulgaridad: *la vulgarité*
- un atentado: *un attentat*
- una violación: *une violation*

Entra en acción

1. Identifica los elementos que muestran que el periodista no aprecia el estilo de Pablo Hasél.
2. Explica las razones de las condenas a cárcel del rapero Pablo Hasél.
3. Subraya las expresiones que muestran la opinión del periodista acerca de estas condenas. ¿Qué valor(es) defiende?
4. A pesar de no estar de acuerdo con Pablo Hasél, para el periodista estas condenas «degradan» la imagen de la sociedad española. Explica por qué:
   la censura • un país democrático • un país autoritario

PON EN PRÁCTICA

5. Imagina cuáles fueron los argumentos del/de la abogado/a (defensa) de Pablo Hasél y cuáles fueron los argumentos del/de la fiscal (acusación) durante el juicio. Para ayudarte:
   - abogado/a:
     mi cliente • (no) ser un delincuente • (no) cometer un delito • (no) merecer una condena a cárcel
   - fiscal:
     el acusado • palabras graves/ofensivas • animar a la violencia

Libertad amenazada

AUDIO 28

Las amenazas a la libertad de expresión en España
© Euronews, 03/05/2018.

Viñeta de Eneko (humorista gráfico venezolano), 2019.

Entra en acción

1. Observa el dibujo y di qué simbolizan la luz y la oscuridad.
2. Escucha el audio y explica la perplejidad de los/las artistas, periodistas y raperos españoles hoy en día.
3. Di a quiénes se dirigen las críticas y los mensajes «censurados».
4. Completa el cuadro siguiente:

	Profesión	Razón de su condena
Nacho Carretero		
Pablo Hasél		
Valtonyc		
Santiago Sierra		

PON EN PRÁCTICA

5. Explica lo que denuncia la viñeta de Eneko. Para ilustrar tu explicación, haz referencia a los ejemplos concretos del audio.

Lo esencial

Vocabulario (29)

- **reivindicar ≠ limitar la libertad de expresión:** revendiquer ≠ limiter la libérté d'expression
- **considerarse injuriado/a / calumniado/a:** se sentir offensé(e)/calomnié(e)
- **un recorte de las libertades públicas:** une limitation des libertés publiques
- **ser condenado/a a:** être condamné(e) à

Gramática

Le relatif *cuyo/a*
- «Este autor **cuyo** mayor talento es el insulto y la provocación».

Précis p. 280

La valeur des démonstratifs
- «Los países del mundo se dividen en dos. **Aquellos** donde... Y **esos** otros donde...»

Précis p. 278

L'expresión de la durée
- «**Hace** apenas unos días...»

Pronunciación (30)

La lettre *d*

Écoute les mots et indique s'ils se terminent par le son [d] ou [z].

Précis p. 275

Proyecto

Escribe un artículo en el cual explicas la evolución de la libertad de expresión en España desde el final de la dictadura hasta hoy.

- Explica primero cuáles eran los valores que dominaban en España bajo la dictadura.
- Muestra la explosión cultural que representó la Movida.
- Di cuáles son las amenazas de censura que aparecen hoy.

EXERCICES INTERACTIFS

Les relatifs

Observe et déduis

1. Lis et traduis les phrases en français.
2. Qu'observes-tu après les expressions en gras : un groupe nominal ou un groupe verbal ?
3. Selon toi, pour quelle raison utilise-t-on dans la première phrase *del que* et dans la seconde *de la que* ?

Retiens la règle

- Lorsque le pronom relatif « dont » précède un verbe ou un groupe verbal, il a la même valeur que « **duquel** », « **de laquelle** », « **desquels** », « **desquelles** » et se traduit donc par ***del que***, ***de la que***, ***de los que*** ou ***de las que***.

Entraîne-toi

4. Complète les phrases en utilisant *del que*, *de la que*, *de los que* ou *de las que*.
   a. Juan Genovés es el pintor ... te he hablado.
   b. El rapero Valtonyc, ... se habló mucho últimamente, fue condenado a cárcel.
   c. Rock-Ola era la sala de conciertos ... todo el mundo hablaba.
   d. Es una época de mi vida ... prefiero no hablar.

Observe et déduis

1. Quel relatif français permet de traduire les formes soulignées ?
2. Qu'observes-tu après les mots en gras : un verbe ou un nom commun ?
3. Selon toi, pour quelle raison, dans la première phrase le « dont » est rendu par *cuyo* et dans la seconde par *cuyas* ?

Retiens la règle

- Le pronom relatif « **dont** » ne peut se traduire par ***cuyo/a/os/as*** que lorsqu'il est suivi en français d'un **article défini + nom commun**. En espagnol, l'article défini disparaît et ***cuyo/a/os/as*** s'accorde en genre et nombre avec le nom qui le suit.

Entraîne-toi

4. Traduis les phrases suivantes en espagnol.
   a. Le film dont ils ont parlé ce matin à la radio passe ce soir.
   b. Ce groupe, dont la chanteuse s'appelle Ana Curra, donne un concert ici dans quelque temps.
   c. Ce disque, dont tout le monde parle, est un bon exemple du rock madrilène des années 1980.
   d. Ce rappeur, dont les textes sont très provocateurs, a dû passer devant la justice.

Précis p. 280

La subordonnée à valeur comparative et conditionnelle

Observe et déduis

1. Traduis la phrase du personnage qui lit le journal. Quel temps et quel mode emploies-tu en français pour traduire les formes verbales en gras ?

2. À quel temps et à quel mode sont conjuguées ces formes verbales en espagnol ?

Retiens la règle

- En espagnol, après *como si* le verbe doit obligatoirement être conjugué à **l'imparfait du subjonctif**.
- Ce n'est pas le cas en français puisqu'après « **comme si** » le verbe est conjugué à **l'imparfait de l'indicatif**.

Entraîne-toi

3. Complète les phrases en conjuguant le verbe au temps et au mode qui convient.
   a. Ella canta como si ... (dar) un concierto en el Rock-Ola.
   b. Nada ha cambiado en esta sala de conciertos. Es como cuando ... (nosotros, ser) jóvenes.
   c. Me gustaría volver a los años 80. Como si todavía ... (yo, tener) 20 años.
   d. Cuando este abogado habla es como si ... (hipnotizar) a todo el mundo.

Le verbe *pasar*

Observe et déduis

1. Traduis les phrases des personnages. Qu'observes-tu de différent en français lorsque tu traduis les formes verbales en gras ?

2. Par quel autre verbe espagnol pourrait être remplacé le verbe *pasar* ici ?

Retiens la règle

- Lorsqu'il est **synonyme de** *desarrollarse*, le verbe *pasar* ne s'emploie pas dans sa forme pronominale, autrement dit, il n'est pas précédé de *se*.

Entraîne-toi

3. Dans laquelle de ces phrases *pasar* peut-il être remplacé par *desarrollarse* ?
   a. Ella pasó dos años en Inglaterra.
   b. ¿Qué película pasan esta noche?
   c. La acción pasa en este barrio de Madrid.
   d. Al pasar delante de la sala, tuve muchos recuerdos.

4. Traduis les phrases en espagnol.
   a. Il se passe beaucoup de choses dans cette ville.
   b. Il ne se passe pas un jour sans que j'écoute cette chanson.
   c. La scène se passe dans une petite ville.

EXERCICES INTERACTIFS

LIBERTAD DE EXPRESIÓN ≠ CENSURA

¿EN QUÉ CONSISTE? (Libertad de expresión)

- tener derecho a
- decir
- manifestar
- difundir
- escribir
- expresar
- opinar
- revelar

¿QUÉ PERMITE?

- criticar
- denunciar
- incitar
- concienciar
- visibilizar
- el debate
- la discusión
- el intercambio de ideas

¿DÓNDE TERMINA?

- la apología del odio
- la intolerancia racial o religiosa
- la incitación a la violencia

¿EN QUÉ CONSISTE? (Censura)

- prohibir
- intimidar
- esconder
- controlar
- dar miedo
- hostigar
- silenciar
- ocultar

¿QUIÉN LA EJERCE?

- el poder político
- el Estado
- el censor

¿EN QUIÉN SE EJERCE?

- los/as artistas
- los/as intelectuales
- los/as ciudadanos/as
- los/as periodistas

1 B1 Busca en el mapa mental los sinónimos de las palabras siguientes:

impedir | vigilar | la controversia | callar | molestar

2 B1+ Busca en el mapa mental los antónimos de las palabras /expresiones siguientes:

elogiar | disuadir | permitir | dar a ver | dar a conocer

3 B1+ Relaciona cada una de estas palabras con su definición.

- el alegato •
- la caricatura •
- la sátira •
- la apología •

- • Discurso o dicho agudo, picante y mordaz, dirigido a ridiculizar.
- • Argumento o discurso a favor o en contra de alguien o algo.
- • Obra que ridiculiza, deforma o toma en broma el modelo que tiene por objeto.
- • Discurso en defensa o alabanza de alguien o algo.

4 B1+ Explica qué comprende Mafalda al leer este grafiti inacabado.

Quino (dibujante argentino), *Mafalda*, tira publicada en el periódico *El Mundo*, 1972.

Méthode BAC

05

Mobiliser ses connaissances pour écrire

1 Analyser l'énoncé

- Après une **lecture attentive** du sujet, **surligne les mots-clés** qui te serviront à organiser ton brouillon.
- Fais ensuite le lien entre les **différents éléments du sujet** afin de comprendre ce que tu dois faire exactement.

« *Comente la afirmación de... sacada del artículo...* » : pour ce sujet, il s'agit de commenter une citation tirée d'un article de presse en 120 mots minimum.

Question A

Comente la afirmación de Ana Torroja, cantante de Mecano (grupo emblemático de la Movida), sacada del artículo «España ha involucionado desde los 80», *Público*, 15/02/2019:

«Para mí la Movida fue el momento más creativo de las últimas décadas en España. No había límites, ni censura, todo se podía. De alguna forma, hemos ido involucionando; ahora no se puede casi nada, estamos tratando de poner fronteras, censurando formas de expresión.» En unas 120 palabras

2 Déterminer la forme

- À partir des mots-clés que tu as repérés et de l'axe annoncé, **identifie le genre** (courte argumentation, article pour un blog, lettre personnelle/formelle...) **et la forme** (formules de politesse, narration à la 1re/3e pers.) de la production attendue.
- Déduis-en le **registre** ainsi que le **lexique** et la **syntaxe** à utiliser.

Registre standard, mais pas familier.

- En la frase que me toca comentar...
  el/la artista – periodista – político/a...
  subraya – comenta – analiza – explica – da su opinión acerca de – critica ≠ alaba
- En esta frase...
  me parece importante destacar une expresión / palabra clave: «...».
  me llama la atención la palabra / expresión: «...».

3 Mobiliser les connaissances culturelles nécessaires

- Détermine précisément quels sont les **documents étudiés** précédemment qui t'aideraient à traiter le sujet.

► Ici, pour justifier l'expression « *Para mí la Movida fue el momento más creativo de las últimas décadas en España* », tu pourrais faire référence au texte p. 72 et à l'interview p. 73.
► Ensuite, tu pourrais illustrer le propos suivant : « *ahora no se puede casi nada, estamos tratando de poner fronteras, censurando formas de expresión* » grâce aux documents p. 74-75.

- **Classe tes idées et les exemples mobilisés** pour les illustrer à l'aide d'un tableau.

Movida: momento creativo	Ahora: censura
Texto Un choque artístico (p. 72) «Todo era nuevo, diferente y, a veces, mágico.» ➔ Movida: momento de gran creatividad. «La película de Almodóvar me impresionó, me atrajo como si hubiera atravesado una frontera.» ➔ Movida: aparición de formas artísticas modernas y anticonformistas que tratan de molestar al público.	Artículo Condena a tres raperos (p. 74) España aparece como un país «donde lo que dices o escribes te puede llevar a prisión», «un país con dejes autoritarios.» ➔ Alusión a la condena de tres raperos por sus letras o tuits que critican a los políticos.

- En efecto / Por eso (c'est pourquoi) / Entonces (donc) / Ya que = Puesto que (puisque) / En la medida en que (dans la mesure où)
- Luego = después (ensuite)
- Por una parte... por otra parte...
- Sin embargo (cependant) / Pero (mais)
- Al contrario / En cambio (en revanche) / mientras que (tandis que, alors que)

4 Mobiliser ses acquis linguistiques

- Relie tes idées grâce à des **connecteurs logiques**.
- **Liste le lexique** que tu connais sur le sujet et que tu veux employer afin de l'avoir à disposition pour rédiger.
- **Réfléchis aux tournures grammaticales et syntaxiques** qui peuvent convenir, et varie tes formulations :

Podemos matizar esta opinión diciendo...
Cabe recordar / explicar / añadir aquí...
En mi opinión / A mi juicio

Le jour du BAC

Le **premier temps** de l'examen consiste en :
→ une **épreuve écrite** consacrée à l'évaluation des compétences de compréhension de l'oral et de l'écrit ;
→ un **sujet d'expression écrite** en lien avec la thématique du dossier constitué par les documents supports de l'évaluation de la compréhension de l'oral et de l'écrit.

1er temps 1 h 30

Compréhension de l'oral

AUDIO 31

La Movida madrileña

Source : Generación 2.0, 17/01/2017
Durée : 1' 30"

Vous rendrez compte librement, en français, de ce que vous avez compris du document audio.

CONSEILS ET MÉTHODE

Écoute 1

- Identifie les locuteurs, la nature du document et son thème. Repère aussi à quelle époque la Movida madrilène correspond.

Écoute 2

- Liste les adjectifs utilisés pour qualifier la Movida madrilène. Concentre-toi sur le dernier témoignage et explique le rôle joué par la culture dans ce mouvement. Qui étaient les principaux acteurs ?

Écoute 3

- Mets en relation les deux périodes évoquées dans le reportage et explique la raison pour laquelle la Movida a vu le jour.

Compréhension de l'écrit

Documento 1

Almodóvar: «Nunca imaginé que la libertad de expresión estaría más en peligro hoy que en los 80»

El famoso director de cine español Pedro Almodóvar recuerda los años 1980.

Periodista: En *Laberinto de pasiones*[1] hay escenas provocadoras, muy libres, con riesgo. ¿Esa película se podría hacer hoy en día?

Pedro Almodóvar: No vuelvo a ver mis películas, pero lo que sí es cierto es que ahora mismo mis películas de los 80, aunque sí me atrevería[2] a hacerlas, estoy seguro de que tendrían muchos de los problemas que no tuvieron en su momento, porque entonces fueron muy celebradas, pero el país en el que vivimos ahora y el que vivimos en el 81 son muy distintos, y yo nunca hubiera pensado que 40 años después íbamos a estar así en este país, donde la libertad de expresión tiene más limitaciones, está más en peligro que en aquel momento. Me atrevería y creo que cualquiera puede hacerlo, pero los exhibidores y distribuidores[3] me pondrían serios problemas para que se pusiera en contacto con el público.

Periodista: [...] No sé qué piensa del momento de la Movida, si se arrepiente[4] de algo.

Pedro Almodóvar: Yo no me arrepiento, me siento muy orgulloso de todo lo que hice en

1. Es una de las primeras películas de Pedro Almodóvar.
2. atreverse: *oser*
3. *exploitants de salles de cinéma et distributeurs de films*
4. arrepentirse: *regretter*

●●●

los 80, del tipo de vida de los 80. Fue una vida de excesos, explosiva, porque acabábamos de salir de una dictadura, era muy joven y tenía la suerte de ser joven y de gozar[5] de unas libertades inéditas hasta entonces y que afectaban a todos los terrenos de tu vida. No era sólo en lo expresivo, sino en tu vida, en lo sexual, en la forma de pensar. Es tan saludable no tener limitaciones en tu cabeza... [...]. Pero esa sensación de libertad es inenarrable. No me arrepiento de nada, me alegro de que me tocara aquella época.

Javier Zurro, elespañol.com, 18/03/2019.

5. *jouir*

Documento 2

Una máquina del tiempo en Malasaña[1]

Sábado noche en el barrio de Malasaña, 2019. Un grupo de personas se apelotona en la puerta de Popland, una tienda de artículos retro [...]. Juan Carlos González, esta noche, será el encargado de conducir la máquina del tiempo que *teletransporte* a estas personas a la década de los 80. Por delante, tres horas para vivir o revivir uno de los movimientos culturales más importantes de la historia contemporánea de España: la Movida madrileña [...].

«Con Franco, y en los años posteriores, no podíamos hacer esto que estamos haciendo ahora mismo, estar en grupo, porque existía la Ley de Asociaciones Políticas», explica González.

«Ya en los 80, había de todo: *mods*, *rockers*, *punks*, o los del *guarri-pop* y *cutre-lux*». El guía se refiere a una moda ecléctica y vanguardista surgida durante estos años [...]. «La estética empezó a cambiar: pelos para arriba, imperdibles[2] en la cara, maquillaje para ellas, pero también para ellos... Todo con tal de salir a la calle y provocar» [...].

El consumo de sustancias ilegales fue la cara más amarga de la Movida, que causó la muerte de muchos jóvenes. «Por aquella época era normal perder amigos cada dos por tres[3]», añade el guía.

Lo que más se recuerda de la Movida es la música [...]. De la Movida también salieron grandes artistas procedentes de otras disciplinas como el director de cine Pedro Almodóvar, los fotógrafos Alberto García-Alix y Ouka Leele, el ilustrador Ceesepe, el poeta Eduardo Haro Ibars o el grafitero Muelle.

«¿Y cómo se transmitía toda esa cultura sin redes sociales?» Durante esta década proliferaron las radios libres como Radio Libertad o Mercurio; revistas como *Madriz*, *La Luna de Madrid* o *Madrid Me Mata* [...]. «Si querías ser crítico de algo te ponías a escribir y te hacías tus propios fanzines[4], esos eran los blogueros de la época», se ríe González [...].

Marta Villena, *El País*, 23/09/2019.

1. Barrio de Madrid en el que se concentraban las salas de conciertos más famosas de la Movida.
2. *épingles à nourrice*
3. *très fréquemment*
4. *Petites revues de faible diffusion, rédigées par des amateurs sur les thèmes qui les passionnent.*

(suite p. 82)

1er temps (suite)

Documento 3

Viñeta de Eneko, 2019.

Documentos 1 y 3

1. **Explique cómo ha evolucionado la libertad de expresión en España desde los años 80 para Pedro Almodóvar y Eneko.**

Documento 2

2. **Explique cómo se difundía la información sobre los temas artísticos en aquella época.**

Documentos 1 y 2

3. **Cite cuatro características importantes de la época de la Movida y diga qué recuerdos tiene Pedro Almodóvar de aquella época.**

CONSEILS ET MÉTHODE

Documents 1 et 3

- Repère les expressions dans lesquelles le cinéaste met en évidence la différence qui existe entre la liberté d'expression dont jouissent les artistes aujourd'hui et celle dont ils jouissaient il y a 40 ans.
- Montre que le dessin d'Eneko illustre cette différence.
- Repère les expression(s) dans lesquelles Pedro Almodóvar explique ce qui se passerait, selon lui, si ses films des années 1980 sortaient aujourd'hui.

Documents 1 et 2

- Liste les caractéristiques de la Movida évoquées dans le document 1 et celles évoquées dans le document 2.
- Repère le champ lexical utilisé par Pedro Almodóvar (document 1) pour parler de sa vie dans les années 1980.

Expression écrite

Vous traiterez en espagnol l'un des deux sujets suivants au choix.

Question A ▸ **Diga si el audio *La Movida madrileña*, los dos artículos y el dibujo de Eneko transmiten una visión positiva de la evolución de la libertad de expresión en España.** En unas 120 palabras

Question B ▸ **Comente la afirmación del director de cine Pedro Almodóvar: «yo nunca hubiera pensado que 40 años después íbamos a estar así en este país, donde la libertad de expresión tiene más limitaciones, está más en peligro que en aquel momento [los años ochenta].»** En unas 120 palabras

CONSEILS ET MÉTHODE

Question A ▸

- Explique ce que dénonce le dessinateur Eneko dans son dessin humoristique (à quelle époque fait-il référence dans la première vignette de son dessin ? À quelle époque fait-il référence dans la deuxième ?).
- Argumente ensuite l'idée défendue par Eneko en t'appuyant sur les informations précises présentes dans le document audio et les articles des pages 80-81, ainsi que dans les documents étudiés dans la séquence.

Question B ▸

- Avant de commenter la citation proposée ici, commence par en proposer une analyse rapide (qui parle ? quel ton est employé ? Quel est l'objectif : expliquer ? dénoncer ?).
- Ensuite, pour commenter ce propos, fais référence à des cas concrets de limitation de la liberté d'expression étudiés en classe.

Le jour du BAC

→ Pendant le **second temps**, l'examinateur propose soit 2 documents iconographiques, soit 2 citations, soit un document iconographique et une citation en lien avec l'axe choisi par le candidat parmi les trois proposés.

→ Le candidat devra **expliquer en espagnol** pendant 5 minutes quel document ou quelle citation illustre le mieux l'axe choisi et pourquoi.

2d temps 10 mn

Expression orale

Documento 1

Viñeta de Forges.

Documento 2

« Si la libertad del arte está amenazada, lo están las libertades de todos nosotros. »

Juan Luis Cebrián
(presidente del diario español *El País*), febrero de 2018.

1. **Diga cuál de los dos documentos ilustra mejor el eje temático «Art et pouvoir». Justifique con ejemplos precisos.** En unos 5 minutos
2. **¿Le parece importante luchar por la libertad de expresión? ¿De qué manera lo haría usted?** En unos 5 minutos

CONSEILS ET MÉTHODE

Pour commencer

- Pense à tous les éléments du support qui pourront nourrir ta réflexion : la thématique, le type de support, le message transmis, les faits culturels ou sociétaux que tu peux identifier.
- Problématise tout de suite ta pensée. Surtout ne te limite pas à une description du support. L'important est de le mettre en lien avec l'axe.

Document 1 : image

- Identifie qui représente chacun des personnages et ce que fait chacun d'eux.
- Observe le panneau de signalisation sur la droite. Que nous permet-il de déduire au sujet du type de pouvoir en place ?
- Explique pourquoi cette scène est humoristique.

Document 2 : citation

- Observe la date d'écriture de la citation de Juan Luis Cebrián et repère la thématique de son propos. À quels évènements récents vus dans la séquence fait-il référence à ton avis ?
- Explique quel est l'objectif de cette phrase (critiquer ? dénoncer ? soutenir ?).

Séquence

06

Flash

Lo latino arrasa

→ ¿La música latina puede romper todas las fronteras?

Descubro

- Le succès du reggaeton dans le monde à travers la musique de Rebeca Lane, Miss Bolivia et Calle 13
- Les stéréotipes machistes associés au reggaeton
- La musique comme arme de pouvoir et résistance

Utilizo

Vocabulario

- Le monde de la musique

Gramática

- L'expression de la concession
- Les superlatifs absolu et relatif

Actúo

Proyecto

- Présenter un(e) artiste de musique latino et une chanson engagé(e)s

¿TE SUENA?

Seguro que has oído hablar de la salsa o del tango, pero ¿y del *latin trap* o del famoso reguetón?
Este es uno de los estilos musicales más escuchados y no deja a nadie indiferente. Controvertido y menospreciado, sus letras son en ocasiones consideradas como machistas y su baile, «el perreo», como provocativo. Pero, ¿es realmente el reguetón un género superficial o puede comprometerse con alguna causa?
Aquí tenemos a la rapera Rebeca Lane, una cantante guatemalteca que se ha introducido en este panorama musical con sus canciones y videoclips, críticos y feministas.

Y tú, ¿conoces algunas letras de reguetón?

EN TU MÓVIL
Escucha las canciones

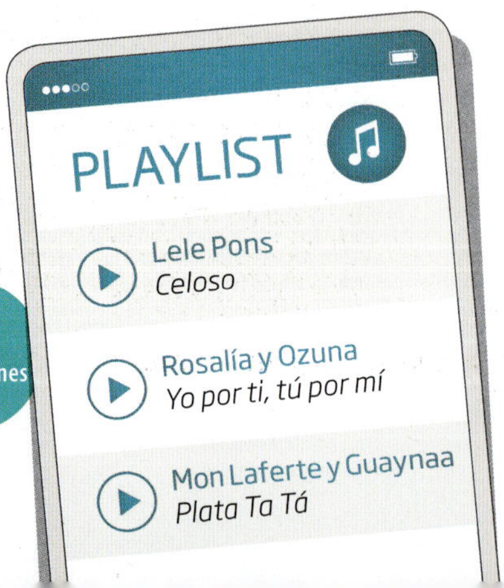

puño colores
cantante
mirada desafiar
golpe lucha
atacar tatuajes
comprometida
boxeo

Axe 3
Art et pouvoir

La cantante guatemalteca Rebeca Lane.

1 A partir del retrato de Rebeca Lane, imagina qué tipo de canciones puede cantar.

2 ¿Qué puede simbolizar su gesto?

¿Un ritmo irresistible?

Un género estigmatizado

Irene Márquez, *El Jueves*, 22/06/2017.

AUDIO 32

Amor y odio por el reguetón
© laSexta.com, 18/02/2018.

Escoge tu camino

POR ETAPAS

1. Observa la tira cómica. Al chico le encanta el reguetón pero no se atreve a bailarlo. ¿Por qué será?
   mala fama • reputación • vergüenza
2. Escucha el audio. Anota las expresiones que muestran que el reguetón es un género muy popular.
3. Anota las razones que explican el éxito del reguetón.
4. Di cuáles son las razones de su estigmatización.
5. Observa la tira cómica y di por qué ilustra el desprecio de la gente hacia el reguetón.

EN DIRECTO

Observa la tira cómica y explica en qué medida ilustra la paradoja del reportaje.

Para expresarte

- paleto: *plouc/péquenaud*
- la carrera = los estudios universitarios
- aguantar: *résister*
- estar(se) quieto/a: *ne pas bouger*
- el éxito: *le succès*
- un ritmo pegadizo: *un rythme entraînant*
- el rechazo: *le rejet*
- la mala fama: *la mauvaise réputation*
- la vergüenza: *la honte*

PON EN PRÁCTICA

Debate con tus compañeros/as: ¿os parece justificado el odio que se siente por el reguetón?

No tan superficial

Residente y Bad Bunny en San Juan (Puerto Rico), 22/07/2019.

El triunfo mundial del reggaetón es rotundo[1]. Desde que ocupa los primeros puestos en las listas de éxitos, se ganó la fama de ser un género superficial y apolítico. Sin embargo, el camino que lo llevó a la cima de la escena musical esconde muchos más matices[2]: desde sus orígenes mestizos[3] hasta su latinidad irreverente en un mundo cada vez más xenófobo, el reggaetón se reivindica como una música fruto de un contexto social que no puede obviarse[4]. [...] El 24 de julio de 2019, el veterano periodista puertorriqueño Jorge Rivera Nieves miraba a la cámara y decía en la televisión nacional Telemundo: «el perreo[5] intenso acaba de comenzar». [...] Centenares de manifestantes se concentraron en frente de La Fortaleza, la sede del Gobierno en Puerto Rico, para celebrar la renuncia del entonces gobernador Ricky Rosselló a ritmo de reggaetón.

Esta música fue omnipresente durante los días que duraron las manifestaciones en la isla bajo administración estadounidense, encendidas por los casos de corrupción de Rosselló y por los mensajes que se filtraron de un chat donde el gobernador y sus allegados[6] insultaban a personalidades de la isla con comentarios machistas y homófobos. Los cantantes puertorriqueños Residente –miembro de Calle 13– y Bad Bunny, ambos en la órbita musical del reggaetón, compartían carroza al frente de las marchas. *Te boté*, el famoso reggaetón de este último, adquirió un nuevo significado durante las protestas: «Ricky, te botamos» («te dejamos», «te echamos») gritaban los manifestantes. [...] Para aquellos que consideraban el género como apolítico y frívolo, fue una sorpresa..

Mar Romero, «Reggaetón: la historia del perreo transnacional», elordenmundial.com, 06/10/2019.

1. un triunfo rotundo: *un triomphe éclatant* 2. *nuances* 3. *métisses* 4. *on ne peut pas ignorer*
5. el perreo = el baile del reguetón 6. *ses proches*

Entra en acción

1. A pesar de su éxito, el reguetón tiene mala fama. Apunta dos adjetivos con los que se suele calificar esta música.
2. Identifica los elementos que muestran que el reguetón no se reduce a estos estereotipos.
3. Encuentra las razones que incitaron a los puertorriqueños a manifestarse masivamente.
   protestar • celebrar • reivindicar
4. El reguetón tuvo un papel primordial en la renuncia del gobernador Ricky Rosselló. Di por qué.

PON EN PRÁCTICA

5. Redacta una entrevista entre un periodista y el cantante Residente a propósito de su papel en las manifestaciones contra el gobierno. Imagina las preguntas y las respuestas.

Lo esencial

Vocabulario

33

- **ser rechazado/a por:** être rejeté(e) par
- **incomodar a las clases sociales altas:** importuner les classes sociales privilégiées
- **ganarse la fama de:** avoir la réputation de
- **protestar contra:** protester contre

Gramática

L'expression de la concession

- «**A pesar de** los millones de reproducciones que se registran en plataformas musicales, el reguetón sigue siendo uno de los géneros más rechazados».

Le superlatif absolu

- «Una melodía **muy** sencilla...».

Précis p. 278

Le superlatif relatif

- «El estilo de música **más** escuchado en España...».

Précis p. 278

Pronunciación

34

Le groupe vocalique /au/

Écoute les mots et indique lequel de ces deux sons tu entends : [au] ou [o] ?

Para el oral del BAC

En tu opinión, ¿es el reguetón un género comprometido o superficial?

- Identifica en los documentos los elementos que reflejan cada aspecto.
- Haz la lista de los argumentos que muestran que es un género comprometido y luego los que muestran que puede ser superficial.
- Completa valiéndote de tus conocimientos personales sobre el tema.

¿Se puede resistir?

Ni una menos

EN TU MÓVIL

Flashe la page pour écouter la chanson de Rebeca Lane.

Quisiera tener cosas dulces que escribir
pero tengo que decidir y me decido por la rabia[1]
5 mujeres hoy han sido asesinadas
y a la hora por lo menos 20 mujeres violadas
eso que solo es un día en Guatemala
multiplícalo y sabrás por qué estamos enojadas[2].
No voy a andar con pinzas[3] para quien no entienda
que esto es una emergencia y estamos preparadas. [...]

Soy como las otras hartas[4] de andar con miedo
agresiva porque es la forma en que me defiendo.
No tengo privilegio que proteja este cuerpo
en la calle creen que soy un blanco perfecto[5]. [...]

No voy a explicarle con dibujos a ningún macho de esos
que creen que con su intelectualidad nos van a venir a educar
sentados en sus privilegios.
No tengo privilegio que proteja este cuerpo
en la calle creen que soy un blanco perfecto,
pero soy negra como mi bandera y valiente
en nombre mío y en el de todas mis bisabuelas. [...]

Cuéntanos bien en las calles somos miles
desde México hasta Chile y en el planeta entero
en pie de lucha[6] porque vivas nos queremos[7]
no tenemos miedo no queremos a ni una menos[8]. [...]

No nos acusen de violentas esto es autodefensa
estamos en resistencia ya no somos indefensas.

Rebeca Lane (cantante guatemalteca), *Ni una menos*, 2017.

1. *colère* 2. *fâchées* 3. andar con pinzas: *tourner autour du pot* 4. estar harto/a: *en avoir marre* 5. ser un blanco perfecto: *être une cible parfaite* 6. en pie de lucha: *en lutte* 7. vivas nos queremos: *nous nous aimons vivantes* 8. ni una menos: *pas une de moins*

Buenos Aires, 8 de marzo de 2019.

Escoge tu camino

POR ETAPAS

1. Lee la letra de la canción e identifica a quién representa y qué denuncia. Justifica con palabras del texto.
2. Según la canción, ¿cuáles son los sentimientos de las mujeres frente a esta situación?
3. ¿Crees que los problemas que nos plantea el texto se limitan únicamente al territorio latinoamericano? Justifica tu respuesta.

EN DIRECTO

A tu parecer, ¿por qué es una canción comprometida?

PON EN PRÁCTICA

Diseña una pancarta para una manifestación y escribe tus propios eslóganes contra la violencia machista.

Para expresarte

- la violencia machista/de género: *la violence machiste/de genre*
- el feminicidio: *le féminicide*
- denunciar una injusticia: *dénoncer une injustice*
- dar visibilidad: *donner de la visibilité*
- la sociedad patriarcal: *la société patriarcale*
- exigir sus derechos: *faire valoir ses droits*

¿SABÍAS QUE...?

«Ni una menos» y «Vivas nos queremos» son **gritos colectivos contra la violencia machista**. Surgieron en Argentina de la necesidad de decir «basta de femicidios», ya que en este país cada 30 horas asesinan a una mujer solo por ser mujer.

Un acto político

AUDIO 35 Canción *Paren de matarnos* de Miss Bolivia, 2017.

Periodista: El feminismo está rompiendo el silencio sobre la violencia sistémica y los micros han sido tomados ya para hablar de forma totalmente explícita, usando un estilo tan tradicionalmente masculinizado como el hip hop. [...] ¿Cuál es la importancia de hablar sin rodeos[1] en Miss Bolivia?

Miss Bolivia: Para mí el gesto de nombrar es un acto político. El nombre le da comienzo a la visibilidad. Para poder transformar primero hay que poder decir. Nos han formateado con el sistema de forma agresiva y dominante y era muy difícil decir. Nos callaron, nos reprimieron, por eso el poder que otorga[2] una canción o el poder que te da como artista un micrófono o un escenario, la visibilidad, la circulación de tus canciones, son herramientas[3] súper poderosas. Me siento súper orgullosa de que cada vez haya más mujeres visibles que dicen en el micrófono. No sé si ahora hay más, más bien siempre hubo, pero no nos veían. Ahora se ve y se oye, y creo que las canciones encaradas[4] desde una perspectiva de género tienen un aporte muy importante como herramienta de transformación social.

El ejercicio con Miss Bolivia consistió en desacademizarme[5] como gesto político, de inclusión, de apertura y democratización de los contenidos. Para mí, simplificar fue una forma de empoderar[6] muchísimo más y transformar más en katana[7] cada palabra.

Rocío L. Bardají (periodista española), elsaltodiario.com, 10/07/2019.

1. hablar sin rodeos: *parler franchement* 2. otorgar: *octroyer* 3. *outils* 4. encarar: *aborder, affronter* 5. *(ici) simplifier* 6. empoderar: *donner pouvoir* 7. *sabre japonais*

Lo esencial

06

Vocabulario

36

- **estar enojado/a:** être enervé(e)
- **estar harto/a:** en avoir marre
- **no andar con pinzas:** ne pas tourner autour du pot
- **no tener miedo:** ne pas avoir peur
- **romper el silencio:** rompre le silence
- **hablar sin rodeos:** parler franchement
- **sentirse orgulloso/a:** être fièr(e)

Gramática

Le passé composé

- «Cinco mujeres hoy **han sido** asesinadas».

Ortografía

L'imparfait en *-aba*

Conjugue les verbes à l'imparfait.

(yo) bailar • (tu) mirar • (ella) mirar • (el) insultar • (nosotros) gritar • (vosotros) andar • (ellas) criticar • (ellos) incomodar

Entra en acción

1. Observa la fotografía y el título de la canción. ¿A quiénes crees que se refiere este título?
2. Escucha la canción. ¿Cuál es el problema que presenta?
3. La letra de la canción señala el papel de las autoridades en los crímenes contra las mujeres. Cita el texto para justificar tu respuesta y explica cuál es ese papel.
4. ¿Qué argumentos se suelen utilizar para culpar a las propias mujeres?
5. Teniendo en cuenta la entrevista y las letras de sus canciones, ¿crees que Miss Bolivia es una artista coherente?

PON EN PRÁCTICA

6. Hoy en día en muchos países del mundo suceden hechos como los que describe la canción. ¿Conoces otra propuesta artística que pretenda sensibilizar sobre este tema? Infórmate y preséntala al resto de la clase.

Proyecto

Elige una canción de la *playlist* u otra canción de música latina comprometida con alguna causa y preséntala a la clase.

- Presenta al/a la artista y su estilo musical.
- Explica cuál es el mensaje de la canción.
- Relaciónala con el eje temático «Art et pouvoir».

EXERCICES INTERACTIFS

L'expression de la concession

Observe et déduis

1. Quelle est la fonction des mots en gras ?
2. À quels temps sont conjugués les verbes de la subordonnée. Que remarques-tu ?
3. Comment pourrait-on les traduire en français ?

Retiens la règle

- La subordonnée de concession exprime une **opposition à la réalisation du fait** exprimé dans la principale.
- La **subordonnée de concession** peut être à l'indicatif ou au subjonctif :
  - lorsque la conjonction est suivie d'un **verbe à l'indicatif** ; le fait exprimé est réel : on le traduira en français par « **bien que + subjonctif** » ;
  - si la conjonction est suivi d'un **verbe au subjonctif**, le fait exprimé est une possibilité : on le traduira par « **même si + indicatif** ».

Entraîne-toi

4. Traduis les phrases en espagnol.
   a. Même si tu insistes, je n'irai pas au concert.
   b. Bien qu'on dise que le reggaeton est superficiel, j'aime l'écouter.
   c. Même si les paroles de ses chansons ne me plaisent pas, le rythme est entraînant.

Les superlatifs absolu et relatif

Observe et déduis

1. Lis les structures en gras. Expriment-elles la même qualité du substantif ? Laquelle ?
2. Combien de façons différentes de former le superlatif observes-tu dans ces phrases ?

Retiens la règle

- Le **superlatif absolu** quantifie sans indiquer ni sous-entendre un quelconque élément de comparaison. Il se forme avec : « *muy* (très) + adjectif » ; « adjectif + terminaison en *-ísimo/-ísima/-ísimos/-ísimas* ».
- Le **superlatif relatif** permet de comparer un élément à d'autres éléments d'un même ensemble. Il peut être de supériorité (« le plus ») ou d'infériorité (« le moins »). Il se forme avec : « article défini + nom + *más/menos* + adjectif + *de* ».

Entraîne-toi

3. Complète les phrases suivantes.
   a. La música es ... importante como herramienta de transformación social.
   b. Hay canciones que tienen mensajes ... (interesantes).
   c. El álbum del puertorriqueño Bad Bunny es el ... vendido de este año.

Précis p. 278

EL MUNDO DE LA MÚSICA

LA INDUSTRIA DE LA MÚSICA

- un grupo/una banda
- el/la cantante
- el disco/álbum
- grabar un disco
- los instrumentos
- dar un concierto
- componer una canción
- vender muchos discos
- ir de gira
- hacerse famoso/a
- tener éxito/ser un éxito
- el videoclip
- convertirse en un fenómeno de masas
- la pista de baile

LA CANCIÓN Y EL RITMO

- pegadizo/a
- bailable
- popular
- se mete en el cuerpo
- divertido/a
- moderno/a
- irresistible
- la melodia
- la base
- el estribillo
- la letra
- la rima

EL MENSAJE DE LA CANCIÓN

- la canción protesta
- comprometido/a
- la letra habla de
- lo políticamente correcto
- irreverente
- subversivo/a
- crítico/a
- homófobo/a
- sexista
- superficial
- suscitar controversia
- denunciar la violencia

EXPRESIONES

- irse con la música a otra parte
- bailar al son que toca alguien
- bailarle el agua a alguien
- que nos quiten lo bailado
- siempre la misma canción
- estar como unas maracas
- eso es del año de la polca
- déjate de gaitas
- ser como un disco rayado

1 B1 Une las dos columnas.

Adjetivos	Antónimos
comprometido	tradicional
crítico	pacífico
lento	irreverente
violento	rápido
políticamente correcto	intrascendente
moderno	aburrido
conservador	superficial
divertido	subversivo

2 B1 Identifica la palabra intrusa de las siguientes listas.

a. comprometida | denuncia | bailable | protesta

b. la melodía | la canción | el estribillo | el compromiso

c. el rap | el concierto | la gira | el festival

3 B1+ Asocia las siguientes acciones con las ideas que te parezcan más pertinentes y redacta tres frases.

Esa es una música de viejos.	es como un disco rayado.
Ayer, estuvimos bailando reguetón hasta las seis de la mañana y hoy no pude hacer nada pero...	se fue con la música a otra parte.
Siempre la misma canción,	¡Es del año de la polca!
Cuando vio que no nos interesaba lo que nos contaba	¡que me quiten lo bailado!
Siempre repites lo mismo.	A ver cuándo dejas de quejarte.

4 B1+ Asocia las siguientes acciones con las ideas que te parezcan más pertinentes y redacta tres frases.

Verbos	Ideas
denunciar	las conciencias sociales
transmitir	contra las desigualdades
expresarse	la violencia sexista
despertar	valores como la igualdad o el respeto
luchar	a través de la música

06 Objetivo BAC Épreuve 3

Le jour du BAC

Le **premier temps** de l'examen consiste en :
→ une **épreuve écrite** consacrée à l'évaluation des compétences de compréhension de l'oral et de l'écrit ;
→ un **sujet d'expression écrite** en lien avec la thématique du dossier constitué par les documents supports de l'évaluation de la compréhension de l'oral et de l'écrit.

1er temps 1 h 30

Compréhension de l'oral

VÍDEO 11

«Solo quiero bailar»: un reguetón contra el machismo
Source : RTVE, 29/09/2019
Durée : 1′ 23″

Vous rendrez compte librement, en français, de ce que vous avez compris du document vidéo.

CONSEILS ET MÉTHODE

Visionnage 1
- Repère la nature du document et liste les différents intervenants.
- Identifie le thème et en t'appuyant sur les mots transparents et les mots les plus accessibles, commence à construire une amorce de compréhension.

Visionnage 2
- Note les idées essentielles de chaque intervenant et mets-les en relation. Concentre-toi sur le projet du lycée et essaie de l'expliquer : objectif/type de production... Appuie-toi sur les images pour t'aider à mieux comprendre le document.

Visionnage 3
- Complète ta prise de notes et affine certaines idées.
- Résume les points importants et les détails significatifs à l'aide de connecteurs.

Compréhension de l'écrit

Documento 1

¿Medellín, la fábrica de reguetón

Bienvenidos al sonido de Medellín. La ciudad colombiana, epicentro del perreo [...] es la gran casa de la poderosa industria del reguetón. Un género controvertido y acusado de machista y misógino, pero que ha puesto a bailar al planeta.
Cae el sol en Medellín y en la comuna de El Poblado se nota ya el cosquilleo[1]: es hora de perrear. A mitad de la noche, el calambre[2] sube ya rápido e imparable y en la sala Perro Negro nadie se está quieto. [...]
Camila Maya y Samuel Alarca tienen 23 años y son una de las muchas parejas que se entregan cada noche al perreo en los alrededores del parque del Poblado. Es el mismo lugar sobre el que se levantó siglos atrás el primer asentamiento[3] indígena que terminaría por fundar la ciudad de Medellín, convertida hoy en la nueva meca mundial del reguetón, como antes Nueva Orleans lo fue para el jazz, Nashville para el country, Buenos Aires para el tango o Río de Janeiro para la bossa nova.
En esta urbe de cuatro millones de habitantes, capital del departamento de Antioquia, flanqueada[4] por los Andes y donde operó el cartel más sanguinario de toda Colombia con

1. *(ici) l'envie de danser*
2. *la décharge électrique*
3. *(ici) site, village*
4. *entourée*

●●●

Pablo Escobar al frente, se asienta buena parte de la más poderosa industria de un género musical que ha conquistado las listas de éxito de todo el planeta. Medellín compite con Puerto Rico y Miami, tradicionalmente la gran base de la música latina, como el primer territorio de este imperio del ritmo, que nació a finales de los años ochenta en Panamá como una derivación del reggae y el dancehall jamaicanos para, bajo la influencia del rap y el hip-hop, desarrollarse en los noventa con identidad propia en Puerto Rico.

Fernando Navarro, *El País Semanal*, 01/12/2019.

Documento 2

Si necesitas reggaetón (feminista), ¡dale!

El otro día estaba en una discoteca de Andújar y tuve una conversación sobre el machismo. Si a esto le sumas hacerlo en una discoteca, la cosa se pone interesante.

El chico no paraba de asentir[1], aunque el gesto de su boca de medio lado, me decía más bien lo contrario. Sonaba la canción de «Ya no quiero na[2]» de Lola Índigo, a lo que el chico me sentenció[3] que no podíamos hablar de machismo tan a la ligera si luego las mujeres éramos las primeras que lo dábamos todo[4] en la discoteca bailando reggaetón.

Me sorprende lo fácil que asimila la gente el machismo que hay en el reggaetón, pero lo difícil que es verlo con esa lucidez en otros estilos como son el pop, el rap, el rock, el flamenco, etcétera. ¿No será que nos lavamos las manos del machismo con un poco de racismo? Echamos la culpa a la música latina de lo que se hace bajo unos patrones sociales machistas en la industria musical en general. Y digo industria porque, evidentemente, esos patrones son los que venden.

A día de hoy, y tras mucho afinar el oído[5], puedo afirmar que esta opinión genera dos tipos de discriminaciones: por un lado, la de género, y por otro, la de cultura.

Me niego a que la solución sea borrar del mapa musical este estilo, sino que lo tomemos para reivindicar una música libre de estereotipos, de roles de género, cosificación de la mujer y los mensajes violentos como ya lo hacen Lele Pons y Tremenda Jauría.

Mari Paz Cortés, *Cadena SER*, 09/11/2018.

1. *acquiescer*
2. *je ne veux plus rien*
3. sentenciar: *affirmer, déclarer*
4. darlo todo: *se donner à fond*
5. *tendre l'oreille*

Diga de qué trata cada uno de los documentos y cómo se relacionan con el eje temático «Art et pouvoir».

CONSEILS ET MÉTHODE

Document 1

- Identifie la nature du document et sa date de publication.
- Cherche les éléments qui montrent que ce genre musical triomphe dans le monde entier.
- Explique l'importance de la ville de Medellín dans ce succès.

Document 2

- Dis qui parle et explique le contexte dans lequel a été écrit le texte.
- Dégage les thèmes principaux qui apparaissent dans le document.

Documents 1 et 2

- Repère les points communs entre les deux documents et mets-les relation.
- Pense aux mots de liaison qui te permettront d'introduire tes idées, de les opposer, de les relier, de donner des exemples, d'exprimer la cause et la conséquence…

Expression écrite

Vous traiterez en espagnol l'un des deux sujets suivants au choix.

Question A ▶ **A partir de los textos y de este dibujo, diga en qué medida el reguetón puede ser una manera de expresar una identidad o un mensaje.**
En unas 120 palabras

Question B ▶ **Comente dando su opinión personal: «El reguetón puede ser una forma de expresión de un mensaje feminista».**
En unas 120 palabras

CONSEILS ET MÉTHODE

Question A ▶
- Commence par identifier, dans chaque document ce que le reggeaton permet d'exprimer ou revendiquer.
- Identifie qui défend chaque point de vue dans les différents documents.
- Donne ton opinion sur cette phrase et argumente tes idées en t'appuyant sur les informations présentes dans les documents.

Question B ▶
- Liste les arguments dans les différents documents. Ensuite, à partir de ces informations, donne ton avis personnel sur le sujet.
- Tu peux aussi te servir des documents vus lors de la séquence.
- Prends le soin d'utiliser les expressions permettant d'exprimer son avis.

Documento

Irene Márquez, *El Jueves*, 22/06/2017.

1. hasta en la sopa = en todas partes 2. lo que te chirría = lo que te molesta
3. (peyorativo) un sudaca = un sudamericano

e jour du BAC

→ Pendant le **second temps**, l'examinateur propose soit 2 documents iconographiques, soit 2 citations, soit un document iconographique et une citation en lien avec l'axe choisi par le candidat parmi les trois proposés.

→ Le candidat devra **expliquer en espagnol** pendant 5 minutes quel document ou quelle citation illustre le mieux l'axe choisi et pourquoi.

2d temps 10 mn

Expression orale

Documento 1

« Un país durmiendo es un país desierto
Mi gobierno se asusta cuando me despierto. »

Calle 13,
canción *El hormiguero*, 2010

Documento 2

« Aunque jamás se había visto al reguetón como música de protesta, en Puerto Rico el panorama cambió, pues sus artistas no solo manifiestan su indignación en las redes sociales sino que se hallan en las calles, elevando su voz junto a sus seguidores. »

La República,
«¿Por qué los ídolos del reggaetón encabezaron la revolución de Puerto Rico?», 26/07/2019

1. **Diga cuál de las dos frases ilustra mejor el eje temático «Art et pouvoir». Justifique con ejemplos precisos.**
   En unos 5 minutos
2. **¿En qué medida el reguetón ha pasado de ser un género superficial a un género de denuncia?**
   En unos 5 minutos

CONSEILS ET MÉTHODE

Pour commencer

- Réfléchis bien avant de te lancer ! Choisis le support qui te parle le plus.
- Les documents proposés sont reliés à l'axe « Art et pouvoir », l'important est donc d'arriver à expliquer le lien à l'axe.
- Analyse le support en lien avec l'axe.
- Repère les mots-clés de la citation que tu as choisie et définis-les.
- Analyse les différents liens que l'on peut établir entre ces mots.
- Illustre tes arguments par des exemples basés sur la séquence et tes connaissances personnelles.

Document 1 : citation

- Montre en quoi les paroles de la chanson de Calle 13 sont engagées.
- Dis en quoi elles montrent une évolution du reggaeton.
- Mets en relation ces vers de chanson avec l'axe « Art et pouvoir ».

Document 2 : citation

- Explique le contexte dans lequel a été écrite cette citation.
- Dis de quelle manière les artistes se sont engagés.
- Explique en quoi cet engagement est nouveau dans le reggaeton et mets en relation la citation avec l'axe « Art et pouvoir ».

Séquence

07 Raíces

¿La Conquista española representa la primera forma de mundialización?

Descubro

- Le destin insolite d'un Espagnol et d'un indigène yagan loin de leurs terres natales
- La Malinche et Xipaguazin, deux femmes aux parcours opposés à l'époque de la Conquête
- La *china poblana* et le *charro*, des emblèmes nationaux mexicains d'ascendance étrangère

Utilizo

Vocabulario

- L'adaptation, l'inclusion, le métissage

Gramática

- Le passé composé
- L'alternance imparfait/passé simple
- Le plus-que-parfait de l'indicatif
- Les tournures emphatiques

Actúo

Proyecto

- Créer un diaporama pour faire connaître la vie de deux conquistadors aux destins opposés

¿TE SUENA?

¿Te imaginas cómo debieron ser los primeros encuentros entre españoles e indígenas en los tiempos de la *Conquista*?
En territorio azteca la barrera lingüística fue superada pronto gracias a *Malinche*, la mujer del retrato, quien hizo de traductora entre españoles y mexicas.
Del contacto entre los diferentes grupos surgió el *mestizaje*.
Algunos españoles acabaron adoptando elementos culturales de los indígenas. Y muchas de las tradiciones que consideramos típicas de países latinoamericanos tienen su raíz en la tradición española.

Y tú, ¿has adoptado costumbres de otros lugares o transmitido las tuyas?

ojos retrato
bocas camaleón
interpretar ilusión óptica
adaptación abrazar
gesto idiomas
confusión
comunicación
traducir

EN TU MÓVIL
Escucha las canciones

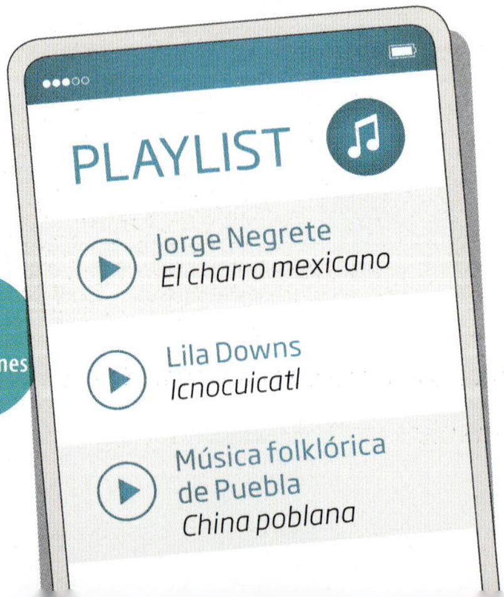

Axe 1
Identités et échanges

Rosario Marquardt (artista argentina), *La Malinche*, 1992.

1. ¿Qué elementos reflejan que Malinche se encuentra entre dos mundos? ¿Qué está haciendo?
2. ¿Qué simboliza el animal que sostiene en sus manos?

¿A qué lugar pertenezco?

Un español en el Nuevo Mundo

Gonzalo Guerrero llegó al Nuevo Mundo en 1510. Al naufragar y llegar a las costas de Yucatán ocurrió un gran cambio en su vida.

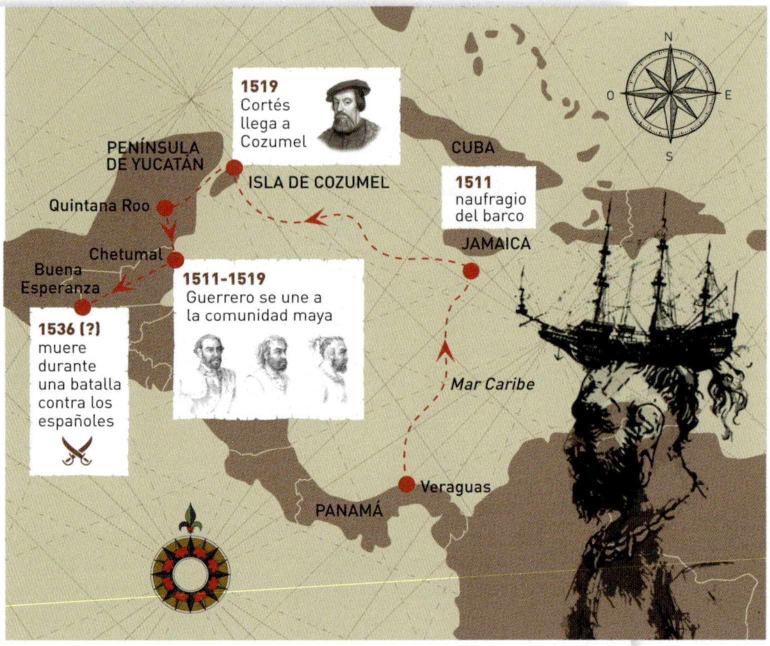

Dada mi condición de nacom[1] y de consejero del cacique en las artes de guerrear, y de someter a los pueblos insubordinados, [...] me fue permitido eludir[2] la obligación de teñirme[3] con tizne[4] la cara y los cuartos[5] del cuerpo, de tal forma que siempre me vi blanco, con mi rojiza barba flotando al capricho del viento [...]. He advertido[6] que si deseo verme integrado a la comunidad como si fuese un natural, debo acogerme[7] a sus costumbres y respetarlas absolutamente. Por eso me he compuesto unas bragas[8] decorosas[9], con gran adorno de pedrería y plumas; he puesto sobre mis hombros un manto de algodón blanco [...] y me he calzado con unas sandalias de ciervo y zarcillos[10] de oro que barren el polvo y dejan un rastro luminoso cuando camino en la noche.

Es curioso, pero después de tanto tiempo de estar alejado de la patria la lengua se me ha trastornado[11], al grado de que ya no acierto[12] bien a recordar algunas de las palabras que, en castellano, solía pronunciar con absoluta familiaridad. La dulce y bien modulada lengua de estos pueblos me ha ganado[13] y, si aún continúo maldiciendo a la andaluza, mi comunicación se realiza en las voces de los Cheles.

Como Na Chan Can se ha visto favorecido con mis servicios y mis conocimientos militares, me ha cobrado un intenso cariño y me trata con respeto. Es harto frecuente vernos conversar juntos. [...] yo le cuento de mi España [...] de nuestros castillos y fortalezas, de nuestras naves y reyes, del gran ejército y de la toma de Granada.

Eugenio Aguirre (escritor mexicano), *Gonzalo Guerrero*, 1980.

1. líder militar (maya) 2. evitar 3. teñirse: *se teindre* 4. *suie* 5. *les bras et les jambes* 6. advertir = notar 7. aceptar 8. *des culottes* 9. *appropriées* 10. *boucles d'oreilles* 11. trastornar: *(ici) oublier* 12. acertar: *réussir* 13. ganar: *(ici) captiver, enchanter*

Entra en acción

1 Observa el mapa y explica el recorrido de Guerrero:
zarpar • navegar • naufragar • llegar • convertirse en

2 Lee el texto y describe físicamente al narrador.

3 Precisa qué ha hecho Guerrero para ser integrado plenamente por los mayas.

4 Apunta cómo ha cambiado su relación con su lengua materna con el paso de los años.

5 Comenta su relación con el jefe maya Na Chan Can. Justifica con elementos del texto.
confianza/desconfianza • temor/respeto • frialdad/complicidad

PON EN PRÁCTICA

6 Realiza un diaporama que ilustre los diferentes momentos evocados en el texto y explícalo a tus compañeros/as.
descripción física • vestimenta • idioma • conversación con el jefe maya

Un destino a cambio de un botón

VÍDEO 12

Fragmento del documental *El botón de nácar* de Patricio Guzmán, Chile, 2015.

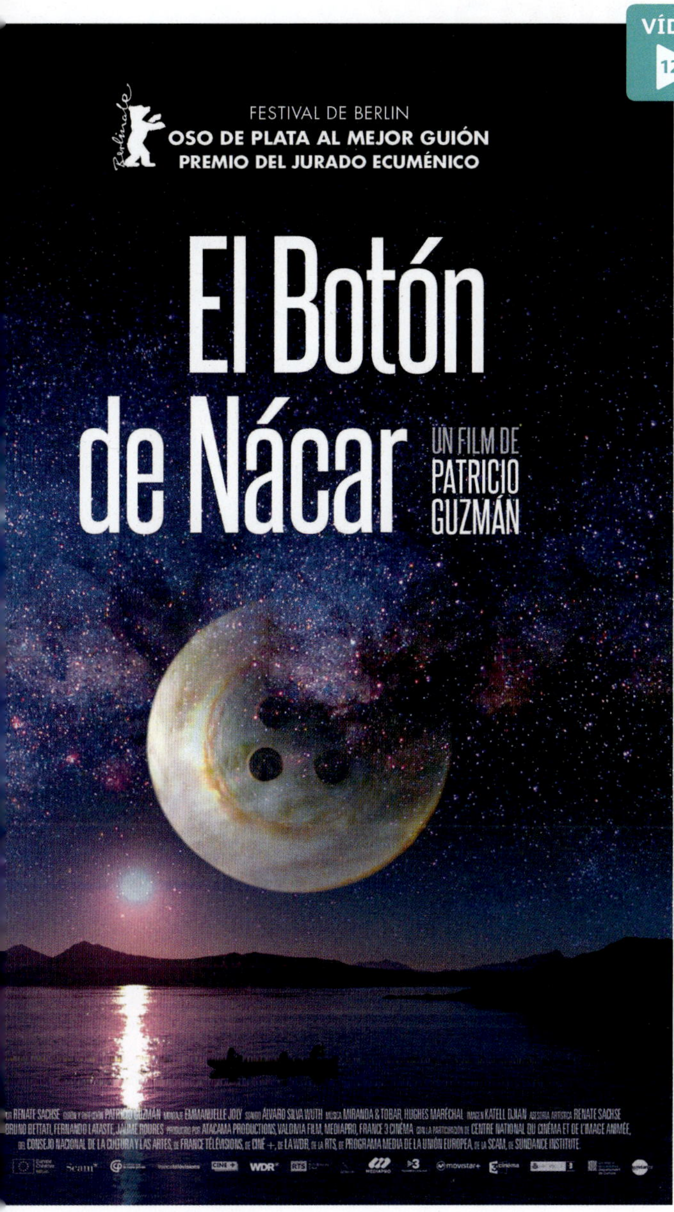

Jemmy Button en 1831.

Jemmy Button en 1834.

Para expresarte

- a cambio de: *pour, en échange de*
- la tenida: *(amér.) la tenue*
- partir rumbo a: *mettre le cap sur*
- embarcar: *embarquer*
- volver a ser: *redevenir*

Entra en acción

1. Observa las fotos y comenta el cambio que se ha producido.
2. Ve el vídeo y precisa cuándo y a qué lugar viajó el capitán Fitzroy.
3. Explica el origen del nombre Jemmy Button.
4. Apunta las etapas de la evolución de Jemmy Button.
5. Aclara por qué dice el narrador que Jemmy Button se convirtió en un verdadero *gentleman*.

PON EN PRÁCTICA

6. Resume la historia de Jemmy Button y explica por qué la experiencia fue negativa para él.

Lo esencial

Vocabulario

37

- **un barco al mando del capitán:** un bateau commandé par le capitaine
- **dada mi condición de:** étant donné ma condition de
- **es harto frecuente:** il est très courant
- **cobrarle cariño a alguien:** éprouver de l'affection pour quelqu'un
- **ocurrírsele algo a alguien:** avoir l'idée de

Gramática

Le passé composé

- «**He puesto** sobre mis hombros un manto de algodón blanco y **me he calzado** con unas sandalias».

Les temps du passé

- «Al capitán que **tenía** ideas humanistas **se le ocurrió** un proyecto insólito».

L'enclise

- «Si deseo **verme** integrado a la comunidad, debo **acogerme** a sus costumbres y **respetarlas**».

Précis p. 284

Pronunciación

38

La lettre *g*

Écoute les mots et indique lequel de ces deux sons tu entends : [g] ou [x] ?

Para el oral del BAC

A través de estos documentos has descubierto dos experiencias inversas. ¿Cuál te parece más interesante? Justifica.

- Presenta a los dos personajes y comenta las diferencias.
- Determina los puntos positivos de ambas experiencias.
- Establece un balance para determinar qué experiencia te parece más interesante.

07 Descubre

¿Mi lengua es mi identidad?

La figura de Malintzin

Tráiler del documental *Malintzin, la historia de un enigma* de Fernando González Sitges, México, 2019.

VÍDEO 13

La Malinche traduciendo, *Códice Florentino*, 1575-1579.

¿SABÍAS QUE...?

El encuentro entre **Hernán Cortés** y el emperador **Moctezuma II** tuvo lugar el 8 de noviembre de 1519 en **Tenochtitlan**, capital del Imperio mexica y actual Ciudad de México.
En México, el nombre **Malinche** ha dado lugar al concepto de «malinchismo» (y el adjetivo «malinchista») para referirse a la «actitud de quien muestra apego a lo extranjero con menosprecio a lo propio».

Para expresarte

- el arquetipo: *l'archétype*
- el dominio, dominar: *la maîtrise, maîtriser*
- aliar(se): *s'allier*
- un(a) traidor(a): *un(e) traître/esse*
- traicionar: *trahir*
- ser controvertido/a: *être controversé(e)*
- pasar a la historia ≠ caer en el olvido

Escoge tu camino

POR ETAPAS

1. Observa el códice, identifica a los personajes e imagina qué está pasando.
2. Ve el vídeo y precisa qué arquetipo representa esta mujer.
3. Precisa cómo eran tratadas las mujeres en las tribus.
4. ¿Qué fue lo que cambió la vida de Malinche?
5. Apunta cómo ha sido recordada Malinche.

EN DIRECTO

Presenta a Malinche y explica cómo ha sido recordada.

PON EN PRÁCTICA

Imagina cómo evocaba Malinche, al final de su vida, los momentos vividos junto a Hernán Cortés y Moctezuma.

Una princesa azteca

Xipaguazin, la hija del emperador azteca Moctezuma, se ha convertido en la esposa del español Juan de Grau y ha viajado desde Tenochtitlan a Toloríu en los Pirineos españoles.

La princesa y los suyos parecían una tribu llegada de otro planeta [...]. Un elenco[1] de extranjeros que en ese año de 1520 había llegado de ultramar, encabezado por esa mujer menuda, nerviosa, que llevaba los ojos extraviados[2], puestos en otra latitud, seguramente en el imperio de su padre, Moctezuma II, que se había quedado en el otro lado del mar. Los vecinos no sabían, desde luego[3], quién era Moctezuma, ni mucho menos que del otro lado del mar había un imperio de donde venía toda esa multitud [...]. Los vecinos vieron pasar en silencio aquella procesión; ninguno sospechaba que esa rara prole[4] trashumante, había llegado para quedarse. Y mucho menos podían imaginar que [...] una de las recién llegadas[5], [...] sería presentada como María de Grau, la nueva baronesa, aunque su séquito[6] la seguiría llamando Xipaguazin, o «la hija de la primera estrella de la tarde», un hermoso título dicho en nahuatl, en su lengua, en la única lengua que hablaría la princesa hasta el final de sus días.

Los recién llegados y la gente del pueblo, [...] no podían comprenderse aunque lo desearan, no había ninguna base en común, ni cultural, ni espiritual, ni física, ni por supuesto lingüística. Los que por razones prácticas estaban obligados a entenderse, la servidumbre[7] de la princesa con el servicio que ya vivía en la casona, fueron encontrando la forma de transmitir sus ideas, sus necesidades, sus comentarios [...]. Pero Xipaguazin no tenía ningún interés en integrarse, ni en convivir, ni en hablar en otra lengua que no fuera la suya, ni siquiera en hacer un gesto amable para los otros [...].

Jordi Soler (periodista y escritor mexicano), *Ese príncipe que fui*, 2015.

1. grupo 2. perdidos 3. por supuesto: *bien entendu* 4. *(ici) groupe* 5. recién llegadas/os: *nouvelles/nouveaux arrivé(e)s* 6. *escorte, cortège* 7. *les domestiques*

Entra en acción

1. Apunta quién era Xipaguazin y cómo se sentía al llegar a Toloríu.
2. Describe cómo vivieron los vecinos su llegada al pueblo.
3. Precisa cómo fue la comunicación entre la gente del pueblo y los recién llegados.
4. Describe la actitud de Xipaguazin.

PON EN PRÁCTICA

5. Comenta dando tu opinión: «Xipaguazin no tenía ningún interés en otra lengua que no fuera la suya» (l. 20-21).

Para expresarte

- salir adelante: *s'en sortir*
- tener morriña: *avoir le cafard*
- sentir(se) fuera de lugar: *ne pas se sentir à sa place*
- hacer un esfuerzo por integrarse: *faire l'effort de s'intégrer*

Lo esencial

Vocabulario

- **ser moneda de cambio:** être monnaie d'échange
- **convertirse en personaje legendario:** devenir un personnage légendaire
- **hablar de tú a tú:** (ici) parler en tête à tête ; d'égal à égal
- **encabezar:** être à la tête de, diriger
- **ni mucho menos:** encore moins

Gramática

Le plus-que-parfait de l'indicatif

- «Ninguno sospechaba que esa rara prole trashumante, **había llegado** para quedarse».

Le complément du nom

- «El hecho **de** que...».

Ortografía

L'accentuation au passé simple

Conjugue les verbes au passé simple.

(yo) hablar, dejar, luchar, viajar
(él/ella) llegar, conversar, fascinar(se), callar(se)

Para el oral del BAC

Estos documentos presentan a dos mujeres excepcionales: Malinche y Xipaguazin. ¿En qué medida su destino es comparable?

- Observa todos los aspectos (origen, condición, función, su relación con la lengua...).
- Precisa las semejanzas y diferencias.
- Puedes terminar tu presentación explicando qué arquetipo representan estas dos mujeres.

¿La ropa tradicional siempre es local?

La leyenda de un traje

AUDIO 40

Historia de la China Poblana
© Enlace México TV, 2014.

La China poblana

Su origen
La historia de este traje está rodeada de leyenda. Parece tener su origen en una princesa que habría llegado a Puebla (México) desde la India tras haber vivido numerosas peripecias. Fue muy querida por los habitantes porque sanaba a los pobres con plantas medicinales.

PEINADO
Dos trenzas con moños

BLUSA
De manga corta, con bordados de seda y chaquira alusivos a la cultura indígena

REBOZO
De seda o de bolita, tejido de hilos azul y blanco, que hace referencia a la identidad mexicana antes del mestizaje

FALDA
Suele ser de color verde, con bordados que forman un águila, símbolo nacional, en la parte inferior, sobre un fondo rojo.

ZAPATILLAS
Forradas de seda verde o roja

Tal como está
Los colores verde, blanco y rojo se comenzaron a utilizar después de la Independencia de México en 1821, representando a la nueva bandera.

Para expresarte

- llevar de... a/conducir de... a: *transporter/conduire*
- disfrutar de: *profiter de*
- consolidar: *consolider*
- un atuendo: *une tenue*
- sepultar = enterrar

Escoge tu camino

POR ETAPAS

1. Escucha el audio y precisa algunos detalles sobre la Nao de China.
   océano • mercancía
2. Completa el cuadro con las principales etapas de la vida de la princesa.

Lugar	
Fecha	
Nombre de	
Acontecimientos	

3. Explica el origen del nombre «China Poblana».
4. Lee la infografía y apunta lo que representa su manera de vestir.

EN DIRECTO

La historia de Mirra ha dado nacimiento a un emblema nacional. Explícalo con elementos del audio y de la infografía.

PON EN PRÁCTICA

Realiza un álbum o un cómic para contar la historia de la China Poblana. En seis viñetas.

Una danza rebelde

EL UNIVERSAL VANESSA CONDE AGUILAR
14 de septiembre de 2018

EL JARABE TAPATÍO, LA DANZA REBELDE QUE NOS DIO IDENTIDAD

El jarabe tapatío[1] es característica indiscutida de nuestra nación, cuyos orígenes se remontan desde el siglo XV en España (con el Jarabe Gitano) y nació como tal durante la Revolución. [...] «Jarabe» deriva de la palabra árabe «xarab», que significa bebida de mezcla de esencias y hierbas [...]. Este es un baile de pareja picaresco [...] caracterizado por el zapateo[2] que representa la rebeldía del pueblo mexicano.

La clase alta mexicana bailaba danzas europeas como el bolero y el fandango, diversas compañías de danza y teatro [...] llevaron el jarabe gitano a distintas partes de Nueva España[3] y tuvieron mucho éxito entre los indígenas y mestizos. [...] El pueblo se divertía con su propia versión de los «zapateados españoles» donde se mezclaban danzas indígenas.

La Independencia de México en 1821 trajo un nuevo sentido de la conciencia cultural y le dio mayor popularidad a este jarabe al convertirlo en un símbolo de identidad mexicana, como un acto de rebeldía y desafío ante las autoridades coloniales.

La vestimenta de la pareja de bailarines es otra de las características del jarabe tapatío. El Charro y la China Poblana [...]. Antiguamente el Charro vestía pantalón ajustado[4], blusa de manta[5], ceñidor[6] rojo, sombrero de palma[7] y frazada[8] al hombro [...]. La versión más actualizada del traje es un pantalón con botones de plata a un lado, chaquetilla con botones al frente, sombrero de ala ancha de cuatro pedradas y camisa blanca con corbatín[9] al cuello.

1. originario de Guadalajara 2. zapatear: *taper du pied* 3. Virreinato de Nueva España (s. XVI-XIX), división territorial que correspondía a lo que hoy es parte de EE. UU. y Canadá, México, Centroamérica, Cuba, República Dominicana y Filipinas. 4. *serré, étroit* 5. *en coton* 6. *ceinture* 7. *chapeau en feuilles de palmier* 8. *couverture* 9. *cravate courte*

Entra en acción

1. Determina el origen del jarabe tapatío y lo que lo caracteriza.
2. Di lo que solía bailar la clase alta mexicana.
3. Detalla la manera en que se divertía el pueblo con estos bailes.
4. Apunta lo que ocurrió con este baile después de la independencia de México.
5. Describe la vestimenta del charro y precisa cómo ha evolucionado.

PON EN PRÁCTICA

6. Realiza una presentación de tres danzas tradicionales: explica, ilustra y da a escuchar un fragmento musical.

Lo esencial

Vocabulario 41

- **en calidad de:** en tant que
- **con el paso del tiempo:** au fil du temps
- **de aquel entonces:** de l'époque
- **como tal:** en tant que tel

Gramática

La voix passive

- «A sus nueve años **fue raptada** y llevada a Filipinas donde **fue vendida** como esclava».

Précis p. 286

La tournure emphatique

- «**Fue ahí donde...**».
- «**Es así como** Catarina de San Juan vive en la ciudad de Puebla».

Pronunciación 42

La lettre *u*

Écoute les mots et indique dans lesquels tu entends le son [u].

Proyecto

Realiza y presenta un diaporama para comparar una misma experiencia con dos finales diferentes. Junto con Gonzalo Guerrero viajaba Jerónimo de Aguilar:

- Realiza una búsqueda biográfica sobre Jerónimo de Aguilar.
- Establece las semejanzas y las diferencias con lo que has aprendido sobre Gonzalo Guerrero.
- Di qué destino personal te parece más interesante. Justifica y comenta tu respuesta.

EXERCICES INTERACTIFS

Le passé composé

Observe et déduis

1. Détermine les deux composantes des éléments en gras.
2. Traduis la phrase de l'illustration en français et compare sa structure avec l'espagnol.

Retiens la règle

- Le passé composé se forme à partir de **l'auxiliaire** *haber* et du **participe passé.**
- On ne sépare jamais l'auxiliaire et le **participe passé**.
- Contrairement au français, le participe passé reste invariable.

Entraîne-toi

3. Conjugue les verbes entre parenthèses au passé composé.

a. Los intercambios culturales ... (contribuir) al desarrollo de ambos pueblos.

b. Como ... (tú - aprender) varios idiomas, ... (tú - decidir) ser intérprete.

c. Nosotros ... (bailar) muchas danzas tradicionales y ... (descubrir) las influencias entre las culturas.

d. Vosotros/as ... (aportar) vuestros conocimientos a nuestra comunidad.

e. Los estadounidenses ... (adoptar) la tradición del lazo y el rodeo mexicanos.

Conjugaisons p. 270

L'alternance imparfait/passé simple

Observe et déduis

1. Explique ce que l'on dit sur Xipaguazin.
2. Identifie le changement dans l'action du récit et le moyen par lequel il est introduit.

Retiens la règle

- On utilise l'imparfait de l'indicatif **pour décrire.**
- Le passé simple indique ici une **interruption dans la narration**. Le passé simple va introduire de **nouvelles actions** comme *convertirse* et *partir*.
- On utilise souvent des **locutions temporelles** pour introduire ce passage de l'imparfait au passé simple.

Entraîne-toi

3. Complète avec les verbes conjugués au temps qui convient.

El paisaje le ... (resultar) completamente desconocido. Nada ... (ser) familiar, ... (sentir) miedo, ... (tener) hambre y sed. ... (caminar) sin rumbo, con la esperanza de encontrar a alguien. Por la noche ... (caer) agotado en un sueño profundo.

Después de aquella noche, cuando ... (despertar), ... (descubrir) una aldea a unos metros de ahí. Los habitantes ... (parecer) pacíficos. En cuanto lo ... (divisar), ... (correr) hacia él.

Le plus-que-parfait de l'indicatif

Observe et déduis

1 Repère les moments illustrés dans les deux vignettes.

2 Précise la situation temporelle (antérieure ? postérieure ?) de l'action en gras par rapport à l'action soulignée.

Retiens la règle

- On utilise le plus-que-parfait pour référer une action **antérieure** par rapport à un moment **passé**.
- Le plus-que-parfait se forme avec **l'imparfait** de l'auxiliaire ***haber*** et le **participe passé** du verbe.

Entraîne-toi

3 Conjugue les verbes entre parenthèses au temps qui convient.

a. Cuando J. Button ... (regresar) a su tierra, ya ... (olvidar) un poco su lengua.
b. Cuando Malinche ... (darse cuenta) de lo que pasaba, Moctezuma ya ... (agasajar) a Hernán Cortés.
c. Miguel de Sosa y Margarita de Chávez ... (adoptar) a la joven que ... (llegar) en la Nao de China.
d. Los mexicanos ... (adaptar) el jarabe gitano que los españoles ... (traer) a México.
e. Durante mucho tiempo el traje de los charros no ... (cambiar).

Conjugaisons p. 270

Les tournures emphatiques

Observe et déduis

1 Repère les temps verbaux en gras.

2 Observe les mots soulignés et traduis les phrases.

Retiens la règle

- La tournure « **c'est ... que/qui** » se traduit toujours par le verbe ***ser*** conjugué au même temps que le verbe de la phrase.
- Le « que » français doit se traduire par ***donde***, ***cuando*** ou ***como*** en fonction du complément circonstanciel qu'il introduit.

Entraîne-toi

3 Traduis les phrases en espagnol.

a. C'est en apprenant leur langue que Gonzalo Guerrero peut communiquer avec les indigènes.
b. C'est en 1520 que Xipaguazin est arrivée en Espagne.
c. C'est à Delhi que la China Poblana est née.
d. C'est avec un chapeau en feuilles de palmier que les *charros* dansaient.
e. C'est à Tenochtitlan que Cortés a rencontré Moctezuma.
f. C'est à Cozumel qu'il y a un monument dédié à Guerrero et au métissage.

EXERCICES INTERACTIFS

IDENTIDAD Y MESTIZAJE

LOS DESPLAZAMIENTOS

- viajar
- partir rumbo a
- embarcarse
- desembarcar
- un barco
- al mando de (un barco)

LA ACEPTACIÓN

- incluir
- acoger
- apreciar
- estimar
- considerar
- insertarse
- aliar(se)

EL ORIGEN

- provenir/proceder de
- la proveniencia/la procedencia
- nacimiento
- venir de

LA TRANSFORMACIÓN Y LA DIFERENCIACIÓN

- confundir
- mezclar
- modificar
- cambiar
- convertirse en
- a cambio de
- volver a ser
- diferenciarse
- distinguirse

EL RECHAZO Y LA INADAPTACIÓN

- tener morriña
- sentirse fuera de lugar
- desadaptado/a
- traicionar
- traidor(a)

1 A2+/B1 Forma el participio pasado de estos verbos.

aceptar · incluir · mezclar · traicionar · aliar · distinguir · acoger · considerar

2 A2+/B1 Relaciona cada verbo con su contrario.

aceptar •	• detestar
viajar •	• rechazar
diferenciarse •	• parecerse
incluir •	• quedarse/permanecer
apreciar •	• aislar

3 A2+/B1 En el mapa mental, busca el sinónimo de cada una de las palabras siguientes:

recibir · transformarse · aliarse · nostalgia · integrar · engañar · estimar · desertar

4 B1+ Une los elementos de las dos columnas asociando cada palabra a su definición.

adaptar(se) •	• Unirse con una persona o grupo para un mismo fin.
aislar(se) •	• Entrar un grupo, unirse a las personas que lo forman y confundirse con ellas.
mezclar(se) •	• Acomodarse a las circunstancias o condiciones del entorno.
aliar(se) •	• Apartarse de la comunicación y trato con los/las demás.

5 B1+ Después de observar la caricatura, imagina y redacta la carta que hubiera podido escribir la infanta de España al ver a los funcionarios de su colonia vestidos así. Utiliza las palabras del mapa mental y los tiempos del pasado.

Pedro de Rojas, *España descubre América por segunda vez*, Buenos Aires, 1910.

Comprendre un texte

1 Avant de lire le texte

- **Identifie et analyse le paratexte**, c'est-à-dire les éléments autour du texte : le titre, l'auteur(e), la date de publication, la source... constituent des premiers indices.
- **Déduis-en la nature** : fiction (roman, poésie, théâtre...) ou texte informatif (article de presse, blog, site internet...).

Un texte informatif sur le thème du naufrage d'un individu, publié récemment dans un grand quotidien.

- **Détermine le contexte** (historique, littéraire...) pour avoir une idée générale du document.

Même si la date de l'article est récente, le sujet abordé semble être historique (évoquant la Conquête).

2 À la première lecture

- **Lis l'intégralité du texte une fois** pour comprendre le sens, sans t'arrêter sur ce que tu ne comprends pas, et réponds aux questions suivantes :

¿QUIÉNES? Repère les noms propres/pronoms pour déterminer qui sont les personnages/acteurs évoqués.

¿DÓNDE? Repère où la scène a lieu grâce aux noms propres ou aux prépositions.

¿CUÁNDO? Détermine la temporalité en repérant des expressions temporelles ou des adverbes de temps.

¿QUÉ? Repère les verbes d'action pour identifier les différents temps du récit et ce qu'il se passe.

3 Après une deuxième lecture

- **Qui est le narrateur ?** Détermine le point de vue : omniscient s'il donne beaucoup d'informations ; interne s'il dépend de ce que sait le personnage...

Le journaliste, qui rapporte les propos de l'éditeur Juan Gil au discours direct entre guillemets, et ceux de Cabeza de Vaca.

- **Quelles sont les relations entre les personnages ?** Repère les pronoms personnels/adjectifs possessifs.
- **Comment est construit le récit ?** Repère les temps verbaux pour déterminer l'enchaînement des idées.

Un récit chronologique qui retrace rapidement le parcours d'un explorateur espagnol.

- **Identifie le thème principal** (*el retrato de un explorador español en el Nuevo Mundo*), **les mots-clés** (*conquistador, viaje transatlántico, naufragios, indios, conversión*), **les champ lexicaux** (le voyage : *viaje, caminita épica, travesía*).

4 Au-delà des mots

- Concentre-toi enfin sur les **détails** et sur **le sens implicite**, c'est-à-dire sur le non-dit.
- Mets en relation le(s) texte(s) avec **l'axe**.

Identités et échanges : exemple de métissage entre l'Espagne et le continent américain dans une période qui a eu une influence primordiale sur son identité actuelle.

El eterno naufragio de Cabeza de Vaca

Accroche — «Que un cautivo cuente sus experiencias es extraño. Que cuente que ha sido esclavo es excepcional», explica Juan Gil, editor de una nueva versión de *Naufragios y comentarios.*

Contextualisation et présentation biographique — ¿Pero quién es Cabeza de Vaca? «Un segundón», resume Gil. Nacido en 1488 y proveniente de una familia noble de Jerez, «a los 40 ve que no ha logrado la recompensa que cree merecer, y busca fortuna en el Nuevo Mundo».

Le 1er voyage et les naufrages — Su primer viaje transatlántico acaba siendo una caminata épica de casi nueve años, en los que recorre desde la isla de Mal Hado (Texas) a la Nueva Galicia (Nueva España). Durante esa travesía «el carácter de Cabeza de Vaca experimenta una conversión, y se hace una especie de apóstol de los indios».

La rencontre avec les indiens et la conversion — Una de las partes más interesantes es precisamente la relación de Cabeza de Vaca con los nativos, que de ser una «gente sin razón», pasan a ser individuos en las que Cabeza de Vaca va descubriendo cualidades. «Son valientes. Son fuertes, generosos», dice. Dentro del conquistador se va operando un cambio todavía más profundo, que lo lleva a convertirse en un chamán. «Los indios creen que tiene poderes curativos. Y los españoles también. Y él termina por creerlo».

Jorge Morla, *El País*, 16/05/2018.

Auteur : un journaliste — source — récente

Épreuve 3

Le jour du BAC

Le **premier temps** de l'examen consiste en :
→ une **épreuve écrite** consacrée à l'évaluation des compétences de compréhension de l'oral et de l'écrit ;
→ un **sujet d'expression écrite** en lien avec la thématique du dossier constitué par les documents supports de l'évaluation de la compréhension de l'oral et de l'écrit.

1er temps 1 h 30

Compréhension de l'oral

AUDIO 43

Jerónimo de Aguilar
Source : MVS Radio, 11/03/2019
Durée : 1' 30"

Vous rendrez compte librement, en français, de ce que vous avez compris du document audio.

CONSEILS ET MÉTHODE

Écoute 1
- Cette première écoute doit te servir pour repérer et identifier tous les éléments de contexte et d'énonciation (intervenants, lieu, thème, événements…) ainsi que la nature et la structure du document, qui te serviront pour introduire ton compte rendu.
- Profite de la minute entre les deux écoutes pour rédiger ton introduction.

Écoute 2
- Prends des notes au fur et à mesure de l'écoute pour les organiser plus facilement lors de ta rédaction.
- Repère les idées essentielles et les champs lexicaux ainsi que les liens entre eux.
- Pendant la minute entre la deuxième et la troisième écoute, souligne sur ton brouillon les éléments que tu dois encore vérifier (une date, un nom propre, un chiffre…) pour ne pas les oublier.

Écoute 3
- Cette dernière écoute doit te permettre de vérifier et d'affiner certains éléments et/ou idées.
- Résume les points-clés et les détails significatifs à l'aide de connecteurs.

Compréhension de l'écrit

Documento

Malinche

Malinalli (Malinche) evoca su papel durante el primer encuentro entre el emperador Moctezuma y Hernán Cortés.

Antes que nada, estaba el hecho de que durante el primer encuentro entre Moctezuma y Cortés, ella había sido la traductora y durante su actuación, había mirado directo a los ojos de Moctezuma, el máximo gobernante. El rey supremo. Las piernas le habían temblado. Ver su rostro había constituido una transgresión suprema. Ella sabía perfectamente que estaba prohibido mirar a la cara a Moctezuma y que aquel que lo hacía era condenado a muerte y sin embargo, lo hizo. La mirada que obtuvo de vuelta le indicó que a Moctezuma no le pareció[1] en absoluto su actitud, pero lejos de mostrar su molestia, permitió que siguiera traduciendo su discurso de bienvenida. Malinalli lo hizo respetuosamente. Consideraba como el más grande honor que había tenido en la vida, transmitir las palabras de Moctezuma. Lo que nunca esperó fue que Moctezuma depusiera[2] su trono a favor de Cortés y que ella, por ser traductora fuera quien prácticamente le

1. no le pareció = no le gustó
2. deponer = abandonar

●●●

hubiera dado el reino a Cortés. Tampoco se imaginó que al hacerlo experimentaría un dolor tan profundo. Era muy triste ver que su fe no tenía nada que hacer al lado de la de Moctezuma. Ver a un emperador, a un hombre que había sido educado para el poder, entregar su reino, la conmovió profundamente. Ser testigo de la profunda fe de Moctezuma, de la grandeza espiritual que le permitía desprenderse[3] de todo su enorme poder ante un espíritu: el de Quetzalcóatl[4]. [...]
Ver a Moctezuma ofrendar su reino, no a una persona, no a un rostro, ni a una ambición sino al espíritu de Quetzalcóatl era en sí un acto místico y sagrado. [...] Al traducir el discurso de Moctezuma, Malinalli también experimentó una transformación espiritual y actuó como verdadera mediadora entre éste y el otro mundo. Su voz salió de su pecho con fuerza y le dijo a Cortés:
–¡Oh! Señor Nuestro. Seáis bienvenido. Habéis llegado a vuestra tierra, a vuestro pueblo y a vuestra casa México. Habéis venido a sentaros en vuestro trono. [...] Aquí está vuestra casa y vuestros palacios: tomadlos y descansad en ellos con todos vuestros capitanes y compañeros que han venido con vos. [...]
Un gran silencio se desplomó del cielo como respuesta. Cortés no daba crédito[5] a lo que sus oídos escuchaban. Sin haber disparado una bala, se le estaba ofreciendo ser rey de esas inmensas y ricas tierras. Los más de cuatro mil nobles y señores principales del reino mexica, ataviados con sus mejores galas, con sus mejores pieles, plumas y piedras preciosas, también se asombraron ante esas palabras.
Cortés le pidió a Malinalli que tradujera estas palabras como respuesta:
–Dile a Moctezuma que se consuele, que no tema. Que lo quiero mucho y todos los que conmigo vienen. De nadie recibirá daño[6]. Hemos recibido con gran contento en verle y conocerle, lo cual hemos deseado muchos días. Ya se ha cumplido nuestro deseo.
Moctezuma entonces tomó el brazo a Cortés y en procesión, seguido por su hermano Cuitlahuac [...] y muchos grandes señores, se dirigieron a Tenochtitlan. [...]
Lo peor era que no podía decirle a Moctezuma que había cometido un error. Que los españoles no eran quienes él pensaba, que no se merecían gobernar esa gran ciudad, que no iban a saber qué hacer con ella. Los días siguientes le confirmaron sus sospechas. Cortés se dedicó a robar –porque no se podía decir de otra manera– todo lo que pudo.

Laura Esquivel, *Malinche*, 2005.

3. desprender(se) = separar(se)
4. *Serpent à plumes en nahuatl. L'une des divinités aztèques. On disait qu'il reviendrait un jour sur terre récupérer son royaume. La légende dit que lorsque Hernán Cortés est arrivé au Mexique, les Mexicains l'ont pris par Quetzalcóatl.*
5. dar crédito = creer
6. daño = mal, agravio

Diga de qué trata el documento y cómo se relaciona con el eje temático «Identités et échanges».

CONSEILS ET MÉTHODE

Repère les principaux éléments

- Repère les éléments de paratexte qui vont t'apporter des informations utiles (les différents noms du personnage principal...).
- Lis attentivement le texte, plusieurs fois si c'est nécessaire. Un événement historique est évoqué et occupe l'essentiel du document.
- Repère les lieux, les personnages et les échanges entre eux.
- Identifie les actions qui correspondent à chaque moment et lieu, ceci te permettra de comprendre les différents événements pour pouvoir ensuite restituer les étapes principales de sa biographie.

Établis des liens

- En t'appuyant sur tous les éléments repérés, tu pourras établir le lien de ce document avec l'axe « Identités et échanges »: à quelle(s) question(s) posée(s) dans la séquence ce texte peut-il répondre ? Appuye-toi sur cette/ces question(s) pour introduire ton compte rendu.

Construis ton propos

- Rédige ton compte rendu en faisant des paragraphes distincts. Tu peux réutiliser des mots présents dans le texte. Tu peux aussi t'appuyer sur de courtes citations du document en faisant attention à utiliser les guillemets et à bien recopier le texte.

Expression écrite

Documento

XXIII edición del Encuentro Internacional del mariachi y la charrería, Guadalajara (México), 2016.

Vous traiterez en espagnol l'un des deux sujets suivants au choix.

Question A ▶ **Comente este verso del poeta Manuel Benítez Carrasco apoyándose en la imagen: «Vestirse de charro es como vestirse de México».** En unas 120 palabras

Question B ▶ **Comente esta afirmación de Pilar Martínez López-Cano, de la Universidad Nacional Autónoma de México: «La conquista de América posibilitó y multiplicó la interacción y la conexión económica de cuatro continentes: Europa, Asia, África y América. En esta interacción podemos ver los orígenes de la globalización actual».** En unas 120 palabras

CONSEILS ET MÉTHODE

Question A ▶

- Pour répondre à cette question, tu devras commencer par présenter ce que tu sais des *charros* (origine, fonction, vêtements, traditions...). Ensuite, tu évoqueras ce que peut représenter pour le pays.
- Dans une deuxième partie, tu devras donner ton point de vue personnel sur la question. Ici, tu pourras t'appuyer sur l'image, sur d'autres documents travaillés dans la séquence ou sur des éléments de culture générale (rodéo aux États-Unis...) pour élargir ta réponse.

Question B ▶

- Identifie les éléments-clés de la citation proposée.
- Pense à relier la citation au document iconographique et/ou aux documents travaillés dans la séquence qui te permettent d'illustrer ou réfuter les propos de Pilar Martínez López-Cano.
- Tu peux conclure ton argumentation avec des exemples actuels qui viendraient corroborer ta réflexion mais l'ouvrir également sur l'avenir (gastronomie, vêtements, séries tv...).

e jour du BAC

→ Pendant le **second temps**, l'examinateur propose soit 2 documents iconographiques, soit 2 citations, soit un document iconographique et une citation en lien avec l'axe choisi par le candidat parmi les trois proposés.

→ Le candidat devra **expliquer en espagnol** pendant 5 minutes quel document ou quelle citation illustre le mieux l'axe choisi et pourquoi.

2d temps 10 mn

Expression orale

Documento 1

Julio Galán, *Retrato de Elizabeth*, 2000.

Documento 2

« Mezclados, somos mezclados
La misma historia con otro sabor
Venimos de todos lados. »

Bomba Estéreo
Estrofa de la canción *Internacionales* del grupo colombiano Bomba Estéreo, 2017.

1. **Diga cuál de los dos documentos ilustra mejor el eje temático «Identités et échanges». Justifique con ejemplos precisos.** En unos 5 minutos
2. **¿Conoce otro(s) elemento(s) tradicional(es) que sea(n) fruto del mestizaje?** En unos 5 minutos

CONSEILS ET MÉTHODE

Pour commencer

- Réfléchis bien avant de te lancer ! Choisis le support qui te parle le plus.
- Les documents proposés sont reliés à l'axe « Identités et échanges », l'important est donc d'arriver à expliquer le lien à l'axe.
- Pense à tous les éléments du support qui pourront nourrir ta réflexion : la thématique, le type de support, le message transmis, les faits culturels ou sociétaux que tu peux identifier.

Analyse le support en lien avec l'axe

- Ne te limite pas à une description du support. Problématise tout de suite ta pensée. De quelle manière ce document illustre l'axe «Identités et échanges» ?
- Justifie ton choix de support (lien plus explicite, écho avec ce que tu as vu en classe, soulève des questions plus intéressantes…).

Expose clairement tes arguments

- Structure ta présentation en te concentrant sur le message que le support fait passer ou le thème qu'il illustre.
- Privilégie une communication claire et précise : commente certains détails, donne des exemples.
- Fais attention à ne pas t'éloigner du document à présenter.
- Développe tes arguments à partir de tes connaissances personnelles en citant des exemples du monde hispanophone.

Séquence **08** Flash

El desafío latino

→ ¿El reto de la comunidad latina será conquistar las urnas?

Descubro

- Des exemples de lutte pour la reconnaissance des droits des étrangers
- Le poids des origines dans la construction identitaire des descendant(e)s de populations immigrées
- La représentation latino-américaine au Congrès des États-Unis

Utilizo

Vocabulario

- Les défis de la communauté latino-américaine

Gramática

- L'obligation personnelle : *tener que* et *deber*

Actúo

Proyecto

- Présenter un(e) membre du Congrès américain d'origine latino-américaine en détaillant sa trajectoire politique et en démontrant son engagement auprès de la communauté latino

¿TE SUENA?

Seguro que has oído hablar de la población latina en los Estados Unidos y tal vez conoces a alguna celebridad latina, ¿a qué sí? El camino de la integración, del reconocimiento de los derechos y de la presencia en las instituciones públicas ha sido posible gracias a la tenacidad y a la lucha de trabajadores/as de esta comunidad, como Dolores Huerta que con su «¡Sí se puede!» logró mejorar la situación de los/las campesinos/as. Las generaciones más jóvenes de latinos y latinas también celebran con orgullo su doble cultura, como la congresista de ascendencia puertorriqueña Alexandria Ocasio-Cortez. En principio, las nuevas generaciones lo tienen más fácil.

¿Qué obstáculos crees que aún les queda por superar?

nacional identidad integración latino boricuas unidad Puerto Rico desfile nuyoricans orgullo diversidad banderas mestizaje

EN TU MÓVIL
Escucha las canciones

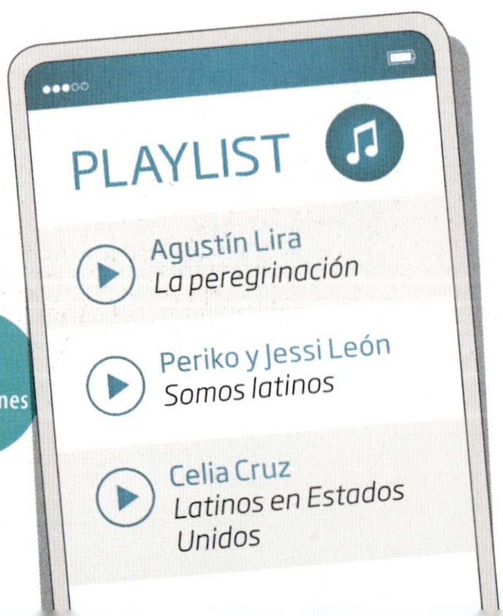

Axe 1
Identités et échanges

La congresista Alexandria Ocasio-Cortez durante el desfile del Día de Puerto Rico en Nueva York, 09/06/2019.

1. ¿Qué estarán reivindicando estas personas?
2. ¿Cómo definirías el ambiente?

Obtener derechos, ¿lucha o milagro?

¡Sí se puede!

Dolores, la película de Dolores Huerta
© El nuevo Georgia, 16/08/2017.

VÍDEO 14

Sacado del vídeo: Unión de campesinos: *United Farm Workers (UFK), sindicato cofundado en 1962 por Dolores Huerta y César Chávez* • councilio: (spanglish) del inglés *counsil*, para hablar de un comité, un ayuntamiento • agarrar: *(ici)* obtener, ganar

Para expresarte
- la influencia: *l'influence*
- el liderazgo: *le leadership*
- la perseverancia: *la persévérance*
- la combatividad: *la combativité*
- imponerse: *s'imposer*
- mostrarse: *se montrer*

Escoge tu camino

POR ETAPAS

1. Observa el cartel del documental.
   a. Di quiénes son esas personas, dónde están y qué están haciendo.
   b. Apunta quién lidera el movimiento. Justifica.
2. Ve el vídeo y especifica por quiénes luchó Dolores Huerta.
3. Explica por qué Dolores Huerta se dirige principalmente a las mujeres.
4. Precisa con qué nombre se conocen los derechos por los que luchó Dolores Huerta.
5. Apunta lo que tienen que hacer las personas para seguir luchando por sus derechos.

EN DIRECTO

Presenta a Dolores Huerta, explica su combate y sus consejos para continuar defendiendo los derechos.

¿SABÍAS QUE...?

Dolores Huerta es quien inventó el eslogan **«¡Si se puede!»**. En 2012 recibió la medalla de la Libertad de manos de **Barack Obama**, quien le agradeció que le hubiera dejado utilizar su eslogan « Yes, we can ! » que caracterizó su campaña presidencial.

PON EN PRÁCTICA

Imagina y redacta una carta abierta de Dolores Huerta para explicar cómo los/as jóvenes de hoy pueden seguir comprometiéndose en la lucha. Pon énfasis en el papel que desempeñan las mujeres.

08

Eternamente agradecido

Ex-voto al Señor de los trabajos, pintura sobre metal, Museo de arte popular, Ciudad de México (México).

Para expresarte

- arreglar: *résoudre un problème*
- agradecer: *remercier*
- una ofrenda: *une offrande*
- arrodillado/a: *agenouillé(e)*
- lograr: *réussir*
- un Cristo crucificado: *un Christ crucifié*
- un crucifijo: *un crucifix*

¿SABÍAS QUE...?

Un **ex-voto** viene de las ofrendas que se realizaban antiguamente a los dioses. Con el tiempo, en la religión católica se convirtió en la ofrenda que realiza un creyente para agradecer el favor concedido o para recordar a un ser querido. La ofrenda puede ser un objeto que recuerda el hecho o a la persona.

Entra en acción

1. Observa el ex-voto y describe la escena. Detalla la actitud del hombre.
2. Lee el texto y explica lo que agradece Jesús Gómez.
3. Califica las ansias de Jesús Gómez Reyes por obtener la nacionalidad estadounidense.
4. A tu parecer, ¿por qué es tan importante la obtención de su pasaporte? Justifica.

PON EN PRÁCTICA

5. Debate con tus compañeros/as: «La obtención del pasaporte es importante para Jesús Gómez Reyes». Una parte de la clase defenderá que su vida mejorará con ese pasaporte. La otra mitad defenderá que su vida va a cambiar a peor.

Lo esencial

Vocabulario

44

- **buena parte de:** une grande partie de
- **retratar una realidad:** reproduire une réalité
- **conceder un favor:** accorder une faveur
- **hacer penitencia:** faire pénitence

Gramática

L'obligation personnelle avec *tener que*

- **«Primeramente nos tenemos que organizar, ¿no?, estar organizados, tenemos que hacernos ciudadanos, tenemos que votar».**

Pronunciación

45

Les mots commençant par /inm/ et /inn/

Écoute les mots et indique lequel de ces deux sons tu entends : [inm] ou [inn] ?

Para el oral del BAC

Estos documentos presentan dos etapas o dos lados de la lucha por los derechos civiles. ¿En qué medida el trabajo de Huerta era y es necesario? Justifica.

- Presenta a Dolores Huerta y a Jesús Gómez. Comenta lo que los relaciona.
- ¿En qué medida la lucha de Dolores Huerta y la tenacidad de Jesús Gómez están unidas?

¿Nuestro origen es nuestra fuerza?

Crecer y explorar

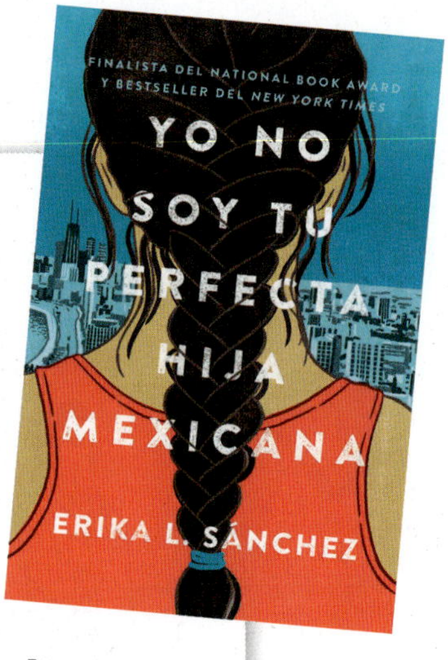

Julia, una adolescente de Chicago, de origen mexicano, está en su último año de instituto y está preparando sus solicitudes universitarias para el año próximo.

Mis calificaciones fueron satisfactorias el año pasado. Logré subirlas al final y saqué casi puras B[1], pero sigue preocupándome no saber si lograré entrar a las universidades que quiero. Este semestre estoy decidida a ser excelente. «¡Volví con todo, perras!» Enviaré solicitudes a tres escuelas de Nueva York, dos de Boston y una en Chicago. El maestro Ingman me ayudó a elegir distintas escuelas con buenos programas de Literatura. Aunque no quiero quedarme aquí, dice que debo enviar papeles al menos a una universidad del estado, sólo por si acaso. Pero sé que debo irme lejos. Amo a mis padres, claro, y siento culpa por querer dejarlos, pero vivir aquí sería demasiado difícil. Necesito crecer y explorar y ellos no me dejarán hacerlo. Siento como si me tuvieran bajo una lupa. [...]

De acuerdo con el maestro Ingman, tengo que destacar[2] el hecho de que mis padres siguen siendo indocumentados.

–A los comités de admisión les encantan estas cosas –insiste.

–Pero es un secreto –digo–. Mis padres dijeron que no debíamos contárselo a nadie. ¿Qué tal que[3] envío mi solicitud, y luego la escuela llama a migración y los deportan? ¿Y entonces?

–Nadie los deportará. Sería imposible.

–Pero son ilegales –susurro.

–Indocumentados –me corrige.

–Mi familia dice que son ilegales o mojados. Nadie dice indocumentados. No saben nada sobre ser políticamente correctos.

–Es una palabra muy estigmatizante; no me gusta. Tampoco extranjeros ilegales. Eso es aún más repulsivo. –Se estremece[4] como si las palabras fueran veneno en su interior.

–Bueno, indocumentados –concedo.

Crecí con miedo a la migra[5] y escuchando a mis padres y familiares hablar sin parar sobre los papeles. Por mucho tiempo no entendí qué tan[6] importantes eran esos papeles, pero a la larga[7] lo descubrí.

Erika L. Sánchez (poeta, novelista y ensayista estadounidense),
Yo no soy tu perfecta hija mexicana, 2018.

1. puras: (Méx.) solo ; B: *les États-Unis ont un système de notation en lettres qui va de A+ à F. B correspond à 11 ou 12 sur 20.* 2. *souligner, faire remarquer* 3. (Méx.) Qué pasa si... 4. estremecer(se): *tressaillir* 5. *(péj.) police d'immigration des États-Unis* 6. (Méx.) cuán 7. *à terme*

Escoge tu camino

POR ETAPAS

1. Observa la portada del libro, descríbela y di cómo imaginas a la «perfecta hija mexicana».
2. Describe el momento escolar en que se encuentra Julia.
   notas • trámites • orientación
3. Precisa las dudas que la joven tiene sobre su futuro.
4. Apunta los términos que se refieren a la situación de los padres de Julia y lo que el profesor y Julia piensan de dichos términos.
5. Precisa la importancia de los «papeles» para Julia y su familia.

EN DIRECTO

Presenta a Julia y describe su situación, sus proyectos y cómo su origen interfiere en estos.

PON EN PRÁCTICA

Imagina y redacta la carta de motivación de Julia para sus solicitudes universitarias.

El éxito de una joven latina

1. Alexandria Ocasio-Cortez y la fuerza novata. Nuevo partido, ¿quién eres?

VÍDEO 15

Alexandria Ocasio-Cortez hace historia y se convierte en la congresista más joven en EE. UU.
© France24, 07/11/2018.

Sacado del vídeo:
bartender: camarera/o, (Méx.) mesera/o • Cámara de Representantes de Estados Unidos: *United States House of Representatives* es la Cámara Baja del Congreso de Estados Unidos • *Medicare:* programa médico de seguridad social

08

Lo esencial

Vocabulario

- **por si acaso:** au cas où
- **sin parar:** sans arrêt/cesse
- **pase lo que pase:** quoi qu'il arrive
- **un peso pesado:** un poids lourd
- **ejercer un cargo público:** exercer une fonction publique
- **sorprender a propios y a extraños:** surprendre les siens et les étrangers

Gramática

L'obligation personnelle avec ***deber*** + infinitif
- «Dice que **debo enviar** papeles».
- «No **debíamos contárselo** a nadie».

Ortografía

Le groupe ***gn***

Complète les mots avec « **nn** » ou « **gn** ».
i...orancia • di...idad • ma...ífico • asi...atura • i...egable • i...ovadora • si...úmero • i...ecesario

Entra en acción

1. Ve el vídeo, presenta a Alexandria Ocasio-Cortez y di por qué ha hecho historia.
2. Identifica cuáles son los objetivos por los que lucha esta congresista.
3. Apunta elementos de su trayectoria política.
4. Observa el cómic y apunta los elementos que hacen de Alexandria Ocasio-Cortez una superheroína latina del siglo XXI.

PON EN PRÁCTICA

5. Con tu compañero/a, comenta la frase «Nunca olvidaré el arduo trabajo que nos llevó hasta aquí».

Para expresarte

- la derrota: *la défaite*
- el descaro: *l'insolence*
- la osadía, el atrevimiento: *l'audace*
- atrever(se): *oser*
- el esfuerzo: *l'effort*
- la tenacidad: *la tenacité*

Proyecto

Busca informaciones sobre otros/as congresistas latinos/as y presenta a uno/a de ellos/as.
- Precisa el lugar que sus orígenes ocupan en su trayectoria política.
- Trata de especificar las diferencias respecto a la generación de sus padres.
- Explica su compromiso con la comunidad latina.

EXERCICES INTERACTIFS

L'obligation personnelle avec *tener que*

Observe et déduis

1. Observe les structures en gras et indique les éléments qui les forment.

Retiens la règle

- On peut exprimer une **obligation personnelle** avec le verbe *tener* conjugué à la personne qui convient, suivi de *que* et du **verbe à l'infinitif**.

Entraîne-toi

2. Complète les phrases de manière à exprimer une obligation personnelle avec *tener que*.
   a. La juventud latina ... (inspirarse) en Dolores Huerta.
   b. Los inmigrantes indocumentados ... (vivir) con miedo a la migra.
   c. Vosotras ... (luchar) juntas por vuestros sueños.
   d. Julia no ... (sentirse) culpable por alejarse de sus padres.

3. Transforme les ordres suivants.
   a. ¡Luchad por vuestros derechos!
   b. ¡Persevera para lograr tus objetivos!
   c. ¡No nos demos por vencidos y sigamos trabajando por un futuro mejor!
   d. Me solidarizo con mis compañeros para que juntos podamos vencer.

L'obligation personnelle avec *deber*

Observe et déduis

1. Observe les verbes en gras puis traduis les phrases.
2. Indique la place du pronom dans la structure soulignée.

Retiens la règle

- On peut exprimer l'obligation personnelle avec la tournure *deber* **+ infinitif**.
- Dans cette tournure, le verbe *deber* est conjugué.
- Les **pronoms personnels** seront soudés à l'infinitif.

Entraîne-toi

3. Transforme les phrases en utilisant « *deber* + infinitif ».
   a. Tienes que enviar solicitudes a varias universidades.
   b. Las jóvenes tenéis que votar para poder cambiar las cosas.
   c. Los latinos tienen que luchar por sus derechos.
   d. Las personas indocumentadas tienen que vivir con miedo a la migra.
   e. Es necesario que los jóvenes voten.
   f. Es indispensable que Pablo envíe su carta.
   g. Es preciso que la comunidad latina siga unida.
   h. Para conseguir los papeles es obligatorio que los inmigrantes hagan muchos trámites.

EXERCICES INTERACTIFS

EL RETO LATINO

POR IR A EE. UU.

- cruzar la frontera
- la migra
- los/las ilegales, los/las mojados/as
- sin papeles, indocumentados/as
- dejar su lugar de origen
- el/la emigrante
- el/la inmigrante
- buscarse la vida

POR LA REPRESENTACIÓN

- la ciudadanía
- un(a) ciudadano/a
- el derecho al voto
- el voto
- votar
- elegir
- la elección
- el/la candidato/a
- el/la líder, liderar
- conquistar las urnas
- el escaño
- ejercer un cargo público

POR LOS DERECHOS CÍVICOS

- activismo
- un(a) activista
- involucrar(se)
- camino por recorrer
- un(a) sindicalista
- manifestar(se)
- el boicot
- boicotear
- hacer huelga
- reivindicar

POR GESTIONAR LA DOBLE CULTURA

- los/las chicanos/as
- los/las latinos/as
- los/las hispanos/as
- pertenecer a un lugar
- sentirse de un lugar u/y otro
- querer volar con sus propias alas
- lucha generacional
- sentir(se) culpable de/por
- sentir(se) avergonzado/a por
- sentir(se) orgulloso/a de
- el orgullo
- cultura híbrida

1 B1+ Resuelve el crucigrama con palabras del mapa mental.

Horizontal

1. Línea real o imaginaria que separa un estado de otro.
2. Que no dispone de los documentos legales de identificación personal.
3. Militante de un movimiento social, de un sindicato o de un partido político defendiendo activamente sus ideas.
4. Persona que dirige o conduce un partido político, un grupo social u otra colectividad.
5. Condición de miembro de un Estado con derechos y deberes.

Vertical

1. Sentimiento de satisfacción por los logros, capacidades, méritos proprios o por algo en lo que una persona se siente concernida.
2. Reclamar algo a lo que se cree tener derecho.
3. Interrupción colectiva de la actividad laboral por parte de los trabajadores con el fin de reivindicar ciertas condiciones o manifestar una protesta.
4. Policía fronteriza de los Estados Unidos.
5. Emisión de votos para designar cargos políticos o de otra naturaleza.

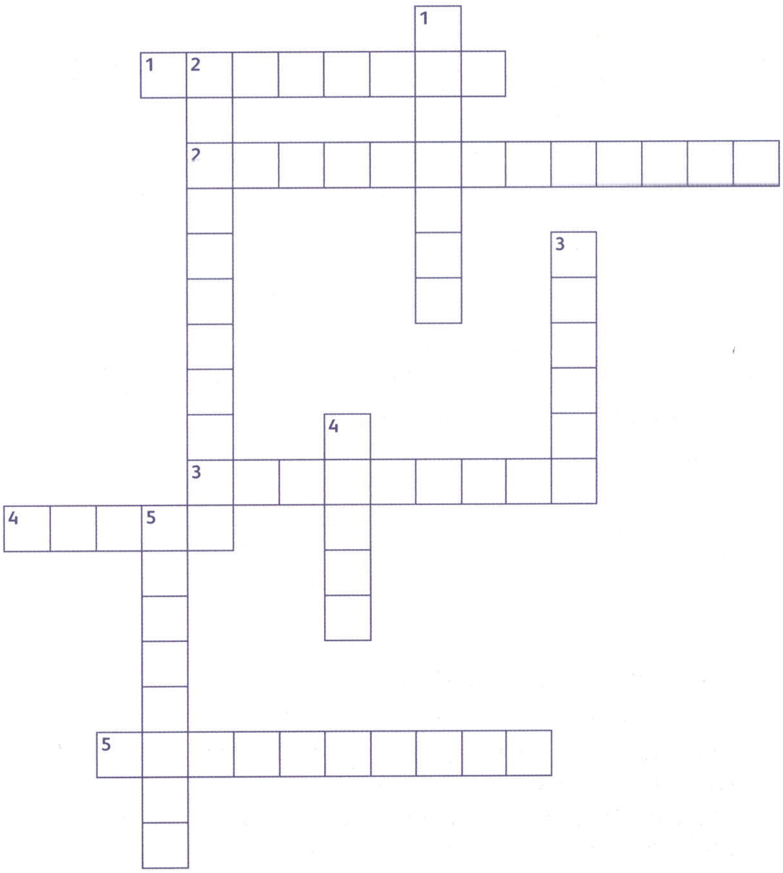

Le jour du BAC

Le **premier temps** de l'examen consiste en :
→ une **épreuve écrite** consacrée à l'évaluation des compétences de compréhension de l'oral et de l'écrit ;
→ un **sujet d'expression écrite** en lien avec la thématique du dossier constitué par les documents supports de l'évaluation de la compréhension de l'oral et de l'écrit.

1er temps 1 h 30

Compréhension de l'oral

VÍDEO 16

Jóvenes latinos promueven la importancia del voto

Source : Telemundo, 16/10/2019
Durée : 1' 30"

Vous rendrez compte librement, en français, de ce que vous avez compris du document vidéo.

CONSEILS ET MÉTHODE

Visionnage 1
- Identifie la nature du document et le nombre d'intervenants. Précise le rôle de chacun.
- Prête attention à la différence de fond sonore quand ils parlent, mais aussi à leur élocution.

Visionnage 2
- Précise l'objectif général de cette vidéo.
- Écris ensuite des informations précises qui répondent aux questions : où ? dans quel but ? qui ? et comment ?

Visionnage 3
- Lors de cette dernière écoute, tu compléteras les informations apportées par chaque locuteur.

Compréhension de l'écrit

Documento 1

La colombiana que incomoda a los supremacistas americanos con sus murales

Sabogal, una artista, muralista y grafitera colombo-americana que desde hace ocho años perfecciona la técnica del muralismo para plasmar[1] en paredes de más de 20 metros de altura poderosos mensajes en contra de la desigualdad. Sus obras, siempre protagonizadas por mujeres, tienen frases incómodas como «White Supremacy is Killing Me» (La supremacía blanca me está matando), «Walls can't keep out greatness» (Las paredes no pueden contener la grandeza), entre otros.
Aunque su interés por el arte comenzó desde muy pequeña, no fue hasta graduarse[2] de la universidad cuando se dedicó a pintar. «A muchos niños con padres inmigrantes en Estados Unidos no los dejan estudiar lo que quieran sino carreras más formales como abogado o médico y ese fue mi caso», cuenta. Sabogal estudió Ciencias Políticas en La Universidad de California en San Diego y años después comenzó a plasmar sus pensamientos en dibujos, que con el tiempo empezó a compartir públicamente.
Un retrato de la poeta y escritora chicana Cherríe Moraga que hizo en 2010 fue uno de los primeros en volverse[3] virales. [...]
Sus murales están influenciados por el arte mexicano [...]. Igual que artistas de la talla de Shepard Fairey y Banksy [...].
Y a través de sus murales hace críticas mordaces[4] o reflexiones incómodas sobre temas delicados como el racismo, la xenofobia, la misoginia y la discriminación. [...]

1. *reproduire*
2. *obtenir son diplôme*
3. convertirse
4. *acerbes*

●●●

Sus poderosos mensajes la han llevado a convertirse en una activista social. [...] Recientemente el Partido Demócrata de Estados Unidos la contactó para pintar un muro inspirado en los migrantes. Según la artista, esto sucederá en los próximos meses y lo interesante del asunto es que lo plasmará en una pared construida con ladrillos que han enviado los Supremacistas Blancos a los congresistas del partido con el mensaje «¡Construyan el muro!». [...]

Sabogal nació en San Francisco, California, hace 31 años pero se considera más colombiana que otra cosa. Sus padres, él bogotano y ella barranquillera, salieron huyendo de la violencia [...] «Decidieron huir cuando mi hermano tenía un año porque eran tiempos muy duros. Muchos de sus amigos habían sido secuestrados y a cada persona de mi familia algo le pasó con la violencia», dice. La motivación fue estudiar un doctorado, pero también darles a sus hijos una vida mejor. A lo largo de los años, ella y su familia han vivido una historia agridulce como inmigrantes en Estados Unidos y estas historias, como también sus raíces latinoamericanas, están impregnadas en la mayoría de sus trabajos.

semana.com, 12/11/2018.

Documento 2

Mural de la artista colombiana Sabogal.

1. ¿A quién pertenece Estados Unidos?

Documentos 1 y 2

1. **Presente a Sabogal, su familia y sus raíces.**
2. **Explique qué tipo de muralismo realiza esta artista.**
3. **Muestre cómo sus orígenes influyen en su arte.**

CONSEILS ET MÉTHODE

Repère les éléments biographiques

- Mets dans l'ordre les informations biographiques de l'artiste. D'abord, les informations sur sa famille (membres, origine). Ensuite, celles de l'artiste (date et lieu de naissance, études, travail).
- Dans son parcours, repère les moments importants qui ont une incidence sur son avenir.

L'artiste et son travail

- Identifie les éléments qui caractérisent sa pratique artistique (influences, personnages, thématiques) et son nouveau projet (sa genèse et sa mise en œuvre).
- Repère dans la photographie les éléments qui illustrent les points caractéristiques de son travail.

La présence de ses racines dans son travail

- Liste les éléments repérés qui prouvent le lien entre ses origines et ses projets artistiques.
- Observe les aspects de la société des États-Unis qui ont un impact dans la vie de la communauté latine, et donc, de l'artiste.

Expression écrite

Documento

Las actrices y activistas Rosario Dawson, Zoe Saldaña, Eva Longoria, America Ferrera y Gina Rodríguez durante el evento «Latinas en marcha», Miami, 4/11/2018.

Vous traiterez en espagnol l'un des deux sujets suivants au choix.

Question A **El activista latino del vídeo dice que «nosotros somos el gigante dormido y ya no estamos dormidos». Comente esta afirmación apoyándose en la imagen.**
En unas 120 palabras

Question B **«Nosotros somos Estados Unidos. Y estamos aquí para quedarnos.» (América Ferrera, actriz estadounidense de origen hondureño). Comente esta afirmación apoyándose en la imagen.**
En unas 120 palabras

CONSEILS ET MÉTHODE

Question A

- Commence par analyser les éléments de l'image. Quels mots pouvons-nous lire sur les t-shirts ?
- Ensuite, pour commenter l'affirmation, détermine quels sont les moyens qu'ont les citoyen(e)s pour s'exprimer et faire valoir leurs droits. Détermine le souhait de celui qui a exprimé ces propos et explique les raisons qui pourraient le motiver.
- Justifie tes idées avec des exemples précis.

Question B

- Commence par observer et analyser les éléments les plus importants de la citation (qui est le sujet ?, l'emploi de « ser » et « estar », l'adverbe de lieu « aquí »), pour bien cibler la portée de ces paroles.
- Détermine dans quelle mesure ces paroles sont une réponse à un rejet ressenti par la communauté latino aux États-Unis.
- Tu peux penser aux difficultés rencontrées par les immigrants. Dans quelle mesure les enfants d'immigrants qui sont nés sur le sol américain ressentent encore cette discrimination. Pourquoi ceux qui s'expriment sont ceux qui ont, d'une certaine façon, réussi à s'intégrer dans le système ? Qu'apporte leur voix ?

Le jour du BAC

→ Pendant le **second temps**, l'examinateur propose soit 2 documents iconographiques, soit 2 citations, soit un document iconographique et une citation en lien avec l'axe choisi par le candidat parmi les trois proposés.

→ Le candidat devra **expliquer en espagnol** pendant 5 minutes quel document ou quelle citation illustre le mieux l'axe choisi et pourquoi.

2d temps

10 mn

Expression orale

Documento 1

La Ofrenda, mural de Yreina Cervantes, Los Angeles, 1990.

Documento 2

« Yo me siento migrante en mi país natal. Tampoco quiero decir que me siento tan mexicana como las mexicanas. No soy mexicana ni estadounidense, soy un alebrije[1] que viaja de un país a otro. »

Sandra Cisneros,
escritora de origen mexicano nacida en Chicago.

1. Artesanía mexicana colorida que representa a un animal, real o imaginario.

1. **Diga cuál de los dos documentos ilustra mejor el eje «Identités et échanges». Justifique con ejemplos precisos.**
En unos 5 minutos
2. **¿Conoce otras formas de vivir una doble cultura?**
En unos 5 minutos

CONSEILS ET MÉTHODE

Document 1 : image

- Lis attentivement les éléments de contexte (titre, auteure, date, lieu) avant d'observer l'image.
- Observe l'image en pensant à l'axe « Identités et échanges » et note sur ton brouillon les éléments qui attirent le plus ton attention ainsi que les idées qui te viennent à l'esprit.
- Fais des liens entre les éléments de contexte, les éléments de l'image et des documents travaillés en classe.

Document 2 : citation

- Lis attentivement la citation et analyse les termes qui la composent (pronoms, adjectifs, noms, verbes...). Comment la citation est-elle construite ? (affirmation ? négation ? opposition ?)
- Synthétise la citation avec tes propres mots : qu'est-ce que cette auteure a voulu dire ?
- Pense à l'axe « Identités et échanges » et essaie de voir quels éléments de la citation ont un lien direct avec l'un ou l'autre terme de l'axe.

Séquence

09 Volverse digital

¿El uso actual del móvil representa un avance o una deshumanización?

Descubro

- La popularité et les réseaux sociaux
- Les dangers des défis et des phénomènes viraux
- Les utilisations positives des nouvelles technologies mobiles

Utilizo

Vocabulario

- La téléphonie mobile

Gramática

- Le comparatif d'égalité
- Le vouvoiment de politesse
- L'impératif affirmatif
- L'enclise

Actúo

Proyecto

- Présenter les nouveaux usages du téléphone en précisant l'impact qu'ils ont sur notre vie quotidienne

¿TE SUENA?

No te lo vas a creer, pero ¡pasamos *50 días* al año navegando por Internet y mirando *redes sociales*! Al día gastamos 3 horas y 15 minutos *conectados*: compramos, hablamos y ¡hasta nos enamoramos a través de la red! ¿Acaso preferimos una vida digital? Desgraciadamente, existen consecuencias negativas: el año pasado el 79% de los adolescentes sufrieron experiencias negativas causadas por las redes sociales. La presión social y el número de *seguidores* pueden producir un gran sentimiento de *soledad*.

¿Crees que deberíamos preguntarnos si hacemos un buen uso de Internet y regular el tiempo que consumimos?

EN TU MÓVIL
Escucha las canciones

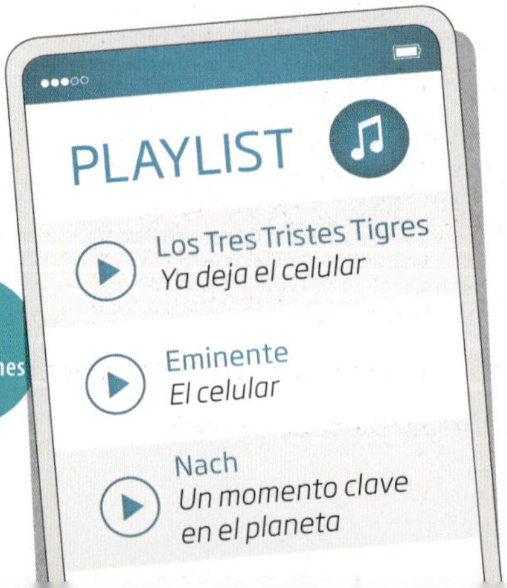

opinar hashtag sombra navegar arroba inalámbrico enamorarse digital extensión conectarse

Axe 4

Citoyenneté et mondes virtuels

1 Identifica los diferentes símbolos presentes en esta imagen. Di a qué corresponden.

2 ¿Cuál de estos símbolos representa una actividad importante de tu vida?

¿Se puede vivir sin Instagram?

Soy adicta a Instagram

VÍDEO 17

¿Cómo usar Instagram de manera equilibrada?
© Fiona Ya Por Favor, 25/04/2018.

Para expresarte

- un(a) seguidor(a): *un(e) follower*
- un hábito: *une habitude*
- adicto/a: *accro*
- saludable: *sain(e)*
- imprescindible: *indispensable*

Escoge tu camino

POR ETAPAS

1. Ve el vídeo e identifica en qué situaciones Fiona ve Instagram.
2. Di lo que piensa la youtuber-instagramer mexicana de este hábito.
3. Haz una lista de los consejos que nos da para utilizar Instagram de manera más saludable.
4. ¿Qué contestarías a las preguntas que dirige al final a sus seguidores?

EN DIRECTO

Explica cómo utiliza Fiona Instagram y qué consejos nos da para utilizarlo mejor.

PON EN PRÁCTICA

Comenta con tu compañero/a las siguientes afirmaciones:

- Veo Instagram a cada momento del día.
- Hoy en día las redes sociales son imprescindibles.
- La gente se pasa el tiempo en Instagram para compararse.
- Un(a) amigo/a vale más que un(a) seguidor(a).

El selfi perfecto

Público

Una *influencer* bañándose en las aguas turquesas del monte Neme.

El monte Neme, en Galicia, se ha convertido en una inopinada estrella de Instagram. Esta antigua mina de wolframio[1] situada en la comarca de Carballo (A Coruña) tiene unas aguas color turquesa que la hacen irresistible para hacer una foto y compartirla en las redes sociales. Likes garantizados y un sorteo[2] para un cáncer de piel.

Sin embargo, algunos 'influencers' imprudentes han dado un peligroso salto cualitativo: bañarse en sus aguas verdes para conseguir el 'selfie' perfecto. ¿El resultado? Más de uno ha tenido que ser hospitalizado por daños en la piel y en el sistema digestivo tras tragar sus aguas turquesas. «Una de las 'influencers', Uxía, tras sufrir una reacción alérgica durante dos semanas aseguraba que lo había pasado "un poco mal, sí, pero la foto lo valía"», según la emisora coruñesa de Cadena Cope.

Otra 'instagramer' explicó que se dio un chapuzón[3] en la balsa de wolframio porque «era muy bonita» y «no vieron ningún cartel» que prohibiera el baño. [...]

La Xunta de Galicia tiene su parte de culpa en la peregrinación de influencers hacia el monte Neme. En 2017, alguien en Turgalicia tuvo la feliz idea de hacer un anuncio en el que promocionaban el entorno tóxico del monte Neme dentro de la campaña *Dame Galicia*. La campaña tuvo que ser eliminada y el organismo turístico tuvo que pedir perdón, tras admitir que «no funcionaron adecuadamente los filtros». Y tanto.

Iñaki Berazaluce, «Los 'instagramers' están enfermando por bañarse en las aguas turquesas del monte Neme, el Chernóbil gallego», *Público.es*, 12/07/2019.

1. También conocido como tungsteno, es un metal escaso en la corteza terrestre 2. *un tirage au sort, (ici) une loterie* 3. darse un chapuzón: *se baigner, (fam.) piquer une tête*

Entra en acción

1. Identifica por qué atrae el monte Neme.
2. Explica cuál es el riesgo de bañarse en las aguas de la antigua mina.
3. ¿Qué revela esta actitud de los/las *instagramers*?

PON EN PRÁCTICA

4. Hacerse un selfi puede ser peligroso. Busca otro sitio apreciado por los/las *instagramers* y escribe por qué es un lugar arriesgado. Ilustra tu texto con una foto y realiza con tus compañeros/as un mapamundi de estos lugares.

Para expresarte

- el peligro: *le danger*
- peligroso/a: *dangereux/euse*
- el riesgo: *le risque*
- arriesgado/a: *risqué(e)*
- la atracción: *l'attirance*
- atraer: *attirer*
- la contaminación: *la pollution*
- tóxico/a: *toxique*
- intoxicarse: *s'intoxiquer*
- enfermar(se): *tomber malade*
- ser inconsciente: *être inconscient(e)*
- descuidar: *ne pas faire attention*

Lo esencial

Vocabulario

47

- **perderse el tiempo:** perdre son temps à
- **borrar una cuenta:** effacer un compte
- **estar dispuesto/a a todo:** être prêt(e) à tout
- **arriesgar(se) la vida:** risquer sa vie
- **atraer a mucha gente:** attirer les foules
- **estar pegado/a al teléfono:** être pendu(e) au téléphone
- **aislarse del mundo:** s'isoler du monde

Gramática

Les comparatifs

- «No utilizo Instagram **tanto como** Fiona».
- «Es **tan** importante poner límites **como** borrar las cuentas inútiles».

Précis p. 277

Le passé composé

- «**Se ha convertido** en una estrella de Instagram».
- «**Han dado** un peligroso salto cualitativo».

Pronunciación

48

Les mots terminant par *-ción* et *-cción*

Écoute les mots et indique s'ils se terminent par « -ción » ou « -cción ».

Para el oral del BAC

Las redes sociales tienen consecuencias en nuestras vidas y en nuestras relaciones con los demás. Explica de qué manera los documentos de estas páginas lo ilustran.

- Define lo que son las redes sociales y para qué sirven.
- Identifica los aportes y límites de estas aplicaciones.
- También puedes basar tu reflexión en tu experiencia personal y dar tu opinión.

¿Guardas secretos en el móvil?

Un compañero inseparable

Toni no solo me ha proporcionado[1] un nombre, sino también una personalidad. Ocurrió, poco a poco, sin darme cuenta. Con cada conversación a la que asistía como mudo espectador, con cada aplicación que instalaba y con cada búsqueda que Toni emprendía en mi navegador, yo acabé convirtiéndome en lo que soy: su compañero inseparable, una extremidad no biológica, una especie de memoria externa y, sobre todo, su ventana al mundo.

Yo le pertenezco, sí. Pero sé que, en realidad, es él quien no puede vivir sin mí. Leí una vez que los humanos no pueden soportar permanecer más de seis minutos sin consultar sus móviles. Nos usan sobre todo como reloj, para enviar mensajes y... el tercer uso era... ¡Ah, sí!, ¡para llamar! Al fin y al cabo, se supone que todo empezó porque al principio éramos meros[2] teléfonos, ¿no?

Y resulta que los humanos solo pueden aguantar seis minutos sin mirarnos. Sin sacarnos del bolsillo para echarnos un simple vistazo[3]. Sí, vaya, la relación entre nosotros y nuestros dueños es mucho más estrecha que la que se establece entre muchas parejas. [...]

A mí, las ironías, junto con otras tantas cosas relacionadas con las personas, me resultan harto complicadas. Por eso, a veces, prefiero ceñirme a los datos objetivos. A saber: Carla es alguien importante para mi dueño, muy importante. Estoy seguro de ello porque la llama con frecuencia, le manda fotos y mensajes y le dice cosas que creo que Toni entiende como halagos[4] y que yo no sé muy bien cómo definir. Carla, por lo que parece, tampoco sabe cómo tomárselas. También sé de su trascendencia[5] por la cantidad de datos que almacena sobre ella. Figura en mi memoria como: Carla Santos. Av. Josep Tarradellas, 23. Barcelona. [...]

Guardo en mi memoria más datos sobre Carla: varios teléfonos y otras dos direcciones suyas, ambas en Barcelona. Y sé que no tiene Facebook ni Twitter.

Susana Vallejo (escritora española), *El móvil que guardaba en su interior el secreto de la chica de camisa naranja*, 2014.

1. proporcionar = dar **2.** *simples* **3.** *un coup d'œil* **4.** *compliments* **5.** importancia

Escoge tu camino

POR ETAPAS

1. Selecciona los elementos del fragmento que permiten identificar al narrador.
2. Di qué relación mantiene con Toni.
3. Identifica los secretos a los que puede acceder el narrador.

EN DIRECTO

El móvil dirige nuestras vidas. Explica cómo lo demuestra el texto.

PON EN PRÁCTICA

Si los móviles hablaran, ¿qué dirían sobre los secretos que guardan sus dueños? En un programa de escritura colaborativa como *framapad* o en *padlet*, haz una lista con tus compañeros/as de lo que puede revelar el móvil de una persona.

Para expresarte

- la confianza: *la confiance*
- un(a) confidente: *un(e) confident(e)*
- un(a) testigo: *un(e) témoin*
- un dato: *une donnée*
- una dirección: *une adresse*
- conservar: *conserver*
- guardar: *garder*
- borrar: *effacer*
- almacenar: *stocker*

Sé todos vuestros secretos

Fragmento de la serie *Más de 100 mentiras*
© Atresmedia, 2018.

VÍDEO 18

Entra en acción

1. Ve el vídeo y explica lo que inquieta tanto a los alumnos de este instituto.
2. Identifica cómo reaccionan los diferentes alumnos, las madres/los padres y la dirección del instituto.
3. Di qué consecuencias puede tener lo que sucede.

PON EN PRÁCTICA

4. Imagina cómo reaccionarías si todos los móviles del instituto fueran hackeados. Comparte tus reacciones con las de tus compañeros/as.

Para expresarte

- flipante: *fou/folle, délirant(e)*
- buscar huellas: *chercher des traces/des empreintes*
- un(a) mentiroso/a: *un(e) menteur/euse*
- el miedo: *la peur*
- la confusión: *la confusion*
- el pánico: *la panique*
- el ambiente: *l'atmosphère*
- hackear: *pirater*
- trolear: *troller (polluer les forums de messages)*

Lo esencial

Vocabulario

49

- **estar preocupado/a:** être préoccupé(e)
- **ser inquietante:** être inquiétant(e)
- **guardar un secreto:** garder un secret
- **buscar huellas con una lupa:** chercher des indices à la loupe
- **llevar la investigación:** mener l'enquête
- **confiar en alguien:** faire confiance à quelqu'un

Gramática

Les tournures emphatiques : c'est… qui…/c'est… que…

- «Es **él quien** no puede vivir sin mí».

L'enclise

- «Solo pueden aguantar seis minutos sin **mirarnos**».
- «Hay que **respetarlo**».

Précis p. 284

Pronunciación

50

Le groupe de lettres *ch*

Écoute les mots et indique dans lesquels tu entends le son [tʃ].

Para el oral del BAC

Debate con tus compañeros/as: «Todos guardamos secretos: hay que respetarlo.»

- ¿Compartes esta idea?
- ¿Crees que con las nuevas tecnologías sigue siendo posible respetar la vida privada de cada uno/a?

¿Una herramienta indispensable?

Telefonía indígena

Newsweek MÉXICO

Thelma Gómez Durán
13/02/2017

Lo que comenzó como un experimento de hackers ahora es un proyecto de telefonía celular comunitaria que crece, pese a[1] todos los obstáculos, en Oaxaca. Su siguiente objetivo es demostrar que es posible que las comunidades indígenas y rurales tengan su propia red de internet sin depender de las grandes empresas.

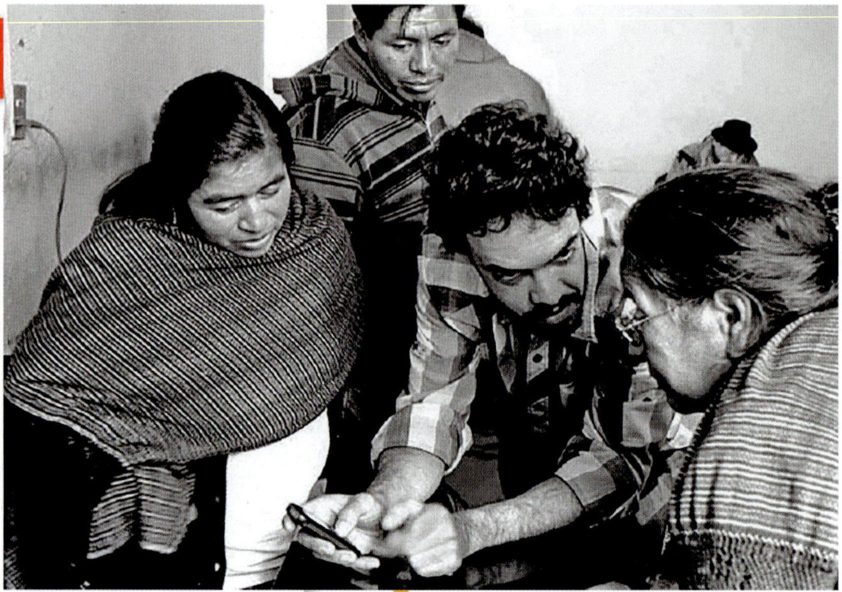

El fundador de Rhizomática explica a pobladores de Santa Ana Tlahuitoltepec (Oaxaca) cómo conectarse a la red de telefonía comunitaria.

«¿Ya vienen a arreglar[2] la señal? ¿Cuándo va a quedar? ¿Hoy podremos hablar?», pregunta, impaciente, David, campesino que también tiene una tienda. «El celular[3] nos hace mucha falta. Yo lo necesito para hablar con mis hijos que estudian en la ciudad, allá en Oaxaca.»

«En estos días hemos estado sin señal y no podemos comunicarnos con los esposos cuando van al campo», explica María, una de las mujeres que llevan el almuerzo a la primaria para compartirlo con sus hijos durante el recreo. La Telefonía Celular Comunitaria comenzó como un experimento. Hoy es una red presente en 17 comunidades de Oaxaca. Una red que permite a casi 3 000 personas comunicarse con celular pagando tarifas mínimas, que ha demostrado que los pueblos rurales e indígenas pueden operar[4] su propia infraestructura en telecomunicaciones y, sobre todo, que ha abierto caminos alternativos para que estas poblaciones tengan acceso a la tecnología.

1. *malgré* 2. *(ici) réparer* 3. (amer.) el celular = el móvil
4. *(ici) mettre en place, monter*

Para expresarte

- una red: *un réseau*
- una señal: *un signal*
- un experimento: *une expérience*
- extenderse: *s'étendre*
- desarrollarse: *se développer*
- invertir: *investir*

Entra en acción

1. Di a qué problema se enfrentaban las comunidades indígenas.
2. Identifica cómo utilizan el móvil estos pueblos.
3. Explica cómo se desarrolló la Telefonía Celular Comunitaria.

PON EN PRÁCTICA

4. Redacta un manual de «Telefonía Celular Comunitaria» para explicar a habitantes del mundo rural las ventajas de crear una infraestructura de telecomunicaciones independiente de las grandes empresas. Explica en qué circunstancias podría ser útil.

Todos publicamos

Publicidad para la aplicación «La Guía Cundinamarca», 2018.

¿SABÍAS QUE...?

Cundinamarca es una región del centro de **Colombia** que rodea la extensa capital del país, Bogotá, una ciudad a gran altitud. Su nombre sería una deformación del **quechua**, u otra lengua precolombina: Kuntur Marqa que podría significar «Nido del cóndor».

Para expresarte

- una noticia: *une dépêche*
- contar: *raconter*
- quejarse: *se plaindre*
- un acontecimiento: *un évènement*
- compartir: *partager*
- una app/aplicación: *une application*

Escoge tu camino

POR ETAPAS

1. Identifica el tipo de documento y su mensaje.
2. Di qué informaciones se publican en esta app.
3. Haz la lista de lo que podrán hacer los usuarios a partir de la app.

EN DIRECTO

Explica los aportes y límites de la app de participación ciudadana de Cundinamarca.

PON EN PRÁCTICA

Imagina que el periodista del instituto eres tú. Redacta las noticias que compartirías con tus compañeros/as si existiera una app de noticias en tu instituto.

- Piensa que la noticia tiene que ser útil para toda la comunidad del instituto.
- Puedes inventar «reclamos o frases bonitas» de tu instituto.

Lo esencial

Vocabulario

- **la accesibilidad tecnológica:** l'accessibilité technologique
- **hacerse cargo de:** prendre en charge, assumer
- **mantener al tanto/al corriente:** tenir au courant
- **redactar un informe:** rédiger un rapport
- **compartir una noticia:** partager une nouvelle
- **una conexión ilimitada:** une connexion illimitée

Gramática

Le subjonctif présent

- «Es posible que las comunidades indígenas y rurales **tengan** su propia red de internet.»
- «Ha abierto caminos alternativos para que estas poblaciones **tengan** acceso a la tecnología.»

Précis p. 285

Le vouvoiement de politesse

- **«Publique, compártalo, síganos...»**

Précis p. 284

Ortografía

Les modifications orthographiques au subjonctif présent

Conjugue les verbes au subjonctif présent.

(yo) provocar • (tú) llegar • (él) empezar • (nosotros) construir • (vosotros) averiguar • (ellas) criticar

Proyecto

Redacta un informe sobre los nuevos usos de los móviles y sus consecuencias en nuestras vidas.

- Utiliza los argumentos estudiados en los documentos de la secuencia.
- Organiza tu informe siguiendo una progresión lógica.
- Concluye el texto con tu opinión.

EXERCICES INTERACTIFS

Le comparatif d'égalité

Observe et déduis

1 Identifie les deux comparaisons de la phrase.

2 Quelles observations peux-tu faire sur le mot *tanto*?

Retiens la règle

- La comparaison d'égalité se forme avec *tanto... como...*
- *Tanto* s'accorde en genre et en nombre avec le nom qu'il détermine et perd la dernière syllabe (il devient *tan*) devant un adjectif ou un adverbe.

Entraîne-toi

3 Formule des comparaisons d'égalité à partir des phrases suivantes.

a. Mi selfi es original. El tuyo también.
b. Luis tiene muchos seguidores. Sara también.
c. Dolores es simpática. Sara también.
d. A Diego le gusta conectarse en las redes sociales. A Natalia también.
e. En mi perfil, tengo muchas fotos. Vosotras también.
f. Mi madre hace muchas llamadas, pero mi tía también.
g. Mi código de seguridad es corto. El de Bea también.
h. Paula es adicta a las redes sociales. Eva también lo es.
i. Tomás guarda muchos contactos. Su hermano también.

Précis p. 277

Le vouvoiement de politesse

Observe et déduis

1 À quelle personne sont conjugués les verbes en gras?

2 Quel est le sujet de ces verbes?

Retiens la règle

- En espagnol, on utilise le pronom personnel sujet *usted (Ud.)* + verbe conjugué à la 3e pers. du sing. quand on vouvoie **une personne**.
- Le vouvoiement de politesse pour s'adresser à **plusieurs personnes** est rendu par *ustedes* (*Uds.*) + verbe à la 3e pers. du pl.
- Les **adjectifs possessifs** « votre » et « vos » se traduisent donc par les adjectifs possessifs qui correspondent à la 3e pers. : « *su* » et « *sus* ».

Entraîne-toi

3 Transforme ces phrases en utilisant le vouvoiement.

a. Tenéis que apagar vuestros móviles antes de entrar en clase.
b. Si no cambias los derechos de acceso a tu perfil, cualquiera puede ver tus fotos.
c. Publicáis demasiadas fotos en vuestras redes sociales.
d. Sufrís nomofobia si no podéis vivir sin vuestro móvil.
e. Si quieres, puedo crearte una cuenta en Instagram.

Précis p. 284

L'impératif affirmatif

Observe et déduis

1. À quel mode et à quelle personne sont conjugués les verbes en gras ?
2. Dans quelles situations sont-il utilisés ?

Retiens la règle

- On utilise l'**impératif** pour demander directement à d'autres d'agir : donner des ordres ou des instructions, prier, conseiller ou inviter.
- Il y a huit **formes irrégulières** à la 2e pers. du sing. : *ve, ven, ten, pon, sal, haz, di, sé.*

Entraîne-toi

3. Conjugue les verbes entre parenthèses à l'impératif.
   a. Antes de utilizar tu móvil, ... (leer) las instrucciones de uso.
   b. ... (usted - completar) el formulario para crear su cuenta de usuario.
   c. ... (cambiar) tu contraseña regularmente, es más seguro.
   d. ... (dejar) el móvil cuando cenas con tu familia.
   e. ... (decirme), ¿cuántas veces al día consultas el móvil?
   f. ... (borrar - vosotros) los spams de vez en cuando.
   g. ... (comprar) una memoria SD, ¡tienes demasiadas fotos!

Conjugaisons p. 270

L'enclise

Observe et déduis

1. Observe les verbes en gras et retrouve leur infinitif.
2. Quelle est la nature du mot collé à la fin de ces verbes ?

Retiens la règle

- On appelle **enclise** le fait de coller un pronom à la fin d'un verbe. En espagnol, l'enclise est obligatoire à l'infinitif, à l'impératif et au gérondif. Pour conserver l'accentuation initiale du verbe, il peut être nécessaire de rajouter un **accent écrit**.

Entraîne-toi

3. Réécris les phrases suivantes en remplaçant les éléments soulignés par un pronom.
   a. ¡Deja el móvil y escúchame!
   b. Puedes compartir mi publicación si quieres.
   c. Cierra tu cuenta de Instagram y disfruta de la vida real.
   d. Es necesario apagar los móviles en los teatros.
   e. Se fue, diciendo a todos que no regresaría.
   f. No sé si enviar a Sara un mensaje, me da un poco de vergüenza.
   g. Es importante cuidar la pantalla del móvil, no querrás que se rompa.

Précis p. 284

09 Vocabulario

EXERCICES INTERACTIFS

EL MÓVIL

APLICACIONES
- una app/una aplicación
- el sistema operativo
- una red social
- un navegador/navegar
- un buscador/buscar
- un reproductor de música
- la lista de contactos
- el fondo de pantalla

LÍMITES
- una adicción
- tener ≠ perder el control
- aislar
- ser esclavo/a de

PERSONAS
- un(a) seguidor(a)
- un(a) *follower*
- un(a) *instagramer*
- un(a) *influencer*
- un(a) usuario/a

COMUNICAR
- colgar
- descolgar/contestar
- llamar (por teléfono)
- enviar/mandar
- una notificación
- una llamada perdida
- un operador
- la cobertura
- una vídeollamada
- un correo de voz

MATERIAL
- un móvil (Esp.)
- un celular (Am. Lat.)
- un dispositivo
- la pantalla
- el teclado
- la batería
- el cargador
- una tarjeta SIM
- una memoria SD

SEGURIDAD
- un código de seguridad
- los datos personales
- bloquear/desbloquear
- el modo avión
- trolear
- un spam
- un mensaje viral
- subir/bajar

1 B1 Completa el texto con el vocabulario del móvil.

Instagram es una ... . Creada por Kevin Systrom y Mike Krieger, fue lanzada en octubre de 2010. Su función es ... fotos y vídeos con una duración máxima de 1 minuto. Está disponible para ... Android e iOS. Sus ... también pueden aplicar efectos fotográficos como filtros, marcos, colores retro, y luego compartir las fotografías en la misma ... o en otras como Facebook, Tumblr, Flickr y Twitter. También hay un medio de comunicación privado para hablar llamado Instagram Direct.

2 B1 Encuentra un sustantivo para cada uno de los verbos siguientes:

comunicar | llamar | memorizar | cargar | contactar | conectar | seguir | notificar | teclear | reproducir

3 B1+ Imagina cinco «recetas» o consejos para unirse a la «dieta digital» que propone este ensayo de Marc Masip (psicólogo y experto en adicción a las nuevas tecnologías). Utiliza el vocabulario del mapa mental.

Analyser une image

1 Observer et identifier

- **Décompose la légende** de l'image. Chaque élément peut être porteur de sens.
- **Observe l'image pour en déduire sa nature** (photographie, tableau, dessin, illustration...).

A primera vista parece una pintura.

- Établis tout de suite le **lien avec l'axe du programme** en identifiant le **sujet traité**.

El eje «Citoyenneté et mondes virtuels» *estudia principalmente las nuevas tecnologías y su impacto en la sociedad actual.* ► *A través de la importancia de la representación del teléfono móvil en este cuadro deducimos que es una obra pictórica que escenifica su uso.*

Calixto Shibaja, *Botellas y celulares*, 2012 (Oaxaca, México).

- Qui est l'auteur ? Calixto Shibaja
- Quel est son titre ? Botellas y celulares
- Quelle est la date de création ? 2012
- Où a-t-elle été créée ? Oaxaca, México

EN TU MÓVIL

Flashe la page pour découvrir un exemple de production orale à partir de cette image.

2 Décrire en détail

- **Repère tous les éléments** que tu es susceptible de décrire sommairement (personnages, objets, symboles...).

Aparecen representadas: 7 personas, 4 hombres que llevan sombreros y 3 mujeres con el pelo largo. Todos están en un bar (vemos vasos, botellas, una barra, etc.), mirando sus celulares.

- **Identifie la composition de l'image et sa structure** : les lignes directrices qui l'organisent et attirent le regard, le cadrage, différents plans...

El cuadro tiene una estructura horizontal. El encuadre está enfocado sobre los personajes, que están distribuidos en dos planos: el primer y el segundo plano. Además, en el fondo de color amarillo aparecen varias botellas.

- **Analyse le traitement** de l'image : style de dessin (humoristique, réaliste...), couleurs (chaudes/froides, vives/ternes), effets...

Representación ficticia de los personajes que aparecen con la piel pintada de varios colores intensos. El color de sus móviles contrasta con los de su piel y hace resaltar este objeto.

À chaque étape, continue de construire le lien avec l'axe.

3 Interpréter et donner son avis

- **Relie les différents éléments explicites** observés pour accéder au **sens implicite**.

Les images sont comme des histoires : il faut trouver ce qu'elles racontent.

Las «botellas» y los «celulares» son los elementos más significativos ya que componen el título. El móvil en las manos de los personajes remplaza a un vaso compartido entre amigos/as. No existe conversación alguna, no se miran los unos a los otros; solo están absortos mirando sus teléfonos.

- **Détermine la portée de l'image et l'intention de son auteur** (promouvoir, dénoncer, critiquer, faire connaître, provoquer, sensibiliser, plaire, caricaturer...).

El artista muestra que el uso del móvil se ha convertido en una adicción. Critica el hecho de que esta adicción rompa la relación social tradicional entre los seres humanos. Distorsionó la práctica de encontrarse en un bar para charlar y tomar algo. Su intención es denunciar el impacto de la modernidad en las sociedades actuales y sensibilizar al espectador para que reflexione y cambie este uso descontrolado.

- **Décris ce que tu ressens** car une image éveille des **sentiments**, des **impressions**, des **sensations**.

En mi opinión, es una pena que las relaciones sociales se vean afectadas a causa de las nuevas tecnologías. Por un lado, es cierto que hay que aprovechar las oportunidades del progreso tecnológico, pero siempre con un control, para evitar que estas destruyan la esencia del ser humano.

Épreuve 3

Le jour du BAC

Le **premier temps** de l'examen consiste en :

→ une **épreuve écrite** consacrée à l'évaluation des compétences de compréhension de l'oral et de l'écrit ;

→ un **sujet d'expression écrite** en lien avec la thématique du dossier constitué par les documents supports de l'évaluation de la compréhension de l'oral et de l'écrit.

1er temps 1 h 30

Compréhension de l'oral

AUDIO 52

La *influencer* Berta Bernad publica un libro sobre la ansiedad que provocan las redes

Source : EITB, 10/04/2019

Durée : 01'30"

Vous rendrez compte librement, en français, de ce que vous avez compris du document audio.

CONSEILS ET MÉTHODE

Écoute 1

- Commence par identifier la nature du document, les différentes intervenantes et les idées principales à partir des mots transparents ou que tu repères facilement (vocabulaire des réseaux sociaux).

Écoute 2

- Pour chaque intervention, repère ce qui est globalement dit. Tu pourras ainsi plus facilement établir les liens qui les unissent : chaque idée énoncée par la journaliste est illustrée par les propos de Berta Bernad.

Écoute 3

- Cette dernière écoute te permettra de compléter ta prise de notes et d'affiner ta compréhension. Vérifie que tu as bien relevé certaines informations précises comme les chiffres.

Compréhension de l'écrit

Documento

Se acabó: o tu móvil o yo

Esta es la historia de millones de personas como tú o como yo que, de manera consciente o inconsciente, contribuimos a que nuestra sociedad se haya convertido en una masía que acoge a personas formadas a partir del mismo molde y cuyo destino final parece ser el mismo: vivir una vida que nos dé comodidades y no problemas, que nos depare[1] más alegrías que penas y que nos permita, ante todo, sentirnos realizados como seres humanos.

Si bien es cierto que la tecnología ha abierto de par en par las puertas al desarrollo, no todo lo que el siglo XXI ha traído consigo parece ser digno de alabar[2]... Subes al autobús, coges el tren, vas a ver un partido de fútbol, haces la pausa para tomar café, esperas en la consulta del médico... ¿Qué pueden tener en común todas estas actividades que, aparentemente, podrían resultar tan distintas entre ellas? ¿No se te ocurre? Pues, sin ir más lejos, la respuesta es que en todas ellas podemos apreciar la notoria presencia de alguien que parece, irremediablemente, ha llegado para quedarse y no marcharse jamás: el teléfono móvil.

1. deparar: *offrir, procurer*
2. *mérite l'éloge*

Este ha pasado de ser (y no hace tanto de ello) de una herramienta de trabajo y de comunicación puntual a algo que es capaz de dirigir cada uno de nuestros movimientos. Sí, el móvil es el principal responsable de que casi te atropelle un coche al cruzar la calle; él es el causante de que te hayas perdido esa perecedera estrella fugaz[3]; y, por supuesto, él es el culpable de que nuestra conversación, en la que yo pongo tanto empeño[4], no fluya... ¿Qué lástima, verdad? Quizás no es tu caso, estarás pensando, pero pondría la mano en el fuego en que has mirado tu móvil al menos una vez desde que has empezado a leer este artículo. Entonces, ¿quién es el responsable de que casi te ocurran tantas desgracias juntas y de que no seas capaz de contemplar la inmensidad de la vida, el móvil o tú? Quizás es un buen momento para que nos paremos a pensar en ello, ya que te puedo asegurar que, aunque les des prioridad a estas acciones, no encontrarás la respuesta ni en la última foto que te han enviado por Whatsapp, ni en el último 'like' de Facebook ni, tampoco, en tu nueva compatibilidad en Tinder.

Y tajantemente quiero reivindicar que este artículo va dedicado a todas aquellas personas que, por qué no decirlo, han perdido los papeles y han dejado que este pequeño aparato dicte cada uno de nuestros pasos y altere de un momento a otro nuestro estado emocional. Basta ya de que salgamos a la calle y tú te pases el rato mirando si te han hablado por Whatsapp, si has recibido el correo con las notas finales, revisando tus fotos de Facebook o las noticias de Twitter. Y no, amigo, no, tu móvil no ha vibrado en ningún momento, aunque tu cerebro te dé órdenes de que lo compruebes cada ciertos periodos de tiempo.

Así pues, escúchame y te escucharé; aconséjame y déjate aconsejar; déjame ayudarte y te ayudaré; sustituye cada ojeada que le echas al móvil y mírame a mí; pero bajo ningún concepto permitas que te falten el respeto haciendo otras tareas mientras tú dedicas tu tiempo en alguien que no valora tus palabras y tus gestos.

Por todo ello, para cerrar estas líneas, te queremos retar[5] a que por un día dejes tu móvil en casa y salgas a pasear, a contemplar el paisaje, a las personas y a los monumentos que abanderan tu bella ciudad. Seguro que será similar a lo que le ocurre a muchos con el tabaco; al principio cuesta dejarlo, pero una vez te acostumbras ves la vida con otros ojos y empiezas a vivirla como es debido. Recuerda que más allá de la nicotina y de las garras[6] del teléfono móvil existe una vida que te está esperando para darte grandes dosis de buenos momentos que serán exclusivos para ti.

Recomendación milenial: somos una generación que ha apostado por la comunicación instantánea, escribimos más que nunca y estamos informados de todo cuanto nos rodea las 24h del día. No obstante, no permitas que un hábito tan extendido como este se acabe apoderando de ti. Proponte ser diferente al resto de los mortales, juega con tus reglas sin perjudicar a los otros y contempla cada detalle que, seguramente, no has percibido hasta ahora por adorar a esa máquina que ha cambiado de manera clara tu vida y la de muchos. Se acabó: o tu móvil o yo.

Eduardo Bolívar Mezquida, codigonuevo.com, 17/02/2015.

3. *périssable étoile filante*
4. *acharnement*
5. *mettre au défi*
6. *les griffes*

Después de leer el texto, conteste las preguntas siguientes y redacte las respuestas.

a. Precise el tema general y especifique a quién se dirige el narrador.
b. Identifique qué opina el narrador del uso del móvil actualmente.
c. Diga qué propone para solucionar el problema.

(suite p. 138)

CONSEILS ET MÉTHODE

Repère les principaux éléments

- Lis une première fois le texte dans son intégralité pour en extraire le sens global : repère le thème principal, le narrateur, à qui il s'adresse (emploi du tutoiement), puis relis-le pour repérer l'idée essentielle de chaque paragraphe.
- Repère les mots de liaison et les enchaînements pour relier les idées essentielles entre elles. Comment le narrateur introduit-il la thématique traitée ? Comment développe-t-il son argumentation ? Quelles sont ses recommandations ?

Construis ton propos

- Introduis ton compte rendu en formulant la problématique posée par le texte.
- Quels sont les apports et les dérives du téléphone portable évoqués dans le texte ?
- Comment le narrateur tente-t-il de convaincre le lecteur ?
- Quelles solutions propose-t-il pour régler le problème posé ?
- Pour structurer tes réponses, n'oublie pas d'utiliser des connecteurs logiques (además, igualmente, con el objetivo/la intención de, para (que), a causa de...).

Expression écrite

Documento

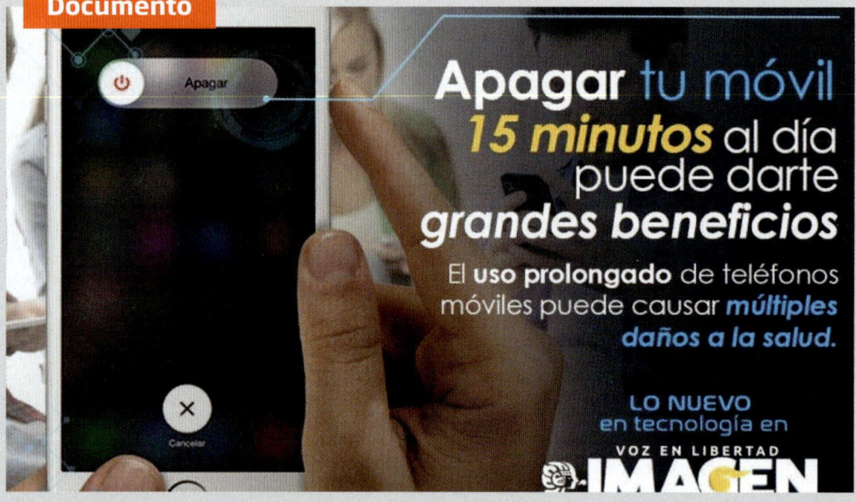

Vous traiterez en espagnol l'un des deux sujets suivants au choix.

Question A ▶ **Relacione el texto, la grabación y el documento iconográfico con el eje «Citoyenneté et mondes virtuels» para explicar cómo el uso extendido del móvil afecta a nuestras vidas y nuestras relaciones sociales.** En unas 120 palabras

Question B ▶ **Comente esta afirmación de Manuel Vicent publicada en un artículo de *El País* en 2013: «¿Qué es hoy un adolescente sin teléfono móvil? Nadie.»** En unas 120 palabras

CONSEILS ET MÉTHODE

Question A ▶

- Classe dans un tableau en deux colonnes : les apports positifs et les apports négatifs.
- Regroupe dans chaque colonne les idées qui sont répétées ou qui peuvent s'assembler pour éviter les répétitions.

Question B ▶

- Dis si tu es d'accord avec Manuel Vicent ou non.
- Prépare au brouillon une liste d'arguments pour défendre ton point de vue. Ordonne-les pour pouvoir les exploiter dans un ordre logique.
- Tu peux utiliser les idées des documents du dossier, de la séquence et te baser sur ton expérience personnelle.

Le jour du BAC

→ Pendant le **second temps**, l'examinateur propose soit 2 documents iconographiques, soit 2 citations, soit un document iconographique et une citation en lien avec l'axe choisi par le candidat parmi les trois proposés.

→ Le candidat devra **expliquer en espagnol** pendant 5 minutes quel document ou quelle citation illustre le mieux l'axe choisi et pourquoi.

2d temps

10 mn

Expression orale

Documento 1

Miradas Magazine, 6/09/2019.

Documento 2

« El *smartphone* ha pasado de ser un simple teléfono o un gadget para convertirse en la extensión de nuestros deseos y fantasías. Un fetiche con el que nos acostamos todas las noches y nos levantamos todas las mañanas. Para muchos es una extensión de sí mismos.»

Marc Masip
(psicólogo y experto en adicción a las nuevas tecnologías), «La adicción al celular, un problema de humanidad», *El Tiempo*, 22/09/2018.

1. **Diga cuál de los dos documentos ilustra mejor el eje temático «Citoyenneté et mondes virtuels». Justifique con ejemplos precisos.** En unos 5 minutos
2. **¿Le parecería posible vivir hoy en día sin móvil? Justifique su respuesta.** En unos 5 minutos

CONSEILS ET MÉTHODE

Pour commencer

- Choisis le support qui te parle le plus. Les documents proposés sont reliés à l'axe « Citoyenneté et mondes virtuels », l'important est donc d'arriver à expliquer le lien à cet axe.
- Pense à tous les éléments du support qui pourront nourrir ta réflexion : la thématique, le type de support, le message transmis, les faits culturels ou sociétaux que tu peux identifier.

Document 1 : image

- Décris l'image et identifie le message qu'elle fait passer. À qui s'adresse-t-elle ?
- Pendant ta présentation, tu peux montrer à ton interlocuteur/trice les parties de l'image que tu commentes.
- Donne une définition du mot « nomofobia » et explique le message du slogan.

Document 2 : citation

- Repère les mots de la citation en lien avec l'axe ainsi que les éléments qui pourront t'aider à cadrer ton analyse. N'oublie pas la source !
- Quelles questions le support soulève-t-il ? Pour répondre, connecte les mots-clés entre eux et reformule les idées à ta manière.
- N'hésite pas à utiliser les mots présents dans la citation, à les commenter.

Séquence **10** Flash

Ciberactivistas

¿Cómo ser ciudadano/a del siglo XXI en un mundo digital?

Descubro

- Le cyberactivisme, la participation citoyenne renouvelée à travers les réseaux sociaux
- Le phénomène des lanceurs d'alerte pour dénoncer et combattre la corruption en Amérique latine

Utilizo

Vocabulario

- Le cyberactivisme

Gramática

- La simultanéité de l'action
- L'expression du but

Actúo

Proyecto

- Constituer une galerie virtuelle sur les cybercampagnes de pétitions en Espagne

¿TE SUENA?

¿Imaginas a una persona del pasado en esta época? Le sorprendería ver cómo las *nuevas tecnologías* han cambiado nuestro concepto de ciudadano. Ahora podemos trabajar desde casa, hacer pagos virtuales o hacer comentarios en *redes sociales*, pero también hay que tener cuidado con las *noticias falsas*, con nuestros datos personales... ¡y con las estafas *online*! Pero, ¡hay más cosas positivas! Es posible participar activamente en la sociedad, ejerciendo el *ciberactivismo* o creando espacios colaborativos que conectan a personas de todo el planeta.

Y a ti, ¿qué tipo de ciudadano te gustaría ser?

EN TU MÓVIL
Escucha las canciones

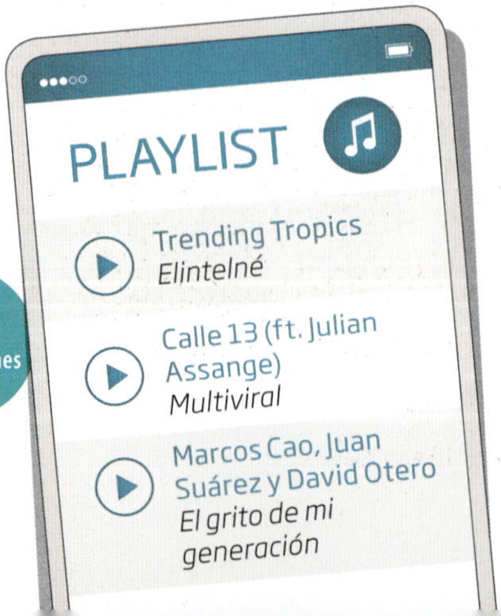

manifestación
juventud
grabar estatua
bandera reivindicar
comprometerse
blanco hashtag
muchedumbre

Axe 4
Citoyenneté et mondes virtuels

Protestas en contra del alza de los precios del transporte público, Santiago de Chile, 22/10/2019.

1. Di con qué objetivo estarán reunidas estas personas.
2. ¿Por qué utilizan el «hashtag» como parte de su identidad?

El ciberactivismo, ¿un quinto poder?

Lo que pueden los guerrilleros del clic

VÍDEO 19

Las redes sociales revolucionan la forma de hacer activismo
© Werevertumorro, 2016.

Cartel del colectivo mexicano de ciudadanos/as independientes «Salvemos Manglar Tajamar».

Para expresarte

- un(a) activista: *un(e) activiste*
- un acontecimiento: *un évènement*
- un(a) guerrillero/a: *un(e) guérillero/a*
- de campo: *de terrain*
- cibernético: *cybernétique*
- animar: *encourager*
- comprometerse: *s'engager*
- compartir: *partager*

POR ETAPAS

1. Identifica cómo revolucionaron las redes sociales la forma de comunicarse.
2. Di lo que diferencia y lo que une a los/las activistas de campo con los/las ciberactivistas.
3. Comenta el ejemplo de ciberactivismo evocado en el vídeo.

EN DIRECTO

A partir de los elementos del vídeo, ¿cómo se define el ciberactivismo?

PON EN PRÁCTICA

Busca informaciones a propósito del manglar de Tajamar y graba un podcast en el que propones acciones virtuales para lograr preservar el medio ambiente natural.

Yo también puedo cambiar el mundo

La generación Z tiene mucho que decir en la Red

Cuando Laura se planteó la idea[1] de lanzar una campaña en Internet y recoger firmas para obtener su beca Erasmus y estudiar en Alemania, no se imaginó que sería recibida por un alto cargo en el Ministerio de Educación y lograría[2] cambiar toda una legislación educativa nacional. [...]

Otra de las valientes «ciberactivistas» tiene tan solo 18 años. Anna Riera, estudiante de psicología, sentía malestar e indignación al ver los escaparates[3] de tiendas [...]. Fue su madre quién le animó a denunciar estos «maniquíes anoréxicos» que lucían las últimas tendencias de la moda española. Anna no lo dudó dos veces y en el ordenador de una amiga consiguió[4] crear su campaña a través de change.org. 111.801 personas también pensaban como ella y se convirtieron en firmas que permitieron a Anna conseguir su objetivo: que Inditex eliminara estos maniquíes, que calificaron como «descatalogados».

¿Cómo se construyen estas campañas en Internet? Desde change.org inciden en tres elementos como esenciales para una buena campaña de activismo en la red: proyectar una buena historia personal, tener un público objetivo e interesado al que representar y salir a la luz en una época proclive[5] para su mayor difusión. [...]

Los jóvenes se apoyan en sus ciber amigos y familiares para dar a conocer sus ciber manifestaciones. Parece un trabalenguas, pero el creciente uso de Internet abre una nueva y útil ventana para reflejar lo que muchos manifiestan en las calles. Son ellos, los jóvenes de la generación Z, los que tienen esa capacidad de demostrar que se puede cambiar la historia a golpe de click.

Juan Carlos González (periodista español), bez.es, 05/05/2016.

1. plantear la idea: *soulever l'idée* 2. lograr: *réussir* 3. *les vitrines* 4. conseguir: *(ici) réussir à* 5. *(ici) favorable*

Entra en acción

1. Explica en qué consistieron las acciones de Laura y de Anna. ¿Cómo calificarías este tipo de acciones?
2. Identifica los criterios que definen una buena campaña de ciberactivismo.
3. Di cómo permite Internet cambiar las cosas.

PON EN PRÁCTICA

4. Siguiendo el modelo de estos jóvenes, piensa en una situación que quisieras denunciar. Redacta el mensaje que publicarías en las redes sociales para lograr convencer al mayor número posible de tus compañeros/as.

Para expresarte

- relacionar: *mettre en relation*
- tener valor: *avoir du courage*
- denunciar: *dénoncer*
- lograr: *réussir*
- fracasar: *échouer*
- a golpe de: *à coup de*
- el civismo: *le civisme*
- el progreso: *le progrès*

Lo esencial

Vocabulario

53

- **tener valor:** avoir du courage
- **hacer/firmar una petición:** faire/signer une pétition
- **ser el/la portavoz:** être le/la porte-parole
- **conseguir un objetivo:** atteindre un but
- **dar a conocer:** faire connaître
- **interesarse por algo:** s'intéresser à quelque chose

Gramática

La simultanéité de l'action

- «Sentía malestar e indignación **al ver** los escaparates de tiendas».

L'expression du but

- «Verificar la información recibida **con el fin de** poder elaborar un criterio propio».
- «Es **para que** le quiten la ONU [...] a Cancún, la sede de biodiversidad».

Précis p. 282, 285

Pronunciación

54

Le *seseo*

Parmi les mots que tu vas entendre, identifie ceux qui sont prononcés avec le *seseo*.

Para el oral del BAC

Conversa con un(a) compañero/a muy escéptico/a respecto al alcance del ciberactivismo. Para él o ella solo cuenta el activismo tradicional.

- Identifica lo que diferencia el ciberactivismo del activismo tradicional: ¿cuáles son sus aportes?
- Argumenta para hacerle cambiar de opinión. Puedes dar ejemplos de acciones que tuvieron éxito gracias a las nuevas tecnologías.
- Relaciona los documentos con el eje «Citoyenneté et mondes virtuels».

10 Descubre

¿Proteger a los alertadores?

Denunciar la corrupción

Ciudadanos alertadores: una plataforma contra la corrupción

Con la finalidad de establecer los mecanismos para combatir de manera eficaz y eficiente los actos de corrupción y consolidar una cultura de denuncia, la Secretaría de la Función Pública (SFP) realizó el lanzamiento de la plataforma «Ciudadanos alertadores internos y externos de la corrupción», el primer portal creado por el gobierno federal como una nueva política pública para la denuncia [...].

Su principal contribución es el establecimiento de mecanismos que incentivan[1] la denuncia y protegen a los denunciantes para que, tanto los servidores públicos, los representantes del sector privado y la ciudadanía en general contribuyan activamente en la prevención y la lucha contra la corrupción.

[...] La Titular[2] de la SFP afirmó que una de las estrategias más exitosas en el combate a la corrupción, en el mundo ha sido el auspicio[3] de la denuncia y la protección de alertadores internos de la corrupción, los llamados *whistleblowers*[4]; «por eso el paso que damos hoy es histórico, respondemos así a una obligación internacional, como una política pública que promueve la denuncia y protege los derechos de quienes tienen el valor de sonar una alarma y señalar la corrupción», puntualizó. [...]

La nueva función pública busca que las denuncias fluyan y se instaure la cultura de la rendición de cuentas, a través de medidas de protección para quienes denuncien actos graves de corrupción, violaciones a derechos humanos, hostigamiento[5] y acoso en general en el gobierno federal.

Gobierno de México, 31/07/2019.

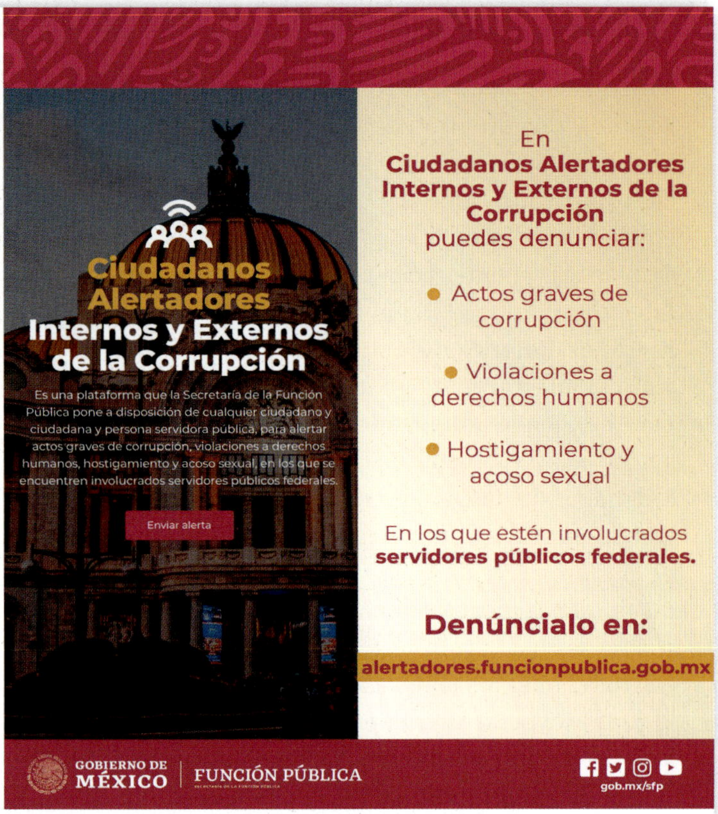

1. incentivar: *encourager* 2. *(ici) la personne en charge* 3. *la protection* 4. *mot anglais qui désigne les lanceurs d'alerte* 5. *harcèlement*

POR ETAPAS

1. Identifica de qué «paso histórico» se trata y quién lo inició.
2. Enumera las razones por las que se creó la plataforma.
3. ¿Qué permitirá la plataforma?

EN DIRECTO

Identifica lo que espera el gobierno mexicano al crear la plataforma «Ciudadanos alertadores».

PON EN PRÁCTICA

¿Te parece necesario proteger a los alertadores? Publica tu opinión a propósito de la plataforma «Ciudadanos alertadores» en el foro de debate de este artículo.

Una red de denuncia cívica

Ricardo Balderas representando a Poder
© Ciudadanía Inteligente, 2019.

AUDIO 55

Lo esencial

Vocabulario

56

- **tener el valor de:** avoir le courage de
- **dar un paso histórico:** faire un pas historique
- **aceptar el desafío:** relever le défi
- **a corto/largo plazo:** à court/long terme
- **la brecha digital:** la fracture numérique

Gramática

Les ordinaux

- «El **primer** portal...».
- «**Segundo,** hay una gran brecha digital...».

Le subjonctif présent

- «Busca que las denuncias **fluyan** y **se instaure** la cultura de la rendición de cuentas».

Précis p. 285

Ortografía

Les mots terminant en **-ción** et en **-sión**

Complète les mots avec « c » ou « s ».

corrup...ión • viola...ión • expre...ión • genera...ión • educa...ión • compren...ión • legisla...ión • indigna...ión • manifesta...ión • inclu...ión • preci...ión

Entra en acción

1. Describe el cartel y di lo que promueve.
2. Presenta al entrevistado. Di cómo se llama, para quién trabaja, en qué consiste su trabajo.
3. Identifica las dificultades con las que se enfrenta y los éxitos que consiguió.

PON EN PRÁCTICA

4. Conéctate al sitio https://colectiva.ciudadaniai.org y elige a uno/a de los/las activistas de la lista de los expositores/as que participaron en los debates del encuentro «Colectiva». Presenta sus acciones activistas a tus compañeros/as.

Para expresarte

- una meta: *un but*
- encargarse de: *se charger de*
- un encuentro: *une rencontre*
- un colectivo: *un collectif*
- la población: *la population*
- un buzón: *une boîte aux lettres/mail*
- un logro: *une réussite*

Proyecto

Crea una galería virtual de ciberpeticiones españolas. Conéctate a change.org/es, haz clic en «más peticiones» y elige una de las campañas.

- Explica lo que defiende o pide la petición.
- Busca informaciones a propósito del problema planteado.
- Di lo que revela de las preocupaciones en la sociedad española actual.

10 Gramática

EXERCICES INTERACTIFS

La simultanéité de l'action

Observe et déduis

1. Quelle est la nature des mots en gras et le temps auquel est conjugué le verbe souligné ?
2. Quelle relation existe-t-il entre les actions exprimées par les verbes *denunciar* et *fortalecer* ?

Retiens la règle

- En espagnol, *al* suivi d'un **infinitif** sert à exprimer **la simultanéité**, c'est-à-dire que les deux actions se déroulent en même temps.

Entraîne-toi

3. Remplace le gérondif par la structure « *al* + infinitif ».
   a. Se logrará aumentar las denuncias garantizando el anonimato a los alertadores.
   b. Me convertiré en una ciudadana digital del siglo XXI participando en los foros ciudadanos.
   c. Descargando la aplicación, el ciudadano dará a conocer todo tipo de malas prácticas.
   d. Firmando esta petición, salvaremos vidas.
   e. Se hicieron famosas creando una plataforma.
   f. Difundiendo la noticia, concienciamos a la gente.
   g. Se acabarán las injusticias organizándonos entre todos.
   h. Seré una importante activista, firmando esta petición.

L'expression du but

Observe et déduis

1. Quelle notion expriment les éléments en gras ?
2. Quelle est la forme verbale des verbes qui les suivent ?

Retiens la règle

- Pour exprimer le but, il est possible d'utiliser **diverses tournures** :
  - *con el fin de/con la finalidad de/para* sont suivis de l'infinitif ;
  - *para que/a fin de que* sont suivis d'un verbe conjugué au subjonctif.

Entraîne-toi

3. Complète les phrases en choisissant le ou les connecteurs qui conviennent.
   a. ... proteger a los alertadores, el gobierno mexicano creó una plataforma.
   b. Numerosos internautas firman peticiones ... cambien las cosas.
   c. Es necesario comprometerse ... evolucione la sociedad actual.
   d. ... una petición tenga éxito, hace falta tener un público interesado.

Précis p. 282, 285

EL CIBER-ACTIVISMO

ACTORES DEL CIBERACTIVISMO

- un(a) alertador(a)
- un(a) activista
- un(a) *hacker*/un(a) jáquer
- una organización no gubernamental (ONG)
- un(a) movilizador(a)
- un(a) cibernauta

ACTOS CIBERACTIVISTAS

- una petición
- una manifestación
- un movimiento
- un evento
- una publicación
- una actividad
- una acción colectiva
- la desobediencia civil

ACCIONES CIBERACTIVISTAS

- denunciar
- proteger
- alertar
- firmar
- transmitir
- organizar
- difundir
- luchar por
- movilizar

GÉNEROS DE CIBERACTIVISMO

- el activismo ambiental
- una ciberprotesta
- los *smartbots* (sistemas de inteligencia artificial)
- la ciberguerra
- un *flashmob*
- el gobierno electrónico (e-gobierno)
- la democracia electrónica (e-democracia)
- la protesta electrónica (e-protesta)

1 B1 Forma el sustantivo correspondiente a cada uno de los verbos siguientes:

alertar · denunciar · proteger · firmar · publicar · movilizar · manifestar · difundir · luchar · desobedecer

2 B1 Busca en el mapa mental palabras que corresponden a las siguientes definiciones.

a. Reunión pública, generalmente al aire libre y en marcha, en la cual los asistentes a ella reclaman algo o expresan su protesta por algo.
b. Resistencia pacífica a las exigencias o mandatos del poder establecido.
c. Ejercicio del proselitismo y acción social de carácter público.
d. Persona que navega por el ciberespacio.
e. Persona con grandes habilidades en el manejo de ordenadores que investiga un sistema informático para avisar de los fallos y desarrollar técnicas de mejora.
f. Que pone en alerta.

3 B1+ Redacta tu propia definición de la palabra «ciberactivismo» a partir de tus conocimientos y ayudándote del cartel.

Le jour du BAC

Le **premier temps** de l'examen consiste en :
→ une **épreuve écrite** consacrée à l'évaluation des compétences de compréhension de l'oral et de l'écrit ;
→ un **sujet d'expression écrite** en lien avec la thématique du dossier constitué par les documents supports de l'évaluation de la compréhension de l'oral et de l'écrit.

1er temps 1 h 30

Compréhension de l'oral

AUDIO 57

Roberto Ibarra, fundador de «Los Supercívicos»

Source : Vida Entrepreneur, 30/04/2017
Durée : 1' 28''

Vous rendrez compte librement, en français, de ce que vous avez compris du document audio.

CONSEILS ET MÉTHODE

Écoute 1
- Repère les locuteurs, le contexte et le contenu global de ce qui est dit.

Écoute 2
- Liste les informations données par chaque locuteur.
- Repère les données chiffrées fournies par le présentateur de l'émission.
- Note sur ton brouillon les mots-clés utilisés par l'invité qui présente son projet.

Écoute 3
- Concentre-toi sur l'intention du présentateur dans la présentation de son invité.
- Trouve l'enchaînement logique des propos de l'invité.

Compréhension de l'écrit

Documento 1

¿Cómo fomentar la participación ciudadana a través de las redes sociales?

Las redes sociales han cambiado nuestra forma de participar como ciudadanos y ciudadanas. Las Administraciones Públicas, organizaciones o empresas cada vez nos ofrecen más herramientas para que podamos opinar, sugerir, preguntar o protestar, a nivel local y general. Como alumnado[1] nuestro papel también ha cambiado. Podemos desde cualquier lugar participar en un debate, asistir a conferencias o autoevaluarnos. Está claro que estas herramientas digitales han abierto nuevas vías para la participación ciudadana.

De estas nuevas formas de participación hablamos en los Encuentros Internacionales de Juventud de Cabueñes[2] de la pasada edición, con profesionales del ámbito[3] de la juventud. Tuvimos la oportunidad de hablar sobre ciberactivismo y de las nuevas formas de participación, organización y denuncia. En definitiva, hablamos de utilizar las TICs como forma de generar un cambio. [...]

Las redes sociales son herramientas[4] que han ayudado a promover y organizar protestas, denuncias, manifestaciones... Cada vez más organizaciones nos dan la opción de poder protestar por una causa a través de una plataforma digital o incluso aportar económicamente.

Estas plataformas proporcionan a la ciudadanía una vía por la cual puede expresar ideas, ya sea para ser escuchada o para generar un cambio, incluso en el ámbito político. Fomen-

1. *en tant qu'élèves*
2. Los Encuentros Internacionales de Juventud de Cabueñes (España, Asturias) son un foro de encuentro y debate para jóvenes.
3. *domaine*
4. *outils*

●●●

tan la participación y según el uso que se le quiera dar a las plataformas, el activismo político. Los y las ciudadanas por tanto, tenemos a nuestro alcance por ejemplo, la posibilidad de protestar ante una injusticia.

Pero sin una pedagogía social las redes sociales como espacios de participación ciudadana carecerán de sentido. La clave será que estas vías para la participación se hagan desde el respeto, y para ello, será importante la educación digital [...].

Será importante que todos y todas conozcamos, entendamos, asimilemos y pongamos en práctica los protocolos mínimos de convivencia de las TICs, para garantizar una participación ciudadana sana y respetuosa.

Blog de Nagore García Sanz (consultora de comunicación y social media), 04/09/2018.

Documento 2

El ciberactivismo de Yaser Morazán

El nicaragüense Yaser Morazán es trabajador social y activista, tanto en las calles como en las redes. El blog de Yaser Morazán es su espacio virtual donde realiza vídeos sobre crítica política.

En julio de 2016, salió a las calles de Managua a pintar los postes[1] de azul y blanco, llenos de eterna propaganda política. El motivo fue «empezar a realizar acciones concretas» que involucren a la sociedad.

Luego de esta acción que compartió en sus redes, otros usuarios llevaron a cabo el mismo acto en sus barrios. «Esto fue una experiencia exitosa de cómo un ciberactivismo se traslada a otras realidades y se replican las experiencias», afirma.

Morazán no solo aborda temas de coyuntura política, también fenómenos sociales como la basura, el ruido y el sistema de transporte. Para las pasadas elecciones del seis de noviembre elaboró una serie constituida de ocho vídeos: desde sondeos a jóvenes universitarios y análisis de los candidatos electorales. Las críticas de defensores y detractores de su trabajo llovieron.

En el vídeo «¿Usted conoce a los candidatos políticos?», publicado en octubre de 2016, Yaser Morazán recibió ofensas y amenazas por ejercer su derecho a expresarse libremente. [...]

Morazán dice que uno de los retos[2] que se ha trazado como actor político es hacer señalamientos con los que pueda ejercer crítica libremente, pero educar a la vez para involucrar a todos los jóvenes de diferentes ideologías, «una especie de escuela de formación política».

«Con un estado en Facebook no vas a cambiar la realidad de un país, pero tampoco con un fórum o con una marcha. La realidad de un país se cambia con la educación constante», reafirmó con profunda convicción. Sin embargo, no desestima[3] la necesidad de trasladar las luchas al mundo físico.

Franklin Villavicencio, *Niú*, 01/02/2017.

1. *les poteaux*
2. *les défis*
3. desestimar: *rejeter*

Documento 1

1. Identifique en qué ámbitos se utilizan las redes sociales y cómo «han cambiado nuestra forma de participar como ciudadanos y ciudadanas».

Documento 2

2. Identifique el objetivo del ciberactivista nicaragüense Yaser Morazán y cómo sus actividades virtuales impactaron en la vida real.

(suite p. 150)

1er temps (suite)

CONSEILS ET MÉTHODE

Document 1

- Après une première lecture globale du texte, lis-le une deuxième fois pour identifier les lieux et groupes de personnes évoqués. Note à côté de chacun les changements que les réseaux sociaux ont induits dans la participation citoyenne.
- Une fois les éléments de réponse sélectionnés, regroupe-les pour éviter les répétitions et te permettre de les ordonner de façon logique.
- Évite de rédiger ta réponse sous forme de liste. Utilise des mots de liaison et crée des liens logiques entre les différents changements repérés.

Document 2

- Après une première lecture globale du texte, lis-le une deuxième fois pour y repérer l'objectif commun à toutes les actions de Yaser et ce que le cyberactivisme a provoqué dans la vie réelle.
- Regroupe ensuite les actions relevées : actions concrètes réalisées par Yaser Morazán ou actions concrètes réalisées par d'autres internautes.
- Tu pourras conclure ton compte rendu par ce que pense Yaser Morazán des actions concrètes par rapport aux actions virtuelles.

Expression écrite

Vous traiterez en espagnol l'un des deux sujets suivants au choix.

Question A ▶ **Relacione la grabación, los textos y el documento iconográfico con el eje «Citoyenneté et mondes virtuels» para explicar cómo las nuevas tecnologías permiten a cada uno/a ejercer su ciudadanía.** En unas 120 palabras

Question B ▶ **En su opinión, ¿puede el ciberactivismo cambiar el mundo?** En unas 120 palabras

Marcha contra la corrupción en Ciudad de Guatemala. Los manifestantes pidieron la renuncia del presidente Jimmy Morales, 2015.

CONSEILS ET MÉTHODE

Question A ▶

- Reprends chaque document pour identifier en quoi les actions de ces activistes sont des actions citoyennes.
- Explique comment chacun(e) de ces cyberactivistes se sert des outils numériques pour diffuser leur message et convaincre d'autres personnes de rejoindre leur mouvement.

Question B ▶

- Pour répondre à cette question, tu peux reprendre les éléments que tu auras repérés dans les documents du sujet mais aussi dans ceux étudiés tout au long de cette séquence. Pense, par exemple, aux différentes formes de cyberactivisme (politique, environnemental, social…).
- Pour ce sujet, tu peux avoir un avis tranché sur la question à condition de développer tes arguments pour essayer de convaincre le lecteur de ton texte.

Le jour du BAC

→ Pendant le **second temps**, l'examinateur propose soit 2 documents iconographiques, soit 2 citations, soit un document iconographique et une citation en lien avec l'axe choisi par le candidat parmi les trois proposés.

→ Le candidat devra **expliquer en espagnol** pendant 5 minutes quel document ou quelle citation illustre le mieux l'axe choisi et pourquoi.

2d temps 10 mn

Expression orale

Documento 1

No a la #LeyFayad que criminaliza el uso libre de Internet, México, 2015.

Documento 2

« Tras cuatro años dedicados a analizar la plataforma web de peticiones change.org, la investigadora Pérez Escolar comentó: «Si sabes cómo, el ciberactivismo es muy útil para generar el cambio que buscamos. »

Pérez Escolar,
La Opinión de Murcia, 10/02/2019.

1. **Diga cuál de los dos documentos ilustra mejor el eje temático «Citoyenneté et mondes virtuels». Justifique con ejemplos precisos.**
En unos 5 minutos

2. **¿Alguna vez ha participado en una acción ciberactivista? Explique por qué.**
En unos 5 minutos

CONSEILS ET MÉTHODE

Document 1 : image

- Prends le temps de bien observer l'image : le cadre, la personne au premier plan et le graffiti sur le mur.
- Explique ce que représentent les réseaux sociaux et Internet en général pour les générations actuelles. Quels sont les autres moyens d'expression à leur disposition pour faire entendre leur voix et exprimer leurs opinions ?
- Dis comment les réseaux sociaux ont en partie remplacé les manifestations dans la rue. Tu peux citer des exemples de ce sujet, de la séquence étudiée ou de ton expérience personnelle.

Document 2 : citation

- Prends le temps de bien analyser la citation : quel mot renvoie aux « mondes virtuels » et quel mot fait référence à la « citoyenneté » ?
- Identifie la limite que pose cette citation ; sachant que la chercheuse a étudié pendant plusieurs années le site de pétitions en ligne change.org, que sous-entend-elle ?

Séquence 11

Un barrio emblemático

→ ¿Sigue manteniendo Malasaña su carácter histórico?

Descubro

- Un quartier révolutionnaire : le soulèvement du 2 mai
- Un quartier pionnier du féminisme : les femmes de Malasaña
- Un quartier à la pointe de la mode : de la Movida aux hipsters

Utilizo

Vocabulario

- Le quartier

Gramática

- Les démonstratifs
- Les subordonnées temporelles au futur
- La traduction de « ne… mais »
- La négation multiple

Actúo

Proyecto

- Créer une image interactive (thinglink) de la carte de Malasaña pour proposer une visite virtuelle de ce quartier

¿TE SUENA?

Malasaña es uno de los barrios más populares de Madrid. Fue escenario de importantes episodios de la historia española como la Guerra de la Independencia. No en vano una de sus heroínas le ha dado el nombre: *Manuela Malasaña*. ¿Dónde vives tú también hay barrios con un pasado histórico tan fuerte?

Igualmente conocido como Maravillas, este barrio ha sido el de destacadas mujeres de la vida cultural y política españolas como *Clara Campoamor* o *Carmen de Burgos*.

Hoy en día el barrio se ha puesto de moda con comercios modernos y hípsters en sus calles. La plaza del 2 de Mayo es un punto de encuentro donde la juventud se reúne.

Y tú, ¿cómo sueles divertirte cuando sales?

EN TU MÓVIL
Escucha las canciones

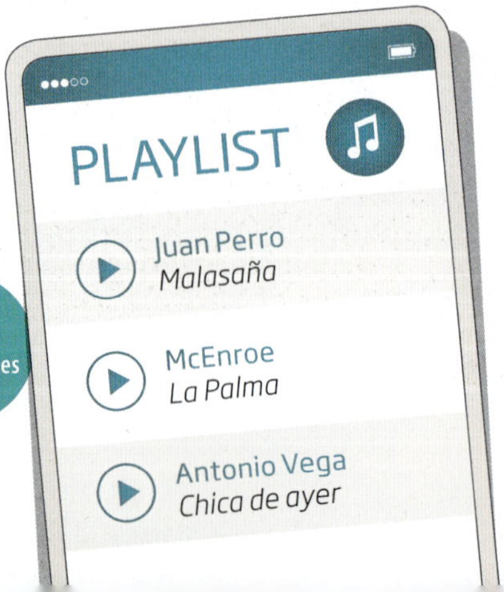

verja cañón
héroes de la independencia
arco diversión
pasárselo bien ocio plaza
charlar estatua
jóvenes
patrimonio

Axe 8
Territoire et mémoire

Jóvenes en la plaza del 2 de Mayo, Malasaña (Madrid).

1. ¿Por qué estos jóvenes habrán elegido este lugar?
2. ¿Te apetecería estar ahí? ¿Por qué?

¿Cómo marcó el 2 de mayo Malasaña?

El 2 de mayo

El narrador y un amigo, llamado Juan de Dios, se encuentran en medio del levantamiento del 2 de mayo.

Ustedes no pueden figurarse cómo eran aquellos combates parciales. Mientras desde las ventanas y desde la calle se les hacía fuego, los manolos[1] les atacaban navaja[2] en mano, y las mujeres clavaban sus dedos en la cabeza del caballo, o saltaban, asiendo[3] por los brazos al jinete. Este recibía auxilio[4], y al instante acudían dos, tres, diez, veinte, que eran atacados de la misma manera, y se formaba una confusión, una mescolanza[5] horrible y sangrienta que no se puede pintar. [...]

Aquella masa de gente se replegó por la calle Mayor, y como el violento retroceso nos obligara a invadir una casa [...] entramos decididos a continuar la lucha desde los balcones. [...]

Los mamelucos[6] subían. Estábamos perdidos. [...] Al ruido, acudí allá velozmente, con la esperanza de encontrar escapatoria, y en efecto vi que habían abierto en la medianería[7] un gran agujero, por donde podía pasarse a la casa inmediata [...]. Cuando pasamos a la casa contigua, con ánimo de tomar inmediatamente la calle, nos vimos en una habitación pequeña y algo oscura, donde distinguí dos hombres, que nos miraban con espanto. [...]

La esposa del licenciado y sus tres hijas, trémulas de miedo, corrían de aquí para allí, recogiendo algunos objetos para salir a la calle. [...]

–¿A dónde vamos? –preguntó una de las niñas al salir–. ¿A la calle de San Pedro la Nueva[8], en casa de la primita?

–¿Estáis locas? ¿Frente al parque de Monteleón[9]?

–Allí se están batiendo –dijo Juan de Dios–. Se ha empeñado un combate terrible, porque la artillería[10] española no quiere soltar el parque.

Benito Pérez Galdós (novelista y dramaturgo español), «El 19 de marzo y el 2 de mayo», *Episodios nacionales*, 1873.

1. A partir de los siglos XVIII y XIX, madrileños de clase popular, reconocibles por su traje. 2. *canif, couteau* 3. asir = agarrar: *saisir, attraper* 4. auxilio = socorro: *secours, aide* 5. (coloq.) mezcla extraña: *mélange* 6. Soldados de origen egipcio a la orden de los franceses. 7. *mur mitoyen* 8. Actual calle del 2 de mayo. 9. Actual plaza del 2 de mayo. 10. *artillerie*

¿SABÍAS QUE...?

Los ***Episodios Nacionales*** es una serie de 46 novelas escritas por **Benito Pérez Galdós** entre 1872-1912 que relatan la historia de España a lo largo del siglo XIX. Galdós creó un nuevo género aún vigente, el de la **novela de ficción** creada en torno a un acontecimiento histórico.

Escoge tu camino

POR ETAPAS

1. Lee el texto y explica cómo fueron los combates durante el levantamiento del 2 de mayo.
2. Di dónde se escondieron el narrador y su amigo.
3. Identifica de quiénes huían.
4. Apunta por dónde quería escapar la familia de la casa y di por qué era desaconsejable hacerlo.

EN DIRECTO

Explica en qué situación se encontraron el narrador y su amigo y cómo lograron salir de ella.

PON EN PRÁCTICA

Explica si se deben o no relatar (pintar o filmar) las escenas de guerra.

La lucha con los mamelucos

Francisco de Goya y Lucientes (pintor español), *El dos de mayo de 1808 en Madrid*, 1814.

Lo esencial

Vocabulario

- **(no) poder figurarse:** (ne pas) pouvoir imaginer
- **la masa enfurecida:** la foule en colère
- **la sinrazón de la violencia:** le non-sens/la déraison de la violence
- **cuerpo a cuerpo:** corps à corps
- **los ojos desorbitados:** les yeux exorbités

Gramática

Les démonstratifs

- «Cómo eran **aquellos** combates parciales».
- «Asiendo por los brazos al jinete. **Este** recibía auxilio».
- «**Aquella** masa de gente se replegó».

Précis p. 278

Les adverbes de lieu

- «Corrían de **aquí** para **allá**».
- «**Allí** se están batiendo».

Précis p. 283

Pronunciación

La lettre *j*

Écoute les mots et indique lequel de ces deux sons tu entends : [g] ou [x] ?

¿SABÍAS QUE...?

La palabra **mameluco** procede del árabe *mamluk* (poseído, esclavo). Estos **soldados** constituían un grupo de élite dentro de los esclavos. Eran educados para la guerra y jugaron un papel importante en **Egipto** durante siglos. Tras haber sido derrotados por el ejército francés, en 1798, en la batalla de las Pirámides, muchos de ellos se enrolaron en las tropas de Napoleón. Participaron en la ocupación de **España en 1808** y con su actuación suscitaron el odio de la población española.

Entra en acción

1. Observa el cuadro y di qué emoción suscita en ti.
2. Fíjate en el primer plano y describe lo que está pasando.
3. Presta atención al plano del fondo y di cómo pinta Goya a los madrileños.
4. Observa los caballos y compara sus miradas con las de las personas.
5. En tu opinión, ¿qué habrá querido denunciar Goya?

PON EN PRÁCTICA

6. Haz tu presentación del *Levantamiento del dos de mayo o la lucha con los mamelucos* de Goya. Puedes filmar el cuadro y utilizar tu presentación como voz en *off*.

Para expresarte

- la sublevación: *le soulèvement*
- furioso/a: *furieux/euse*
- armas blancas: *des armes blanches*
- un baño de sangre: *un bain de sang*
- cadáveres: *des cadavres*
- pisotear: *piétiner*
- la rabia: *la rage*
- la crueldad: *la cruauté*
- la brutalidad: *la brutalité*
- la irracionalidad: *l'irrationalité*
- el sinsentido: *le non-sens, l'absurdité*
- la mancha: *la tache*
- la pincelada: *le coup de pinceau*

Para el oral del BAC

Presenta y comenta las semejanzas y diferencias de la visión del 2 de mayo de 1808 dada por Pérez Galdós y Goya.

- Describe los diferentes aspectos de la escena (planos, personajes, acciones...).
- Utiliza los elementos de este combate evocados por Pérez Galdós.
- Comenta la perspectiva literaria y la perspectiva pictórica, así como el alcance de cada una de ellas.

¿Cómo recordar a las pioneras?

Una ruta feminista

VÍDEO 20 Las mujeres que cambiaron la historia © TeleMadrid, 08/03/2018.

Escoge tu camino

POR ETAPAS

1. Observa el cartel e imagina cómo habrá sido la vida de Colombine.
2. Ve el vídeo. Muchas mujeres dejaron huella en el barrio de Malasaña.
   a. Di qué eran.
   b. Indica si son conocidas.
3. Cita el nombre de algunas de las mujeres presentadas en el vídeo.
4. Apunta qué explica la guía de cada una de ellas:
   profesión • relaciones • hechos históricos
5. Fíjate en el barrio y di cómo es:
   calles • edificios • gente

EN DIRECTO

Ve el vídeo y presenta a las mujeres que en él son recordadas.

PON EN PRÁCTICA

Explica si te gustaría o no vivir en este barrio justificando tu punto de vista.

Para expresarte

- una visita guiada: *une visite guidée*
- el recorrido, recorrer: *le parcours, parcourir*
- el recuerdo, recordar: *le souvenir, se rappeler*
- desconocer: *méconnaître*
- olvidar: *oublier*
- honrar: *honorer*
- popularizar: *populariser*
- intrépido/a: *intrépide*
- valiente: *courageux/euse*

¿SABÍAS QUE...?

Manuela Malasaña era una joven costurera de unos 17 años. Una noche, durante la invasión francesa, cuando salía de **su taller de costura** hacia su casa fue interceptada por unos soldados franceses que la registraron y descubrieron que llevaba unas tijeras. Como habían prohibido las armas blancas y los objetos punzantes fue fusilada junto con otros combatientes del **levantamiento del 2 de mayo**.

Me llamo Clara Campoamor

A finales de 2016, la estatua de Clara Campoamor (1888-1972) fue decapitada. Meses más tarde, el vecindario hizo un acto público para protestar por la inacción del Ayuntamiento y para rendir homenaje a Clara Campoamor. Este texto ficticio fue leído durante el acto.

Me llamo Clara Campoamor. Siempre que digo mi nombre la gente añade: como el poeta[1]. Los poetas escriben libros de versos. Las mujeres que saben leer y escribir pueden ser maestras de niñas, telegrafistas, telefonistas, estanqueras[2]... y cosas así. Ah, y reinas. Hay poco donde elegir, la verdad. Cuando sea mayor yo no quiero ser portera[3] como mi abuela, prefiero ser costurera[4] como mi madre... o a lo mejor me gustará más ser dependienta... o telegrafista... y ser funcionaria del Cuerpo de Correos. Aunque a lo mejor, cuando ya sea funcionaria del Cuerpo de Correos, querré ser mecanógrafa y taquígrafa y trabajaré en un periódico como mi padre. Mi padre está empleado en las oficinas, pero yo podría ser la secretaria del Director. [...] Así poquito a poco, iré juntando dinero y en cuanto pueda, haré el bachillerato y me matricularé en la Universidad y me licenciaré[5] en Derecho... Pero si fuera abogada me gustaría tener mi despacho y defender casos difíciles tan bien, tan bien que a lo mejor hasta me daban la Cruz del Rey[6] [...]. Ojalá me la dieran porque entonces diría que no la quiero, porque soy republicana [...].

Cuando sea mayor lo que de verdad querré hacer es que las mujeres vivan mejor que mi madre y que mi abuela. No sé cómo. Pero lo haré.

Creo que lo único que ha quedado de la República fue lo que hice yo: el voto femenino.

Diego Casado (periodista español), «Clara Campoamor, desagraviada por los vecinos tras el robo de su cabeza», *Somos Malasaña*, 27/03/2017.

1. Se refiere a Ramón de Campoamor (1817-1901), poeta español muy popular a finales del siglo XIX. 2. *buralistes* 3. *concierge* 4. *couturière* 5. licenciar(se): *obtenir son diplôme universitaire* 6. Gran Cruz de Alfonso XII, premio honorífico, otorgado en 1927 a Clara Campoamor, que lo rechazó por su republicanismo.

Entra en acción

1. Lee el texto y di qué podían ser las mujeres en la época de Clara Campoamor.
2. Precisa a qué se dedicó ella y para qué quiso ahorrar dinero.
3. Apunta los hechos que muestran que era republicana.
4. Di qué causa era la más importante para Clara Campoamor y cuál fue su mayor logro.

PON EN PRÁCTICA

5. Debate sobre quién debe ocuparse del recuerdo de las personalidades históricas en los barrios. Un grupo piensa que es responsabilidad del Ayuntamiento, otro grupo piensa que es responsabilidad de los/las vecinos/as.

Para expresarte

- inconformista: *anticonformiste*
- luchadora: *battante, combattante*
- trabajadora: *travailleuse*
- lucidez: *lucidité*
- las convicciones: *les convictions*
- el reconocimiento: *la reconnaissance*

Lo esencial

Vocabulario

60

- **dejar huella:** laisser son empreinte
- **cambiar el rumbo de la historia:** changer le cours de l'histoire
- **rendir homenaje:** rendre hommage
- **hoy más que nunca:** aujourd'hui plus que jamais
- **el sufragio universal:** le suffrage universel
- **una deuda histórica:** une dette historique

Gramática

Les subordonnées temporelles au futur

- «Cuando sea mayor lo que de verdad querré hacer es que las mujeres vivan mejor».

Précis p. 285

Ortografía

Les lettres *b* et *v*

Complète les mots avec « **b** » ou « **v** ».

...arrio • ...ares • con...ersar • ...ino • in...asor • ...ender

Para el oral del BAC

A través de estos documentos has descubierto a algunas mujeres importantes del barrio de Malasaña. ¿Dónde tú vives también se recuerda a mujeres excepcionales de la historia?

- Justifica tu respuesta de una manera general.
- Luego precisa quién gestiona la memoria de esas mujeres (Ayuntamiento, región, organismos privados...).
- Explica en qué consiste ese recuerdo (placas, rutas, espectáculos...).
- Elige a una de las mujeres recordadas donde tú vives y preséntala a la clase.

11 Descubre

¿Malasaña mantiene aún su carisma?

Repeler al invasor

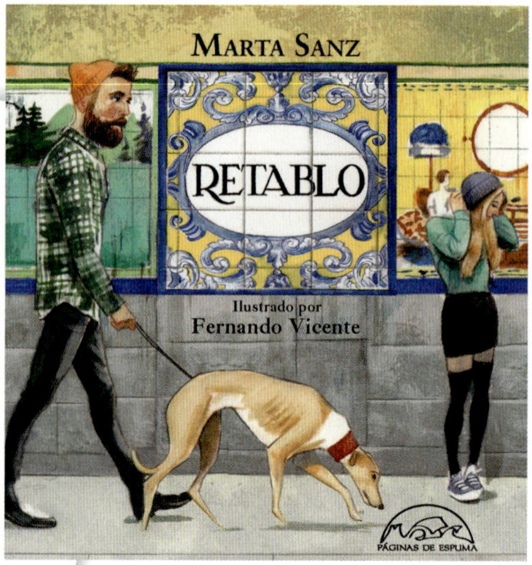

Me tomo un café con leche en uno de los pocos bares como Dios manda[1] que quedan en mi barrio. Mi elección es una elección militante. La grasa –grasa polimorfa, magnífica, excelente grasa sabrosa– de los churros dibuja estampados en la superficie de mi café. [...] En el bar converso con Paquito, el dueño, mientras él coloca los torreznos[2] y las gambas con gabardina[3] sobre la barra. [...] El barrio cambia de un día para otro y a menudo no reparo[4] en que ha echado el cierre[5] una bodega donde dispensaban vino a granel[6] o una relojería de las que aún arreglaban las tripas y el aparato circulatorio de los relojes. [...] Ahora ya nadie arregla nada, ahora jugamos a fabricar cosas como si fuésemos niños: platos de alta cocina, alacenas, pitillos liados. [...] Paco es un gran observador: «¡Han abierto otra tienda de bicicletas!», «En la Corredera Baja, ¡otra peluquería!», «Y otra óptica de esas donde solo venden modelos de gafas para la hormiga atómica», «Otra barbería pija[7]. No quiero ni pensar lo que deben cobrarte ahí por un afeitado[8]. Y a qué saldrá oliendo. A compota de manzana. No, no lo quiero ni pensar», «¿Has visto esa tienda de *curiosidades*, Blas? Un cojín con forma de paletilla de jamón es una *curiosidad*, Blas». Paco y yo no vamos a quedarnos de brazos cruzados mientras nuestro territorio es invadido por seres y costumbres alienígenas. En lo que a nosotros respecta se está acabando el mundo. A través de las paredes, los fantasmas nos gritan que no los dejemos solos. [...] No se trata de nostalgia, sino de repeler[9] al invasor de este barrio de héroes de la guerra de la independencia. Paco y yo seremos el ozono-pino de las calles. La furia insecticida contra el enemigo-cucaracha[10].

Marta Sanz (escritora española), *Retablo*, 2019.

1. *comme il faut* 2. *lardons* 3. *beignets de crevettes* 4. reparar: *(ici) se rendre compte* 5. echar el cierre: *fermer définitivement* 6. *en vrac* 7. *chic* 8. *rasage* 9. *repousser* 10. *cafard*

Para expresarte

- un cliente habitual: *un(e) habitué(e)*
- la rutina: *la routine*
- hartar(se): *en avoir assez*
- una amenaza, amenazar: *une menace, menacer*
- la gentrificación: *la gentrification, la boboïsation*
- los cachivaches: *des bibelots*
- inspirar(se) en: *s'inspirer de*
- un galgo: *un lévrier*

Escoge tu camino

POR ETAPAS

1. Lee el texto e identifica al narrador y a su amigo. Di dónde suelen conversar.
2. Muestra cómo vemos en el texto la evolución del barrio.
   a. Fíjate en los adverbios de tiempo y de cantidad y en los verbos.
   b. Precisa cómo los negocios y los habitantes han ido cambiando también.
3. Explica qué piensan el narrador y su amigo sobre esta situación y qué van a hacer para terminar con ella.
4. Apunta cómo el pasado histórico motiva al narrador en su lucha.

EN DIRECTO

Di qué preocupa al protagonista del texto y qué va a hacer al respecto.

PON EN PRÁCTICA

Observa la portada del libro y explica cómo ilustra la situación evocada en el texto.

Me gusta Malasaña

VÍDEO 21

Tráiler del documental *#MeGustaMalasaña* de Juanjo Castro, España, 2017.

Las calles de Malasaña, sus bares y sus tiendas.

Entra en acción

1. Ve el vídeo y di cómo se sienten los/las vecinos/as de Malasaña.
2. Precisa las ventajas de vivir en este barrio.
3. Explica qué gente vive ahí.
4. Apunta algunos cambios que se han producido en Malasaña.
5. Observa las fotos y di si corresponden a lo que has visto en el vídeo.

PON EN PRÁCTICA

6. Comenta si la evolución de Malasaña supone una amenaza o una oportunidad para este barrio.

¿SABÍAS QUE...?

En Malasaña han surgido muchas **iniciativas para mejorar la vida del barrio**. Como *Rebrota Malasaña* que quiere hacer reverdecer el barrio con huertos, jardines y plantas en los más de 36.000 balcones del barrio o *TriBall* que busca revitalizar una zona comprendida entre Fuencarral, Gran Vía y Corredera Baja.

Para expresarte

- el encanto: *le charme*
- el vecindario: *le voisinage*
- pasear: *se promener*
- la cercanía: *la proximité*
- señas de identidad: *signes d'identité*
- la mezcla: *le mélange*
- convivir: *cohabiter, coexister*
- compartir: *partager*
- ir de copas: *prendre un pot*

Lo esencial

Vocabulario 61

- **de un día para otro:** du jour au lendemain
- **quedarse de brazos cruzados:** rester les bras croisés
- **de toda la vida:** de toujours
- **cerrar(se) en banda:** ne rien vouloir entendre
- **encontrar el término medio:** trouver le juste milieu
- **estar en su salsa:** se sentir à l'aise
- **sentir(se) como pez en el agua:** se sentir comme un poisson dans l'eau

Gramática

La négation multiple

- «Ahora ya **nadie** arregla **nada**».

Précis p. 283

La négation avec *sino*

- «No se trata de nostalgia **sino** de repeler al invasor».

Précis p. 281

Pronunciación 62

La lettre x

Écoute les mots et indique lequel de ces deux sons tu entends : [s] ou [ks] ?

Proyecto

Crea una imagen interactiva del plano de Malasaña con una aplicación para proponer una visita virtual de este barrio a tus compañeros/as de clase.

- En el plano integrarás algunos de los elementos (acontecimientos, personalidades, lugares...). descubiertos en esta secuencia.
- Debes integrar por lo menos: dos grabaciones personales de explicación, dos imágenes y dos vídeos.
- Puedes utilizar las canciones de la *playlist*.

Flashe la page pour voir le plan de Malasaña. EN TU MÓVIL

EXERCICES INTERACTIFS

Les démonstratifs

Observe et déduis

1 Observe les mots en gras et les mots soulignés. Quelles sont leurs fonctions ?

2 À quelle distance se trouve ce qui est désigné par rapport aux personnes qui parlent ?

Retiens la règle

- Les **démonstratifs** peuvent fonctionner comme **adjectifs** devant un nom ou comme **pronoms** à la place d'un nom.
- On utilise des démonstratifs différents pour **situer dans l'espace ou dans le temps** par rapport à la personne qui parle.

Entraîne-toi

3 Complète avec le démonstratif qui convient.

a. En ... casa nació Clara Campoamor (aquí).
b. Goya mostró cómo vivió Madrid ... episodio (1814).
c. ... calles están muy animadas día y noche (allí).

4 Transforme les phrases au pluriel.

a. Muchas escritoras vivían en esta calle.
b. Aquel chico es el dueño de la tienda de jabón artesanal.
c. En este restaurante se come muy bien.
d. Este es el bar del que habla aquella canción.

Précis p. 278

Les subordonnées temporelles au futur

Observe et déduis

1 À quel mode est conjugué le verbe en gras ?

2 Traduis la phrase et établis des comparaisons entre les deux langues.

Retiens la règle

- En espagnol, on utilise le **subjonctif** dans des **subordonnées de temps** au futur en français.

Entraîne-toi

3 Conjugue les verbes aux temps et mode qui conviennent.

a. Piensa que cuando todas las tiendas tradicionales (cerrar) ..., será la muerte del barrio.
b. Cuando (ir - nosotros/as) ... a Madrid recorreremos Malasaña.
c. Esta plaza tan tranquila ahora será muy ruidosa cuando (empezar) ... a abrir los bares.
d. Cuando (tú - llegar) ... a la plaza de los Guardias de Corps, verás la estatua de Clara Campoamor.

4 Traduis les phrases suivantes.

a. Quand vous viendrez à Madrid, je vous guiderai jusqu'à la maison de Rosalía de Castro.
b. Quand tu auras dix-huit ans tu pourras voter.
c. Ils trouveront le Café Farmacia quand ils verront les carrelages de l'ancienne pharmacie.

Précis p. 285

EXERCICES INTERACTIFS

La traduction de « ne... mais »

Observe et déduis

1 Observe les mots en gras et les mots soulignés. Dans chaque cas, quelle idée introduit la deuxième particule par rapport à la première partie de la phrase ?

2 Traduis ces deux phrases en français.

Retiens la règle

- La négation « ne... mais » se traduit par *no... pero* lorsque « mais » introduit une idée de **restriction**, **correction** ou **nuance** par rapport à l'élément précédent.
- En revanche, « ne... mais » se traduit par *no... sino* lorsque « mais » exprime une **opposition** par rapport à l'élément précédent.

Entraîne-toi

3 Complète les phrases avec *pero* ou *sino*.

a. No es una plaza muy bonita ... tiene mucho encanto.
b. El 2 de mayo no fue una simple protesta ... un episodio dramático.
c. Quedaron en la calle Manuela Malasaña no para ir al concierto ... para tomar algo.
d. No nos quedaremos al concierto ... pasaremos a tomar algo.
e. Carmen de Burgos no fue cantante ... periodista y escritora.

Précis p. 281

La négation multiple

Observe et déduis

1 Observe la place des particules de négation en gras. Que remarques-tu concernant leur place dans la phrase ?

2 Traduis la phrase soulignée.

Retiens la règle

- En espagnol, lorsque dans une phrase se trouvent **deux mots négatifs ou plus**, seulement un pourra être placé derrière le verbe.
- Dans ce cas, l'adverbe *no* disparaît de la phrase.

Entraîne-toi

3 Relie les éléments de chaque colonne.

Ya nadie •	• vende nada que no sea hípster y moderno.
Nunca nadie •	• toma nada en esos bares de toda la vida.
Ya nada •	• dice nada del ruido y la suciedad del barrio.
En esas calles ya nadie •	• afecta a nadie en lo que se refiere al turismo de masa.

4 Traduis les phrases suivantes.

a. Rien n'intéresse plus personne si ce n'est pas moderne.
b. Personne ne connaît plus rien sur Loreto Prado.
c. Personne ne visite plus jamais sa maison natale.

Précis p. 283

11 Vocabulario

EXERCICES INTERACTIFS

UN BARRIO CON CARÁCTER

HISTÓRICO
- héroes/heroínas
- heroísmo
- testimonio
- ser testigo de
- el terror
- el espanto
- un combate desigual
- una potencia militar
- la lucha sin cuartel
- sublevar(se)
- pisotear
- la irracionalidad
- el sinsentido

ANIMADO
- efervescencia
- vida nocturna
- ocio
- ir de copas
- de picoteo
- de tapas
- diversión
- pasárselo bien

TRADICIONAL
- cliente habitual
- la rutina
- la supervivencia
- el vecindario
- la cercanía
- señas de identidad
- el atractivo
- gente de toda la vida
- activismo vecinal
- asociación de vecinos/as

COMPROMETIDO
- honrar
- olvidar
- recordar
- sufragio universal
- deuda histórica
- guía turístico/a
- recorrido
- itinerario
- una huella indeleble
- inconformismo

GENTRIFICADO
- la gentrificación
- los cachivaches
- la turistificación
- quejar(se)
- la decadencia
- ser urbanita
- suciedad
- ruido
- especulación inmobiliaria

1 B1+ Resuelve el crucigrama para completar la frase de Clara Campoamor. Ordena las letras de las casillas en violeta para descubrir la palabra que falta.

Horizontal
1. Tiempo libre de una persona.
2. Pisar repetidamente maltratando algo o a alguien.
3. Respetar a alguien, enaltecer, premiar.
4. Ruta o itinerario.

Vertical
1. Seudónimo de Carmen de Burgos, primera periodista de oficio en España.
2. Actitud de la persona que no se conforma con lo establecido y lo rechaza.
3. Conjunto de cualidades propias del héroe o de la heroína.
4. Objeto o utensilio que no se sabe cómo nombrar o designar.
5. Proceso de transformación de un espacio por el que la población local es desplazada por otra de mayor nivel adquisitivo.
6. Acción hecha contra justicia y fuera de lo razonable.

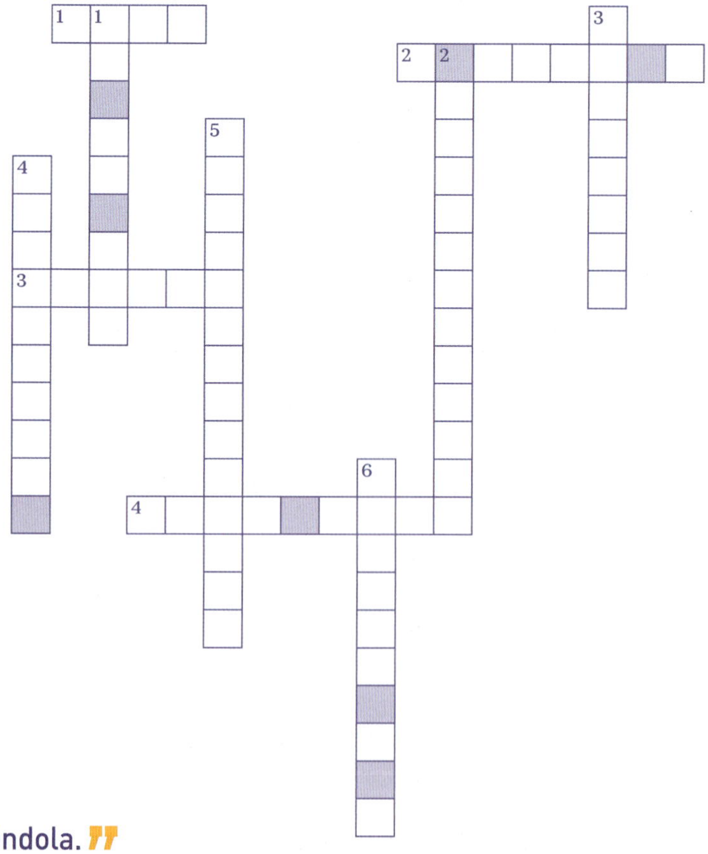

"La ________ se aprende ejerciéndola."

Méthode BAC

11

Relier un document à un axe

1 Analyser l'intitulé de l'axe

- **Définis les termes** qui composent l'intitulé de l'axe.

▶ territorio: superficie más o menos delimitada que forma una unidad coherente, en la que vive un grupo humano y/o sobre la que se ejerce una autoridad.

▶ memoria: conjunto de los hechos pasados que permanece en el recuerdo de las personas, de un grupo...

- **Établis les liens possibles** entre ces termes.

La memoria de un territorio: recordar un acontecimiento pasado, una tradición, un estilo de vida, etc. que tuvieron lugar en un espacio preciso.

- **Réfléchis** alors à l'axe et **aux problématiques** qu'il soulève.

¿Cómo se construye y se transmite nuestra herencia colectiva? ¿Por qué se multiplicaron los lugares de memoria? ¿Cómo se refleja la memoria en las costumbres de un pueblo?

"Malasaña es un espacio absurdo que ha perdido su personalidad por la afluencia masiva de gente. Su modelo de ocio es incompatible con el patrimonio y con el alma de la ciudad»."

M. J. Álvarez, *de la organización SOS Malasaña, ABC Madrid*, 01/06/2019.

Cartel anunciador de las fiestas del 2 de Mayo bajo el lema «Haciendo barrio».

2 Choisir l'un des deux documents

IMAGE

▶ **Analyse la légende** pour trouver des informations sur **sa nature** (photographie • affiche de film • œuvre d'art • illustration...), **le thème** qu'elle aborde, **son contexte** (source et date).

Se trata de un cartel elaborado por el Ayuntamiento de Madrid para celebrar las fiestas del 2 de mayo en 2019.

▶ **Observe l'image** et **décris** ce que tu vois.

Representa la Plaza del Dos de Mayo, emblemática de Madrid y de su barrio Malasaña, que rememora el levantamiento popular de España contra las tropas francesas. A la izquierda, una mano está dibujando con un lápiz su arco; a la derecha, otra mano está colocando piezas de un puzle.

CITATION

▶ **Identifie l'auteur(e), la source** (article de presse • roman • discours...) et **la date**.

Se trata de un artículo reciente escrito por M. J. Álvarez del collectivo SOS Malasaña y publicado en el periódico ABC Madrid que transmite noticias locales.

▶ **Analyse chacun des termes** qui la composent.

Los términos «absurdo» o «incompatible» transmiten un juicio negativo sobre el cambio reflejado en el barrio. El autor opone palabras como «patrimonio» y «turismo» para expresar su incompatibilidad. El nombre de su organización, «SOS Malasaña», es una señal de socorro.

▶ **Détermine la thématique principale** du document et **les questions** qu'il pose.

A partir de un pasado en común (el levantamiento), estas manos construyen simbólicamente Malasaña, están «haciendo barrio» como podemos leer en el cartel.

El autor afirma que el barrio está en peligro y critica su cambio reciente. Hay que conservar y protegerlo frente al turismo masivo.

3 Exposer ses arguments

- **Explique pourquoi** tu as choisi ce document et en quoi il illustre le mieux l'axe retenu.
- **Réfléchis à des documents** que tu connais déjà pour enrichir ton analyse.

EN TU MÓVIL

Flashe la page pour découvrir un exemple de production orale à partir de ces documents

11 Objetivo BAC

Épreuve 3

Le jour du BAC

Le **premier temps** de l'examen consiste en :

→ une **épreuve écrite** consacrée à l'évaluation des compétences de compréhension de l'oral et de l'écrit ;

→ un **sujet d'expression écrite** en lien avec la thématique du dossier constitué par les documents supports de l'évaluation de la compréhension de l'oral et de l'écrit.

1er temps 1 h 30

Compréhension de l'oral

AUDIO 63

La calle de la Palma

Source : TeleMadrid, 29/07/2016
Durée : 1' 30''

Vous rendrez compte librement, en français, de ce que vous avez compris du document audio.

CONSEILS ET MÉTHODE

Écoute 1

- Cette première écoute doit te servir pour repérer et identifier tous les éléments de contexte et d'énonciation (intervenant(e)s, lieu, thème…), ainsi que la nature et la structure du document.

Écoute 2

- Repère les mots-clés au lieu d'essayer de transcrire tout ce que chaque intervenant(e) dit. Identifie les intervenant(e)s qui vont présenter le plus d'informations ou le contenu le plus important.
- Prends des notes au fur et à mesure de l'écoute pour les organiser plus facilement lors de la rédaction de ton compte-rendu.

Écoute 3

- Cette dernière écoute doit te permettre de vérifier et d'affiner certains éléments et/ou idées.
- Résume les points-clés et les détails significatifs à l'aide de connecteurs.

Compréhension de l'écrit

Documento 1

Barrio de Malasaña

Oficialmente se llama barrio de Universidad, distrito de Centro, por la cercanía de la vieja Universidad Central o Complutense, […] pero entre los amigos es el barrio de Malasaña o de Maravillas. Muchos nombres para definir un barrio de viejas calles llenas de gente joven, de locales tradicionales y alternativos que iluminan de colores y ambiente uno de los espacios urbanos más dinámicos y alegres de la ciudad. Un barrio marcado por el peso de la historia, por la catástrofe humana que supuso la invasión napoleónica, especialmente cruel en este barrio debido a la ubicación del cuartel de artillería de Monteleón, defendido con uñas, dientes[1], chuzos[2], navajas y macetas[3] por los vecinos, fusilados por defender con honor las calles que les pertenecían, cosa que no supo hacer ni el gobierno de la nación ni el de la ciudad. Heroínas anónimas como Manuela Malasaña, Benita Pastrana y Clara del Rey, muertas en la refriega[4] del cuartel, mantienen vivo el espíritu combativo de los vecinos.

Tres mujeres que se suman a otras como Carmen de Burgos, alias Colombine, […] pionera en muchas cosas, primera periodista profesional española (fue redactora del *Diario Universal*, 1903), primera mujer corresponsal de guerra (*Heraldo de Madrid*, 1909), primera femi-

1. defender con uñas y dientes: *défendre bec et ongles*
2. *des hallebardes, des épieux*
3. *des pots de fleurs*
4. el combate

●●●

nista en defender el divorcio, el sufragio femenino y los derechos de la mujer trabajadora o en condenar la pena de muerte en una España que todavía se secaba las lágrimas de los desastres del 98[5]. [...]

El ambiente bohemio y artístico del barrio se mantiene intacto desde entonces, mucho más joven desde los años 80 cuando la movida madrileña encontró varios garitos donde cambiar las cosas. Grafitis, música y copas marcan la pauta de unas calles ricas en ofertas culturales y de ocio: teatros, salas alternativas, iglesias, museos, comercios de toda la vida, bares de siempre y de ahora, nuevas tiendas adoptadas a los tiempos que corren.

Javier Leralta, *La trastienda de Madrid*, 2016.

5. Desastre de 1898: fecha en que España perdió sus últimas colonias de ultramar, Filipinas y Cuba.

Documento 2

Malasaña en peligro de extinción

Malasaña no quiere convertirse en [...] un parque temático dedicado al botellón[1]. El barrio está muriendo de éxito[2] y, paradojas de la vida, los vecinos se encuentran en peligro de extinción. Hartos de ver cómo su distrito se degrada día a día, los residentes han dicho basta y han creado un movimiento vecinal con un grito de socorro: SOS Malasaña. El pasado sábado comenzaron con una concentración de protesta y, el miércoles por la tarde, realizaron una pegada de carteles para pedir al Ayuntamiento que frene la degeneración del barrio.

La plataforma ha enviado una carta a la alcaldesa de Madrid, Manuela Carmena, con la que esperan reunirse en breve para que se comprometa a hacer cumplir las normas: «En este parque temático, todo vale y todo está permitido, siempre a costa de la convivencia, de la legalidad, de las señas de identidad del barrio y del alma de la propia ciudad», afirman en la misiva.

Ana del Barrio, «Los vecinos de Malasaña se rebelan contra el botellón: 'No queremos ser la Barceloneta'», *El Mundo*, 23/11/2018.

1. Reunión al aire libre nocturna y ruidosa en la que se consume alcohol.
2. *le succès*

Documento 1

1. Presente el carácter histórico de Malasaña justificando con elementos precisos.

Documento 2

2. Describa el movimiento «SOS Malasaña».

CONSEILS ET MÉTHODE

- Repère les éléments qui te permettront de répondre avec le plus de précision aux questions posées (origines, personnalités, événements historiques, vie du quartier, mouvement et/ou initiative des voisin(e)s...).
- Rédige tes réponses de manière claire, en faisant des paragraphes distincts. Tu peux réutiliser des mots des documents ou t'appuyer sur de très courtes citations en faisant attention à utiliser les guillemets et à bien recopier le texte.
- Identifie les liens entre les documents (opposition, complémentarité, ...).

1er temps (suite)

Expression écrite

Documento

Fachada de dos locales de la calle San Vicente Ferrer (Malasaña), con la azulejería publicitaria de principios del XX, patrimonio protegido.

Vous traiterez en espagnol l'un des deux sujets suivants au choix.

Question A ▸ **En el audio Aurora dice: «Yo salgo a la calle y es como si estuviese en mi pueblo». Comente esta afirmación.** En unas 120 palabras

Question B ▸ **En Madrid, hay quienes dicen que «todo lo que pasa ya ha pasado antes en Malasaña». Comente esta afirmación apoyándose en la imagen.** En unas 120 palabras

CONSEILS ET MÉTHODE

Question A ▸

- Analyse la citation en identifiant les mots-clés qui la composent.
- Ensuite, détermine quel(s) liens tu peux établir entre eux (opposition, complémentarité, cause-effet). Tu pourras t'appuyer sur ce(s) lien(s) pour structurer ton commentaire.
- Enfin, tu pourras donner ton point de vue sur la question en t'appuyant sur ta propre expérience dans ton lieu de vie ou sur d'autres documents travaillés dans la séquence.

Question B ▸

- Analyse la citation pour repérer les mots-clés qui pourront t'aider à répondre aux questions : quoi ? où ? quand ? Observe bien les temps verbaux et les adverbes de temps.
- Cette analyse te permettra de bien dégager l'idée de Malasaña que cette citation transmet.
- Pense à relier la citation au document iconographique et/ou aux documents travaillés dans la séquence.
- Tu peux clore ton commentaire avec ton propre point de vue sur la question tout en évitant le hors-sujet.

Le jour du BAC

→ Pendant le **second temps**, l'examinateur propose soit 2 documents iconographiques, soit 2 citations, soit un document iconographique et une citation en lien avec l'axe choisi par le candidat parmi les trois proposés.

→ Le candidat devra **expliquer en espagnol** pendant 5 minutes quel document ou quelle citation illustre le mieux l'axe choisi et pourquoi.

2d temps 10 mn

Expression orale

Documento 1

Recreación del levantamiento contra las tropas francesas durante las fiestas del 2 de mayo en Madrid.

Documento 2

« Malasaña
Dos de mayo.
Poco importa
De qué año.
La república
es la calle
Y el universo
es el barrio. »

Malasaña, canción de Juan Perro, 2011.

1. **Diga cuál de los dos documentos expresa mejor el eje «Territoire et mémoire». Justifique con ejemplos precisos.** En unos 5 minutos
2. **¿Le parece importante conservar el carácter histórico de los barrios? Justifique con ejemplos precisos.** En unos 5 minutos

CONSEILS ET MÉTHODE

Choisis et analyse le document

- Choisis le document qui te permettra de rendre le mieux compte de tes idées sur l'axe « Territoire et mémoire ».
- Note sur ton brouillon les éléments qui le composent ainsi que les liens que tu peux établir avec l'axe.
- Ne te limite pas à décrire le document choisi. Problématise ta présentation : de quelle manière ce document illustre l'axe « Territoire et mémoire » ?

Structure et expose tes idées

- Organise ta présentation en faisant des parties claires : introduction, développement et conclusion.
- Justifie ton choix et mentionne rapidement les pour et les contre.
- Illustre tes idées avec des exemples précis issus des documents travaillés en classe, cependant veille à ne pas trop t'éloigner du document à présenter.

Séquence **12** Flash

Condena al olvido

→ ¿Todo hecho histórico debe ser recordado?

Descubro

- La revendication du droit à la vérité des victimes de la Colonia Dignidad au Chili
- L'exil nazi en Argentine

Utilizo

Vocabulario

- La mémoire historique

Gramática

- L'expression de la durée
- Les indéfinis

Actúo

Proyecto

- Débattre sur la pertinence de montrer toutes les atrocités du passé et sur l'importance de la mémoire historique

¿TE SUENA?

¿Conoces la frase «un pueblo que no conoce su historia está condenado a repetirla»? Existen opiniones contrarias sobre si es mejor el *recuerdo* o el *olvido*. Algunas personas necesitan cerrar heridas reivindicando la *memoria histórica* y otras, prefieren el *silencio*. Y tú, ¿qué opinión defiendes?
El *muralismo* es un arte accesible a todo el mundo que destaca por sus reivindicaciones sociales. Este mural homenajea y da visibilidad a *Ana González de Recabarren*, una conocida activista que luchó por los derechos humanos y contra la dictadura chilena.

¿Crees que el arte puede ayudarnos a recordar?

recordar
homenaje olvidar
cuestionarse lucha
activismo
memoria víctima
cuestionar
descubrir

Axe 8
Territoire et mémoire

Mural del colectivo chileno Coas representando a Ana González de Recabarren, defensora chilena de los derechos humanos.

1 ¿Por qué habrá que recordar a esta mujer?

2 Di si conoces otros ejemplos de homenajes urbanos.

¿Sin verdad no hay justicia?

Colonia Dignidad

En 2006, la narradora, una chilena exiliada en España, regresa a Chile para realizar una película sobre la Colonia Dignidad.

Era una manera de escapar un rato de Madrid para investigar un caso lejano, estremecedor[1], del que se sabía bastante poco fuera del Cono Sur. La Colonia Dignidad, esa secta de alemanes que desde hace más de medio siglo habita en un enorme predio[2] de más de dieciséis mil hectáreas a los pies de la cordillera de Los Andes, en el sur de Chile, [...] parecía el material perfecto para una película, un caso con todos los elementos para fabricar un gran guion. [...]

No sé dónde leí por primera vez sobre estos particulares colonos alemanes implantados en Chile en los años sesenta. [...] Y tal vez yo me interesé justamente por los colonos de Chile para seguir el rastro[3] del monstruo. En el caso de Dignidad había muchos monstruos sueltos[4], muy a la vista, en la superficie [...]. Era fácil reconocerlos con apenas leer los titulares de las (pocas) noticias que habían publicado en España sobre ella: conexiones con el nazismo, colaboracionismo con la dictadura de Pinochet, un confuso y desconocido modelo de secta, la trata de personas, oscuras redes internacionales relacionadas con el tráfico de armas y un último y todavía más, si cabe, escandaloso elemento: la pedofilia. [...]

Las noticias que había recopilado[5] [...] hablaban del descubrimiento de un subterráneo que confirmaba los que ya muchos sabían: que la colonia había sido un centro de detención y tortura durante la dictadura [...].

Hasta el momento sólo tenía notas sueltas, pero el descubrimiento de aquella sala de tortura por la que habían pasado y donde se asesinó por lo menos a treinta y ocho opositores del régimen fue el inicio de una búsqueda de información más sistemática a la que dediqué mis ratos libres y que me llevó hacia atrás en el tiempo, hasta la fundación de la colonia en 1961 y a las primeras fugas de colonos, quienes denunciaron, sin que se les hiciera el menor caso, las atrocidades que sucedían dentro.

Claudia Larraguibel (novelista chilena), *Sprinters*, 2018.

1. *boulversant* 2. *terrain* 3. *la trace* 4. *en liberté* 5. recopilar: *recueillir*

Detalle del cartel de la película *Colonia* de Florian Gallenberger, Chile/Alemania, 2015.

Escoge tu camino

POR ETAPAS

1. Observa la imagen y di qué tipo de establecimiento crees que era la Colonia Dignidad.
2. Lee el texto e identifica el objetivo de la narradora para realizar el viaje a Chile.
3. Anota las características de la Colonia Dignidad.
4. Busca quiénes denunciaron primero lo que sucedía en la Colonia.

EN DIRECTO

Di qué era la Colonia Dignidad, dónde estaba y las actividades que se realizaban.

PON EN PRÁCTICA

Debate con tus compañeros/as sobre la necesidad de hacer películas sobre estos crímenes atroces.

- Haz una lista de argumentos a favor o en contra.
- Anticipa los posibles argumentos del equipo contrario para poder rebatirlos.

Víctimas indemnizadas

Alemania indemnizará a víctimas de Colonia Dignidad, enclave fundado por veteranos nazis en Chile
© Caracol TV, 17/05/2019.

AUDIO 64

Familiares de las víctimas exigen el cierre definitivo de la Colonia Dignidad.

Entra en acción

1. Escucha la grabación e identifica la decisión que ha tomado el gobierno alemán. Di cómo va a llevarla a cabo.
2. Anota informaciones sobre Paul Schäfer: año de llegada a Chile, lugar de origen, características personales.
3. Copia las características del lugar donde se instaló Paul Schäfer: ubicación, apariencia, realidad.
4. Enumera las actividades que se realizaban en la Colonia Dignidad.
5. Di qué es hoy en día la Colonia Dignidad.

PON EN PRÁCTICA

6. Algunas víctimas consideran esta indemnización insuficiente. Di por qué y si estás de acuerdo.

¿SABÍAS QUE...?

Augusto Pinochet (1915-2006) fue un militar chileno que llegó al poder el **11 de septiembre de 1973** tras un **golpe de Estado militar** contra el gobierno elegido democráticamente de **Salvador Allende** (1908-1973). Impuso una dictadura militar sanguinaria y represiva durante la cual, según un informe de 2011, hubo más de 2 000 muertos, 28 000 detenciones ilegales y más de 1 200 personas desaparecidas (1973-1990).

Para expresarte

- la deuda: *la dette*
- el sufrimiento: *la souffrance*
- indeleble: *indélébile*
- la herida: *la blessure*
- reparar: *réparer*
- la marca: *la trace, la marque*
- la complicidad: *la complicité*
- cómplice: *complice*

12

Lo esencial

Vocabulario (65)

- **a la vista de todos:** au vu et au su de tout le monde
- **hacer oídos sordos:** faire la sourde oreille
- **cerrar los ojos:** fermer les yeux
- **sacar provecho:** tirer profit
- **hacer justicia:** rendre justice
- **dar una falsa imagen:** donner une fausse image
- **de cara a la galería:** face à l'extérieur

Gramática

L'expression de la durée

- «**Desde hace** más de medio siglo habita en un enorme predio».
- «La colonia había sido un centro de detención y tortura **durante** la dictadura».
- «**Hasta** el momento sólo tenía notas sueltas».

Précis p. 282

Pronunciación (66)

Le groupe de lettres *gn*

Écoute les mots et indique lequel de ces deux sons tu entends : [gn] ou [ɲ] ?

Para el oral del BAC

A pesar de los esfuerzos por ocultar o disfrazar ciertas atrocidades, la verdad acaba saliendo a la luz. Explica de qué manera los documentos de estas páginas lo ilustran.

- Identifica cómo se intentó ocultar lo que escondía la Colonia Dignidad.
- Enumera las dificultades que encontraron las víctimas para dar a conocer la verdad.
- Di qué está cambiando actualmente: presencia de la Colonia Dignidad en la literatura, acciones del gobierno alemán, presencia en los medios de comunicación.

¿Se aprende recordando el horror?

Un criminal muy buscado

Josef Mengele, uno de los criminales nazis más buscados, ha huido, bajo una identidad falsa (José), a la Patagonia (Argentina), donde existe una red de refugiados alemanes y nazis.

En esa pequeña ciudad turística [...] apenas llegaban noticias de la política mundial. Los nuevos eran recibidos sin recelo[1], y como europeos gozaban de un estatus privilegiado. A la población argentina tampoco le interesaba demasiado el pasado de los inmigrantes alemanes. [...] José decidió hacer una larga caminata[2] hasta Bariloche. Quería saber qué estaba pasando en la capital. Sabía que la Policía Federal había mandado a los medios un comunicado que ordenaba su captura. Desde Europa ofrecían una recompensa de veinte mil marcos. Una empleada de la Embajada de Alemania en Asunción afirmaba haberlo visto en Colonia Independencia. Un rumor que difundía la CIA lo anunciaba oculto en el Mato Grosso. [...] Complacido[3] de estar caminando a paso firme hacia el terreno del mito, guardó el arma [...], después de asegurarse de que llevaba a su única compañera indispensable (una pastilla de cianuro) escondida en el bolsillo de la camisa. [...]
Por un instante imaginó cuántos estarían dispuestos[4] a matarlo de saber que vivía una existencia tan pacífica. No podía imaginar entonces que iba a ser un perpetuo fugitivo, sin paz hasta el día de su muerte. Ni que en los próximos años iban a cazarlo por toda Sudamérica, siempre pisándole los talones[5]... La primera: un comando de sobrevivientes de Auschwitz [...]. La segunda: en la selva del Alto Paraná, a cargo de un aventurero dedicado a asesinar nazis en los años de posguerra. Mucho menos podía imaginar que iba a morir empobrecido[6] y solo [...]. Lo único que podía anticipar es que si lo encontraban no iban a regalarle una muerte rápida.

Alex Brendemühl, alias Josef Mengele, en la película *Wakolda* realizada por Lucía Puenzo, Argentina, 2013.

Lucía Puenzo (escritora y cineasta argentina), *Wakolda*, 2011.

1. *sans méfiance* 2. *une promenade* 3. *satisfait* 4. estar dispuesto/a a: *être prêt(e) à* 5. pisar los talones: *talonner, avoir à leur trousses* 6. empobrecer: *appauvrir*

Entra en acción

1. Identifica las características del lugar donde se ha refugiado Mengele y di cómo reaccionan los habitantes ante la presencia de extranjeros.
2. Copia las palabras o expresiones que muestran que Mengele no se arrepiente de su pasado como oficial nazi.
3. Mengele es uno de los criminales nazis más buscados. Identifica los elementos que lo muestran.
4. Anota una frase que muestra que Mengele se siente orgulloso de su situación de fugitivo.

PON EN PRÁCTICA

5. Explica en unas diez líneas cómo es posible que un criminal de guerra haya podido esconderse durante tantos años.

Para expresarte
- la huida: *la fuite*
- el desinterés: *le désintérêt*
- el cinismo: *le cynisme*
- regocijarse: *se réjouir*
- vengarse: *se venger*
- la impunidad: *l'impunité*
- todopoderoso/a: *tout(e)-puissant(e)*
- rendirse: *se rendre*

Colección nazi en Buenos Aires

El Museo del Holocausto custodia la mayor colección nazi de Argentina
© AP Archive, 8/10/2019.

VÍDEO 22

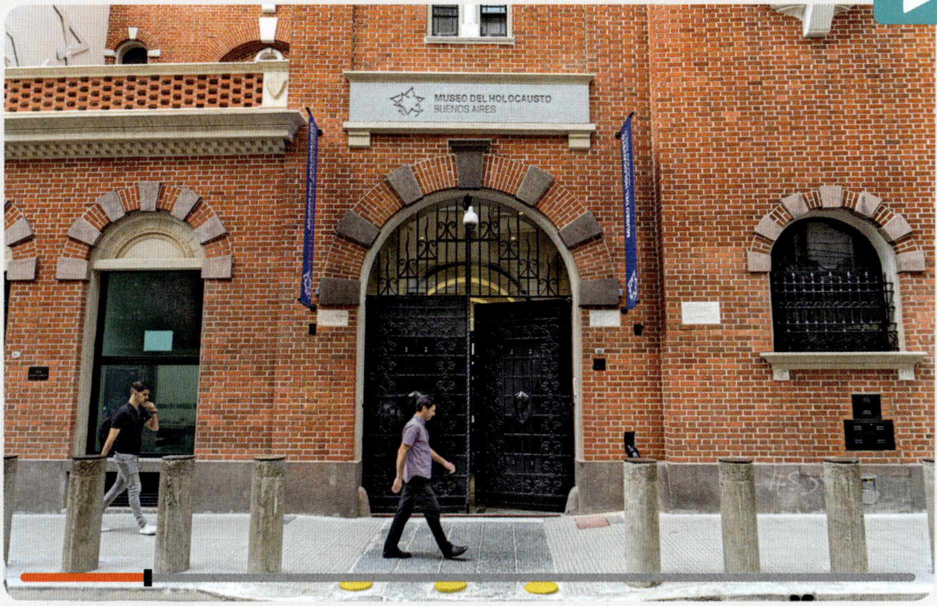

¿SABÍAS QUE...?

Los **países del Cono Sur** empezaron a acoger a **inmigrantes alemanes** mucho antes de la aparición del nazismo. Ya a finales del siglo XIX miles de inmigrantes llegaron a esta zona atraídos por su riqueza natural y prosperidad. Esta presencia de poblaciones germanas, unida al contexto político que reinaba en la zona en los años que siguieron a la **Segunda Guerra Mundial**, favoreció la huida hacia estos paises de líderes y simpatizantes nazis.

Para expresarte

- el error: *l'erreur*
- concienciar: *faire prendre conscience*
- despertar: *éveiller*
- la atrocidad: *l'atrocité*
- asumir: *assumer*
- enfrentarse: *faire face*
- la barbarie: *la barbarie*
- avergonzarse: *avoir honte*

Escoge tu camino

POR ETAPAS

1. Ve el vídeo e identifica qué tipo de objetos va a exponer el Museo del Holocausto de Buenos Aires.
2. Di cuál es la finalidad de esta exposición según el director del museo.
3. Anota de dónde proceden estos objetos.

EN DIRECTO

Presenta la exposición que va a inaugurar el Museo del Holocausto de Buenos Aires.

PON EN PRÁCTICA

Debate con tus compañeros/as: ¿Crees que la exposición de estos objetos es útil o puede ser contraproducente?

Lo esencial

Vocabulario

67

- **sentirse orgulloso/a de:** se sentir fier/ère de
- **carecer de escrúpulos:** ne pas avoir de scrupules
- **negar una realidad:** nier une réalité
- **negarse a creer:** refuser de croire
- **dar a conocer:** faire connaître

Gramática

Les indéfinis

- «Por un instante imaginó **cuántos** estarían dispuestos a matarlo».
- «**Parte** de los objetos se exhibieron».

Précis p. 280

Ortografía

Les lettres *s* et *z*

Complète les mots avec « **s** » ou « **z** ».

pre...o • reali...ar • indemni...ar • disfra...ar • pi...ar • amne...ia • go...ar • a...egurar

Proyecto

Debate con tus compañeros/as: «Es necesario mostrar todos los horrores del pasado para que este no se repita». ¿Compartes esta idea? ¿Crees que todas las formas de memoria son útiles?

- Define los conceptos de «memoria histórica» y «homenaje».
- Busca ejemplos en los documentos que sirvan para ilustrar tus definiciones.
- Di en qué casos la presentación de objetos o acontecimientos sirve para concienciar y en qué casos puede ser considerado propaganda.
- Reflexiona sobre el impacto emocional que pueden tener ciertas imágenes o evocaciones.

EXERCICES INTERACTIFS

L'expression de la durée

Observe et déduis

1. Lis les phrases et repère les prépositions qui servent à exprimer le début, le déroulement et la fin d'un laps de temps.
2. Observe bien les nuances entre point de départ, durée et limite dans le temps.

Retiens la règle

- En espagnol, les prépositions les plus fréquentes pour **exprimer la durée** sont : *desde* (depuis) - point de départ -, *durante* (pendant) et *hasta* (jusqu'à) - limite.
- Le verbe *hacer* à la 3e personne du singulier après les prépositions *desde* et *hasta* indique **une durée imprécise ou indéterminée.**

Entraîne-toi

3. Traduis les phrases suivantes.
   a. Depuis que j'ai vu le reportage sur Colonia Dignidad, j'ai compris l'importance des recherches historiques.
   b. Jusqu'à la fin de la dictature, les informations sur la présence nazi en Argentine était un sujet tabou.
   c. Josef Mengele a vécu en Amérique latine pendant plus de trente ans.
   d. Il étudie les réseaux nazis en Argentine depuis dix ans.

Précis p. 282

Les indéfinis

Observe et déduis

1. Repère les mots auxquels se réfèrent les indéfinis en gras.
2. A-t-on une information précise ou imprécise des personnes ou faits évoqués ?

Retiens la règle

- Les déterminants indéfinis indiquent **une quantité indéterminée ou imprécise.**
- Souvent, ils transmettent **une information subjective, renforcent** ou **nuancent le sens d'un substantif.**
- Les pronoms et adjectifs indéfinis **s'accordent en genre et en nombre** avec le substantif qu'ils actualisent ou modifient.

Entraîne-toi

3. Complète le texte avec les indéfinis *algún, otro, todo, mucho, ningún, poco, cualquiera* (parfois, il faudra les accorder en genre et en nombre).

   ... investigaciones confirman ... los testimonios de las víctimas de Colonia Dignidad. ... personas siguen sin querer creerlo. Es verdad que nos gustaría creer ... versión pero ... que se informe un ... puede ver que ya no es posible encontrar ... versión negacionista que tenga un mínimo de credibilidad.

Précis p. 280

LA MEMORIA HISTÓRICA

¿QUÉ SE PUEDE HACER?

- recordar
- olvidar
- rendir homenaje
- reparar
- ocultar
- disfrazar
- recuperar
- silenciar
- maquillar

¿QUÉ SE PUEDE RECORDAR U OLVIDAR?

- las atrocidades
- los horrores
- los acontecimientos históricos
- las torturas
- los crímenes
- las hazañas

LOS OBSTÁCULOS

- la impunidad
- la injusticia
- el rechazo
- el negacionismo
- la justificación
- el revisionismo

LAS PERSONAS

- el/la actor/actriz del cambio
- el/la responsable
- la víctima
- el/la torturador(a)
- el/la juez(a)
- el/la historiador(a)
- el/la dictador(a)
- el/la periodista
- el/la artista

¿CÓMO RECORDAR?

- la literatura
- la exposición
- la investigación
- el cine
- los archivos
- los medios de comunicación
- el homenaje

LAS CONSECUENCIAS

- la herida
- la marca
- estigmatizar
- el rechazo
- la discriminación
- el traumatismo
- el abuso
- la negación

1 B1 Busca en el mapa mental las palabras que remiten a las ideas siguientes:

a. Hechos o acciones que modifican la historia.

b. Consecuencias físicas o psicológicas de la barbarie.

c. Personas que pueden sacar a la luz la verdad.

2 B1 Encuentra un sustantivo para cada uno de los verbos siguientes:

negar · herir · marcar · discriminar · abusar · rechazar · homenajear · traumatizar · torturar

3 B1 Asocia cada persona con una acción en favor de la memoria histórica y justifica oralmente tu elección.

el/la historiador(a) •	• hacer una exposición
el/la artista •	• ordenar una investigación
el/la juez(a) •	• utilizar los medios de comunicación
el/la periodista •	• dar su testimonio durante un homenaje
el/la víctima •	• abrir y estudiar los archivos

4 B1+ Completa el texto con palabras del mapa mental.

Los descendientes de las víctimas, los periodistas y los cineastas son algunos de los ... que se está produciendo en nuestro país. Ya ha llegado el momento de que los ... de las atrocidades paguen por los ... que han cometido. Tenemos que acabar con la ..., los ... tienen que ir a la cárcel para no ... nunca más lo que pasó.

5 B1+ Busca en el mapa mental las palabras que corresponden a las definiciones siguientes y escribe una frase para ilustrar cada definición.

a. Actitud que consiste en la negación de hechos históricos recientes y muy graves que están generalmente aceptados.

b. Cualidad de impune.

c. Crueldad grande. Sinónimo de «barbaridad».

d. Ofensa, agravio. / Aquello que aflige y atormenta el ánimo.

12 Objetivo BAC — Épreuve 3

Le jour du BAC

Le **premier temps** de l'examen consiste en :
→ une **épreuve écrite** consacrée à l'évaluation des compétences de compréhension de l'oral et de l'écrit ;
→ un **sujet d'expression écrite** en lien avec la thématique du dossier constitué par les documents supports de l'évaluation de la compréhension de l'oral et de l'écrit.

1er temps 1 h 30

Compréhension de l'oral

AUDIO 68

Alemania abrirá archivos de la Colonia Dignidad

Source : RFI, 27/04/2016
Durée : 1′ 23″

Vous rendrez compte librement, en français, de ce que vous avez compris du document audio.

CONSEILS ET MÉTHODE

Écoute 1
- Concentre-toi sur les informations de base (nature du document, intervenant(e)s, lieu, thème, pays cités...).

Écoute 2
- Identifie chaque intervenant (journaliste, témoin, chercheur/euse, professionnel(le)...) et sa fonction.

Écoute 3
- Résume les points-clés en allant du plus général au plus concret. Pour conclure, tu peux ajouter quelques exemples qui illustrent tes propos.

Compréhension de l'écrit

Documento 1

Nazis en Chile

Pablo Neruda evoca su regreso a Chile en 1937, después de haber pasado unos años en Europa.

Regresé otra vez en tercera clase a mi país. Aunque en América Latina no tuvimos el caso de que eminentes escritores como Céline, Drieu La Rochelle o Ezra Pound se convirtieran en traidores al servicio del fascismo, no por eso dejó de existir una fuerte corriente impregnada, natural o financieramente, por la corriente hitleriana. Por todas partes se formaban pequeños grupos que levantaban el brazo, haciendo el saludo fascista, disfrazados[1] de guardias de asalto. Pero no se trataba solo de pequeños grupos. Las viejas oligarquías feudales del continente simpatizaban (y simpatizan) con cualquier tipo de anticomunismo, venga éste de Alemania o de la ultraizquierda criolla[2]. Además, no se olvide que grandes grupos de descendientes de alemanes pueblan mayoritariamente determinadas regiones de Chile, Brasil y México. Esos sectores fueron fácilmente cautivados por la meteórica[3] ascensión de Hitler y por la fábula[4] de un milenio de grandeza germana.
Por aquellos días de victorias estruendosas[5] de Hitler, tuve que cruzar más de una vez alguna calle de un villorrio[6] o de una ciudad del sur de Chile bajo verdaderos bosques de banderas con la cruz gamada. En una ocasión, en un pequeño poblado sureño, me vi forzado a usar el único teléfono de la localidad y a hacer una involuntaria reverencia al Führer. El propietario alemán del establecimiento se había ingeniado para colocar un aparato en forma tal que uno quedaba adherido[7] con el brazo en alto a un retrato de Hitler.

Pablo Neruda, *Confieso que he vivido*, 1974.

1. disfrazarse de: *se déguiser en*
2. *Descendant d'Espagnols né en Amérique.*
3. *fulgurante*
4. *(ici) le mirage*
5. *fracassantes*
6. *(péj.) village*
7. *figé*

Documento 2

Acogida de nazis

Buenos Aires, diciembre de 1947, el presidente Perón[1] ha organizado una reunión en la Casa Rosada, residencia presidencial.

Sus visitantes son seis y forman un grupo que, a primera vista, podría parecer heterogéneo. Solo uno de ellos es argentino aunque goza[2] además de otra nacionalidad [...]. Todos están reclamados por la justicia de sus respectivos países, que les acusan de colaboracionismo y/o crímenes contra la Humanidad. El sexto hombre, el único cuya verdadera identidad coincide con los datos de su pasaporte, está solo de visita. Ha llegado hasta aquí desde muy lejos con el único propósito de asistir a esta reunión [...] una reunión convocada con el pretexto de que el presidente argentino explique su «tercera posición» en el contexto internacional consolidado tras el fin de la guerra mundial. Este es, oficialmente, el tema que va a tratarse y parece que, en efecto, Perón toma la palabra para posicionarse ideológicamente, declarándose tan antimarxista como antiliberal, tan enemigo del comunismo como del capitalismo, y orgulloso de encabezar un movimiento popular que supera la división entre izquierda y derecha. Pero el aplauso de sus invitados, que aplauden fervorosamente un discurso semejante a los que han escuchado tantas veces en sus lenguas maternas, deriva muy pronto hacia el verdadero objeto de la reunión. El presidente Perón está interesado en acoger a técnicos y científicos, civiles o militares, vinculados[3] al Tercer Reich, con el objeto de convertir a Argentina en una potencia. Interpretando admirablemente el espíritu de la Guerra Fría, cree que un nuevo conflicto entre Occidente y la Unión Soviética convertirá a los malos de hoy en los buenos de mañana. Y está dispuesto a abrirles los brazos de par en par.

Almudena Grandes, *Los pacientes del doctor García*, 2017.

1. *Juan Domingo Perón, président de l'Argentine entre 1946 et 1955, puis de septembre 1973 à sa mort en 1974.*
2. gozar de: *jouir de*
3. vincular: *établir des liens*

Documento 3

Carta para una disidente del olvido

Compañera, [...] entre muchas otras cosas, aprendimos de ti que la memoria se ejerce y construye mediante la acción colectiva; que la memoria es un acto de rebeldía contra quienes intentan imponer el olvido a la fuerza; [...] bastaba con tener la humanidad y la valentía necesaria para ser parte de esa lucha.

Has sido una de las diferentes caras visibles en contra de la impunidad y de las personas detenidas y desaparecidas que nuestro país ha querido olvidar. Por eso ni tu vida ni tu muerte pasaron desapercibidas[1]. Por eso apareces en nuestras murallas, en las canciones de nuestro pueblo, en diversas ilustraciones, [...] y en los homenajes que te han hecho innumerables veces: eres una disidente del olvido, uno de los rostros de la memoria golpeada[2].

Carta de homenaje de la Escuela Pública Comunitaria del Barrio Franklin (Santiago de Chile) a la activista por los derechos humanos, Ana González Recabarren, 09/11/2018.

1. *inaperçues*
2. golpear: *(ici) bafouer*

Diga de qué trata cada uno de los documentos y cómo se relacionan con el eje temático «Territoire et mémoire».

(suite p. 178)

1er temps (suite)

CONSEILS ET MÉTHODE

Repère les principaux éléments

- Lors de ta première lecture, souligne sur les textes les phrases qui renvoient à l'axe « Territoire et mémoire ».
- Identifie le thème principal de chaque document ainsi que les liens et les différences entre les documents (sujet, époque, zone géographique...).
- Repère les périodes évoquées, les différents protagonistes, les événements historiques, l'attitude ou positionnement de chaque personne, le travail de mémoire de l'auteur de chaque texte pour pouvoir les comparer.

Construis ton propos

- Rédige une réponse brève et structurée (fais des paragraphes distincts pour chaque idée). Tu peux paraphraser les documents à l'aide du vocabulaire des textes ou illustrer ta réponse avec de très courtes citations des documents (toujours entre guillemets et copiées à l'identique).

Expression écrite

Vous traiterez en espagnol l'un des deux sujets suivants au choix.

Question A **Comente cómo los documentos 1 y 2 muestran que los gobiernos y algunas personas no disimularon su simpatía por la ideología nazi. ¿Cree que es necesario que la gente conozca este pasado para no repetirlo? Argumente su respuesta a partir de ejemplos concretos y de la imagen.**
En unas 120 palabras

Question B **Comente esta frase del documento 3: «La memoria es un acto de rebeldía contra quienes intentan imponer el olvido a la fuerza».** En unas 120 palabras

Documento

En la Colonia Dignidad (Chile), 28/05/2017.

CONSEILS ET MÉTHODE

Question A

- Identifie les points communs et les différences entre les documents.
- Fais un plan de ta production à partir des termes de la question : idées véhiculées par les textes, type de travail de mémoire réalisé par chaque auteur, avis personnel.
- Tu peux aussi commenter la pertinence de faire des hommages, comme la lettre à Ana González Recabarren du document 3.

Question B

- Commence par élucider qui peut essayer de « *imponer el olvido a la fuerza* » et les raisons qui expliquent cette imposition du silence ou de l'oubli.
- Donne ensuite quelques exemples du monde hispanique : tu peux citer des périodes ou des faits qui ont longtemps été occultés ou silenciés.
- Pour conclure, donne ton point de vue sur le devoir de mémoire, en t'appuyant sur ce que tu as travaillé en classe et sur tes connaissances personnelles.

Le jour du BAC

→ Pendant le **second temps**, l'examinateur propose soit 2 documents iconographiques, soit 2 citations, soit un document iconographique et une citation en lien avec l'axe choisi par le candidat parmi les trois proposés.

→ Le candidat devra **expliquer en espagnol** pendant 5 minutes quel document ou quelle citation illustre le mieux l'axe choisi et pourquoi.

2^{d} temps 10 mn

Expression orale

Documento 1

(foto superior) Escotilla 8, Estadio Nacional de Chile, septiembre de 1973.
(foto inferior) Parte de la grada intacta, durante un partido de la Copa América en 2015.

Documento 2

« No podemos cambiar nuestro pasado, sólo nos queda aprender de lo vivido. Esta es nuestra oportunidad y nuestro desafío. »

Michelle Bachelet, (presa y torturada durante la dictadura de Pinochet, presidenta chilena en 2010), en su discurso de inauguración del Museo de la Memoria en Santiago de Chile.

1. **Diga cuál de los dos documentos expresa mejor el eje «Territoire et mémoire». Justifique con ejemplos precisos.** *En unos 5 minutos*
2. **¿Le parece importante hacer homenajes o actos para recordar un pasado doloroso? Justifique con ejemplos precisos.** *En unos 5 minutos*

CONSEILS ET MÉTHODE

Avant de commencer

- Repère dans chaque document les éléments qui te font penser aux idées de « territoire » (quel est le lieu évoqué ? quelle importance a-t-il ?) et de « mémoire » (quel est le travail de mémoire réalisé ou demandé ? À quels événements nous renvoient les documents ?).

Choisis et analyse le document

- Reflechis à une question ou problématique qui pourra guider et structurer ta présentation en fonction de l'aspect de l'axe que tu veux illustrer (le sentiment d'appartenance malgré un passé douloureux, le devoir de mémoire, le travail de reconstruction…).

Expose tes arguments

- Tu peux compléter ou enrichir ta présentation avec tes propres connaissances du monde hispanophone et les documents étudiés en cours. Attention à ne pas faire un « catalogue » des documents étudiés !

Séquence 13

Espacios vitales

¿Cómo nos marcan los espacios que habitamos?

Descubro

- La cordillère des Andes et la Méditerranée : deux lieux emblématiques du monde hispanique
- Le sentiment d'appartenance à une ville ou à un quartier : l'exemple de La Boca à Buenos Aires
- Deux expériences d'émigration : à l'intérieur de l'Espagne et à l'étranger

Utilizo

Vocabulario

- Espaces et identité

Gramática

- Les conjonctions et locutions de temps
- L'absence de préposition après des verbes comme *intentar* et *permitir*
- Les équivalents de « on »
- La fonction adjectivale du participe passé

Actúo

Proyecto

- Créer une vidéo pour présenter un lieu d'enfance intime ou mythique

¿TE SUENA?

Nacemos en un rincón del mundo y adoptamos su *idioma*, sus *costumbres*, sus *fiestas*, sus *paisajes*, su *clima*... ¿en qué medida esto nos condiciona? Quién sabe, quizá si hubieras nacido en otro lugar, lejano y diferente, serías una persona completamente distinta. ¿Y si hubieras nacido aquí? Este paisaje forma parte de la identidad chilena, combina ciudad y naturaleza, modernidad y orígenes. Sus montañas son testigo del desarrollo y de la historia de la ciudad. Bajo este horizonte han echado raíces sus ciudadanos/as, que han crecido contemplándolo.

Y a ti, ¿qué espacios te han marcado?

frenesí cordillera contraste nieves eternas rascacielos riqueza natural tranquilidad vistas entorno urbe

EN TU MÓVIL
Escucha las canciones

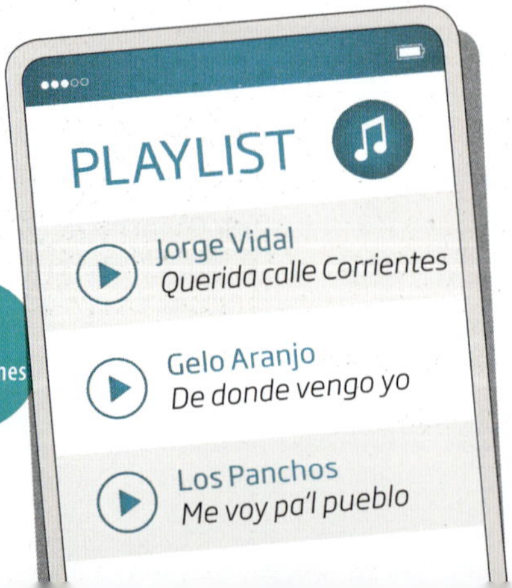

Axe 2

Espace privé et espace public

Vista de Santiago de Chile con la cordillera de los Andes en el fondo.

1 Observa la imagen y di que sensaciones o impresiones te evoca.

2 ¿Te gustaría vivir en una ciudad como Santiago de Chile?

¿Espacio íntimo y a la vez mítico?

El país de mi infancia

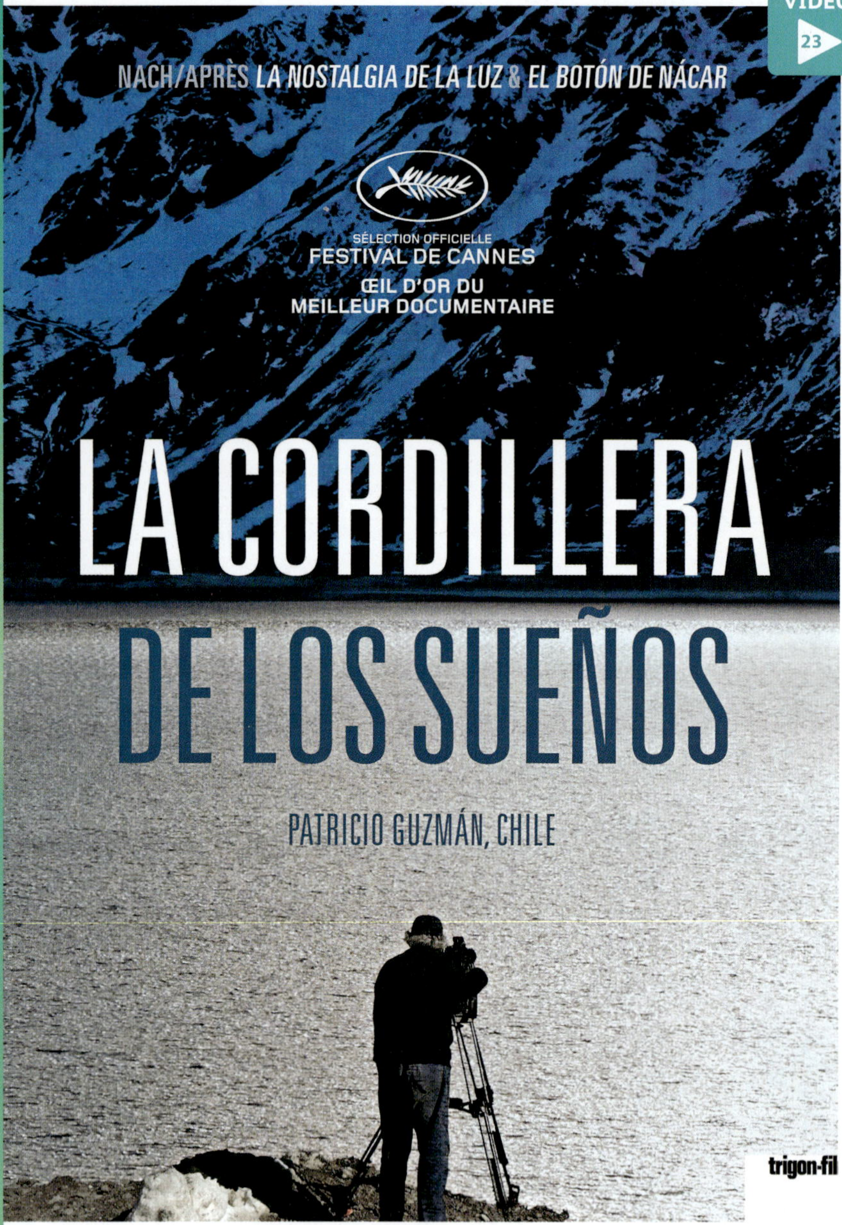

VÍDEO 23

Tráiler del documental *La cordillera de los sueños* de Patricio Guzmán, Chile, 2019.

Escoge tu camino

POR ETAPAS

1. Ve el vídeo y comenta cómo opone visualmente Patricio Guzmán la montaña y la ciudad. Di cuál es el elemento eterno y cuál ha cambiado.
2. Identifica qué lugar simboliza para Patricio Guzmán el país de su infancia.
3. Finalmente, montaña y ciudad están relacionadas. Di qué elementos las unen.
4. Identifica de qué es y de qué fue «un testigo» la montaña.
5. Di cómo muestra el cartel la fascinación del director por los Andes.

EN DIRECTO

A partir del tráiler y del cartel comenta qué simbolizan los Andes para Patricio Guzmán, tanto en su historia personal como en la de su país de manera general.

PON EN PRÁCTICA

En diez líneas, imagina lo que podría contar la montaña si pudiera hablar. Escribe tu relato en primera persona.

Para expresarte

- el adoquín: *le pavé*
- el/la testigo: *le/la témoin*
- el horizonte: *l'horizon*
- el ensueño: *la rêverie*
- el apego: *l'attachement*
- el escenario: *la scène*

Nací en el Mediterráneo

Joaquín Sorolla (pintor español), *Corriendo por la playa*, 1908.

«Quizá porque mi niñez
sigue jugando en tu playa,
y escondido tras las cañas
duerme mi primer amor,
llevo tu luz y tu olor
por donde quiera que vaya,
y amontonado en tu arena
guardo amor, juegos y penas.
[...] ¿Qué le voy a hacer, si yo
nací en el *Mediterráneo*?»

Joan Manuel Serrat (cantautor español), *Mediterráneo*, 1971.

EN TU MÓVIL

Flashe la page pour regarder le vidéoclip de la chanson *Mediterráneo* de Jorge Drexler (2019).

Para expresarte

- las cañas: *les roseaux*
- la nostalgia: *la nostalgie*
- el reflejo: *le reflet*
- los matices: *les nuances*

Entra en acción

1. Observa el cuadro y di qué sentimientos o ideas te evoca en primer lugar:
alegría • ligereza • despreocupación • nostalgia • inocencia
2. El mar representado es el Mediterréneo: comenta con tus compañeros/as qué imagen de este mar transmite el pintor.
3. Lee la estrofa de la canción y di qué le evoca el Mediterráneo a Serrat.
4. Explica en qué medida el cuadro de Sorolla puede ilustrar esta estrofa de la canción de Serrat.

¿SABÍAS QUE...?

El **Mediterráneo** fascinaba incluso cuando aún no se conocían todos sus límites y Homero hizo que Ulises lo surcara en *La Odisea* (s. VII aC). Los **Romanos**, a pesar de que preferían las batallas en tierra firme al mar, no pudieron resistir a su encanto y lo hicieron suyo a medida que fueron conquistando las orillas y lo llamaron ***Mare Nostrum***. Desde entonces, sus paisajes, color, su aparente y engañosa tranquilidad, no han dejado de inspirar a todo tipo de artistas.

Lo esencial

Vocabulario

69

- **dar la espalda:** tourner le dos
- **sentirse como en casa:** se sentir comme chez-soi
- **marcar de por vida:** marquer à vie
- **sentirse vinculado:** se sentir attaché

Gramática

La fonction adjectivale du participe passé

- «**Escondido** tras las cañas duerme mi primer amor».
- «**Amontonado** en tu arena guardo amor, juegos y penas.»

Ortografía

Les lettres *y* et *ll*

Complète les mots avec « **y** » ou « **ll** ».

cordi...era • ...egar • ta...ar • pla...a • ca...ejero • a...uda • ma...ores • influ...ente

Para el oral del BAC

En tu opinión, ¿por qué los mares y las montañas se convierten frecuentemente en lugares míticos y provocan admiración?

- Empieza con una presentación general: desde la antigüedad y en casi todas las culturas, los mares y las montañas han provocado fascinación.
- Haz una lista de mares o montañas –reales o imaginarios– que provocan la admiración o fascinación.
- Identifica las características que pueden provocar fascinación en el mar y en la montaña: la inmensidad, inabarcable, el peligro, lo desconocido...

¿Cómo nos marca nuestro barrio?

Se lo debo a mi barrio

VÍDEO 24

Benito Quinquela Martín y su barrio La Boca
© Canal Encuentro, 2010.

Benito Quinquela Martín (pintor argentino), *Elevadores a pleno sol*, 1945.

Para expresarte

- el muelle: *le quai du port*
- el elevador: *le monte-charges*
- el estibador: *le docker*
- la chimenea: *la cheminée*
- cargar/descargar: *charger/décharger*
- la humareda: *le nuage de fumée*
- la faena: *le travail (besogne)*
- ser altruista: *être altruiste*
- sin fin de lucro: *à but non lucratif*
- estar equivocado/a: *se tromper*
- retribuir: *donner en retour, payer*
- estar convencido/a: *être sûr(e)*

¿SABÍAS QUE...?

El barrio porteño de **La Boca** se llama así porque se sitúa en la desem**boca**dura del río Matanza-Riachuelo y del Río de la Plata.

Escoge tu camino

POR ETAPAS

1. Observa el cuadro. ¿Qué tipo de barrio muestra?
2. Di cómo muestra el autor la importancia del trabajo en su obra.
3. Ve el vídeo e identifica la donación que realizó Quinquela a su barrio.
4. Di la razón por la cual Quinquela tenía prohibido pintar en las aulas.
5. Apunta otras acciones de Benito Quinquela para ayudar a su barrio.

EN DIRECTO

Podemos decir que Benito Quinquela Martín se sentía en deuda con su barrio. Comenta cómo se refleja tanto en el vídeo como en su obra.

PON EN PRÁCTICA

Di en qué medida este cuadro es apropiado para decorar un aula y comenta por qué el autor llevó los símbolos del trabajo a la escuela.

Un espacio único

En La Boca no se sabe adónde comienza y adónde termina la calle. Entre lo privado y lo público no existe una frontera definida. No sólo las ventanas y las puertas están abiertas para mostrar habitaciones, camas, colchas[1], cuerpos tumbados[2] mirando televisión que impúdicamente muestran muslos[3], sudor, carne. No sólo la gente viste la misma ropa para estar en casa que para comprar el pan o sacar la basura. También los perros callejeros[4] se convierten de repente en perros domésticos. O viceversa. Se trata de una cuestión de límites blandos, que permiten que lo privado se derrame[5] hacia lo público. Las bolsas de basura, por ejemplo, se acumulan en las esquinas igual a como se habían acumulado en el patio o en la cocina horas antes: la inexistencia de contenedores provoca ese trasvase[6]. En muchas de esas esquinas se hace explícita la transición: las aceras[7] están destrozadas[8], el cemento roto, la piedra levantada y en sus intersticios crecen plantas, como si entre el asfalto por donde transitan los autos y la fachada de las viviendas hubiera una tierra de nadie, un posible jardín silvestre por donde transitan los peatones. [...] El Riachuelo es una frontera. [...] Una frontera pútrida[9]: contamina. El agua es insalubre; el aire, también, a causa de la petroquímica del Dock Sur. [...] Ahora esto es el patio trasero de Buenos Aires, pero durante décadas fue su recibidor de lujo[10], un puerto lleno de actividad, un barrio limpio, prolijo, sin vagos[11], ¿entendés?, sin ladrones.

Jorge Carrión (escritor español), «En La Boca no», en *Letras libres*, 31/08/2006.

Calle de La Boca, Buenos Aires.

1. *dessus de lit* 2. *corps allongés* 3. *cuisses* 4. *chiens errants* 5. derramarse: *se répandre* 6. *transvasement* 7. *les trottoirs* 8. *endommagés* 9. *pourrie* 10. *(ici) vitrine de luxe* 11. *(ici) sans vagabonds*

Lo esencial

Vocabulario

70

- **dedicarse a:** se consacrer à
- **por su cuenta y riesgo:** à ses risques et périls
- **de repente:** soudainement, tout d'un coup
- **tierra de nadie:** zone de non-droit

Gramática

Les équivalents de « on »

- **«Decían que las aulas escolares no debían pintarse».**

Précis p. 284

L'accentuation des questions indirectes

- **«En La Boca no se sabe adónde comienza y adónde termina la calle».**

Ortografía

Le e devant les groupes consonantiques *st*, *sp*, *sc*

Traduis les mots suivants.

spoiler • star • station • spécial • spatiale • scandale • stabilité

Entra en acción

1. Busca en el texto las expresiones que permiten afirmar que:
   a. La Boca es un barrio en el que el exterior convive con el interior de las casas.
   b. Los habitantes no prestan mucha atención a su apariencia cuando salen a la calle.
   c. La Boca no es un barrio elegante.
2. Comenta el cambio que sufrió el barrio y sus causas.
3. ¿Te parece que la descripción del texto corresponde a la imágen del barrio?

PON EN PRÁCTICA

4. Debate con tus compañeros/as sobre la importancia e influencia del ambiente de un barrio en el porvenir de una persona.

Para expresarte

- la confusión: *la confusion*
- la intimidad: *l'intimité*
- el desaliño: *l'air négligé*
- el hacinamiento: *(utilisé juste avec des personnes) l'entassement*
- la acumulación: *l'accumulation*
- la negligencia: *la négligence*
- un barrio popular: *un quartier populaire*
- los límites blandos: *les limites diffuses*
- el patio trasero: *l'arrière-cour*

Para el oral del BAC

El barrio de La Boca es un barrio humilde, muy querido por sus habitantes. Los turistas no suelen visitar lugares pobres, sin embargo La Boca atrae a miles de ellos. A tu parecer, ¿qué es lo que suscita ese entusiasmo?

- Presenta el barrio y sitúalo geográficamente. Habla de su historia.
- Enumera los lugares de interés.
- Comenta el patrimonio cultural que tiene el barrio de La Boca.

¿Perdidos al abandonar nuestra tierra?

Aquella ciudad ajena

El narrador habla de una conversación con su madre.

Hablábamos de Ibahernando, el pueblo extremeño[1] del que en los años sesenta emigraron a Cataluña mis padres, igual que en aquella época hicieron tantos extremeños. [...] no hay acontecimiento más determinante que la emigración en la vida de mi madre. [...] Hace casi veinte años intenté explicárselo a un amigo diciéndole que la emigración había significado que de un día para otro mi madre dejara de ser una hija privilegiada de una familia patricia[2] en un pueblo extremeño, donde ella lo era todo, para ser poco más que una proletaria o poco menos que una pequeña burguesa abrumada[3] de hijos en una ciudad catalana, donde ella no era nada. [...]

La primera vez que vi Gerona fue en un mapa. Mi madre, que entonces era muy joven, señaló un punto remoto[4] en el papel y me dijo que era ahí donde estaba mi padre. Meses más tarde hicimos las maletas. Hubo un viaje larguísimo, y al final una estación leprosa[5] y aldeana, rodeada de edificios de lástima[6] envueltos en una luz mortuoria y maltratada por la lluvia sin compasión de diciembre. Era la ciudad más triste del mundo. Mi padre, que nos aguardaba[7] en ella, nos llevó a desayunar y nos dijo que en aquella ciudad imposible se hablaba una lengua distinta de la nuestra, y me enseñó la primera frase en catalán que pronuncié: «M'agrada molt anar al col·legi». Luego nos encajamos[8] como pudimos en el Citroën 2CV de mi padre y, mientras nos dirigíamos a nuestra nueva casa por la desolación hostil de aquella ciudad ajena, estoy seguro de que mi madre pensó y no dijo una frase que pensó y dijo cada vez que llegaba el aniversario del día en que hicimos las maletas: «¡Menuda inocentada[9]!». Era el día de los inocentes de hace treinta y tres años.

Javier Cercas (escritor español), *El monarca de las sombras*, 2017.

1. de la región de Extremadura 2. que pertenece a la clase social alta 3. *(ici) accablée par* 4. lejano 5. *miteuse* 6. tristeza 7. aguardar = esperar 8. encajarse: *(ici) s'accommoder* 9. *blague du* Día de Inocentes *(28 décembre), équivalent du 1er avril*

Para expresarte

- desilusionarse/decepcionarse: *être déçu(e)*
- ser ingenuo/a: *être naïf/naïve*
- arrepentirse: *regretter*
- equivocarse: *se tromper*
- lamentar: *déplorer, regretter*
- el cambio: *le changement*

Escoge tu camino

POR ETAPAS

1. Precisa el lugar de origen de la familia del narrador y adónde se mudaron.
2. Identifica qué supuso para la madre el hecho de migrar.
3. La primera impresión de la nueva ciudad es negativa. Busca en el texto las palabras y expresiones que lo demuestran.
4. Di qué idioma se habla en la nueva ciudad.
5. La madre parecía decepcionada con el cambio. Busca en el texto expresiones que lo confirman.

EN DIRECTO

El narrador y su madre se han mudado de ciudad. Explica lo que ha motivado el cambio y cómo ha resultado esta experiencia.

PON EN PRÁCTICA

Continúa la historia. En unas diez líneas, imagina y explica cómo se fue adaptando poco a poco el narrador al nuevo lugar. Imagina situaciones concretas y utiliza marcadores temporales.

al principio • al cabo de + *durée* • poco a poco • tras + *durée*

Vivir en el extranjero

VÍDEO 25

Fragmento de la película *Perdiendo el norte* de Nacho G. Velilla, España, 2015.

Entra en acción

1. Observa el cartel. Di dónde están estos jóvenes e imagina a qué habrán ido.
2. Ve el vídeo y di si los personajes llevan mucho tiempo en Alemania.
3. Identifica las condiciones en las que emigró Andrés y el tipo de trabajo que realizó en Alemania
4. Indica qué tipo de trabajo están buscando Hugo y Braulio:
   cualificado • manual • en una fábrica • de obrero
5. Compara las condiciones de emigración de Hugo y Braulio con las de Andrés.

PON EN PRÁCTICA

6. «Abandonar su tierra natal siempre es difícil». Di si estás de acuerdo con esta frase y justifica.

Para expresarte

- la esperanza: *l'espoir*
- la precariedad: *la précarité*
- la miseria: *la misère*
- la carrera: *les études universitaires, la carrière*
- escéptico/a: *sceptique*
- el sacrificio: *le sacrifice*

Lo esencial

Vocabulario (71)

- **de un día para otro:** du jour au lendemain
- **después de todo:** après tout
- **hacerse ilusiones:** se faire des illusions
- **tener experiencia:** avoir de l'expérience
- **perder el norte:** perdre le nord

Gramática

L'absence de préposition après des verbes comme ***intentar/permitir***

- «Hace casi veinte años **intenté explicárselo** a un amigo».

Les marqueurs temporels

- «Son dos colegas españoles que **acaban de** llegar».
- «**Lleva aquí** más tiempo que la puerta de Brandeburgo...».

Pronunciación (72)

Les sons [am], [im], [em], [um]

Écoute les mots et indique s'ils s'écrivent avec [am], [im], [em] ou [um].

Proyecto

A partir de imágenes o vídeos personales, crea un vídeo sobre un lugar íntimo o mítico de tu infancia. Te puedes inspirar en el vídeo de Jorge Drexler (p. 183).

- Elige un lugar importante para ti y haz una lista de los sentimientos que te evoca.
- Selecciona los documentos que vas a utilizar y clasifícalos en función de las ideas que ilustra cada uno.
- Graba los comentarios que acompañarán las imágenes.
- Realiza tu montaje con un programa que permita asociar vídeos, imágenes y sonido (Windows Movie Maker, iMovie, Filmora9, VideoPad...)

EXERCICES INTERACTIFS

Les conjonctions et locutions de temps

Observe et déduis

1. Lis les phrases et relève les locutions et expressions qui servent à marquer un moment dans le temps.
2. Quelles conjonctions ou locutions utilise-t-on pour : indiquer une simultanéité dans le futur ? Marquer un point de départ dans le passé ?

Retiens la règle

- Les principales **conjonctions** et **locutions** de temps sont : *cuando* (quand), *en cuanto* (dès que), *mientras* (pendant que), *desde que* (depuis que), *hasta que* (jusqu'à ce que), *apenas* (à peine), *antes de* (avant), *después de* (après).

Entraîne-toi

3. Réécris les phrases pour les transformer en circonstancielles temporelles.
   a. Llegó al pueblo - se integró automáticamente.
   b. Aprendió gallego - no quiere hablar otra lengua.
   c. Tenía miedo de la gran ciudad - vino - no tiene miedo.
   d. Volvió a su país - se dio cuenta de lo importante que era para él.
   e. No se dio cuenta de lo arraigado que estaba - se fue.

L'absence de préposition après des verbes comme *intentar* et *permitir*

Observe et déduis

1. Traduis les phrases de l'illustration.
2. Quelle différence syntaxique remarques-tu entre la phrase en français et celle en espagnol ?

Retiens la règle

- De nombreux verbes qui se construisent en français avec infinitif + préposition ne sont pas suivis de préposition en espagnol. Parmi ces verbes, nous pouvons citer : *aceptar*, *jurar*, *permitir*, *prohibir*, *proponer*, *lamentar*, *soler*.

Entraîne-toi

3. Traduis les phrases en espagnol.
   a. Il était interdit d'accrocher des œuvres d'art dans les salles de cours.
   b. J'accepte de partir à l'étranger pour tenter ma chance.
   c. Il a l'habitude de parler de sa terre d'origine dans ses chansons.
   d. Tu regrettes de ne pas être retourné à Santiago du Chili.
   e. Quand ma mère a décidé de venir ici, elle ne savait pas ce qui l'attendait.

Les équivalents de « on »

Observe et déduis

1 Lis les phrases et relève le sujet des verbes en gras. Quel est leur point commun ?

2 Comment peut-on traduire ces formes verbales en français ?

Retiens la règle

- Pour traduire la forme impersonnelle « on », l'espagnol peut utiliser différentes tournures dont la **troisième personne du pluriel** ou le **pronom** ***se*** pour marquer une forme impersonnelle.

Entraîne-toi

3 Transforme les phrases à la forme impersonnelle.

a. Mi madre dice que el lugar de nacimiento te marca para toda la vida.

b. Juan y Bea piensan que no es posible adaptarse a nuevos marcos de vida.

c. Víctor dice que es un barrio muy pintoresco y lleno de turistas.

d. Serrat considera que el Mediterráneo es un mar emblemático.

e. Ana cree que en otras partes el césped es más verde.

Précis p. 284

La fonction adjectivale du participe passé

Observe et déduis

1 Lis la phrase du garçon et repère les mots qui se construisent comme un participe passé.

2 Pourquoi dans la réponse de la fille ils sont au féminin ? Quelle est la valeur de ces mots ?

Retiens la règle

- Si le participe passé est invariable en genre et nombre, l'adjectif, lui, s'accorde en fonction de la personne ou chose qu'il qualifie.
- Le participe passé ne s'utilise **jamais seul**, il est toujours accompagné de l'auxiliaire ***haber*** conjugué.

Entraîne-toi

3 Dis si dans les phrases suivantes le mot souligné est un adjectif ou un participe passé.

a. Mi madre está en la cocina muy ocupada cocinando un plato típico de su región, se lo ha enseñado su madre.

b. No he comprendido una sola palabra de lo que ha comentado, su lenguaje debe de estar codificado.

c. Somos tan cercanos que nos entendemos sin palabras, nos sentimos conectados por un idioma no verbal, estamos muy unidos. Yo no había experimentado nunca algo así.

d. Os habéis escrito durante meses vía Messenger y ahora os quedáis frente a frente paralizados.

EXERCICES INTERACTIFS

LOS ESPACIOS Y LA IDENTIDAD

MOMENTOS DE LA VIDA

- ser originario de
- el lugar de nacimiento
- el hogar
- ser de campo/de ciudad
- ser urbano/a
- criarse en
- educarse
- crecer
- heredar
- la herencia

CAMBIOS DE ESPACIO

- establecerse en
- abandonar el nido
- echar raíces
- éxodo rural
- abrirse camino
- abrirse paso
- echarse a andar
- comenzar la andadura

PAISAJES

- la gran urbe
- la costa
- la orilla
- la rivera
- la brisa
- el horizonte
- la extensión
- vasto/a
- las nieves eternas
- nevadas/os
- habitado/deshabitado
- poblado/despoblado
- el cerro
- la cumbre
- la cima

LOS LUGARES NOS HACEN SENTIR...

- como en casa
- perdido/a
- como pez en el agua
- fuera de lugar
- el rechazo
- la admiración
- la fascinación
- dejar una marca indeleble
- dejar huella
- añorar – añoranza
- echar de menos

LUGARES DE VACACIONES

- veranear
- casa de veraneo
- pasar las vacaciones
- amor de verano
- alojarse
- hospedarse

LOS LUGARES PERMITEN...

- iniciarse
- despertar
- vagabundear
- errar
- callejear

1 B1 Completa las frases con las siguientes expresiones del mapa mental. Conjuga los verbos en la forma adecuada.

sentirse perdido • echar de menos
abandonar el nido • dejar huella

a. Al dejar su pueblo, Juan ... en la gran ciudad.
b. Cuando se va de vacaciones solo, Julio ... a su novia.
c. Ana ya no vive en casa de sus padres, hace dos meses que ... .
d. Va a ser uno de los mejores viajes de mi vida, seguro que ... .

2 B1 Traduce las frases siguientes.

a. Marcos est très urbain et il se sent comme un poisson dans l'eau dans les grandes villes.
b. Je suis fascinée par la ville de Santiago du Chili, avec son horizon de neiges éternelles.
c. J'ai grandi dans une ville de la côte mais on passait les étés à la montagne.
d. Ma grand-mère ma laissé en héritage la maison de vacances.

3 B1 Identifica el intruso en cada lista de palabras.

a. sentirse perdido/a | sentirse como en casa | sentirse como pez en el agua
b. admirar | fascinar | rechazar
c. añorar | echar de menos | echar raíces
d. establecerse en | comenzar la andadura | echarse a andar

4 B1+ Completa el cuadro de familias léxicas a partir de las palabras del mapa mental.

Nombre	Adjetivo	Verbo
el origen	...	originar
la ...	heredado/a	heredar
la ...	añorado/a	añorar
el crecimiento	crecido/a	...
el hábitat	...	habitar
la marca	marcado/a	...
el/la huésped	hospedado/a	...
la pérdida	...	perder

Construire une argumentation

1 Réfléchir au sujet

- **Définis les termes du sujet** en repérant les mots-clés et le thème principal.

En su opinión, ¿en qué medida nos marcan los espacios que habitamos?

- En su opinión → Avis personnel demandé
- ¿en qué medida → à quel point ? quelles sont les limites ?
- que habitamos? → notre relation aux espaces privés

- **Réfléchis aux interrogations** que ce thème soulève.

- **Mobilise tes connaissances** sur la thématique abordée pour enrichir et nuancer ton argumentation.

En los documentos que estudiamos, podemos ver diferentes relaciones al espacio vital:
- *la emigración (Javier Cercas, Perdiendo el norte)*
- *el impacto de un barrio (La Boca, Benito Quinquela)*
- *los espacios íntimos y emblemáticos*

2 Développer ses idées

- **Organise tes idées selon un fil conducteur chronologique**, du plus général au plus concret.
- **Introduis chaque idée** par une phrase qui la résume. Chaque partie doit soutenir une idée.

Los lugares que habitamos nos marcan.

- **Explique l'idée** énoncée plus **en détail**, sans oublier de nuancer ton propos avec des connecteurs logiques.

Por un lado, son el marco de nuestra vida cotidiana. Además, cada lugar está asociado, en el imaginario colectivo, a una serie de características.

- **Ajoute des exemples** pour étayer ton propos.

Así, una persona que vive en un barrio popular como La Boca puede no ser vista de la misma manera que una persona que viene de un pueblo.

- **Réfléchis à des transitions** entre chaque idée afin de faire ressortir le fil conducteur de ton argumentation.

Sin embargo, muchas veces, podemos sentirnos más identificados con otro tipo de lugares como la ciudad o el pueblo donde pasamos las vacaciones... Pero... ¿podemos realmente deshacernos de la «marca» de nuestro lugar de nacimiento o residencia?

3 Introduire son propos

Ne réfléchis à l'introduction qu'après avoir construit le corps de ton argumentation.

- Commence par **une phrase d'accroche** qui retiendra l'attention.

Podemos afirmar que la ciudad de nacimiento o de residencia ocupa un lugar muy importante en nuestras vidas porque una gran parte se desarrolla allí.

- Annonce brièvement **ta problématique générale**, c'est-à-dire la question à laquelle il faut réfléchir.

Podemos preguntarnos si estos lugares nos determinan o nos marcan de manera indeleble o si, por el contrario, podemos construir una identidad ajena a dicho espacio.

- Détaille l'organisation de ton propos selon **les idées directrices** que tu vas développer.

En primer lugar, veremos cómo los espacios de nacimiento o residencia nos marcan o definen para luego explicar que, en algunos casos, podemos sentirnos más identificados con otros lugares...

4 Élaborer une conclusion

- **Fais une synthèse** des arguments les plus importants.

Para concluir, reflexionaré sobre si podemos realmente liberarnos o abstraernos de la influencia de nuestro lugar de residencia o nacimiento.

- **Exprime ton opinion** si le sujet te le demande.

Está claro que es difícil ignorar un lugar en el que pasamos mucho tiempo y que, además, está frecuentemente asociado a ideas preconcebidas o imágenes colectivas. El lugar de residencia, queramos o no, nos acompaña.

- **Ouvre si possible le sujet** en consacrant quelques mots à une actualité ou un aspect voisins.

Le jour du BAC

Le **premier temps** de l'examen consiste en :
→ une **épreuve écrite** consacrée à l'évaluation des compétences de compréhension de l'oral et de l'écrit ;
→ un **sujet d'expression écrite** en lien avec la thématique du dossier constitué par les documents supports de l'évaluation de la compréhension de l'oral et de l'écrit.

1er temps 1 h 30

Compréhension de l'oral

VÍDEO 26

El lenguaje secreto del diseño de letras

Source : Martina Flor, TEDxRíodelaPlata, 2016
Durée : 1' 58"

Vous rendrez compte librement, en français, de ce que vous avez compris du document vidéo.

CONSEILS ET MÉTHODE

Visionnage 1
- Dès la première écoute, identifie la nature du document, le locuteur et le ton du document.
- Repère les mots qui se répètent ou qui sont soulignés par un changement d'intonation ou de rythme.
- Pendant la minute de pause, dégage le message que le locuteur veut transmettre et associe les mots que tu as repérés par idées ou champs lexicaux.

Visionnage 2
- Identifie les arguments du locuteur pour illustrer ou transmettre son message.
- Identifie les lieux cités et leur lien avec le message transmis.

Visionnage 3
- Cette dernière écoute te permettra d'identifier des exemples plus précis pour illustrer ton compte rendu et de structurer ta production en allant du plus général au plus concret.

Compréhension de l'écrit

Documento 1

Un lugar significativo de La Habana

Una revista de viajes que se proponía exaltar las cualidades de La Habana como destino turístico me pidió una entrevista. Cuando al fin llegamos al acuerdo de día y hora para el diálogo, la joven reportera me dijo: «Queremos que nos hable de un lugar de La Habana que sea significativo para usted. No importa si es un sitio turístico. Solo que sea habanero e importante para usted o su literatura». [...]

Cuando supe la condición antes anunciada, en un minuto tomé la decisión y le propuse que, si el lugar no debía ser turístico, el sitio más significativo de La Habana para mí era Mantilla, el barrio donde estábamos. Y sin que mediaran interrogaciones[1], comencé a hablarle de mi barrio natal, que es el de mis bisabuelos, mis abuelos, mi padre y casi toda la familia Padura cubana. Le conté cómo había sido el barrio y enumeré qué quedaba de lo que había sido. Cómo había crecido y cómo se había degradado. Y le dije que si vivía aquí, incluso en la misma casa donde nací, se debe, sobre todas las cosas, a una razón esencialmente personal: porque es el sitio al cual pertenezco, y donde todavía mucha

1. *sans susciter des questionnements*

gente me identifica porque soy el hijo de Nardo y Alicia, mis padres, mucho más conocidos, importantes y populares que yo.

Mantilla, debo advertirlo de nuevo, es un barrio sin atractivos especiales (o ningún atractivo, según mi mujer, a la que he condenado a vivir allí ya por treinta años) que se alza[2] en la periferia sur de La Habana, lejos del mar que corre al norte junto al Malecón. Como digo en algunos de mis textos sobre la pertenencia, todavía hoy es un lugar en donde, cuando alguien de aquí se traslada al centro, dice «Voy a La Habana». Mantilla es y no es La Habana. Mantilla es Mantilla. Mantilla es mía. Y con Mantilla, o desde Mantilla, me adueñé[3] de la ciudad toda: la ciudad en la que nací, crecí y vivo; donde desde hace cuarenta años escribo, disfruto y padezco[4]; con una precaria o inexistente conexión a Internet, con vecinos a los que les gusta escuchar música a todo volumen (incluso ponen a todo volumen un ruido que se llama reguetón), el barrio donde camino entre calles destripadas[5] y basureros desbordados [...]. En fin, la ciudad que tantas páginas cubre en las novelas de mi vida y en las obsesiones de mis reflexiones y necesidades expresivas de una pertenencia cubana y habanera: mantillera.

Leonardo Padura, *Agua por todas partes. Vivir y escribir en Cuba*, 2019.

2. alzarse: *se dresse*
3. adueñarse: *s'approprier*
4. padecer: *souffrir (une maladie)*
5. *éventrées*

Documento 2

Déjennos quedarnos unos pocos minutos más en San Mamés

El otro día vi un reportaje sobre San Mamés, el legendario estadio del Athlétic de Bilbao que, tras cumplir un siglo de existencia, va a ser demolido. El que lo sustituirá está previsto que se inaugure en septiembre. Al parecer su emplazamiento es cercano al del antiguo, y esas instalaciones ya inminentes ofrecerán ventajas: mayor aforo[1], más comodidad, todo lo que justifica la renovación. Por lo visto nadie se opone al cambio. Cien años de servicio es mucho tiempo, es normal que se haya deteriorado San Mamés, que se haya quedado insuficiente y viejo. Algunos ex-jugadores [...] hablaban de ello con conformidad, tal vez con un punto de[2] resignación [...]. Lo que había en sus palabras era inconfundible nostalgia anticipada, si es que no melancolía: gran parte de sus carreras futbolísticas tuvieron lugar en un sitio que va a dejar de existir. Habrá otro nuevo, acaso[3] parecido y es de suponer que mejor, pero ya no será el mismo. Hubo un partido amistoso para despedir al estadio, entre el Athlétic y una selección vizcaína, creo, y nadie se lo quiso perder en Bilbao, pese a lo intrascendente[4] del resultado. Vi algunas imágenes de esa ocasión: los actuales jugadores [...] aparecían emocionados, conteniendo a duras penas las lágrimas[5], y eso que la mayoría de ellos van a seguir en el equipo, sus trayectorias no terminan aquí. Muchos espectadores, desde niños con corta memoria hasta ancianos con muy larga, sí que eran incapaces de contenerlas, pese a que mantendrán sus abonos y continuarán acudiendo a los partidos en el nuevo estadio. Leí que, al término del encuentro, la gente se resistía a abandonar el sentenciado[6] San Mamés. Me imagino que pensaban: «Aún estamos aquí, como tantas veces. Mañana ya no, y nunca más. Pero hoy aún vemos el querido lugar, con sus arcos anticuados y su atmósfera única, que no se repetirá. Déjennos quedarnos unos pocos minutos más».

Nunca he estado en San Mamés, pero es un sitio y un nombre mítico desde que tengo uso de razón. Y aunque jamás haya puesto el pie allí, entiendo bien el sentimiento de pena que embargó a los bilbaínos, y su negativa a marcharse, esa última vez.

Javier Marías, *Juro no decir nunca la verdad*, 2015.

1. *capacité*
2. *une pointe de*
3. quizás
4. sin importancia
5. *les larmes*
6. *le condamné*

(suite p. 194)

Documento 1

1. Identifique las razones por las cuales Leonardo Padura quiere hablar de su barrio. ¿Es Mantilla un barrio turístico? Justifique su respuesta a partir de las características del barrio.

Documento 2

2. Diga de qué acontecimiento habla el autor y cómo lo han vivido los diferentes protagonistas.

Documentos 1 y 2

3. Diga cómo ilustran estos textos la importancia de los lugares en nuestra historia.

CONSEILS ET MÉTHODE

Document 1

- Repère le quartier que Leonardo Padura veut présenter et les raisons de son choix en fonction de : l'histoire personnelle de l'auteur, les habitants du quartier.
- Identifie les caractéristiques du quartier : aspect, type d'habitants, comportements de ces habitants.

Document 2

- Repère les noms propres et identifie leurs liens.
- Relève les verbes qui se réfèrent à ces noms pour identifier l'événement cité.
- Liste les personnes qui sont concernées par cet événement et les compléments qui montrent leurs attitudes ou sentiments.

Documents 1 et 2

- Liste les caractéristiques des lieux évoqués dans chaque texte.
- Identifie les sentiments du narrateur dans le premier texte et des différentes personnes citées dans le deuxième texte.
- Pour rédiger ta réponse, commence par évoquer les sentiments communs aux deux textes (caractéristiques essentielles). Illustre ensuite ta réponse avec quelques exemples de chaque texte.
- Repère le champ lexical des sentiments.

Expression écrite

Vous traiterez en espagnol l'un des deux sujets suivants au choix.

Question A A partir de los textos de comprensión escrita y de su experiencia personal, explique en qué medida los lugares que habitamos nos marcan.
En unas 120 palabras

Question B Martina Flor afirma que «lidiar con una lengua desconocida es por momentos muy frustrante e incómodo». Diga si está de acuerdo con esta afirmación e ilustre su respuesta a partir de ejemplos personales.
En unas 120 palabras

CONSEILS ET MÉTHODE

Question A

- Explique dans un premier temps comment les lieux d'origine ou associés à leur histoire ont marqué les protagonistes (quels sont ces lieux, à quels souvenirs sont-ils liés, comment les différents protagonistes montrent leur attachement à ce lieu...).
- Argumente ensuite ton point de vue avec des exemples personnels pour confirmer, infirmer ou nuancer le message transmis dans les documents (pour t'aider, tu peux repérer dans chaque document les aspects négatifs de chaque lieu qui pourraient peser à l'heure de souhaiter un changement de cadre de vie).

Question B

- Avant de commencer à rédiger, liste différentes situations où la manière de parler est associée à un lieu : langue, accent, tournures régionales, lexique... sont autant d'éléments qui permettent parfois d'identifier l'origine (géographique et sociale) d'une personne.
- Réfléchis aux sentiments que cette détermination linguistique peut engendrer : fierté, honte, sentiment d'appartenance, discrimination...
- Ensuite, commente les aspects positifs et négatifs des langues comme symboles d'appartenance.
- Si tes connaissances te le permettent, tu peux aussi établir des liens ou des comparaisons entre les différents pays.

Le jour du BAC

→ Pendant le **second temps**, l'examinateur propose soit 2 documents iconographiques, soit 2 citations, soit un document iconographique et une citation en lien avec l'axe choisi par le candidat parmi les trois proposés.

→ Le candidat devra **expliquer en espagnol** pendant 5 minutes quel document ou quelle citation illustre le mieux l'axe choisi et pourquoi.

2d temps 10 mn

Expression orale

Documento 1

« Es el corazón de la urbe. La calle en la que sueñan los porteños (habitantes de Buenos Aires) que se encuentran en provincias. La calle que se quiere, que se quiere de verdad. »

Roberto Arlt,
(escritor argentino) en *Aguafuertes porteñas* (1928-1942) a propósito de la calle Corrientes de Buenos Aires.

Documento 2

« Hay otra patria que está en el corazón. Está compuesta de cosas íntimas, difíciles de explicar. La calle en la que nacimos, la lluvia del pasado, los antiguos olores, la mano de tus padres, los juegos, las canciones tontas de la infancia. »

Elvira Lindo,
(periodista y escritora española) 12 de octubre de 2007.

1. **Diga cuál de las dos citas ilustra mejor el eje temático «Espace privé et espace public». Justifique con ejemplos precisos.** En unos 5 minutos
2. **¿Cree que los lugares que habitamos tienen una influencia en nuestra manera de relacionarnos con los demás?** En unos 5 minutos

CONSEILS ET MÉTHODE

Pour commencer

- Repère les mots de la citation en lien avec l'axe ainsi que les éléments qui pourront t'aider à cadrer ton analyse. N'oublie pas la source !
- Quelles questions la citation soulève-t-elle ? Pour répondre, connecte les mots-clés entre eux et reformule les idées à ta manière.
- N'hésite pas à utiliser les mots présents dans la citation, à les commenter.

Documents 1 et 2

- Repère les lieux évoqués et les sentiments qu'ils éveillent chez le narrateur : *sentimiento de orgullo, de pertenencia, de nostalgia, de libertad, autocensura…*
- Identifie le point de vue exprimé face à la distance du lieu de naissance : sentiment de nostalgie versus un sentiment de liberté.
- Développe ton argumentation en prenant appui sur d'autres œuvres étudiées qui abordent les sentiments ou attachements liés aux lieux de résidence ou de naissance.
- Définis, sur la base de l'argumentation développée lors de ton exposé, le regard porté sur le lieu d'origine après l'avoir quitté et les sentiments rencontrés envers son lieu de naissance.

Pour conclure

- Commente la citation en passant de l'explicite à l'implicite. Ne néglige pas les intentions (pourquoi ?) et le public visé (pour qui ?).
- Développe tes arguments à partir de tes connaissances personnelles en privilégiant une communication claire, précise et illustrée.

Séquence 14 Flash

Lugares y momentos

→ ¿En qué medida los lugares facilitan la creación de vínculos?

Descubro

- Des exemples de lieux propices à l'échange et à la sociabilisation : les salons de coiffure d'hier et d'aujourd'hui, le lavoir, les espaces communs des immeubles d'habitation
- Le projet « La escalera » : une initiative de solidarité et de partage entre voisins

Utilizo

Vocabulario

- Le vivre ensemble et le partage

Gramática

- Les pronoms *uno* et *una*
- Les valeurs du conditionnel

Actúo

Proyecto

- Créer un mur digital pour présenter des lieux de sociabilisation et de rencontre

¿TE SUENA?

El ser humano es social por naturaleza, es decir, que necesitamos relacionarnos y *compartir momentos* con los demás. ¿Estás de acuerdo? Buscamos lugares donde socializar, *compartir confidencias* y en los que nuestras conversaciones fluyan. Quizá con un café, o mejor aún, con un plato de comida.

¿Y alrededor de la música? Los *festivales de música* están ganando mucha importancia y en España existe una gran variedad, desde el Monegros Desert Festival, en la provincia de Huesca, hasta el Viña Rock en Albacete. Son una oportunidad para *crear vínculos* y pasar un buen rato disfrutando de la música. ¿Te animarías a vivir esta experiencia?

¿Ya has ido a algún festival de este tipo en tu país?

muchedumbre
comunión
estilo
aplaudir
género musical
complicidad
afluencia
ser fan
alegría
saltar
artistas de culto

EN TU MÓVIL
Escucha las canciones

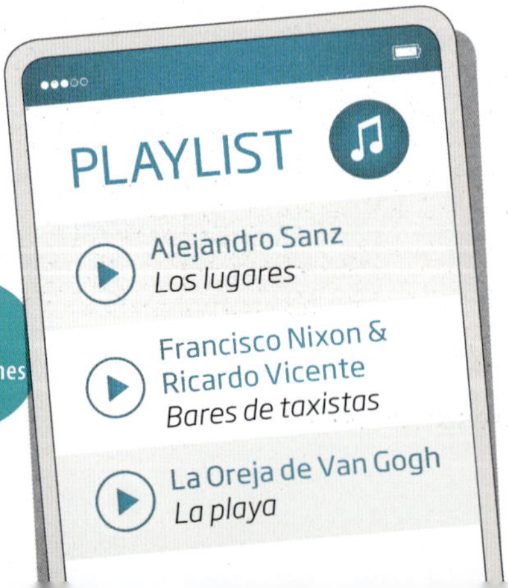

Axe 2
Espace privé et espace public

Medusa Festiva en la playa de Cullera (cerca de Valencia).

1 Observa la imagen y describe el ambiente de este evento.

2 ¿Qué crees que comparten las personas que asisten a este festival?

¿Dónde hablamos más libremente?

En una peluquería

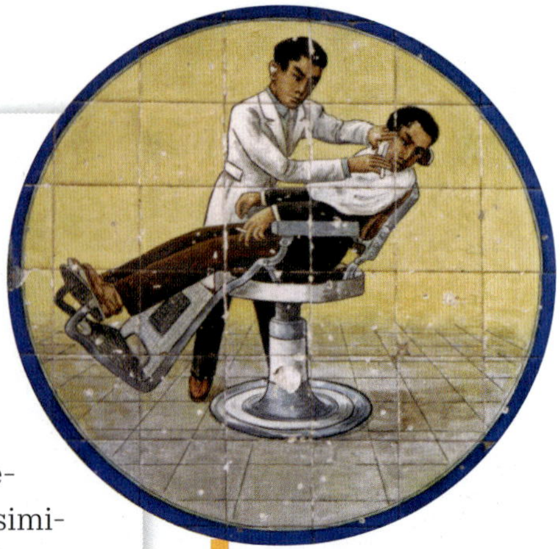

Azulejos en la fachada de un antiguo salón de peluquería en el barrio de Lavapiés (Madrid).

Un peluquero[1] está explicando su trabajo a su aprendiz.

Lo primero que has de saber es que las peluquerías son lugares ecuménicos[2] y enciclopédicos, me decía con su voz aflautada[3] y su léxico escogido, donde tienen lugar todo tipo de exposiciones y debates, de modo que uno aprende mucho, aprende de todos, de jueces, de ingenieros, de médicos, de políticos, de comunicadores, de artistas, de gentes de la calle que son símbolos vivientes de la sabiduría popular, de santos y de criminales, de jóvenes y de viejos, con todos hace uno tertulia[4] cada día, y si sabes escuchar y asimilar, hazte la idea de que al cabo del tiempo será como si tuvieses varias carreras, o al menos sólidas nociones de muchas de ellas, y desde luego una amplísima[5] cultura general. ¿Qué son las peluquerías sino pequeñas universidades populares? [...]
Otro día, siguiendo con sus lecciones siempre magistrales, me habló de la propensión de algunos clientes a desahogarse[6] con el peluquero.
Porque una peluquería es un espacio público de libertad y democracia, me decía, donde las opiniones circulan a su antojo, salvo que el peluquero [...] imponga en ella la dictadura de sus propias ideas. Porque has de saber que la civilización les debe mucho a las peluquerías. Ellas cohesionan[7] a la sociedad. ¡Cuántas revoluciones y fuertes corrientes de opinión no se habrán gestado[8] en las antiguas barberías de Menfis, de Atenas o de Roma! Pero, por otro lado, también la peluquería es un espacio privado, y hasta de intimidad, donde, en voz baja, y a veces compungida[9], el pelucando[10] se confiesa con su peluquero.

Luis Landero (escritor español), *La vida negociable*, 2017.

1. *coiffeur* **2.** universales **3.** aguda **4.** reunión entre amigos **5.** *très large* **6.** *se défouler* **7.** cohesionar = unir **8.** gestar: *concevoir* **9.** *triste* **10.** *(néologisme à partir de « doctorando ») personne qui va chez le coiffeur*

Para expresarte

- sincerarse: *se confier*
- sentir la necesidad de: *sentir le besoin de*
- la erudición: *l'érudition*
- culto/a: *cultivé/e*
- erudito/a: *érudit/e*
- fraguar: *forger*
- la apertura: *l'ouverture*
- la intimidad: *l'intimité*

Escoge tu camino

POR ETAPAS

1. Identifica las diferentes actividades que, según el peluquero, se realizan en una peluquería.
2. Precisa qué se aprende y de quién se aprende en una peluquería.
3. Di qué tipo de espacio son las peluquerías según el peluquero y por qué.
4. Explica por qué, según el peluquero, las peluquerías son un lugar apropiado para hablar.

EN DIRECTO

Comenta la frase: «la civilización debe mucho a las peluquerías».

PON EN PRÁCTICA

A partir de lo que se cuenta en el texto, escribe un diálogo entre un(a) peluquero/a y su cliente. Puedes representar la escena inventada.

En una barbería hípster

VÍDEO 27

El renacer de las barberías en España... del boom «vintage» a la fiebre hípster
© La Información, 08/05/2017.

Barbería «Bearbero» en Madrid.

Lo esencial

Vocabulario

- **¿qué es + substantivo + sino?:** qu'est-ce que... si ce n'est... ?
- **de modo que:** de telle sorte que
- **a la vieja usanza:** à l'ancienne
- **estar enfocado/a en:** se focaliser sur

Gramática

Les pronoms *uno* et *una*

- «Uno aprende mucho».

Précis p. 284

Ortografía

Les groupes de lettres *cc* ou *ct*

Complète avec « **cc** » ou « **ct** ».

le...ión • a...ión • eclé...ico • produ...ión • sele...ión • satisfa...ión • conta...o • defe...o

Para expresarte

- el auge: *l'essor*
- la exclusividad: *l'exclusivité*
- sus semejantes: *ses semblables*
- el profesionalismo: *le professionnalisme*
- la especialización: *la spécialisation*
- el sector: *le secteur*
- un fenómeno: *un phénomène*

¿SABÍAS QUE...?

La palabra **hípster** nació hacia 1940 para designar a los **jóvenes urbanos** de las clases media y alta que mostraban intereses diferentes a los que estaban de moda entonces, sobre todo en lo que se refería a **moda y cultura**. Podemos decir que lo que interesa a los **hípsters** es lo alternativo o lo anti moda.

Entra en acción

1. Observa la foto y di qué tipo de clientela irá a esta barbería.
2. Ve el vídeo y anota las palabras que se refieren al tipo de clientes que van a estos locales.
3. Anota las características de estas barberías.
4. ¿Cómo se puede explicar el éxito de este tipo de establecimientos?

PON EN PRÁCTICA

5. Inventa el anuncio para promover una nueva peluquería de moda. Destaca sus ventajas, su lado innovador, lo que la diferencia de las demás. Graba o filma tu propuesta.

Para el oral del BAC

Estos documentos presentan las barberías y peluquerías como lugares de encuentro. ¿Crees que este tipo de comercios favorecen la comunicación? ¿Con qué punto de vista estás más de acuerdo, con el del peluquero que piensa que las peluquerías son lugares de encuentro entre personas muy diferentes o con el barbero que defiende los lugares más especializados? Justifica.

- Haz una lista de los tipos de conversación o intercambios que favorece cada establecimiento.
- Determina las diferencias y los puntos comunes entre ambos.
- Presenta las ventajas y los inconvenientes de cada tipo de lugar.

¿Compartiendo es más fácil?

En el río

Fragmento de la película *Dolor y gloria* de Pedro Almodóvar, España, 2019.

VÍDEO 28

Sacado del vídeo: quitar: *enlever* • deslomá (deslomada): *échinée* • los pececillos: *les petits poissons*

Para expresarte

- la complicidad: *la complicité*
- las confidencias: *les confidences*
- la ropa: *les vêtements*
- bañarse: *se baigner*
- desnudo/a: *nu(e)*
- confesar: *avouer*
- escandalizarse: *être choqué(e)*

Escoge tu camino

POR ETAPAS

1. Ve el vídeo e identifica los elementos que nos permiten afirmar que esta escena pertenece al pasado.
2. Di qué deseo expresa Rosita.
3. Identifica las diferentes reacciones de las lavanderas.
4. Describe y comenta el ambiente que reina entre las lavanderas. Justifica tu respuesta.
   confidencia • amistad • complicidad

EN DIRECTO

Identifica el tema de conversación entre las lavanderas y di si la actividad que realizan favorece la comunicación.

PON EN PRÁCTICA

Comenta con tus compañeros/as en qué medida los lugares de trabajo colectivos pueden favorecer las confidencias.

En la escalera

Cartel y pegatinas del kit de «La escalera».

Flashe la page pour découvrir la vidéo du projet «La escalera».

Entra en acción

1 Observa el cartel y di a qué problemas se enfrentan estos vecinos.

2 Debate con tus compañeros/as sobre las posibles soluciones.

3 Describe qué propone la asociación «La escalera».

PON EN PRÁCTICA

4 Comenta con tus compañeros/as qué opinas de esta iniciativa y di si conoces otras propuestas del mismo tipo en tu barrio o ciudad.

Para expresarte

- el aislamiento: *l'isolement*
- la falta: *le manque*
- un(a) desconocido/a: *un(e) inconnu(e)*
- cruzarse (con alguien): *croiser (quelqu'un)*
- el pasillo: *le couloir*
- el descansillo: *le hall (de l'immeuble)*
- el taladro: *la perceuse*
- pedir: *demander (un service)*
- el trueque: *le troc*

Lo esencial

Vocabulario

- **¡Qué cosas tienes!:** Quelle idée !
- **¡Di que sí!:** Ne te gêne pas!
- **hacer una confidencia:** faire une confidence
- **soltar la lengua:** libérer la parole
- **la ayuda mutua:** l'entraide
- **crear lazos:** créer des liens

Gramática

Les valeurs du conditionnel

- **«Me gustaría ser un hombre para bañarme en el río desnuda».**

Pronunciación

La phrase exclamative

Écoute les phrases et indique lesquelles sont exclamatives.

Proyecto

Crea un mural digital de los lugares que asocias con momentos de complicidad o de encuentro.

- Elige el lugar que quieres presentar y selecciona algunas fotos significativas.
- Escribe un texto de unas cinco líneas para presentar el lugar y decir por qué es un sitio de intercambio social.
- Elabora tu mural. Puedes hacerlo de manera manual con cartulinas y material de papelería, o utilizar un programa de creación de murales (Mural.ly, Padlet, Glogster, Lino...).

EXERCICES INTERACTIFS

Les pronoms *uno* et *una*

Observe et déduis

1. Lis les phrases et dis si les pronoms *uno* et *una* se réfèrent à la personne qui parle ou à un groupe.
2. Traduis les phrases de la façon la plus naturelle en français. Quelle tournure aurait-on utilisé pour rendre *uno* et *una* ?

Retiens la règle

- Les pronoms *uno* et *una* servent à marquer **un sujet indéterminé**. Ils indiquent **une généralité, une vérité** qui peut être vérifiée par un groupe d'individus.
- Pour marquer l'appartenance au groupe du locuteur, *uno* et *una* s'accordent en genre avec celui-là (mais pas en nombre).
- En français, on traduit souvent cette tournure par « **on** ».

Entraîne-toi

3. Écris des phrases en utilisant *uno* et *una*.
   a. (una chica) Aquí puedo hablar con todo el mundo. Me siento como en casa.
   b. (un chico) Como no conozco bien a mis vecinos, no sé qué decirles.
   c. (un chico y una chica) Nos vamos, no nos sentimos cómodos en este lugar tan sectario.
   d. (dos chicos) No sabemos a quién recurrir para que nos presten un taladro.

Précis p. 284

Les valeurs du conditionnel

Observe et déduis

1. Lis les phrases et identifie le temps des verbes en gras ainsi que leur valeur.
2. Traduis les phrases. Quel temps as-tu utilisé pour conjuguer les verbes ?

Retiens la règle

- En espagnol, **le conditionnel** s'emploie comme en français (pour exprimer une hypothèse, atténuer un conseil, faire une demande ou exprimer un souhait) mais il sert aussi à donner une **information imprécise dans le passé** (*serían unas veinte personas*) ou pour exprimer une **concession dans le passé** (*no sería muy rica, pero era muy generosa*).

Entraîne-toi

3. Traduis les phrases suivantes.
   a. Il était environ neuf heures quand il est venu me demander de l'aide.
   b. J'aimerais pouvoir me conduire comme lui.
   c. Vous devriez être plus communicatifs avec eux.
   d. Je ne sais pas comment monter ce meuble. Pourrais-tu m'aider ?
   e. S'ils pouvaient venir, je serais ravie.

COMPARTIR CON LOS DEMÁS

LA SOLIDARIDAD
- la ayuda mutua
- prestar
- regalar
- estar pendiente de
- cuidar de
- echar una mano a
- atender a
- prestar atención

LA CONFIDENCIA Y LOS CONSEJOS
- confesar
- soltar la lengua
- sentir la necesidad de
- desahogarse
- revelar
- dar consejos
- consultarlo con alguien
- confiarse a
- fiarse de

EL COTILLEO
- irse de la lengua
- tener mala lengua
- lengua viperina/de víbora
- cotillear
- de cotilleo
- cotilla
- chisme
- chismoso/a
- patio de vecinos

LA COMPLICIDAD
- cómplice
- compinche
- camaradería
- tener confianza en
- abrirse a
- desnudarse
- desconfiar de
- cerrarse a/en sí mismo/a
- ensimismar(se) – ensimismado/a
- estrechar lazos/vínculos
- una relación estrecha

LA CONVERSACIÓN
- estar de palique
- estar de cháchara
- lavar los trapos sucios
- relajar(se)
- relajado/a
- no ver pasar el tiempo

1 B1 Busca los sinónimos de las palabras o expresiones siguientes:

cerrarse en sí mismo/a | cotilleo | estar de palique | cuidar de | abrirse a

2 B1 Asocia cada idea con una expresión del mapa mental.

decir algo que no deberías contar: ...
liberar la palabra: ...
ocuparse de alguien o de algo: ...
ayudar a alguien en una tarea: ...
pedir a alguien consejo antes de tomar una decisión: ...

3 B1+ Propón una definición para cada una de las expresiones siguientes. Escribe luego una frase con cada una.

lavar los trapos sucios | estrechar lazos | no ver pasar el tiempo | ser mala lengua

4 B1+ Escribe un mensaje a un/a amigo/a para contarle que en tu barrio se organiza un «mercadito de trueque» al que piensas ir. Explícale de qué se trata.

Le jour du BAC

Le **premier temps** de l'examen consiste en :
→ une **épreuve écrite** consacrée à l'évaluation des compétences de compréhension de l'oral et de l'écrit ;
→ un **sujet d'expression écrite** en lien avec la thématique du dossier constitué par les documents supports de l'évaluation de la compréhension de l'oral et de l'écrit.

1er temps 1 h 30

Compréhension de l'oral

VÍDEO 29

Un cuento chino

Source : Sebastián Borensztein, 2011
Durée : 1' 30"

Vous rendrez compte librement, en français, de ce que vous avez compris du document vidéo.

CONSEILS ET MÉTHODE

Visionnage 1
- Prête attention à l'attitude des personnages. Ce que leur attitude traduit, les sentiments qu'il est possible d'identifier.

Visionnage 2
- Précise le but de la visite de la femme. Détermine les raisons qui la motivent. Écris des informations précises qui répondent aux questions : qui ? pourquoi ? dans quel but ? où ?

Visionnage 3
- Prête attention à la fin de la séquence et note avec précision les commentaires et les activités.

Compréhension de l'écrit

Documento 1

Así nació Le Neuf (en la Zona Rosa)

A mediados de los años setenta, la ciudad de México tenía una esfera de diversión y entretenimiento bien iluminada. Era un mundo refinado y rico en un país que tuvo treinta años de crecimiento sin interrupciones [...]. En ese universo habitaba una clase alta [...]. Buena parte de esa clase alta vivía en un país menos rural, en una ciudad más cosmopolita. El área de la ciudad que satisfacía los gustos más refinados estaba cercada por dos de las avenidas más importantes: Insurgentes y Reforma. Fue una urbanización del siglo XIX cuyas calles llevaban nombres de ciudades europeas y donde se asentaron[1] mansiones de estilo ecléctico[2] que a mediados del siglo XX comenzaron a transformarse en oficinas, cafeterías, boutiques, galerías y restaurantes. Nadie sabe bien cómo adquirió su nombre la Zona Rosa [...] pero el caso es que ese nombre logró notoriedad turística después de los Juegos Olímpicos de 1968 y el Mundial de Fútbol de 1970.

El miércoles 8 de mayo de 1974, un nuevo restaurante italiano abrió para contribuir al tono refinado del rumbo[3]. Se llamaba Le Neuf y estaba en la calle de Londres número 156. [...] Cerca de mil personas asistieron a la inauguración de ese sitio [...].

Le Neuf fue adoptado instantáneamente por la gente bien de la ciudad y se convirtió en un escaparate[4] para el lucimiento de Giuliano, el guapo anfitrión de modales deslumbrantes. Sánchez-Osorio siguió haciendo la crónica de cómo Le Neuf fue el lugar donde el *Tout-Mexico* daba cenas íntimas en su salón rojo. Una de las más reseñadas[5] fue la que ofreció el Instituto Mexicano de la Moda para el diseñador francés Pierre Cardin [...]. «Cada semana cambia el

1. asentarse: *s'installer*
2. *varié, divers*
3. *de la direction, du cours*
4. *une vitrine*
5. *reseñado/a: dont on a beaucoup parlé dans les magazines*

menú, introduciendo, para deleite de sus *habitués*, novedosos platillos que son secretos de familia desde hace muchas generaciones» [...]
Así nació Le Neuf, el restaurante que tuvo su apertura deslumbrante, su recepción a Cardin y sus cócteles para otras celebridades, pero que un año después estaba cerrado. De nuevo, las columnas de sociales dieron cuenta del hecho. Una de ellas, firmada el 24 de julio de 1975, señalaba que aquel restaurante donde había que reservar con varios días de anticipación, ya estaba a la venta.

Guillermo Osorno, *Tengo que morir todas las noches*, 2014.

Documento 2

La primera pasajera

Lucía, una informática en paro, decide dedicarse a conducir un taxi en la ciudad de Madrid. Está con su primera cliente.

La conversación se encalló[1] durante unos instantes, transcurridos los cuales la mujer preguntó a Lucía si le gustaba la ópera, porque llevaba puesto *Turandot* en el reproductor[2] del coche. Lucía respondió que no, que la escuchaba porque le recordaba a alguien.
—¿A quién, si puede saberse?
—A un hombre.
La pasajera sonrió.
—¿A un hombre cualquiera?
—No, a un hombre que... me gusta —titubeó[3] Lucía.
—No se apure[4] por la sinceridad —dijo la pasajera—, yo utilizo mucho los taxis para desahogarme. El coche es una especie de burbuja[5] que crea un estado de intimidad provisional entre dos desconocidos. A compañeras y a compañeros suyos les he hecho confidencias que ni a mis mejores amigas.
Lucía se animó:
—Pues ya que lo dice, nada más verla a usted he pensado que podríamos ser hermanas. Por la nariz, ¿no lo ve? La mía es la de mi madre.
—La mía no. La mía es de mi padre y más de una vez he pensado en operármela.
—¿Qué dice? Si las narices aguileñas son magníficas.
Mientras intercambiaban miradas y sonrisas a través del retrovisor, Lucía sintió un golpe de dicha[6] al comprobar que, al contrario que en otros ámbitos laborales, en este podía hablar sin censura alguna. No obstante, reprimió todavía las ganas de referirse a su exvecino, que se había presentado como Calaf y que, según había averiguado luego, se llamaba Braulio.
—¿Sabe una cosa? —dijo en cambio.
—¿Qué cosa? —preguntó la pasajera.
—Usted es mi primera clienta.
—¿La primera del día?
—No, la primera de mi vida. Inauguro hoy el taxi.

Juan José Millás, *Que nadie duerma*, 2018.

1. encallarse: *(ici) s'arrêter, se suspendre*
2. *le lecteur de CD*
3. titubear: *hésiter*
4. no apurarse: *ne pas s'en faire*
5. *bulle*
6. *bonheur*

Diga de qué tratan los documentos y cómo se relacionan con el eje temático «Espace privé et espace public».

(suite p. 206)

1er temps (suite)

CONSEILS ET MÉTHODE

Repère les principaux éléments

- Lis une première fois chaque texte dans son intégralité pour en extraire le sens global : repère le thème principal, le narrateur, les lieux évoqués, le type de personnes qui le fréquentent.
- Repère la forme narrative de chaque texte et réfléchis à comment elle peut influencer dans le rapprochement ou l'éloignement du lieu décrit avec le lecteur.

Construis ton propos

- Introduis ton compte rendu en situant chaque document dans l'espace et les personnes qui fréquentent les lieux présentés.
- Comment les espaces décrits favorisent-ils la communication ou, au contraire, la limitent-ils ?
- Comment le style de chaque écrivain contribue-t-il à transmettre cette impression ?

Expression écrite

Vous traiterez en espagnol l'un des deux sujets suivants au choix.

Question A ▶ **Relacione los textos, el vídeo y el documento iconográfico con el eje «Espace privé et espace public» para explicar cómo los espacios públicos favorecen o limitan la comunicación entre la gente.** En unas 120 palabras

Question B ▶ **¿Está de acuerdo con lo que dice el personaje del texto 2 al hablar de los taxis: «El coche es una especie de burbuja que crea un estado de intimidad provisional entre dos desconocidos»? ¿Conoce otros lugares que inciten a la comunicación entre desconocidos?** En unas 120 palabras

Documento

Verónica Labat (artista argentina), *Paseo dominical*, 2011.

CONSEILS ET MÉTHODE

Question A ▶

- Liste les différents espaces évoqués dans chaque document et note les aspects qui favorisent la communication et ceux qui la limitent.
- Relève les aspects qui sont communs à chaque document.
- Demande-toi, pour chaque lieu évoqué, s'il s'agit d'un lieu ouvert à tout le monde ou exclusif.

Question B ▶

- Dis si tu es d'accord avec cette citation ou non.
- Prépare une liste d'arguments pour défendre ton point de vue mais réfléchis aussi à d'éventuels contre-arguments pour nuancer tes propos et enrichir ta production.
- Tu peux utiliser les idées des documents du dossier, de la séquence et te fonder sur ton expérience personnelle.
- Comment les espaces décrits favorisent-ils la communication ou, au contraire, la limitent-ils ?
- Comment le style de chaque écrivain contribue-t-il à transmettre cette impression ?

Le jour du BAC

→ Pendant le **second temps**, l'examinateur propose soit 2 documents iconographiques, soit 2 citations, soit un document iconographique et une citation en lien avec l'axe choisi par le candidat parmi les trois proposés.

→ Le candidat devra **expliquer en espagnol** pendant 5 minutes quel document ou quelle citation illustre le mieux l'axe choisi et pourquoi.

2^{d} temps 10 mn

Expression orale

Documento 1

Mercado de San Miguel, Madrid.

Documento 2

« En el lavadero se hablaba de lo que se hacía en el día, de lo que ocurría en el pueblo, se cantaba y, por qué no reconocerlo, se criticaba bastante. Era como el Facebook de entonces. »

Mariquita, habitante de Algodonales de 72 años.

1. **Diga cuál de los dos documentos ilustra mejor el eje temático «Espace privé et espace public». Justifique con ejemplos precisos.** En unos 5 minutos
2. **¿Cree que es necesario recuperar lugares de encuentro como los mercados? ¿De qué manera podemos hacer que estos espacios vuelvan a ser atractivos?** En unos 5 minutos

CONSEILS ET MÉTHODE

Document 1 : image

- Observe attentivement l'image et identifie le lieu, les personnes, la période de l'année, ce qu'elles font.
- Pense à l'ambiance qui règne dans ce lieu.
- Détermine les éléments qui te permettent d'établir un lien avec l'axe « Espace privé et espace public ».
- Quels sont les éléments qui te permettent de parler de l'un ou de l'autre espace ?
- Pense aux avantages et inconvénients lorsque ces deux espaces (public/privé) sont trop proches.

Document 2 : citation

- Lis la citation et les informations sur la personne. Détermine à quelle époque elle fait allusion.
- Détermine le lieu et les activités qui s'y réalisaient.
- Établis un lien avec l'axe « Espace privé et espace public ».
- Trouve des exemples précis pour expliquer la comparaison qu'établit la personne avec Facebook.
- Pense à si tu es d'accord ou non avec la comparaison qu'elle établit, justifie tes idées.

Séquence

15 Reaccionar ya

→ ¿Qué importa más: la economía o el planeta?

Descubro

- L'origine de la production des ressources vitales
- Des exemples d'innovations scientifiques et leurs conséquences pour la planète
- Le combat mené par les nouvelles générations en faveur de l'environnement

Utilizo

Vocabulario

- L'engagement en faveur de l'environnement

Gramática

- L'expression de l'ordre
- L'expression de la continuité de l'action
- Exprimer un pourcentage
- L'expression *como* + subjonctif

Actúo

Proyecto

- Écrire une courte nouvelle pour raconter comment sera notre vie dans 50 ans si aucune action en faveur de l'environnement n'est entreprise à temps

¿TE SUENA?

¿Conoces la expresión «*ciudad sostenible*»? Una ciudad sostenible ofrece calidad de vida a sus habitantes, velando por el bienestar de la humanidad futura y procurando la *justicia social*.
La contaminación y el *cambio climático* están a la orden del día y los/las ciudadanos/as están adaptando sus ciudades para combatirlo. Espacios verdes, bicicletas, coches eléctricos... ¡todo está cambiando a nuestro alrededor!
Esta campaña pretende *concienciar* a los/las madrileños/as sobre el peligro de la contaminación en su ciudad.

Y tú, ¿qué medidas sostenibles propondrías?

EN TU MÓVIL
Escucha las canciones

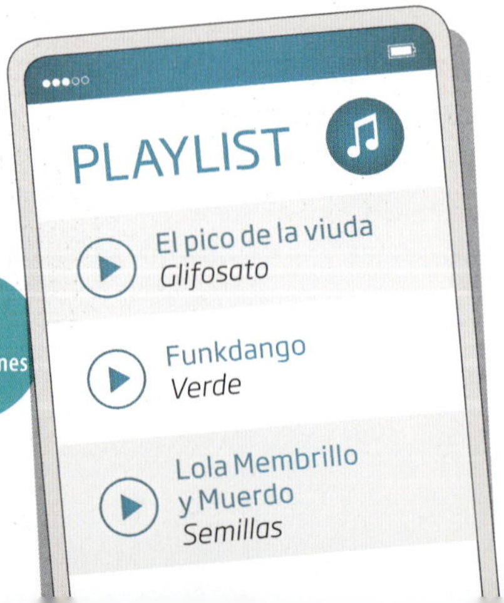

muerte
enraizarse
campo
naturaleza destruir
recursos alertar
árbol Madrid
oso y madroño
agotar

Axe 6
Innovations scientifiques et responsabilité

María Gema Peralbo (ilustradora española), *Ciudades sostenibles*, Madrid Gráfica, 2019.

1. Explica sobre qué quiere alertar este cartel.
2. ¿Qué harías tú para invertir la situación?

¿Desconectados de los recursos?

El campo no existe

La escritora Jenny Diski[1] [...] relata que, de pequeña, se quejaba[2] constantemente de los chalecos de lana[3] que su madre le obligaba a ponerse. Le picaban[4] muchísimo y no los podía soportar. Su madre siempre le contestaba igual. Diski tenía que dejarse de lloros y lamentos[5] porque las prendas que llevaba estaban hechas con las mejores lanas que se podían encontrar en Bruselas [...]. Diski, recordando su reacción y la posterior contestación de su madre [...] afirmaba con rotundidad que [...] su madre era un sujeto[6] sin relación ni contacto habitual con los animales. Un sujeto que había borrado por completo los animales y el medio que habitan sin miramiento alguno [...].

No es que la madre de Diski no supiera nada. Para ella, las ovejas[7] no existían, como tampoco el pastor[8] o la persona que esquiló[9] a las ovejas y trató su lana. Para la madre de Diski el campo no existía. [...]

Hemos interiorizado ese desconocimiento hacia nuestros márgenes, hacia las manos que los cuidan y hacia todos esos alimentos que producen. Nos han injertado ese vacío[10] entre el medio rural y las ciudades. Lo vemos como algo normal. No preguntamos, no cuestionamos, no contamos. No queremos saber.

¿Nos preguntamos acaso de dónde procede ese alimento?
¿Se ha producido en nuestro país? [...]
¿Y los sistemas de producción? [...] ¿Y la tierra?
¿Monocultivo? ¿Policultivo?
¿Agricultura industrial o familiar? [...]
¿Y la mano que cuida?
¿Nos preguntamos por la persona que hace posible nuestra comida?
¿Por su historia? [...]
¿Nos paramos a pensar todo lo que supone tener ese alimento al alcance de la mano? [...]

Cogemos la comida de las baldas[11] y la tiramos sin más al carrito de la compra. Como si lo que acaban de soltar nuestras manos se hubiera formado allí mismo, en el supermercado.

María Sánchez (veterinaria y escritora española), *Tierra de mujeres. Una mirada íntima y familiar al mundo rural*, 2019.

1. *Auteure britannique renommée (1947-2016).* 2. quejarse: *se plaindre* 3. *gilets en laine* 4. *ça la grattait* 5. *arrêter de se plaindre et de se lamenter* 6. un individuo 7. *les brebis* 8. *le berger* 9. esquilar: *tondre* 10. *vide* 11. *les rayons*

POR ETAPAS

1. Lee el texto y explica de qué se quejaba Jenny Diski cuando era niña.
2. Indica qué argumento utilizaba su madre para convencerla.
3. Anota las frases que ilustran esta afirmación: la madre de la escritora era «un sujeto que había borrado por completo los animales y el medio que habitan sin miramiento alguno.»

EN DIRECTO

María Sánchez declara que los consumidores de hoy en día no tienen en cuenta ni los animales ni el medio. Justifica con ejemplos del texto.

PON EN PRÁCTICA

Escoge alguna de las preguntas que plantea el texto y entrevista en tu instituto a alumnos/as, profesores/as y miembros del personal que hablen español. Graba las entrevistas. Luego analízalas en clase y comenta con tus compañeros/as si estás de acuerdo con la conclusión de María Sánchez.

Los pueblos fumigados

Tráiler del documental *Viaje a los pueblos fumigados* de Fernando Solanas, Argentina, 2018.

VÍDEO 30

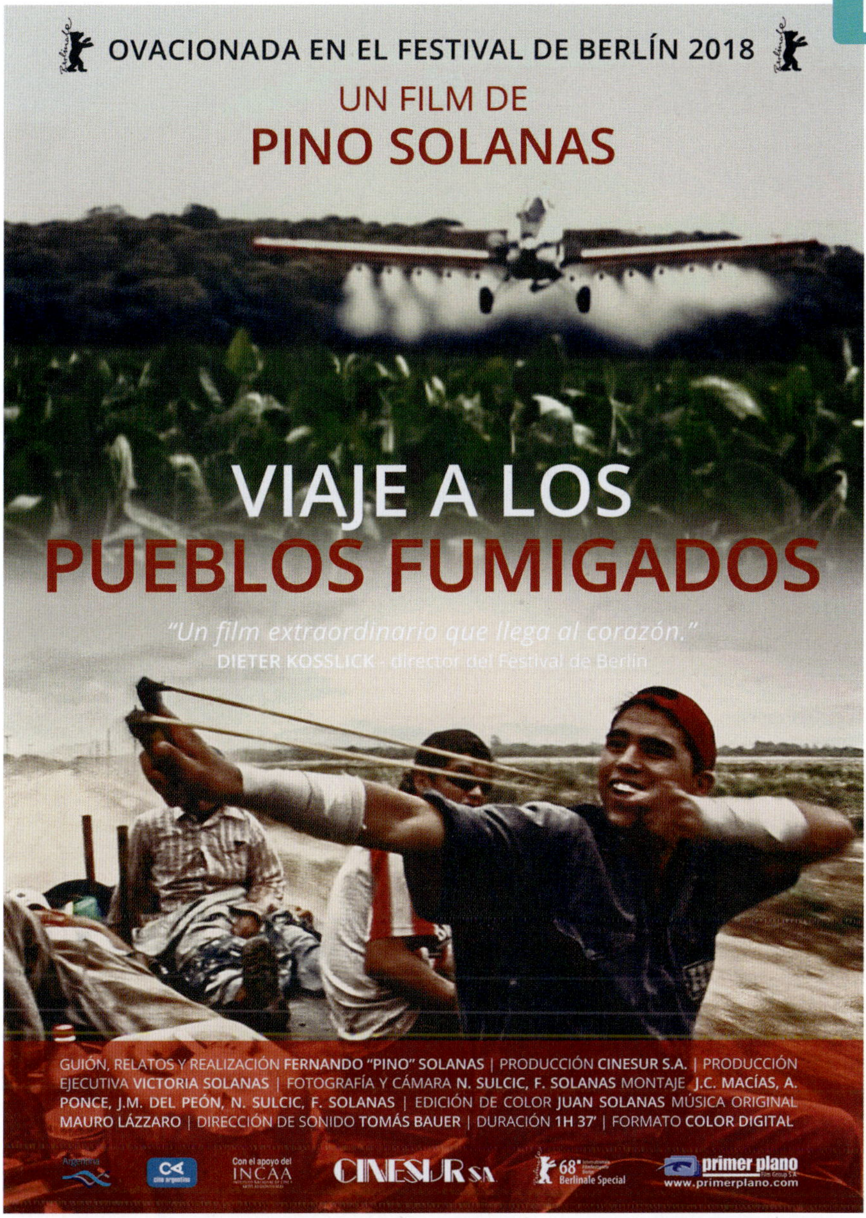

Sacado del vídeo: una fábula siniestra: *une légende sinistre* • veneno: *poison* • la verdulería: *le primeur = marchand de fruits et légumes* • una huerta agroecológica: *un potager agro-écologique* • las incubadoras: *les couveuses* • una mercancía: *une marchandise* • los residuos: *les déchets* • la chacra: *la ferme* • el meollo: *le cœur*

Entra en acción

1. Observa el cartel e imagina cuál será el tema del documental.
2. Ve el tráiler y describe la escena inicial. ¿Qué recursos utiliza el cineasta para denunciar esta situación?
   bulldozer • arrasar con todo
   plano en picado • trávelin • banda sonora
3. El consumidor suele pensar que las verduras con buen aspecto son saludables. Apunta la advertencia que lanza la mujer al respecto.
4. Según el médico: ¿Qué comportamiento genera esta situación en el campo y qué consecuencias tiene para la población?

PON EN PRÁCTICA

5. Presenta y resume el documental de Solanas. ¿Conoces otras películas del género documental? ¿Crees que el cine pueda hacernos cambiar de mentalidad?

15

Lo esencial

Vocabulario

76

- **abrir los ojos:** ouvrir les yeux
- **vivir desconectado/a del campo:** mener une vie déconnectée de la campagne
- **sin miramiento alguno:** sans considération
- **haber interiorizado:** avoir intériorisé
- **ser perjudicial para la salud:** être mauvais pour la santé
- **tener consecuencias graves:** avoir des conséquences graves

Gramática

L'expression de la continuité
- «Se sigue fumigando».

Les équivalents de « on »
- «Las mejores lanas que **se podían** encontrar».
- «**Nos han** injertado».

Précis p. 284

L'adverbe de négation *tampoco*
- «Las ovejas no existían, como **tampoco** el pastor».

Précis p. 283

Pronunciación

77

La phrase interrogative
Écoute les phrases et indique lesquelles sont interrogatives.

Para el oral del BAC

Explica cuál es tu relación con el campo. ¿Vives desconectado/a o unido/a a él? ¿Te preocupa la procedencia de los productos que consumes?
- Presenta tu estilo de vida (¿Vives en el campo o en la ciudad? ¿Sueles ir al campo de vacaciones?).
- Di si te interesan particularmente las ciencias naturales y por qué.
- Explica si, en tu familia, alguien/todo el mundo se preocupa por la procedencia de los alimentos.

Ecología: ¿a qué precio?

Un extraordinario fenómeno

En la huerta[1] empezó a germinar un nabo[2] [...]. Dos días después de que advirtiese la aparición del brote[3], la campesina[4] pudo observar que la nabiza[5] se estaba desarrollando velozmente[6]. No nos entretendremos en describir el tamaño[7] que la planta adquirió a lo largo de las siguientes cuarenta y ocho horas, solamente diremos que [...] alcanzó pronto más de treinta metros de altura, [...] y se calculó que la raíz[8] podría alcanzar los cien metros de profundidad, con un diámetro en la parte superior de unos veinte metros [...] que está haciendo tambalearse[9] la pequeña vivienda de la campesina. La aparición del gigantesco nabo ha conmocionado a Europa, y su noticia e imágenes arrinconaron[10] en los medios de comunicación a todas las demás. [...] Una comisión de ministros del ramo de la Unión Europea se ha desplazado a la aldea para contemplar la titánica crucífera[11]. Absortos ante el extraordinario fenómeno, los ministros han podido advertir que de repente se producen en él nuevas transformaciones, y parece que continúa creciendo. A estas horas, el gigantesco nabo ha duplicado su tamaño. Nunca se ha conocido una expectación así. En fuentes científicas se asegura que el nabo se apropiará de todo el planeta, haciendo imposible otra forma de vida. Seguiremos informando.

José María Merino (novelista español), *Cuentos de la naturaleza*, 2018.

1. *le jardin potager* 2. *un navet* 3. *la pousse* 4. *la paysanne/l'agricultrice* 5. *le navet* 6. rápidamente 7. *la taille* 8. *la racine* 9. *vaciller* 10. arrinconar: *(ici) reléguer au second plan* 11. *plante de la famille des crucifères*

Para expresarte

- desmedido/a: *démesuré(e)*
- gigantesco/a: *gigantesque*
- incontrolable: *incontrôlable*
- ser incapaz de reaccionar: *être incapable de réagir*
- indefenso/a: *sans défense*
- verse desbordado/a: *être débordé(e)*
- la producción agrícola: *la production agricole*

POR ETAPAS

1. Lee el texto y subraya les expresiones que revelan el carácter extraordinario del nabo.
2. Frente a este fenómeno sorprendente, di cómo reaccionan los humanos.
   curiosidad • pánico • voluntad de exterminio • falta de defensa
3. El nabo termina representando un peligro para los humanos. Apunta la expresión que lo muestra.

EN DIRECTO

El autor presenta el nabo gigantesco como responsable de la erradicación de la humanidad. En tu opinión, ¿qué quiere denunciar?
la falta de control • la agricultura intensiva • los daños causados

PON EN PRÁCTICA

Imagina y graba la crónica radiofónica del/de la reportero/a que cubre la noticia narrada en este texto.

Malas noticias para el medioambiente

VÍDEO 31

Riesgo ambiental por extracción de litio
© DW Español, 19/10/2018.

Para expresarte

- un salar: *un désert de sel*
- un peligro medioambiental: *un danger environnemental*
- dañar/hacer daño: *faire du mal*
- extraer con agua: *extraire avec de l'eau*
- los recursos hídricos: *les ressources en eau*

Entra en acción

1. Ve el vídeo e identifica para qué sirve el litio.
2. Explica lo que pretenden las compañías para justificar sus extracciones de litio.
3. Anota lo que denuncian las comunidades indígenas atacameñas.

PON EN PRÁCTICA

4. Después de ver el vídeo, deduce y explica las razones de la manifestación indígena que aparece en la imagen.

¿SABÍAS QUE...?

El **Salar de Atacama** es el depósito salino más grande de Chile: su tamaño es de 300.000 kilómetros cuadrados. Para que un depósito de sal se forme, se necesitan condiciones geológicas y climáticas muy particulares. En los salares se concentran las mayores reservas de **litio del mundo** (elemento muy escaso y codiciado en el siglo XXI).

Lo esencial

Vocabulario

78

- **la apropiación del planeta:** l'appropriation de la planète
- **el exterminio de toda forma de vida:** l'extermination de toute forme de vie
- **rebatir la información:** contredire l'information
- **una extracción supuestamente sin impacto:** une extraction soi-disant sans impact
- **dar luz verde:** donner son accord
- **no estar seguro/a de las consecuencias:** ne pas être sûr(e) des conséquences

Gramática

L'expression ***mientras tanto***
- **«Mientras tanto las comunidades...».**

Exprimer un pourcentage
- **«El 39 % de la producción mundial de litio...».**

Ortografía

Les groupes de lettres ***hue*** ou ***güe***

Complète les mots avec « **hue** » ou « **güe** ». Que remarques-tu ?

bilin... • ...so • anti...dad • ...vo • ...lla • para...ro • nicara...nse • ...cas

Para el oral del BAC

La agricultura intensiva y la extracción de materias primas son rentables, pero ¿hasta qué punto son signo de progreso?
Para responder:

- Explica lo que permiten la agricultura intensiva y las extracciones de materias primas (como el litio).
- Basándote en los documentos de esta página y de la anterior, demuestra que estos dos procedimientos tienen consecuencias negativas a pequeña y a gran escala.

¿La resistencia se organiza?

La generación Greta

Generación Greta: la batalla por el planeta
© *El País Semanal*, 21/09/2019.

AUDIO 79

Manifestación contra el cambio climático en Madrid, 15/03/2019.

Sacado del vídeo: huelgas: *des grèves* • asustada: *effrayée* • plantear una demanda: *porter plainte* • el disfrute: *la jouissance/le plaisir* • un fallo: *un verdict*

POR ETAPAS

1. Antes de escuchar el audio, observa la foto e imagina lo que reivindican estos jóvenes.
2. Escucha la grabación y di con qué objetivo se convocaron las huelgas estudiantiles y manifestaciones.
3. Presenta a Greta Thunberg. Di lo que le preocupaba y qué decisión tomó.
4. Justifica la siguiente afirmación: «Este movimiento no es reciente y no solo moviliza a la juventud europea.»

Para expresarte

- movilizarse: *se mobiliser*
- la ola de calor: *la vague de chaleur/la canicule*
- plantar cara a : *faire face à*
- parar el calentamiento global: *stopper le réchauffement climatique*
- la acción ≠ la inacción: *l'action ≠ l'inaction*

EN DIRECTO

Presenta a la «generación Greta». Di qué les preocupa a estos jóvenes y qué exigen a los gobiernos. Explica por qué es urgente actuar.

PON EN PRÁCTICA

Como los jóvenes de la foto, redacta el texto de las pancartas o de los carteles que llevarías tú a la manifestación.

Sueños robados

SECCIONES | SUR | Suscríbete | Iniciar sesión

«¿Cómo se atreven? Han robado mis sueños y mi niñez con sus palabras huecas.» Esta ha sido la primera frase que han escuchado los 91 jefes de Estado y presidentes de grandes empresas reunidos esta semana en Nueva York en la Cumbre de la ONU sobre Cambio Climático. Greta Thunberg, quizás la adolescente más famosa de nuestro planeta, convertida ya en el símbolo del activismo medioambiental, comenzó así su intervención.

¿Qué ha pasado para que estos niños se atrevan a[1] decir estas cosas ante la mayor concentración de poder adulto como es la reunión de presidentes de Gobiernos y de grandes empresas en la sede de Naciones Unidas[2]? El secretario general de la ONU, António Guterres, que ha convocado esta cumbre[3] e invitó personalmente a Greta, aportó algunas claves en su discurso. Afirmó que la naturaleza está enfadada[4] con la generación de los hoy adultos, los conocidos como baby boomers[5] y Generación X[6]. La crisis climática, para Guterres, ha sido causada por los nacidos antes de los años 80 pero no hay soluciones para frenar el desastre desde esas cohortes[7] de edad.

Greta y sus amigos pertenecen a la generación Z; la primera en la historia que se ha educado y socializado con internet en sus casas y ha recibido una educación ambiental que les ha enseñado a ahorrar agua o a reciclar y es algo que forma ya parte de su vida de una manera natural. Son ocho millones de jóvenes en España y el 25 % de la población mundial, es decir, 2.000 millones de personas que han forjado su personalidad con acceso libre a la red. Internet, irreverencia e inmediatez son palabras que definen a la generación Z y explican el modo en que estos jóvenes, la primera generación de nativos digitales, están removiendo los cimientos del consumo y el empleo[8], pero también de la política.

Los integrantes de esta generación nacidos entre 1994 –fecha consensuada por los informáticos como el inicio del internet moderno– y 2009 son autodidactas, creativos, sobreexpuestos a la información y emprendedores[9].

Iñaki Ortega y Nieves Rey (periodistas españoles), «El grito de Greta», *Diario Sur*, 28/09/2019.

1. atreverse a: *oser* 2. *le siège de l'ONU* 3. convocar una cumbre: *convoquer un sommet* 4. estar enfadada/o con: *être fâché(e) avec* 5. *personnes nées entre 1946 et 1965* 6. *personnes nées après 1966 et avant 1984* 7. *cohortes, groupes de personnes* 8. remover los cimientos del consumo y el empleo: *remuer les fondements de la consommation et de l'emploi* 9. *entrepreneurs*

Entra en acción

1. Indica la frase que muestra que la nueva generación no se deja intimidar fácilmente.
2. Señala quiénes son los responsables de la crisis climática según el secretario general de la ONU.
3. ¿Qué diferencia existe entre la generación Z y las generaciones anteriores?
4. Presenta tres rasgos que caracterizan a estos jóvenes.

PON EN PRÁCTICA

5. ¿Crees que los jóvenes de hoy en día se atreven a plantar cara al poder y a resistir con mayor determinación que las generaciones anteriores? Publica un mensaje en un foro en línea para exponer tu opinión.

15

Lo esencial

Vocabulario

80

- **sentirse identificado/a con:** se sentir proche de
- **parar el calentamiento global:** arrêter le réchauffement climatique
- **frenar el desastre:** mettre un frein au désastre
- **alzar la voz:** s'insurger/faire entendre sa voix
- **ser portavoz de una generación:** être le/la porte-parole d'une génération

Gramática

L'expression *como* + subjonctif

- **«Como no cambie la situación, no va a haber ningún futuro».**

Ortografía

Les mots proparoxytons

Écris l'accent sur les mots si nécessaire. Que remarques-tu ?

jovenes • climatico • simbolo • crisis • famosa • planeta

Proyecto

Escribe un relato corto para contar cómo será la vida dentro de 50 años si no reaccionamos a tiempo.

- El relato que vas a escribir es una distopía (representación ficticia de una sociedad futura con características negativas).
- Puedes situar tu relato en tu entorno cotidiano o en una zona particularmente afectada por la crisis medioambiental.
- Puedes escribirlo en primera o tercera persona.

EXERCICES INTERACTIFS

L'expression de l'ordre

Observe et déduis

1. Dans la phrase de la deuxième pancarte, les jeunes : donnent un ordre ? dénoncent ? interrogent ?
2. Observe le verbe souligné dans la proposition relative qui suit. À quel mode est-il conjugué ?

Retiens la règle

- Lorsqu'un verbe d'ordre (*pedir*, *exigir*, *mandar*) est suivi d'une proposition subordonnée relative, dans cette relative, le verbe doit être conjugué au mode **subjonctif**.

Entraîne-toi

3. **Conjugue les verbes au mode qui convient.**
   a. Los indígenas piden que no se ... (explotar) el litio en sus tierras.
   b. Exigimos a los gobiernos que ... (ser) más responsables.
   c. Yo quiero ... (cambiar) mis modos de consumo.
   d. Exijo medidas para ... (reducir) el consumo de plástico.
   e. Los ecologistas piden a la agroindustria que ... (acabar) con la fumigación de los campos.
   f. Greta desea que la juventud ... (movilizarse).

Précis p. 285

L'expression de la continuité de l'action

Observe et déduis

1. Observe les formes soulignées et repère comment elles sont construites.
2. Comment les traduirais-tu ?

Retiens la règle

- Pour traduire la structure française « **continuer de/à + verbe à l'infinitif** » on peut utiliser en espagnol la structure « ***seguir*** **+ verbe au gérondif** ».

Entraîne-toi

3. **Transforme les phrases selon le modèle :**
   Los jóvenes ecologistas reivindican cambios radicales.
   → *Los jóvenes ecologistas siguen reivindicando...*
   a. El movimiento «Viernes por el Futuro» crece.
   b. Frente a la crisis climática, muchos gobiernos hacen la vista gorda.

4. **Traduis les phrases.**
   a. Si nous continuons à déboiser, la planète perdra beaucoup de biodiversité.
   b. Je continue à penser que d'autres modèles économiques sont possibles.
   c. Malgré la pression de son entourage, il continue à utiliser sa voiture pour le moindre déplacement.

Exprimer un pourcentage

Observe et déduis

1 De quoi est précédé, dans ces deux phrases, le pourcentage ?

2 Observe le verbe souligné. Quelle idée exprime-t-il ? Un changement ou une continuité ?

Retiens la règle

- En espagnol, le pourcentage est précédé d'un **article singulier masculin**. La plupart du temps, on emploie l'article défini « *el* ».
- Néanmoins, on utilise parfois l'article indéfini « *un* », notamment lorsque le pourcentage exprime une variation par rapport à une valeur initiale (soit après des verbes tels que *crecer*, *aumentar*, *bajar*, *disminuir*, *reducir*).

Entraîne-toi

3 Traduis les phrases.

a. 86 % de la population espagnole se soucie de l'environnement.

b. En Inde, environ 70 % des eaux fluviales sont polluées.

c. Ces dernières années, le nombre de pistes cyclables a augmenté de 75 %.

d. Il faut réduire de 23 % l'énergie consommée.

e. En France, l'énergie destinée au chauffage a diminué de 10 % entre 1990 et 2011.

L'expression *como* + subjonctif

Observe et déduis

1 Dans cette phrase, la conjonction de subordination « como » introduit une comparaison ou une hypothèse ?

2 Par quelle autre conjonction de subordination pourrait-on la remplacer ?

3 À quel mode est conjugué le verbe souligné ?

Retiens la règle

- La conjonction de coordination *como* peut servir à introduire une **hypothèse**. Dans ce cas là, elle est suivie d'un verbe au **subjonctif**.
- Souvent la structure « *como* + subjonctif » introduit une nuance de menace.

Entraîne-toi

4 Transforme les phrases selon le modèle :
Si continuamos utilizando tanto el coche, la contaminación de las ciudades no bajará.
➜ *Como continuemos utilizando tanto el coche…*

a. Si no reducimos nuestra huella de carbono, las temperaturas seguirán creciendo.

b. Si acepta el gobierno chileno la explotación del litio, el modo de vida de los indígenas estará en peligro.

c. Si no toma conciencia la clase política de la gravedad de la situación, esta va a empeorar.

Vocabulario

EXERCICES INTERACTIFS

PROBLEMAS MEDIOAMBIENTALES

- la contaminación
- la desforestación
- la extinción
- la escasez de agua
- la sequía
- el calentamiento global/climático
- el deshielo de los glaciares y las inundaciones
- la desaparición de especies animales
- la pérdida de la biodiversidad

TOMAR CONCIENCIA

- abrir los ojos
- alzar la voz
- protestar por la situación actual, por el clima
- participar en manifestaciones y marchas
- exigir derechos para las generaciones futuras
- pedir respeto por el medioambiente
- comprometerse con una causa

CRECIMIENTO SIN LÍMITES

- el enriquecimiento a toda costa
- la sobreexplotación de recursos
- el consumo desenfrenado
- la agricultura intensiva
- el uso de pesticidas, herbicidas
- productos perjudiciales para la salud
- ser tóxico/a
- estar contaminado/a
- alimentos transgénicos

PONERSE MANOS A LA OBRA

- cambiar hábitos
- reducir
- reciclar, reutilizar
- no desperdiciar
- desarrollar el comercio justo
- favorecer circuitos cortos
- evitar transportes contaminantes
- el desarrollo sostenible
- consumir frutas y verduras de temporada
- la energía eólica/solar
- el compost

1 B1 Asocia la definición con las palabras del mapa mental que corresponden.

a. Modo de producción agrícola que busca el máximo rendimiento del terreno a corto plazo. Se cultiva la tierra dos veces por año y se utilizan fertilizantes.

b. Sistema comercial alternativo que promueve el trato justo hacia los productores, hacia los trabajadores y el respeto por el medioambiente.

c. Forma de desarrollo que tiene en cuenta tanto el progreso social y económico como el respeto por el medioambiente.

2 B1 Encuentra el sustantivo para estos verbos.

comprometerse | consumir | reciclar | cambiar | desarrollar | desperdiciar | protestar | exigir | pedir

3 B1+ Fíjate en la portada de este libro y en el título. Describe al hombre y el entorno que lo rodea. ¿Por qué llevará una máscara de gas? ¿Te apetecería leer esta novela? Utiliza las palabras del mapa mental.

Méthode BAC 15

Maîtriser sa prise de parole

1 S'entraîner avant l'oral

- Tout au long de l'année, **enrichis ton vocabulaire** afin de pouvoir t'exprimer sur des thèmes multiples.

> Crée des cartes mentales thématiques où tu pourras organiser les mots par champs lexicaux. Inspire-toi des cartes mentales des pages Vocabulario.

- Retiens quelques **connecteurs logiques** afin d'être capable d'organiser clairement ton propos.
- Prépare quelques mots ou expressions de secours pour **pallier une hésitation** ou un blanc :

pues | bueno | entonces | así que | o sea

- **Entraîne-toi en te filmant** ou en présence de tes proches afin de repérer tes points forts et ce qu'il te reste à améliorer, en insistant notamment sur les mots difficiles ou la prononciation des chiffres et des dates.
- Apprends à mieux **gérer ton stress** en multipliant les entraînements.

Pour structurer le propos :
- En primer lugar, en segundo lugar
- Por una parte, por otra parte
- Primero, segundo, por último
- Luego = después (ensuite)
- Además
- Al fin y al cabo (en fin de compte), podemos decir que

Pour introduire une référence à un document :
- El documento presenta / indica / da a conocer / da a ver / insiste en / subraya (souligne)
- En el documento vemos / constatamos / observamos / comprendemos / podemos ver / podemos constatar

Pour justifier, exprimer la cause ou la conséquence :
- En efecto / Por eso (c'est pourquoi) / Entonces (donc)
- Ya que = puesto que (puisque) / En la medida en que (dans la mesure où)

Pour donner son opinion :
- En mi opinión / A mi juicio / Para mí
- Hay que matizar (il faut nuancer)

2 Face à son interlocuteur/trice

LA VOIX
- parle fort, distinctement et assez lentement afin d'être audible et d'avoir le temps de formuler clairement tes idées
- veille à soigner ta diction en articulant bien
- utilise différentes intonations pour éviter un ton monocorde et ainsi maintenir l'attention de l'examinateur/trice
- pense à faire des pauses et à insister sur des mots-clés
- sois attentif aux tics de langage habituels (euh, etc.)

LA COMMUNICATION NON VERBALE
- utilise ton regard pour créer une interaction
- n'hésite pas à illustrer ton discours par des gestes afin de lui donner vie

LA POSTURE
- essaie de te tenir droit(e)
- évite de croiser les jambes et/ou les bras
- fixe un point devant toi

> Avant toute chose, sois courtois(e), respectueux/se, et poli(e) face à ton examinateur/trice et adopte une attitude positive.

3 Astuces pour le jour J

- Avant de commencer, **prends une grande inspiration** et n'oublie pas de respirer tout au long de ton exposé.
- **Utilise le vouvoiement** pour t'adresser à l'examinateur/trice avec :

> *usted* + verbe conjugué à la 3e personne du singulier

- Cherche à capter et à **maintenir l'attention** de l'examinateur/trice.
- Sois le plus **naturel/elle** possible.

EN TU MÓVIL

Flashe la page pour visualiser les documents et t'entraîner à les présenter à l'oral.

Le jour du BAC

Le **premier temps** de l'examen consiste en :
→ une **épreuve écrite** consacrée à l'évaluation des compétences de compréhension de l'oral et de l'écrit ;
→ un **sujet d'expression écrite** en lien avec la thématique du dossier constitué par les documents supports de l'évaluation de la compréhension de l'oral et de l'écrit.

1er temps 1 h 30

Compréhension de l'oral

AUDIO 81

«No plastics team»: el surf español con la conservación marina

Source : Telediario, RTVE, 27/10/2019
Durée : 1' 01''

Vous rendrez compte librement, en français, de ce que vous avez compris du document audio.

CONSEILS ET MÉTHODE

Écoute 1
- Identifie la nature, le thème et les différents locuteurs de ce document.

Écoute 2
- Repère l'initiative dont il est question et explique ce qui l'a engendrée. Identifie aussi l'événement dont on parle et le lieu où il se déroule.

Écoute 3
- Pour étoffer ton compte rendu, repère les différents chiffres énoncés et explique à quoi chacun d'eux renvoie.

Compréhension de l'écrit

Documento 1

Comprar mucho le sale caro[1] a la Tierra

El ciclo de consumo espídico[2] en el que estamos inmersos hace que jubilemos las prendas[3] cada vez más pronto, lo que se traduce cada año en 500.000 millones de euros tirados a la basura o, en el mejor de los casos, al contenedor de reciclaje, según recoge el último informe elaborado por la agencia McKinsey & Company [...]. Este desperdicio[4] se cifra entre 10 y 14 kilos anuales por español, según la Asociación Ibérica de Reciclaje Textil [...]. Pero hay una cifra aún más devastadora: solo el 1 % de la fibra textil se recicla. Este ingente despilfarro[5] ha contribuido a convertir a la industria textil en la segunda más contaminante del mundo. Un sector que, de seguir así, será responsable de un 25 % de las emisiones de CO_2 en 2050. Llegados a este punto, como reivindica la activista Ellen MacArthur, no basta con hacer menos daño[6]. «Tenemos que cambiar la forma en la que fabricamos, pero también en la que usamos la ropa». Por eso, [...] cada vez más gente apuesta por una nueva forma de consumir moda que es tan antigua como el hilo negro. Y que se basa en el método de las tres erres: reutilizar, reparar y reciclar. El objetivo es comprar menos y mejor. Que la ropa tenga una vida más larga y eficiente [...]. «Aunque aún es emergente, existe [...] un cambio de mentalidad en el que tengo puesta toda mi fe. Confío en que comprar y tirar ropa sin parar termine considerándose hortera[7]». La que habla es María Almazán, fundadora de Latitude[8]. [...] No se trata, sin embargo, de volcar toda la responsabilidad en el consumidor: resulta, en su

1. salir caro: *revenir cher*
2. *effréné*
3. jubilar las prendas: *(ici) se débarrasser des habits*
4. *le gaspillage*
5. *le gaspillage*
6. *faire moins de dégâts*
7. *plouc, ringard*
8. *empresa que promueve la transformación del sector textil hacia un modelo sostenible*

●●●

opinión, abrumador y contraproducente. «Estamos hablando de una macroindustria que lleva años diciéndonos que lo mejor es que no repitamos modelo, que vayamos a la tienda todas las semanas. No podemos exigirnos hacer cambios radicales cuando hablamos de pautas arraigadas[9] durante años» [...]. El objetivo es, pues, [...] consumir ropa de forma responsable igual que se nos invita a hacer con los alimentos o la energía.

Pero para lograrlo, la industria textil también debe desempeñar su papel y ofrecer prendas de calidad que duren: renunciar a la obsolescencia programada textil. Quién no ha sido víctima del increíble caso del jersey al que le salen bolas con solo mirarlo o del de los vaqueros[10] negros que tras solo un lavado adquieren un tono ala de mosca. Cuántas veces –como en una relación– nos hemos enamorado de una prenda –cara o barata– por cómo nos queda, nos hace sentir o por lo que nos evoca, y hemos querido estirar su existencia más allá de sus posibilidades, ignorando agujeritos[11], mangas raídas[12], coderas desgastadas: ropa que hemos jubilado a regañadientes –y hasta con sincero agradecimiento por los servicios prestados– deseando que hubiese aguantado un poco más [...]. «El cambio real en el sector llegará cuando exista una normativa global sobre desperdicio textil y los consumidores ralenticen el ritmo de compra. [...]», resume María Almazán.

Mientras esto ocurre, un sector vuelve a ganar protagonismo: el de la reparación. ¿Por qué descartar un bolso que nos gusta cuando se le rompe un asa? «Porque a veces, por lo que cuesta el arreglo[13], sentimos que no merece la pena», responde Cynthia Bagué. «Hace poco llevé a ajustar un vestido maravilloso [...]. Y mi novio me decía: "Por el dinero que has pagado podrías haber comprado uno nuevo". Pero no es lo mismo», sentencia. Una vez más –argumenta Almazán–, todo depende del valor que se da a las cosas y de si estamos dispuestos o no a reconocer y asumir las consecuencias que tiene producir ese objeto con el que vamos a sustituir al estropeado[14]: el gasto en tejido[15], la energía empleada en su producción y transporte, la emisión en gases de efecto invernadero que este proceso representa [...], las microfibras de plástico que se vierten al océano (20 millones de toneladas en 2050, de seguir a este ritmo)...

Carmen Mañana, «Comprar mucho le sale caro a la Tierra», *El País Semanal*, 22/09/2019.

9. *des habitudes enracinées*
10. *les jeans*
11. *des petits trous*
12. *des manches usées*
13. *la réparation*
14. *celui qui est abîmé*
15. *la dépense en tissus*

Documento 2

Viñeta de Eneko, 2019.

(suite p. 222)

1er temps (suite)

Después de leer el texto y observar la viñeta, conteste las siguientes preguntas y redacte las respuestas.

Documento 1

1. Apoyándose en elementos concretos del texto, explique qué denuncia este artículo acerca de la industria textil.

2. Apunte todas las soluciones propuestas en este artículo para que las cosas cambien.

Documento 2

3. Explique lo que representan el código barra y el títere (*la marionnette*) en la viñeta de Eneko. Luego diga qué denuncia esta viñeta.

Documentos 1 y 2

4. Relacione la viñeta con el artículo.

CONSEILS ET MÉTHODE

Document 1

- Repère dans le premier paragraphe :
  - tous les mots et expressions du champ lexical du gaspillage ;
  - les formules qui permettent de repérer que le ton de cet article est dénonciateur.
- Explique ensuite le jeu de mots contenu dans le titre de cet article (jeu de mots qui résume parfaitement ce qu'il dénonce).
- Identifie dans le texte qui sont les différents acteurs qui peuvent opérer un changement. Pour chacun d'eux, repère quelles actions concrètes ils peuvent/doivent mettre en place pour que ce changement ait lieu.

Document 2

- Explique ce que représentent les deux éléments présents sur cette image (code barre et marionnette), puis explique la relation qu'ils entretiennent.

Documents 1 et 2

- Mets en évidence le point commun qui existe entre les deux documents. Ensuite, montre que le texte va au-delà de la simple dénonciation en proposant des solutions.

Expression écrite

Vous traiterez en espagnol l'un des deux sujets suivants au choix.

Question A ▸ **A partir de los dos documentos, explique por qué es urgente transformar nuestros hábitos de consumo y cómo podemos transformarlos.**
En unas 120 palabras

Question B ▸ **Comente la afirmación de la activista Ellen MacArthur citada en el artículo: «Tenemos que cambiar la forma en la que fabricamos, pero también en la que usamos la ropa.»**
En unas 120 palabras

CONSEILS ET MÉTHODE

Question A ▸

- Explique quel est, selon Eneko, le profil type du consommateur actuel, puis mets en évidence les conséquences de son mode de consommation (aide-toi de l'article).
- Ensuite, liste les différentes pistes d'action proposées dans l'article et enrichis cette liste de tes idées personnelles.

Question B ▸

- Explique ce qui pousse l'activiste Ellen MacArthur à dire qu'il faut changer les modes de fabrication des vêtements.
- Ensuite, évoque ton rapport personnel aux vêtements : comment qualifierais-tu ta consommation de vêtements ? Compulsive, raisonnable ? Es-tu soucieux/se de leur mode de production ? Achètes-tu souvent des vêtements d'occasion ?

Le jour du BAC

→ Pendant le **second temps**, l'examinateur propose soit 2 documents iconographiques, soit 2 citations, soit un document iconographique et une citation en lien avec l'axe choisi par le candidat parmi les trois proposés.

→ Le candidat devra **expliquer en espagnol** pendant 5 minutes quel document ou quelle citation illustre le mieux l'axe choisi et pourquoi.

2d temps 10 mn

Expression orale

Documento 1

Huelga por el Clima, Madrid, 27/09/19.

Documento 2

« Nuestra casa está en llamas. Quiero que entréis en pánico. »

Greta Thunberg,
declaración a los eurodiputados
en el Parlamento Europeo,
abril de 2019.

1. **Diga cuál de los dos documentos ilustra mejor el eje temático «Innovations scientifiques et responsabilités». Justifique con ejemplos precisos.**
En unos 5 minutos

2. **Basándose en los documentos estudiados en la secuencia, explique por qué las innovaciones científicas pueden tener graves consecuencias en el medio ambiente. Luego, diga si le parece importante alertar la opinión pública y cambiar los modos de consumo para frenar dicho fenómeno.**
En unos 5 minutos

CONSEILS ET MÉTHODE

Document 1 : image

- Explique tout d'abord dans quel contexte cette photo a été prise et ce que symbolise le maquillage de l'homme.
- Enfin, explique à qui s'adresse la pancarte qu'il porte. Déduis-en qui cet homme souhaite interpeller et pourquoi.

Document 2 : citation

- Repère le ton des paroles de Greta Thumberg et dis à qui elle s'adresse. Explique :
  - pourquoi, selon toi, elle emploie ce ton pour s'adresser à ces personnes,
  - de quoi elle accuse implicitement les personnes à qui elle s'adresse et ce qu'elle leur demande.

Séquence **16** Flash

Estar en la luna

→ ¿Son los avances científicos el reflejo de nuestros sueños?

Descubro

- Les événements marquants pour la conquête de l'espace dans l'aire hispanique
- Le rêve de devenir astronaute

Utilizo

Vocabulario

- L'espace et l'astronomie

Gramática

- La concordance des temps au passé
- L'obligation impersonnelle

Actúo

Proyecto

- Créer une vidéo pour présenter ta candidature à une formation en détaillant ton parcours scolaire et tes qualités

¿TE SUENA?

La fascinación que desde siempre ha sentido el ser humano por la *luna* y el *espacio* exterior tuvo su máxima expresión el 20 de julio de 1969 cuando *Neil Armstrong* pisó la luna. Era la culminación de la carrera espacial que en plena *Guerra Fría* oponía a Estados Unidos y la URSS. ¿Lo has visto en alguna película?
50 años después, este acontecimiento sigue inspirando a jóvenes de todo el mundo que sueñan con llegar a participar en programas de exploración en la *luna* o en *Marte*.

Y a ti, ¿te atraen estos viajes espaciales?

firmamento
astronauta
ciudad lejanía nubes
universo satélite
orbita a hombros
visera
expectación

EN TU MÓVIL
Escucha las canciones

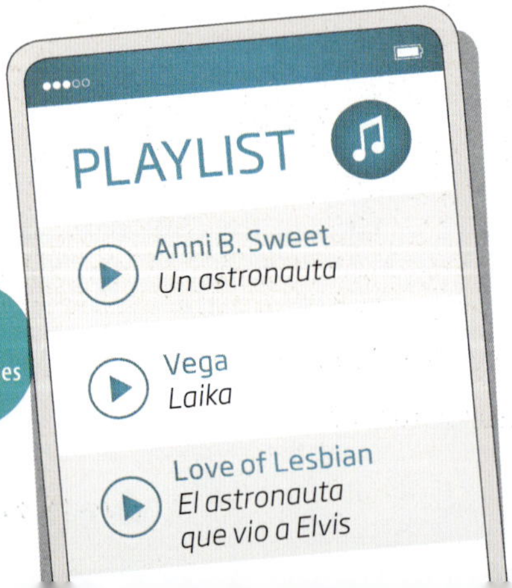

Axe 6
Innovations scientifiques et responsabilité

Cartel de la película *Sergio y Sergei* de Ernesto Daranas, Cuba, 2017.

1. Observa y lee el título de la película. ¿Quiénes serán Sergio y Sergei?
2. ¿Dónde estarán este hombre y esta niña? ¿Qué estarán mirando?

16 Descubre

¿Una obsesión de nuestros mayores?

Los españoles de la Luna

Hace medio siglo, un puñado[1] de jóvenes fueron reclutados por la NASA para hacer historia.

El lunes al mediodía, 20 hombres y una mujer de edad avanzada subían a duras penas la rampa hacia una enorme antena de radio que apuntaba hacia el cielo. Al llegar arriba el grupo se dispuso a posar para el fotógrafo. Muchos de ellos gritaron como auténticos adolescentes: «cervezaaaaaaaaa». Son los españoles que llegaron a la Luna: ingenieros, técnicos, cocineros, camareros, documentalistas, que vivieron un momento histórico y atípico para la España de la época. Trabajaban en las estaciones de seguimiento espacial de la NASA en Robledo de Chavela y Fresnedillas de la Oliva, [...]. Junto a las antenas de Cebreros (Ávila) y Maspalomas (Gran Canaria) y otras dos en Australia y EE UU, eran el nexo de unión entre la Tierra y los astronautas que pisaron la Luna por primera vez, hace ahora 50 años.

En esos momentos Madrid era la única estación que tenía contacto directo con los astronautas. «Todos mis sentidos estaban puestos[2] en el equipo que recibía la señal del módulo orbital de [Michael] Collins y el Águila de [Neil] Armstrong y [Edwin] Aldrin, que debían aterrizar en la Luna. Rezaba por lo bajinis[3] para que no fallara la comunicación, pues si se rompía, se paraba la misión», recuerda González, [...]. Este ingeniero tiene el privilegio de haber sido una de las primeras personas en la Tierra que escuchó una frase histórica: «Houston, aquí la base Tranquilidad. El Águila ha aterrizado». Eran las 21:17 en Madrid y la humanidad acababa de posarse en la Luna.

Nuño Domínguez (periodista español), «Los españoles de la Luna», *El País*, 17/07/2019.

1. *une poignée* 2. *toute mon attention était sur* 3. *je priais dans un murmure*

El ingeniero español Carlos González en la estación de Fresnedillas en 1969.

Escoge tu camino

POR ETAPAS

1. Observa la foto e imagina quiénes serán estos hombres.
2. Lee el artículo e identifica quiénes son los protagonistas y qué están celebrando.
3. Muestra, apoyándote en el texto, la importancia de este grupo de españoles con relación a ese acontecimiento.
4. Explica en qué estado de ánimo se encontraba el ingeniero González, en el momento del alunizaje.

EN DIRECTO

Presenta a este grupo de españoles y su papel en un hito histórico.

PON EN PRÁCTICA

Busca más informaciones sobre ese hecho histórico, imagina que eres un(a) periodista de aquella época y escribe un titular adecuado a la importancia de ese momento.

Para expresarte

- la efeméride: *la date anniversaire*
- antiguos trabajadores: *anciens travailleurs*
- un acontecimiento: *un événement*
- un hito histórico: *un événement historique*

Cuba desde el espacio

Entrevista con Ernesto Daranas en Cinelatino
© RFI, 26/03/2019.

AUDIO 82

Fotograma de la película *Sergio y Sergei* de Ernesto Daranas, Cuba, 2017.

El cineasta Ernesto Daranas.

Entra en acción

1. Observa el fotograma e imagina con quién estará comunicando este hombre.
2. Escucha la grabación e identifica quiénes intervienen en ella y en qué contexto se realiza el reportaje.
3. Precisa qué acontecimientos inspiraron al director para realizar la película.
4. Di qué tipo de historia ha realizado este director.
5. A partir de la grabación, di qué idiomas están presentes en la película y explica qué relevancia tiene este hecho.

PON EN PRÁCTICA

6. A partir de los documentos de esta doble página, prepara una sinopsis del argumento de la película.

Para expresarte

- una carrera espacial: *une carrière spatiale*
- el espacio: *l'espace*
- un(a) radioaficionado/a: *un(e) radioamateur/trice*
- el firmamento: *le firmament*
- la fascinación: *la fascination*

¿SABÍAS QUE...?

Tras finalizar la **Segunda Guerra Mundial** y hasta 1991, se dio en el mundo un periodo de tensiones de carácter político, económico, social, militar y científico. Dicho periodo es conocido como la **Guerra Fría**. Los dos bloques enemigos fueron el Occidental (capitalista), liderado por **Estados Unidos**, y el del Este (comunista), liderado por la **Unión Soviética**. Cuba formaba parte del bloque comunista y recibió ayuda de la Unión Soviética.

Lo esencial

Vocabulario

83

- **el nexo de unión:** le trait d'union, le lien
- **a duras penas:** à grand-peine, péniblement
- **poner en contacto:** mettre en relation
- **derrumbar(se)/el derrumbe:** s'effondrer/l'effondrement
- **romper el récord:** battre le record

Gramática

La concordance des temps au passé

- **«Rezaba** por lo bajinis para que no **fallara** la comunicación».

Précis p. 286

Ortografía

La modification orthographique du « i » en « y »

Conjugue les verbes aux temps indiqués.

Présent de l'indicatif : (yo) construir • (tú) atribuir • (él) concluir • (ellas) destruir

Passé simple : (él) leer • (ellas) influir • (ella) atribuir • (ellos) huir

Para el oral del BAC

En tu opinión, ¿hasta dónde va a llegar el ser humano en su afán por descubrir el espacio?

- Identifica en los documentos los elementos históricos que te servirán como punto de partida.
- Precisa cómo ha suscitado fascinación la carrera espacial y cómo ha cambiado nuestra visión del universo.
- Piensa cuáles serán los siguientes descubrimientos en el área espacial y en qué van a cambiar nuestras vidas.

¿Un sueño para nuestra generación?

Dedicar su vida a la exploración espacial

Creció leyendo sobre Neil Armstrong y aunque poco sabía sobre la historia de la carrera espacial, deseaba dedicar su vida a la exploración espacial: ir a la Luna o quién sabe, a Marte. «A los 12 años, me puse a investigar sobre el perfil profesional de las personas que dedicaban su vida al espacio [...] y supe que haría lo posible por prepararme y trabajar en ese sector», cuenta Carmen.

[...] Se mudó de Culiacán para iniciar Ingeniería en Electrónica y Telecomunicaciones en el Tecnológico de Monterrey, ubicado en dicha ciudad.

Al terminar su carrera y ya inmersa en el mundo laboral, encontró una maestría[1] en Ciencias Espaciales en la Internacional Space University, resultando becada para estudiar en Estrasburgo, Francia. [...]

Mientras estudiaba su maestría, en 2009 Carmen se unió a Space Generation Advisory Council (SGAC). Así también como parte de sus estudios de postgrado[2], se le dio la oportunidad de continuar la investigación en NASA Ames. Aceptó.

En 2016, fue parte de una de las misiones en el Mars Desert Research Station en Utah. «La realidad es que la tecnología que se requiere para enviar a los humanos a Marte ya existe, el principal problema es el económico y político, además de la parte médica [...]. Creo que el día en que enviemos una tripulación será bajo un proyecto internacional [...]», dice Carmen.

Pero no solamente se trata de enviar seres humanos al espacio. [...] «Hay que apostar[3] por el sector espacial. Me gustaría ver más apoyo[4] a la ciencia y a la tecnología, más programas de investigación[5] y más apoyo a los jóvenes que quieren apostar en tecnologías espaciales.», asegura.

J. Martínez, «¿Es posible construir una carrera en la industria espacial?», americaeconomia.com, 05/04/2019.

1. *diplôme équivalent au master* 2. *cycle licence-master-doctorat (LMD)* 3. *miser sur* 4. *soutien* 5. *de recherche*

La astronauta mexicana Carmen Félix.

Para expresarte

- soñar (con): *rêver (de)*
- la formación universitaria: *la formation universitaire*
- la tenacidad, tenaz: *la ténacité, tenace*
- la certeza: *la certitude*
- patrocinar, el patrocinio: *parrainer, le parrainage*

Escoge tu camino

POR ETAPAS

1. Lee el texto y di cómo nació la vocación de Carmen Félix.
2. Completa el cuadro con la trayectoria de esta astronauta mexicana.

Lugar	Estudios o programas	Fecha

3. Explica cómo ve Carmen Félix los proyectos de viaje a Marte.
4. Apunta los deseos de la mexicana para el futuro del sector espacial.

EN DIRECTO

Presenta la trayectoria de Carmen Félix y precisa cómo ve el futuro del sector espacial.

PON EN PRÁCTICA

Comenta con tu compañero/a si con pasión se pueden superar todos los obstáculos y conseguir lo que uno/a quiere.

Adolescentes argentinos en la NASA

Santafesinos integrarán la «tripulación» que viajará al «Space Camp» de la NASA
© El Litoral, 24/06/2019.

VÍDEO 32

Albertina Risso y Santiago Ciprián fueron seleccionados para ir a Estados Unidos como parte de un programa que celebra el 50° aniversario de la llegada del hombre a la Luna.

El campamento espacial de Huntsville (Alabama) en EE. UU.

Para expresarte

- la exploración, explorar: *l'exploration, explorer*
- la curiosidad: *la curiosité*
- un espíritu aventurero: *un esprit aventurier*
- animar(se): *se décider*
- el aliciente: *l'encouragement, l'attrait*
- la motivación: *la motivation*
- abierto/a de mente: *ouvert(e) d'esprit*

Entra en acción

1. Ve el vídeo y apunta en qué consiste el programa en el que han participado Albertina Rissi y Santiago Ciprián.
   motivo • organizador • actividades
2. Explica qué tuvieron que hacer estos jóvenes para participar.
3. Especifica los elementos que Santiago presentó en su candidatura.
4. Detalla cómo va a desarrollarse el programa:
   lugar • tiempo • participantes
5. Di qué espera Albertina de esta experiencia.

PON EN PRÁCTICA

6. Explica en unas diez líneas por qué serías un(a) buen(a) candidato/a para participar en ese campamento de la NASA.

16

Lo esencial

Vocabulario (84)

- **dedicar su vida a:** consacrer sa/leur vie à
- **apostar por:** faire le pari de
- **enterar(se) de algo:** être informé(e) de quelque chose
- **aprovechar al máximo:** profiter au maximum

Gramática

L'obligation impersonnelle
- **«Hay que apostar por el sector espacial».**

Le *voseo*
- **«¿Qué aptitudes tenés?»**

Pronunciación (85)

La phrase affirmative
Écoute les phrases et indique lesquelles sont affirmatives.

Proyecto

Graba un vídeo con tu *curriculum vitae* para presentar tu candidatura a la formación que quieres realizar el próximo año.

- Comienza por presentarte brevemente.
- Presenta tu trayectoria escolar y las lenguas que hablas y/o que estás aprendiendo.
- Detalla tus actividades extraescolares y tus centros de interés.
- Di qué cualidades personales te hacen apto/a para esa formación.

EXERCICES INTERACTIFS

La concordance des temps au passé

Observe et déduis

1. **Quels sont les temps verbaux des phrases principales (soulignées) ?**
2. **À quels temps sont conjugués les verbes des subordonnées (en gras) ? Que remarques-tu ?**

Retiens la règle

- Dans les **phrases subordonnées** qui exigent l'emploi du **subjonctif**, celui-ci sera conjugué au **présent** ou à l'**imparfait** en fonction du temps verbal de la phrase principale.

Entraîne-toi

3. **Conjugue le verbe entre parenthèses au temps du subjonctif qui convient.**

   a. Carmen Félix pidió una beca para que la (ellos/as - aceptar) ... en el departamento de Ciencias Espaciales.

   b. Albertina y Santiago nos recomiendan que (nosotros/as - participar) ... en el campamento de la NASA.

   c. En 1969, los ingenieros españoles esperaban que la nave (alunizar) ... sin problemas.

   d. El cosmonauta ruso confiaba en que su misión (terminar) ... mucho antes.

Précis p. 286

L'obligation impersonnelle

Observe et déduis

1. **Lis la structure en gras. Qu'exprime-t-elle ?**
2. **Quelle est la forme du verbe qui suit cette structure ?**

Retiens la règle

- Pour exprimer l'obligation impersonnelle, on utilise la forme ***hay que*** suivi du **verbe à l'infinitif**.

Entraîne-toi

3. **Transforme ces phrases d'obligation personnelle à impersonnelle.**

   a. Tenemos que aprender a trabajar en equipo.

   b. Si habéis terminado, debéis dejar todo ordenado.

   c. Tiene que esforzarse para formar parte de la tripulación.

   d. No debes pulsar este botón.

4. **Traduis ces phrases en espagnol.**

   a. Il faut obtenir une image satellite correcte.

   b. Pour entrer dans le programme spatial, il faut avoir de la volonté.

   c. Il faut reconnaître qu'il le fait par vocation.

   d. Il faut accepter que seulement quelques candidatures seront retenues.

EL SUEÑO ESPACIAL

ACTORES Y ACTRICES

- los/as astronautas
- los /as cosmonautas
- los/as astrónomos/as
- los/as ingenieros/as
- los/as científicos/as
- los/as investigadores/as
- la tripulación
- el/la comandante

FASCINACIÓN POR EL ESPACIO

- aspirar a ser astronauta
- sentir fascinación por el cosmos
- formar parte de la tripulación
- subirse a una nave espacial
- soñar con ir a Marte
- años luz
- ir a bordo de
- la curiosidad
- el espíritu aventurero
- soñar con
- el deseo
- la certeza
- la continuidad

ENTRAR EN ÓRBITA

- la agencia espacial
- la nave
- la estación
- el satélite
- los avances tecnológicos
- los telescopios
- el observatorio
- el programa espacial
- el cohete
- la escafandra
- la lanzadera espacial

EL ESPACIO Y LOS OBJETOS ASTRONÓMICOS

- el universo
- la Luna
- la Tierra
- Marte
- los planetas
- el espacio
- las estrellas
- la Vía Láctea
- las galaxias
- el meteorito
- el asteroide
- los agujeros negros

VUELOS ESPACIALES

- el alunizaje
- el despegue
- la gravedad
- flotar
- el entrenamiento
- la órbita planetaria
- la exploración
- explorar

LOS ESTUDIOS Y LA INVESTIGACIÓN

- conseguir una beca
- dedicar su vida a
- la vocación
- investigar/la investigación
- los requisitos
- la maestría
- el postgrado
- el doctorado

1 B1 Encuentra al intruso de cada lista.

a. antena | radioaficionado | cometa | onda corta | senal

b. escafandra | cohete | lanzadera | beca | observatorio

c. planeta | satélite | cometa | alienígena | meteoro

2 B1 Completa las frases con las palabras siguientes:

alunizaje | requisitos | avances | beca | investigadores

a. Quiso participar en ese proyecto sin conocer siquiera los ... .

b. La vida en Marte interesa en especial a los ... .

c. La nave no estaba preparada para el ... y los astronautas vivieron un momento de angustia.

d. Gracias a los ... tecnológicos podemos conocer mejor el universo.

e. Es importante conseguir una ... para realizar un postgrado en Ingeniería.

3 B1+ Busca en el mapa mental las palabras que corresponden a estas definiciones:

a. Fuerza que sobre todos los cuerpos ejerce la Tierra hacia su centro.

b. Cuerpo celeste opaco que solo brilla por la luz refleja del Sol y gira alrededor de un planeta.

c. Realizar actividades intelectuales y experimentales de modo sistemático con el propósito de aumentar los conocimientos sobre una determinada materia.

d. Momento en que un vehículo se separa del suelo o del agua para iniciar el vuelo.

e. Conjunto enorme de estrellas, polvo interestelar, gases y partículas, que constituye un sistema autónomo dentro del universo.

f. Una aeronave o nave espacial que obtiene su empuje por la reacción de la expulsión rápida de gases de combustión.

16 Objetivo BAC Épreuve 3

Le jour du BAC

Le **premier temps** de l'examen consiste en :
→ une **épreuve écrite** consacrée à l'évaluation des compétences de compréhension de l'oral et de l'écrit ;
→ un **sujet d'expression écrite** en lien avec la thématique du dossier constitué par les documents supports de l'évaluation de la compréhension de l'oral et de l'écrit.

1er temps 1 h 30

Compréhension de l'oral

VÍDEO 33

Estudiante universitario probará traje en la NASA

Source : Universidad Nacional de Cuyo, 03/10/2019
Durée : 1' 30"

Vous rendrez compte librement, en français, de ce que vous avez compris du document vidéo.

CONSEILS ET MÉTHODE

Visionnage 1

- Ce premier visionnage doit te servir pour repérer et identifier tous les éléments de contexte et d'énonciation (intervenants, lieu, thème, événements...).
- Les titres et sous-titres de la vidéo t'aideront dans la compréhension mais tu ne dois pas essayer de tous les recopier, tu perdras de vue la compréhension globale du document.

Visionnage 2

- Prends des notes au fur et à mesure du visionnage pour les organiser plus facilement lors de la rédaction de ton compte-rendu.
- Repère les idées essentielles et les champs lexicaux ainsi que les liens entre eux et avec le titre du document.
- Pendant la minute entre le deuxième et troisième visionnages, souligne sur ton brouillon les éléments que tu dois encore vérifier (un lieu, un nom propre...) pour ne pas les oublier.

Compréhension de l'écrit

Documento 1

Las niñas de Barrancabermeja que van a la Nasa

Ocho pequeñas del puerto harán parte de un programa llamado «Ella es astronauta».

Un grupo de niñas del puerto petrolero fueron escogidas por la alcaldía[1] y Ecopetrol para hacer parte de una experiencia que las llevará a Estados Unidos y conocer de primera mano el trabajo de la Agencia Aeroespacial, Nasa.

Las 8 menores iniciarán un recorrido por varios lugares; el primero, una visita a la Vicepresidencia de la República de Colombia. Al final estarán en el Space Center de la Nasa donde cumplirán su sueño de ser parte de una tripulación espacial.

La alcaldía de Barrancabermeja informó que las niñas colombianas escogidas en el país, hacen parte de comunidades en condición de vulnerabilidad. Entre las escogidas se encuentran hijas de mujeres víctimas del conflicto armado, niñas indígenas, afrodescendientes, habitantes de zona rural, desde el Magdalena hasta el Putumayo y otras regiones.

Entre las elegidas de Barrancabermeja se encuentran representantes de los Corregimientos el Llanito, El Centro, Ciénaga del Opón, la Fortuna y los barrios Arenal de la comuna 1 y 3 de octubre de la comuna 7.

1. *la mairie*

●●●

En total son 32 niñas de todo el territorio nacional, quienes se convertirán en inspiración para miles de pequeñas en Colombia que a través de sus estudios y buenas calificaciones demuestran que con esfuerzo y dedicación se pueden lograr[2] los sueños.
Nadia Sánchez, presidente de la fundación SHE IS, asegura «que las niñas estarán en programas de inmersión de 6 días en el Space Center de la Nasa en Houston, donde experimentarán todas las actividades de una tripulación espacial, conocerán los planetarios y tomarán decisiones como cualquier astronauta».

«Las niñas de Barrancabermeja que van a la Nasa», Caracol Radio Bucaramanga, 13/02/2020.

2. *réaliser*

Documento 2

Campamento latinoamericano de ciencias

«Cuando vivís[1] las experiencias en el campo, en contacto con la naturaleza, investigando algo que te interesa, aprendés[2] mucho más que en el salón de clase», aseguró a la diaria Guillermo Dranuta, ex participante de campamentos científicos y uno de los impulsores de la iniciativa en Uruguay. Unir naturaleza y ciencia es uno de los propósitos del Campamento Latinoamericano de Ciencias, que reúne a adolescentes y jóvenes uruguayos y de la región en Lavalleja para explorar y avanzar en diferentes proyectos.
Hace años, Dranuta pudo participar en un campamento científico de la Universidad de California en San Diego junto con otros dos jóvenes de Uruguay. «Fue increíble. Después de haber pasado por una experiencia como esa, me pareció que era necesario que más personas tuvieran la oportunidad, por eso presenté en el MEC[3] la idea de que en Uruguay haya una experiencia similar. Evidentemente, no iba a tener un nivel tan técnico como aquel al que se llega con los laboratorios de las universidades de Estados Unidos, pero, en verdad, tampoco se precisa eso para transmitirles a los jóvenes lo que es hacer ciencia», comentó Dranuta.

«El Campamento Latinoamericano de Ciencias reúne a jóvenes con científicos para explorar la naturaleza», *La diaria educación*, 30/01/2020.

1. vives (español rioplatense)
2. aprendes
3. Ministerio de Educación y Ciencia

Diga de qué trata cada uno de los documentos y cómo se relacionan con el eje temático «Innovations scientifiques et responsabilité».

CONSEILS ET MÉTHODE

Repère les principaux éléments

- Lis attentivement les deux textes, en t'appuyant sur les titres, le paratexte, les noms propres (de personnes et/ou de lieux), les dates et sur des mots transparents ou que tu connais, et essaye de répondre à ces questions : qui ? où ? quand ? quoi ? pourquoi (faire) ?
- Relis les textes plusieurs fois si nécessaire pour bien repérer les différents événements et moments dont il est question dans chaque document.

Établis les liens

- En t'appuyant sur tous les éléments repérés, tu pourras établir les liens entre ces deux documents et l'axe « Innovations scientifiques et responsabilité ». À quelle(s) question(s) posée(s) dans la séquence ces textes peuvent-ils répondre ?

Construis ton texte

- Rédige ton compte-rendu, en faisant des paragraphes distincts. Tu peux réutiliser des mots présents dans le texte ainsi que des citations en faisant attention à utiliser les guillemets et à bien recopier le texte.

Expression écrite

Vous traiterez en espagnol l'un des deux sujets suivants au choix.

Question A «La madre de Valentina Oundjian dice que su hija «siempre está investigando y buscando artículos relacionados con las ciencias y el espacio». Comente esta información apoyándose en la imagen.

En unas 120 palabras

Question B «Todo lo que he hecho ha sido porque me ha gustado, no con la idea de ser astronauta», Mariona Badena, astrofísica española y comandante de una misión internacional de la Mars Society. Comente esta afirmación apoyándose en la imagen.

En unas 120 palabras

CONSEILS ET MÉTHODE

Question A

- Commence par analyser la citation en identifiant correctement les sujets de chaque verbe.
- Ensuite, détermine de quel type d'action il s'agit : des faits ? des sentiments ?
- Dans une deuxième partie, tu devras donner ton point de vue sur la question. Ici tu pourras t'appuyer sur l'image, sur d'autres documents travaillés dans la séquence ou sur des éléments de culture générale pour élargir ta réponse.

Question B

- Identifie les éléments-clés de la citation proposée pour bien cibler la portée de ces paroles.
- Quels liens peux-tu établir entre ces éléments ? (opposition, conséquence, cause/effet) Structure ton commentaire en fonction de ce(s) lien(s).
- Pense à relier la citation au document iconographique et/ou aux documents travaillés dans la séquence qui te permettent de commenter le propos de Mariona Badena.
- Tu peux conclure ton argumentation avec ton propre point de vue sur la question.

Documento

Valentina Oundjian, una adolescente uruguaya becada en 2018 por la NASA para participar en el campamento espacial de Huntsville (Alabama) en EE. UU.

Le jour du BAC

→ Pendant le **second temps**, l'examinateur propose soit 2 documents iconographiques, soit 2 citations, soit un document iconographique et une citation en lien avec l'axe choisi par le candidat parmi les trois proposés.

→ Le candidat devra **expliquer en espagnol** pendant 5 minutes quel document ou quelle citation illustre le mieux l'axe choisi et pourquoi.

2d temps 10 mn

Expression orale

Documento 1

Ilustración de VIX Mujer, 2019.

Documento 2

« Todos somos cosmonautas. Vivimos y habitamos una gran nave espacial que se llama Tierra. »

Arnaldo Tamayo Méndez,
cosmonauta cubano que viajó al espacio en los años 80.

1. **Diga cuál de los dos documentos ilustra mejor el eje temático «Innovations scientifiques et responsabilité». Justifique con ejemplos precisos.**
   En unos 5 minutos
2. **¿Le parece importante que la NASA organice concursos internacionales para adolescentes?**
   En unos 5 minutos

CONSEILS ET MÉTHODE

Document 1 : image

- Analyse la structure de la phrase en identifiant bien les temps verbaux et le contenu qu'ils permettent de transmettre.
- Repère les mots porteurs de sens sur lesquels s'appuie le document.
- Observe le document dans son ensemble en pensant à l'axe et note sur ton brouillon les idées qui te viennent à l'esprit.
- Établis des liens entre l'image et les documents travaillés en classe.

Document 2 : citation

- Lis attentivement la citation et analyse les termes qui la composent (noms, verbes, adverbes…). Comment la citation est-elle construite ? (affirmation, négation, opposition) Qui est le sujet ?
- Synthétise la citation avec tes propres mots, dans d'autres termes : qu'est ce que cette auteur a voulu dire ?
- Fais des liens entre la citation, ce que tu as vu en classe et l'axe.
- Donne ton point de vue par rapport à ce propos d'Arnaldo Tamayo Méndez.

Séquence **17** LLCE

Thématique L'Espagne et l'Amérique latine dans le monde

Tan cerca y tan lejos

→ ¿Hasta qué punto las sociedades hispanas son inclusivas?

¿Convivir entre clases sociales?

No voy a vivir con un desconocido

VÍDEO 34

Fragmento de la película *Gente de bien* de Franco Lolli, Colombia, 2014.

Escoge tu camino

POR ETAPAS

1. Observa el cartel y la posición de los niños: ¿qué sugiere la separación?
2. Ve el vídeo. En la escena, aparecen dos lugares diferentes: identifícalos y di en qué se oponen.
3. Identifica a los dos personajes en la habitación y califica el ambiente que reina:
   tenso • ameno • cariñoso • complicado • inquietante • explosivo
4. Explica la opinión que tiene la hija acerca de Eric.

EN DIRECTO

¿Te parece que Eric está bien integrado en esa familia? ¿Qué te permite decirlo?

PON EN PRÁCTICA

¿Crees que la hija adopta la actitud correcta frente a su madre? Explica tu opinión con tres argumentos.

Para expresarte

- rechazar: *rejeter*
- una pelea: *une dispute*
- discutir: *se disputer*
- discrepar: *être en désaccord*
- un mot de plus
- deux mots de plus

Un gran asombro

Adriana es la niña que narra la historia. Descubre otro mundo relacionándose con los demás y sobre todo con los comerciantes o las criadas de su casa (Tata María e Isabel).

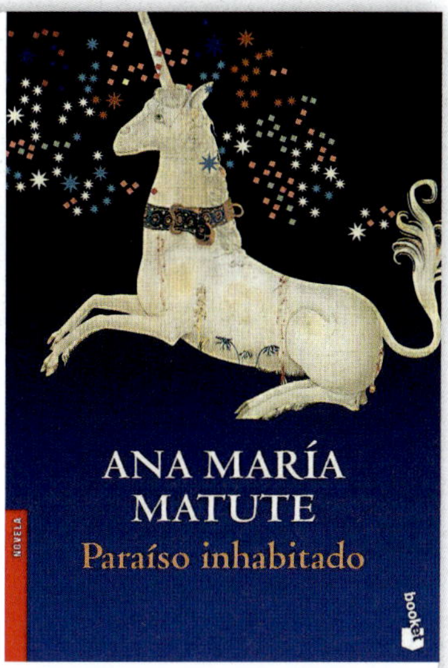

Con el panadero me ocurría algo especial. Sabía cuando llamaba él porque daba tres timbrazos, y yo corría a abrir la puerta, aunque Tata María me regañase[1] y me dijese que las señoritas no abrían las puertas, que para eso estaban ellas, y yo me decía que yo no era una señorita, que aunque nadie lo supiera, yo era Maga. [...]

El panadero era un muchacho de la edad de Jerónimo y Fabián, muy rubio, tanto que tenía el cabello blanco y los ojos pequeñitos, que parpadeaban[2] continuamente. Tata María me dijo: «Es albino... En mi pueblo, cuando yo era niña, había uno igual, y nadie lo quería. Ya ves, qué malos somos, tú tienes que ser buena con él, porque el albino de mi pueblo se murió de pena porque nadie le quisiera, y eso es muy malo, y muy feo». [...] Un día (creo que fue precisamente esa víspera de Navidad), yo pensé: «Voy a hacerle un regalo». Dibujé un pan y dos bolas rojas, y metí el papel donde había escrito: «Te quiero mucho, Albino» en la bolsa. Pero Isabel me vio meter el papel, lo sacó y dijo: «¿Qué es esto?». Yo se lo dije y entonces ella me miró de un modo como nunca me había mirado, como con susto, o como si no me conociera. Arrugó[3] el papel, lo tiró y me dijo: «No sabe leer... Como yo».

Y eso para mí fue un gran asombro: había gente en el mundo que no sabía leer. ¡Qué desgraciados debían de sentirse! [...]

–Isabel..., si no sabes leer, ¿cómo es que sabes tantos cuentos?

–Porque me los contó mi abuela.

–¿Tu abuela sabía leer?

Entonces Isabel lanzó una carcajada[4], aunque sin alegría. Yo esas cosas las notaba enseguida. Luego me dijo:

–No, hija, no. Nadie sabía leer en mi casa..., pero, eso sí, nos lo contábamos todo, unos a otros.

Ana María Matute (escritora española), *Paraíso inhabitado*, 2008.

1. regañar: *disputer, gronder* 2. parpadear: *clignoter* 3. arrugar: *froisser* 4. lanzar una carcajada: *éclater de rire*

Lo esencial

Vocabulario

- **pasarlo bien:** passer du bon temps
- **gastar bromas:** faire des blagues
- **caer de las nubes:** tomber des nues
- **quejarse:** se plaindre
- **la ingenuidad:** la naïveté
- **iluso/a = ingenuo/a**
- **humilde:** humble
- **analfabeto/a:** illettré(e)

Gramática

***Nada más* + infinitif**

- **«Nada más entrar** en el cuarto de su madre, la hija se queja».
- **«Nada más arrancarle** el papel, la criada lo tiró para que la pequeña no se lo diera al panadero».

Pronunciación

La lettre c

Écoute les mots et indique lequel de ces deux sons tu entends : [k] ou [θ] ?

Entra en acción

1. Lee el texto y explica por qué las «señoritas» no abren las puertas.
2. Apunta los elementos que permiten describir al panadero.
3. Di qué sentimientos experimenta la niña al verlo.
   admiración • fascinación • cariño • odio • indiferencia
4. Precisa la reacción de Isabel tras haber descubierto el «regalo» de la niña.
5. Califica la actitud de la niña al final del fragmento.

PON EN PRÁCTICA

6. Y tú, ¿qué prefieres: leer libros o que te cuenten historias? Explícalo en voz alta a tus compañeros/as.

Traducción BAC

Traduce de « Y eso para mí fue... » (l. 21) hasta el final del texto.

- Aquí se trata de un diálogo entre una niña y una criada; por eso es importante transcribir la manera de hablar propia de los personajes: tanto el tono infantil e ingenuo de Adriana como el tono enfadado de Isabel.
- En la l. 26, cuando Adriana pone énfasis en su persona «yo esas cosas...», es preciso resaltarlo en francés. No hace falta poner los pronombres personales delante de los verbos en español, pero si están es que hay una voluntad propia de insistir en la persona descrita.

¿Reducir las desigualdades?

Las fronteras invisibles de Madrid

Cerca de las Cuatro Torres del distrito financiero de Madrid. Fotografía de David Expósito.

En ocasiones doblar una esquina en Madrid supone cruzar una frontera de extrema desigualdad. [...] A la sombra de las Cuatro Torres o detrás de los pisos con vistas al río Manzanares se esconde una realidad paralela.

Vista desde las Cuatro Torres, la ciudad de Madrid aparece como una alfombra[1] de edificios donde es imposible distinguir los barrios ricos de los pobres, un sueño igualitario. Por las cristaleras de la cafetería de la Torre Cepsa, en la planta 17 de una de estas cumbres[2] del poder español, empleados y ejecutivos pueden ver a sus pies los pisos de La Ventilla, aparentemente un vecindario más en esta zona privilegiada del norte de la capital. Sin embargo, a ras de suelo el contraste es salvaje. A la hora de almorzar[3], los empleados de las torres buscan mesa en los restaurantes y cafeterías de la zona, pero ninguno se acerca al bar de Antonio Ramos y Pilar García, La Taurina. La Taurina estaba una tarde de esta semana lleno de obreros, trabajadores de talleres y pequeños negocios del barrio. Un montado de lomo[4] y una cerveza cuestan cuatro euros en este bar; en Vaca Nostra, un lujoso restaurante junto a la Torre Cepsa, los clientes ordenan carne Black Angus de Nebraska, a 94 euros el kilo. A los clientes de La Taurina no les sorprende que nunca aparezcan visitantes de las torres. Les separan apenas 400 metros pero hay una frontera invisible que divide estos dos mundos. [...]

Desde que fueron terminadas, entre 2007 y 2009, en los antiguos terrenos de entrenamiento del Real Madrid, el mayor impacto para muchos vecinos ha sido visual. Abren la ventana y se encuentran con los gigantes de cristal al acecho[5] [...]. A Pilar García, la cogerente de La Taurina, le parece que los vecinos de La Ventilla sacaban mucho más partido a la Ciudad Deportiva que a las Cuatro Torres. Para ella y otros vecinos los rascacielos no son un símbolo del que presumir[6]. «Yo siempre digo que las Cuatro Torres están cerca nuestra y no al revés», añade.

Fernando Peinado, Juan Diego Quesada (periodistas españoles), «Calle rica, calle pobre: las fronteras invisibles de Madrid», *El País*, 03/10/2019.

1. *un tapis* 2. *ces sommets* 3. *à l'heure du déjeuner* 4. una tapa, un bocadillo 5. *à l'affut* 6. *se vanter*

Entra en acción

1. Di de qué ciudad se trata e identifica los dos lugares descritos.
2. Apunta las características que diferencian a los dos barrios:
   - ¿Dónde se ubican?
   - ¿De qué tipo de personas se trata?
   - ¿A qué tipo de lugar suelen ir a comer?
   - ¿Qué suelen pedir de comer?
3. Comenta los sentimientos de los clientes del bar La Taurina frente a los ejecutivos de las Torres.

PON EN PRÁCTICA

4. Trabajas para el Ayuntamiento y debes redactar un informe para el alcalde/la alcaldesa. Le tienes que exponer un balance de la situación que conocen los vecinos de La Ventilla explicando lo que echan de menos.

Para expresarte

- la desigualdad: *l'inégalité*
- los vecinos: *les habitants*
- los rascacielos: *les gratte-ciels*
- impactante: *choquant(e)*
- el desfase: *le contraste*
- echar de menos: *regretter*

La recuperación de un espacio relegado

Alto Perú
© ContentLab, 04/09/2019.

VÍDEO 35

Entra en acción

1. Observa la infografía y di en qué consiste el proyecto.
2. Ve el vídeo y presenta el barrio.
3. Explica el papel del deporte y di si el proyecto está funcionando.

PON EN PRÁCTICA

4. Realiza un mapa mental del proyecto Alto Perú incluyendo a los protagonistas y a los/las destinatarios/as, los objetivos, su situación geográfica y los beneficios.

Para expresarte

- movilizarse: *se mobiliser*
- ser solidario/a: *être solidaire*
- la solidaridad: *la solidarité*
- cooperar: *coopérer*
- impulsar = promocionar
- el reconocimiento: *la reconnaissance*
- el altruismo: *l'altruisme*
- la miseria: *la misère*
- la abundancia: *l'abondance*

Lo esencial

Vocabulario

88

- **echar de menos:** avoir la nostalgie de
- **un barrio desfavorecido:** un quartier défavorisé
- **el reconocimiento social:** la reconnaissance sociale
- **tener una vida fácil/difícil:** avoir une vie facile/difficile
- **un recurso:** une ressource
- **el nivel de vida:** le niveau de vie
- **sentirse inferior/superior:** se sentir inférieur(e)/supérieur(e)
- **a corto/medio/largo plazo:** à court/moyen/long terme

Gramática

La construction des tournures affectives

- «**A los clientes de La Taurina no les sorprende** que nunca aparezcan visitantes de las torres».

Précis p. 284

Ortografía

Le pluriel des mots terminant en «z»

Mets les mots suivants au pluriel. Que remarques-tu ?

vez • feliz • voz • capaz • fugaz • actriz

Traducción BAC

Traduce el artículo de *El País*, de «Vista desde las Cuatro Torres...» (l. 5) hasta «de la capital» (l. 12).

- Analiza bien las palabras como, por ejemplo, «una alfombra de edificios». En efecto, aquí se trata de una metáfora pero, en francés, no lo puedes traducir igual. Tienes que buscar otra imagen u otra palabra que pueda dar el mismo efecto.
- Observa la forma de escribir, es importante respetar el estilo del texto. Aquí se trata de un documento periodístico con un estilo expositivo y objetivo.

¿Pagar por sus errores?

Ella no tiene la culpa

Tras enterarse de que Santiago, su hijo mayor, abusó de Vilma (una de las criadas de la casa), Juan Lucas y Susan deciden despedir a la empleada para evitar problemas.

Fue la manera de deshacerse de Vilma, sin que los demás protestaran demasiado. Al menos eso era lo que aconsejaba Juan Lucas, sentado en su cama templete[1], terminando de desayunar. Si no hubiera sido porque eran las diez de la mañana, uno habría pensado que recién se iba a acostar: ni una sola arruga en su pijama. Susan, linda a su lado, hubiera querido encontrar una solución mejor que ésa, sobre todo porque Julius iba a sufrir. Pero él, removiendo el azúcar en el café, una nada más ligero que de costumbre, dijo que era hora de que el mocosillo[2] se olvidara de tanta ama y tanta cosa; andaba metido siempre entre la servidumbre o conversando con el jardinero, con cualquiera menos con otro igual que a él. Susan le daba la razón, es verdad, Darling, pero le daba también tanta pena... Juan Lucas trató de ser terminante: que llamara a Vilma, que le hablara, luego él le daría una buena suma y punto final. Pero ella insistía en tener pena esa mañana, hasta dijo que era culpa de Santiaguito.

–Escucha, Susan: el chico está saliendo con muchachas; es natural que quiera desahogarse[3]... En Lima, a su edad, no es fácil, ¿sabes?... La chola[4] es guapa y ahí tienes... así es...

–Sí, Darling, pero ella no tiene la culpa.

–¿De dónde sacas esas ideas, Susan?

–Darling, pero... se... ha... defendido...

–Bien arrepentida debe estar, ¿o tú la crees una santa?

–Darling, no sé, pero...

–Toca el timbre para que vengan a llevarse el azafate[5], Susan.

–Darling, Santiago merecería...

–Santiago lo que merece es un poco de golf, esta mañana... Para que se le despeje un poco la mente[6]... Eso lo tranquilizará.

–¿Y Vilma?

–Ya te he dicho, mujer: habla con ella y luego yo le daré una buena propina[7]. Mis zapatillas de levantarme... Vamos, mujer, levántese... no sea usted floja... ¡uuuuuup!

Alfredo Bryce Echenique (escritor peruano), *Un mundo para Julius*, 1970.

1. *appuyé sur la tête de lit* 2. *le petit morveux* 3. *se défouler* 4. la indígena 5. *le panier en osier* 6. despejarse la mente: *s'aérer* 7. *un pourboire*

Escoge tu camino

POR ETAPAS

1. Explica las razones del despido de Vilma e identifica el responsable.
2. Relaciona al personaje con el adjetivo que le corresponde según su estado de ánimo en la conversación. Utiliza el verbo «estar».
   Personajes: Juan Lucas · Susan
   Estados de ánimo: tranquilo/a · nervioso/a · apenado/a · seguro/a
3. Di cómo se va a resolver este asunto familiar y da tu opinión acerca de la actitud de Juan Lucas.

EN DIRECTO

Comenta los dos puntos de vista diferentes acerca de Vilma.

PON EN PRÁCTICA

Imagina que Susan, por la noche, escribe su diario y cuenta lo que le pasó ese día. Redacta lo que podría confesar.

Cuando no se asumen los errores

La secuencia fílmica se abre con un coche que entra en un garaje. Un primer plano enfoca la matrícula del coche. Santiago, un joven, estresado y angustiado, va a despertar a sus padres. Otro coche llega y aparca delante de la casa. Se trata del abogado, amigo de la familia. El padre está viendo en la tele las noticias.

VÍDEO 36

Fragmento de la película *Relatos salvajes* de Damián Szifrón, Argentina, 2014.

Lo esencial

17

Vocabulario

89

- **culpar a una persona:** accuser qqn
- **asumir sus propios errores:** assumer ses erreurs
- **la responsabilidad es el precio de la libertad:** la responsabilité est le prix de la liberté
- **perjudicar a una persona:** nuire à qqn
- **sentirse todopoderoso/a:** se sentir tout-puissant(e)
- **tener la culpa:** être fautif/ive

Gramática

La simultanéité de l'action

- **«Al ver** al jardinero, se le ocurrió una idea...».

Pronunciación

90

La diphtongue et le hiatus

Écoute les mots et indique si c'est une diphtongue ou un hiatus.

Para expresarte

- una víctima: *une victime*
- un(a) culpable: *un(e) coupable*
- cometer: *commettre*
- un crimen: *un crime*
- una herida: *une blessure*
- desesperado/a: *désespéré(e)*
- afligido/a: *affligé(e)*
- el chantaje: *le chantage*

Entra en acción

1. Ve el vídeo y sitúa la escena en su contexto.
2. Escucha la música de fondo y di qué función tiene.
3. Di qué opone a los padres de Santiago.
4. Explica en qué consiste el trato con el jardinero.

PON EN PRÁCTICA

5. Si fueras tú el jardinero, ¿qué responderías a la proposición del padre? ¿Aceptarías el trato?

Proyecto

Redacta una breve carta para el periódico de tu instituto con ocasión del Día Internacional para la Erradicación de la Pobreza (17 de octubre).

- Explica por qué es importante celebrar esta jornada.
- Resalta la importancia de luchar por una sociedad inclusiva.
- Da un ejemplo de una acción que pusiste en marcha con tu instituto para ilustrar tu punto de vista.

Analyser une œuvre cinématographique

1 Interroge-toi sur la nature de l'œuvre et son genre.

- S'agit-il d'un film ? D'une série ? D'une publicité ?
- Est-ce une comédie ? Un thriller ? Un documentaire ?

2 Sois attentif/ive aux sons que tu entends et interroge-toi sur l'effet d'une telle musique ou d'un tel bruit.

- Dans *Relatos salvajes* (p. 241), la musique de fond joue un rôle fondamental : elle ajoute une tension dramatique à l'action principale, elle plonge le/la spectateur/trice dans une ambiance tendue et crée du suspense.

3 Observe les différents plans, l'apparition des personnages, les divers mouvements de la caméra.

- Dans *Gente de bien* (p. 236), deux scènes se juxtaposent. Les lieux, l'ambiance et les personnages changent brusquement.

4 Dégage le lien entre l'image et les dialogues et/ou les personnages.

- Dans *Relatos salvajes*, le père regarde à travers la baie vitrée et dans le reflet on distingue de manière très subtile le jardinier. Le réalisateur laisse des pistes au/à la spectateur/trice, qui doit les interpréter.

5 Analyse les attitudes des personnages par l'intermédiaire des différents plans.

- Dans l'extrait de film *Gente de bien*, lorsque la caméra filme alternativement la mère ou la fille, elle met en exergue leur confrontation.
- Les gros plans dans *Relatos salvajes* permettent de mettre en évidence les émotions des personnages et ainsi émouvoir le/la spectateur/trice.

6 Demande-toi qu'elle était l'intention du/de la réalisateur/trice : divertir ? critiquer ? dénoncer ? émouvoir ?

- Dans *Relatos salvajes*, l'intention du réalisateur consiste à dénoncer l'attitude abusive de la famille, qui n'a aucune éthique.

7 Partage ton opinion sur la réussite du projet du/de la réalisateur/trice. En tant que spectateur/trice es-tu convaincu(e) par le message délivré ?

- Dans *Gente de bien*, en juxtaposant deux scènes, le réalisateur a voulu nous montrer l'apparente intégration d'Eric qui se révèle fausse après l'altercation entre la mère et sa fille.
- Le/la spectateur/trice voit l'envers du décor en étant plongé(e) dans l'intimité de la chambre où la fille avoue réellement ce qu'elle pense.

ANALIZAR UNA PELÍCULA

LOS PLANOS

- el plano general: *plan d'ensemble*
- el plano conjunto: *plan moyen*
- el plano americano
- el plano medio: *plan rapproché*
- el primer plano: *gros plan*
- el plano detalle

LA ANGULACIÓN

- el picado
- el contrapicado
- el trávelin avance/retro/lateral
- el zoom
- la panorámica

ADJETIVOS POSITIVOS

- fascinante
- conmovedor(a)
- sorprendente
- no convencional
- brillante
- entretenido/a
- original
- apasionante
- impresionante
- divertidísimo/a
- intrigante

ADJETIVOS NEGATIVOS

- decepcionante
- lento/a
- predecible
- sangriento/a
- violento/a
- monótono/a
- aburrido/a
- deprimente
- desmoralizador(a)
- confuso/a

FRASES ÚTILES

- Los diferentes planos que se suceden resaltan...
- El plano subjetivo pone en evidencia/pone de realce...
- Cuando el director filma en contrapicado, se desprende un ambiente...
- Al introducir un *flash back*, el director crea...

Cine

Siglo XX

***Los olvidados*, Luis Buñuel, 1950**

Ambientada en uno de los barrios marginales de México, la película se centra en la vida de un joven llamado Jaibo. Tras escaparse de un correccional, el espectador podrá seguir las aventuras de este muchacho.

***Barrio*, Fernando León de Aranoa, 1998**

Es la historia de tres adolescentes que viven en uno de los suburbios de Madrid. Para ellos, es complicado escapar del aburrimiento y del «estancamiento social» en el que se encuentran.

Siglo XXI

***La Llorona*, Jayro Bustamante, 2020**

Según la leyenda, La Llorona es un fantasma que busca a sus hijos. Aquí, llora a los muertos, víctimas del genocidio maya. ¿Acaso viene a castigar a los que la justicia olvidó condenar?

Literatura y teatro

Novela

***Los besos en el pan*, Almudena Grandes, 2015**

Es una novela muy conmovedora acerca de una familia y de su rutina diaria. Seguimos los pasos de varios vecinos que viven momentos de solidaridad inesperada, de indignación y de rabia.

Poesía

«Pobre de nacimiento», *Poemas del suburbio*, Gloria Fuertes, 1954

Prolífica autora muy comprometida en su poesía, siempre quiso que los niños supieran leer. En sus poemas se refleja su preocupación social.

Obra de teatro

***Tres sombreros de copa*, Miguel Mihura, 1932**

En esta obra se enfrentan dos mundos opuestos: el de la burguesía y el de los bohemios. El autor pone en evidencia la voluntad de los artistas de llegar a una escala social superior y por otra parte denuncia el conformismo y las normas que dominan a los burgueses.

Pintura

Siglo de Oro

Bartolomé Esteban Murillo es un verdadero cronista social de su época. Sin toques de patetismo, consigue reflejar una realidad con su estilo costumbrista.

El joven mendigo, 1645-1650.

Siglo XX

Antonio Berni es un pintor argentino que sabe plasmar todas las problemáticas de su tiempo. Por ejemplo, *Manifestación*, realizada en 1934, permite poner de realce una muchedumbre con grandes caras que se yuxtaponen. Todos forman un conjunto pero también vemos a cada uno su particularidad.

Manifestación, 1934.

Música

Siglo XXI

***Somos Sur*, Ana Tijoux, 2014**

De origen chileno, Ana es una rapera. A través de sus canciones, expresa su compromiso social y denuncia las injusticias.

***Conquistar fronteras*, Movimiento original, 2011**

Para este grupo chileno es importante borrar las fronteras en América Latina para reivindicar ser una gran familia y demostrar solidaridad.

Le jour du BAC

L'épreuve se compose d'une partie écrite et d'une partie orale.
La **partie écrite** consiste en :
→ une **synthèse guidée** d'un dossier documentaire composé de 3 ou 4 documents adossés à l'une des thématiques du programme.
→ une **traduction** d'un passage d'un des textes du dossier.
L'usage du dictionnaire unilingue est autorisé.

Partie écrite

3 h 30

Documento A Inés y Virtudes

Madrid, 30 de julio de 1936, primer verano de la guerra civil. Inés, joven de una familia acomodada, se encuentra sola en su casa con Virtudes, la criada, joven de su misma edad.

–Oye, Virtudes [...] he pensado que, como hoy es mi cumpleaños y no he podido celebrarlo, ni nada... ¿Por qué no te arreglas[1] y nos vamos a la Gran Vía? [...]

–Es que... Salir de noche, por la Gran Vía, las dos solas... Vamos a parecer unas busconas[2].

–¿Unas busconas? –solté sus manos y percibí el desaliento[3] de mi propia voz, mientras hablaba tan en serio como lo había hecho muy pocas veces–. No me digas eso, Virtudes, no me lo digas, por lo que más quieras, por favor te lo pido, no lo vuelvas a decir. A ver si precisamente esta noche, la primera vez en mi vida que puedo hacer lo que se me antoja[4], resulta que voy a parecer una buscona.

–Lo siento, señorita. [...]

Media hora después, dos mujeres libres se bajaron de un taxi en la esquina de Alcalá con la Gran Vía. Una de ellas era Virtudes, la otra era yo, y las dos sonreímos. [...]

–Vamos a sentarnos aquí –le dije a Virtudes al ver que se quedaba libre una mesa en una terraza.

–No, señorita, eso sí que no –y me cogió del brazo cuando ya tenía la mano en una silla–. De día aún, pero ahora... No podemos sentarnos aquí, las dos solas, como si estuviéramos en un escaparate[5], para que nos vea todo el mundo. ¿Qué vamos a parecer? ¿Qué van a pensar de nosotras?

La miré, y vi en sus ojos un temblor de angustia genuina, un miedo auténtico que tenía poco que ver con la teoría, todas esas convenciones injustas, odiosas, ridículas, que habían inspirado sus palabras. Virtudes, que era baja, menuda, menos llamativa que yo pero más guapa de cara, iba vestida con mi ropa, una blusa, una falda, un collar de cuentas de colores. Por fuera parecíamos iguales, por dentro su inquietud nos hacía diferentes. Yo me podía permitir el lujo de ignorar lo que cualquiera pensara de mí aquella noche, pero ella tenía derecho a preocuparse por su reputación. Eso pensé, y que no podía obligarla a acompañarme porque no sería justo para ella, así que la cogí del brazo y seguimos andando, dejándonos llevar por aquel torrente humano, interminable, hasta la Puerta del Sol, donde al fin me consintió entrar en La Mallorquina y comprar dos bollos[6] rellenos de nata que nos comimos en la calle, como si sentarse, incluso dentro de una confitería, fuera una relajación definitivamente incompatible con la decencia de dos mujeres jóvenes y solteras. Era un pobre festín para un cumpleaños, pero antes de terminarlo, ya había aprendido que las cosas eran aún más complicadas de lo que parecían.

Almudena Grandes, *Inés y la alegría*, 2010.

1. arreglarse: *se faire beau/belle*
2. *(fam.) des traînées*
3. *(ici) la déception*
4. *ce dont j'ai envie*
5. *une vitrine*
6. *beignets*

Documento B ¿Qué es la segregación urbana?

En las ciudades la gente diferente vive en sitios diferentes: se llama segregación urbana. La segregación se puede dar por distintos motivos, como la etnia o los estilos de vida, pero el factor más importante es el económico. Los que más dinero tienen pueden elegir donde viven, para los más pobres la elección no es tan amplia. Los primeros viven en barrios mejores, con mejores servicios, mejor construcción y calidad medioambiental. Los pobres tienen que resignarse a vivir en barrios donde todo es un poco más precario e incluso la esperanza de vida unos años más corta. [...]

Estudios y expertos coinciden en que la segregación va en aumento, en correlación a las crecientes desigualdades provocadas por el modelo económico vigente, lo que puede provocar problemas en las megaurbes hacia las que nos encaminamos. Las Naciones Unidas prevén que un 68 % de la población mundial vivirá en ciudades en 2050, en España ya vive el 80 %.

●●●

«Los ricos y los pobres están viviendo a distancias crecientes unos de otros, y esto puede ser desastroso para la estabilidad social y el poder competitivo de las ciudades», señala un estudio realizado durante la primera década[1] de este siglo por varias universidades europeas (*Socio-Economic Segregation in European Capital Cities*). Entre las causas están la globalización, la reestructuración del mercado laboral, la diferencia de ingresos, la merma del Estado del bienestar y la mercantilización de la vivienda. La gentrificación y la turistificación son, además, procesos que contribuyen a esta separación entre las personas que, según sus condiciones vitales, dejan de convivir con otros grupos diferentes. Si lo interesante de las ciudades era su condición de crisol[2] de gentes y culturas, esta característica puede estar llegando a su fin. [...]

En España, Madrid y Barcelona también son muestras de segregación. En Madrid la segregación sucede de manera notoria en el eje norte-sur: al noroeste, salvo excepciones, se disponen las rentas más altas; los tradicionales barrios obreros (Vallecas, Usera, Carabanchel, etcétera) están más abajo del río Manzanares, al sureste. «Al norte está el privilegio, al sur la vulnerabilidad», explica el sociólogo Daniel Sorando, de la Universidad Complutense de Madrid, participante en el estudio paneuropeo[3] citado. Según esta investigación, Madrid es la capital más segregada de Europa y la segunda en desigualdad social.

Sergio C. Fanjul, «Ricos y pobres, cada vez más separados», *El País*, 12/01/2020.

1. *la décennie*
2. *le melting-pot*
3. paneuropeo = relativo a la Unión Europea como entidad propia

Documento C

La pobreza

Ay no quieres,
te asusta
la pobreza,
no quieres
ir con zapatos rotos al mercado
y volver con el viejo vestido.

Amor, no amamos,
como quieren los ricos,
la miseria. Nosotros
la extirparemos como diente maligno
que hasta ahora ha mordido el corazón
del hombre.

Pero no quiero
que la temas.
Si llega por mi culpa a tu morada,
si la pobreza expulsa
tus zapatos dorados,
que no expulse tu risa que es el pan
de mi vida.

Si no puedes pagar el alquiler
sal al trabajo con paso orgulloso,
y piensa, amor, que yo te estoy mirando
y somos juntos la mayor riqueza
que jamás se reunió sobre la tierra.

Pablo Neruda, *Los versos del capitán*, 1952.

Documento D

Eduardo Kingman, *El saque de papas*, 1939.

Síntesis guíada

1. Los documentos A y B describen una realidad social en dos épocas diferentes. Explica de qué se trata y en qué consiste. En unas 150 palabras

2. Comente cómo se representa poética y pictóricamente la pobreza gracias a los documentos C y D. En unas 150 palabras

3. A partir de los documentos, analice la noción de frontera social. ¿De qué manera aparece y qué impresión da al lector? En unas 200 palabras

Traducción

4. Traduzca el documento B del principio hasta la línea 6.

Séquence

18 Clásica y transgresora

Thématique Représentations culturelles : entre imaginaires et réalités

LLCE

→ ¿Se puede afirmar que el arte transmite una imagen estereotipada de la mujer española?

¿Ser dócil por decisión propia?

La mujer y la felicidad del matrimonio

Blanco y Negro
REVISTA ILUSTRADA

Ella era joven, agraciada y amante de su casa. Él era trabajador, inteligente y aficionado a[1] saludables ejercicios al aire libre, «sport» favorito que seducía también a su esposa, y, sin embargo ésta no podía realizarlo por efecto de la fatiga, estado lastimoso de sus pies, hinchazones en los tobillos[2], callos y durezas[3], observando con envidia su desventaja al compararse con otras jóvenes más afortunadas, cuyas perfectas condiciones les permitía compartir con los atletas las delicias del «sport». Tal desgraciado estado se agravó por el influjo del desarrollo de grasa superflua, aumento de peso[4] y pérdida de la estética juvenil, en perjuicio de[5] la felicidad conyugal.

Anuncio publicitario para unos saltratos para baños de pies a finales de los años veinte.

Su farmacéutico vende y recomienda Saltratos Rodell.

Revista *Blanco y negro*, suplemento del diario *ABC*, 12/09/1929.

1. *être amateur de* 2. *chevilles* 3. *callosités/duretés de la peau* 4. *poids* 5. *en préjudice de*

Entra en acción

1. Observa la ilustración y di qué puede suceder cuando la esposa no cuida sus pies.
2. Cita las cualidades que en este anuncio publicitario tienen las mujeres y los hombres en el matrimonio.
3. Di en qué se basa la felicidad de la pareja según este documento.
4. Di si este anuncio sería posible hoy en día.

PON EN PRÁCTICA

5. Imagina que una agencia de publicidad decide actualizar este anuncio. Redacta la nueva versión en un corto texto de cinco frases.

Para expresarte

- agraciada = bella, hermosa
- la envidia: *la jalousie*
- la felicidad: *le bonheur*
- cuidar: *prendre soin*
- reductor(a): *réducteur/trice*
- anticuado/a: *dépassé(e)*

Una carta para Miguel

«Miguel, ¿ por qué no me escribes? Yo había pensado no escribirte más, pero hoy es mi cumpleaños y estoy tan triste, y te echo tanto de menos que ya no puedo seguir sin escribirte. Ya ves que cedo, que no estoy tan terca[1] como dices tú, y siempre te lo acabo por perdonar todo.

Lo que hiciste no tuvo explicación, marcharte así sin más ni más, dejándome plantada en la calle, que lo vieron mi hermana y todas, no llegar a estar más que un día escaso. Lo que menos me figuraba era que de verdad te hubieras vuelto a Madrid, solo por la discusión tan tonta de la buhardilla[2]. Estaba segura de que me llamarías para pedir perdón, pero fui al hotel a buscarte y me dijeron que te habías ido. Y encima parece que la que te he ofendido he sido yo. Lo de que no sería capaz de vivir en una buhardilla lo dije por decir, seguramente viviría si llegara el caso, pero aunque no fuera capaz no es para que te enfades, no voy a poder decir nada. No creo que sea un pecado que prefiera vivir cómodamente y que te pregunte lo que ganas y esas cosas que saben todas las novias del mundo.

Pero Miguel, sobre todo escríbeme. ¿Qué quieres que explique en casa cuando me preguntan? Yo no sé qué he hecho para que te portes tan mal conmigo, ya no sé qué hacerte para justificarte.

Te quiero, Miguel. ¿Será posible que no te acuerdes de que es mi cumpleaños? Qué días he pasado de llorar y de rabia y de no comer [...]. Pero no estoy enfadada, tengo ganas de verte. No te puedo olvidar por mucho que quiera. [...] Siempre me parece que te van a aburrir mis cartas, por lo que tardas en contestar [...].

Rezo por ti. Te quiero. Adiós, Julia.»

Carmen Martín Gaite (escritora española), *Entre visillos*, 1957.

1. *obstinée, têtue* 2. *la mansarde*

Lo esencial

Vocabulario

91

- **el compromiso:** les fiançailles
- **comprometido/a:** fiancé/e
- **casarse:** se marier
- **desempeñar un papel:** jouer un role
- **ajustarse a las normas:** se plier aux normes
- **un adorno:** un objet de décoration
- **mujer-florero:** une potiche

Gramática

Le relatif *cuyo/a/os/as*

- **«Cuyas perfectas condiciones...».**

Précis p. 280

***Lo que* + verbe conjugué**

- **«Lo que hiciste no tuvo explicación».**
- **«Lo que menos me figuraba».**

Précis p. 276

Pronunciación

92

Les sons [r] et [x]

Écoute les mots et indique lequel de ces deux sons tu entends : [r] ou [x] ?

Entra en acción

1. Identifica quiénes son los personajes y la relación entre ellos.
2. Busca los elementos que muestran que Miguel está enfadado con Julia.
3. Di ahora cuáles parecen ser los motivos de su enfado.
4. Entresaca los elementos que te permiten saber que a Julia le preocupa la opinión de los otros.
5. Explica por qué se puede considerar a Julia como una mujer «tradicional».
   ceder • suplicar • perdonar • depender de

PON EN PRÁCTICA

6. Escribe la carta que una mujer de hoy en día escribiría a Miguel.

Para expresarte

- estar enfadado/a: *être fâché(e)*
- marcharse: *s'en aller*
- ofenderse: *se vexer*
- el qué dirán: *le qu'en dira-t-on*
- dejar a alguien: *quitter quelqu'un*

¿SABÍAS QUE...?

Carmen Martín Gaite (1925-2000) es una de las escritoras más importantes del siglo XX. Con su obra *Entre visillos* ganó el prestigioso **Premio Nadal** en 1957. Ha sido también la **primera mujer escritora** a la que se le concedió el Premio Nacional de Literatura en 1978.

Traducción — BAC

Traduce desde «Lo que menos me figuraba» (l. 7) hasta «no voy a poder decir nada» (l. 13).

- Identifica en qué persona está redactado el texto e identifica el sujeto y el verbo de cada frase.
- Asegúrate de comprender el sentido de cada frase antes de traducirla.
- Ten cuidado, el francés no utiliza tanto la concordancia de los tiempos, especialmente en un registro familiar.

¿En casa no, pero en el escenario sí?

La mujer ideal

Julio Romero de Torres, *La Cordobesa*, 1929-1930. Este cuadro sirvió para publicitar el anís La Cordobesa de las Bodegas Cruz Conde en los años veinte.

AUDIO 93

La morena de mi copla de Jofre de Villegas y Carlos Castellanos, 1939.

Para expresarte

- un retrato: *un portrait*
- delgada: *mince*
- un canon de belleza: *un canon de beauté*
- el estribillo: *le refrain*

Escoge tu camino

POR ETAPAS

1. Observa el cuadro y describe a la mujer.
2. Escucha la copla y di en qué coinciden la mujer de la canción y la mujer del cuadro.
3. Apunta algunos elementos que te indican que este tipo de mujer representa un símbolo nacional español.
4. A pesar de la música y el baile, se trata de una mujer melancólica, busca algunas informaciones que lo demuestran.

EN DIRECTO

Apoyándote en los documentos, haz el retrato robot tanto físico como moral de la mujer española que se propone aquí.

PON EN PRÁCTICA

Comenta con tus compañeros/as si existe una imagen típica de la mujer de tu país y haz un breve retrato de ella (piensa en la música, en el cine...).

¿SABÍAS QUE...?

Julio Romero de Torres, el célebre pintor andaluz de las primeras décadas del siglo XX, famoso por pintar a las mujeres de su Córdoba natal, rompió el concepto de la belleza femenina. La obsesión de Julio con la **mujer morena** le otorgó visibilidad a esta. La tez oscura era repudiada por las clases altas para alejarse de la mujer campesina y de su pobreza. Pero a partir de su obra, los rasgos sureños tomaron fuerza y se convirtieron en una de las manifestaciones de la liberación de la sensualidad femenina.

¡Qué peligro!

Joaquín Sorolla (pintor español), *Baile en el café Novedades de Sevilla*, 1914.

Baile

La Carmen está bailando
Por las calles de Sevilla
Tiene blancos los cabellos
Y brillantes las pupilas.

¡Niñas,
corred las cortinas[1]!

En su cabeza se enrosca
Una serpiente amarilla,
Y va soñando en el baile
Con galanes[2] de otros días.

¡Niñas,
corred las cortinas!

Las calles están desiertas
Y en los fondos se adivinan,
Corazones andaluces
Buscando viejas espinas.

¡Niñas,
corred las cortinas!

Federico García Lorca (poeta español), *Poema del cante jondo*, 1931.

1. *les rideaux*
2. une galán: hombre bello y seductor

EN TU MÓVIL — Flashe la page pour écouter le poème lu par le poète espagnol Rafael Alberti.

Entra en acción

1. Antes de leer el poema, di qué evoca para ti el nombre de «Carmen».
2. Lee el poema y presenta a Carmen: cómo es, qué hace, de qué es sinónimo el baile.
3. Carmen no es un modelo a seguir, di lo que te permite afirmarlo. Fíjate en el estribillo.
4. Observa los sonidos que se repiten en las dos primeras estrofas y explica lo que obtiene el poeta con esto.
5. En la tercera estrofa, Carmen ya no aparece. Su baile se ha terminado. Explica la sensación que se desprende de estos versos.
6. Fíjate en el cuadro y di por qué este ambiente parece ser radicalmente opuesto al del poema:
   la alegría • divertirse • festejar

PON EN PRÁCTICA

7. Busca otro título para el poema y justifica tu elección.

Lo esencial

Vocabulario (94)

- **la belleza:** la beauté
- **ser moreno/a:** être brun(e)
- **romper con las reglas:** briser les normes
- **una mujer de bandera:** une femme d'excellence
- **danzar/bailar:** danser
- **la pena:** le chagrin

Gramática

Emplois spécifiques de l'article

- «**La de** la alegre guitarra, **la del** clavel español...».

Précis p. 276

L'impératif

- «**Corred** las cortinas...».

Ortografía

L'enclise

Mets l'accent sur les mots si nécessaire.

dejandome • diselo • dime • pidiendoselo • escribeme • escribirle • separandose • callate • calmarse

Traducción BAC

Traduce el poema desde el principio hasta «con galanes de otros días» (l. 10).

- La expresión «va soñando en el baile» indica una idea de progresión/continuidad, busca una equivalencia en francés para traducir esta idea.
- Identifica bien el imperativo del estribillo.
- Recuerda que el francés prefiere utilizar los posesivos.

18 Descubre

¿Hoy todo es más fácil para la mujer?

¿Por qué yo?

Begoña casi nunca ha sido feliz.

De niña quizás, porque no recuerda esta presión, la bola en el estómago que la acompaña a todas partes desde hace décadas, un huésped[1] indeseable, tan incrustado en su cuerpo que ya no lo distingue de sus propias vísceras.

Begoña no es feliz y no sabe exactamente por qué. Esa sensación la acompaña a todas partes, coloca ante sus ojos un filtro apagado, grisáceo que afea todo lo que tiene cerca [...] y su propia imagen en el espejo.

Begoña no es una belleza pero nadie, excepto ella, la definiría como mujer fea. Es mona[2] de cara, usa una talla cuarenta, mide ciento sesenta y seis centímetros, tiene las piernas bonitas, los pechos en su sitio, una voz preciosa y las arrugas[3] justas, saludables para su edad. Pero cuando mira al espejo, solo ve a una mujer vulgar, anodina, poco elegante y sin una pizca[4] de clase. Como su casa, como su marido, como su familia, como su vida. Y cada vez que llega a esa conclusión, la bola de su estómago engorda, se vuelve un poco más dura, más pesada, tan absorbente que le quita el aire que necesita para respirar y hasta las ganas de vivir.

¿Por qué yo?, se pregunta, ¿y por qué yo no? Entonces intenta arreglarlo. Se tira a la calle como si estuviera poseída por un demonio después de una noche sin dormir, horas y horas navegando por Internet a la busca de ofertas en tiendas verdaderamente exclusivas donde comprar telas, piezas, detalles capaces de iluminar la asfixiante grisura de su mundo. Al encontrar lo que busca, la presión se relaja y una sonrisa de aparente satisfacción aflora en sus labios, pero la calma dura muy poco, apenas unas horas [...].

En este instante, la angustia grita, la reclama, le pregunta si de verdad creía que iba a librarse de ella tan fácilmente. Y todo vuelve a empezar.

1. *un invité* 2. *mignonne* 3. *les rides* 4. *une touche de*

Almudena Grandes (escritora española), *Los besos en el pan*, 2015.

Para expresarte

- la angustia: *l'angoisse*
- ansioso/a: *anxieux/euse*
- el estrés: *le stress*
- experimentar = sentir: *éprouver, ressentir*
- la debilidad: *la faiblesse*
- el punto flaco: *le point faible*
- afear: *enlaidir*
- aflorar: *(ici) apparaître*

Escoge tu camino

POR ETAPAS

1. Lee el texto y describe a Begoña físicamente.
2. Explica lo que representa la bola en el estómago que siente Begoña.
3. Comenta la imagen que tiene de sí misma ante el espejo.
4. ¿Crees que la imagen ocupa un lugar importante en la sociedad actual?

EN DIRECTO

Haz el retrato tanto físico como psicológico de Begoña.

PON EN PRÁCTICA

Si Begoña fuera tu amiga, ¿qué le dirías para animarla? Dale cinco consejos para que se sienta mejor.

La versión 2.0 de la mujer española

AUDIO 95

Rosalía gana un Grammy por *El mal querer*
© El Independiente, 27/01/2020.

Portada de *Preso* de Rosalía realizada por Filip Custic.

Julio Romero de Torres (pintor español), *Naranjas y limones*, 1927.

Lo esencial

Vocabulario 96

- **echar una mirada:** jeter un coup d'œil
- **sufrir un ataque de ansiedad:** faire une crise d'angoisse
- **ser una mujer de armas tomar:** être une femme forte
- **animar a una persona = dar ánimo:** remonter le moral

Gramática

L'usage de « *tan* + adjectif + *que* »

- «Un huésped **tan** incrustrado en su cuerpo **que** no lo distingue».
- «La bola **tan** absorbente **que** le quita el aire».

Pronunciación 97

La lettre *ñ*

Écoute les mots et indique dans lesquels tu entends le son [ɲ].

Entra en acción

1. Escucha la grabación y di cómo fue el proceso creativo del disco de Rosalía.
2. Describe las dos imágenes comparando a las dos mujeres.
3. Observa bien la mirada de Rosalía. ¿Qué mensaje quiere transmitir?
   soberbia • orgullo • afirmación de sí • fragilidad • grandeza • sencillez
4. ¿Por qué, para Rosalía, es tan importante inspirarse en la cultura española (o sea, de pintores como Romero de Torres, o incluso de Goya para otra canción)?

PON EN PRÁCTICA

5. Comenta la reinterpretación que hace Rosalía de la mujer española.
   Esta reinterpretación me parece... • Esta «parodia» pone de realce... • Rosalía aparece como...

Para expresarte

- estético/a: *esthétique*
- melancólico/a: *mélancolique*
- desnudo/a: *nu(e)*
- la desnudez: *la nudité*
- el pecho: *la poitrine*
- la piel: *la peau*
- profundizar: *approfondir*
- la soberbia: *l'orgueil, la suffisance*
- la sensibilidad: *la sensibilité*

¿SABÍAS QUE...?

Filip Custic (Tenerife, 1993) es el artista que **diseñó las imágenes** para el álbum ***El mal querer*** (2017) de Rosalía. Juntos decidieron que cada una de las canciones se explicara con una imagen. ¡Rosalía y él trabajaron intercambiando lluvias de ideas por WhatsApp!

Proyecto

Realiza un cartel sobre una mujer famosa de origen español del siglo XX-XXI que encarna para ti el arquetipo de la mujer española. Lo puedes hacer a partir de un powerpoint o de un mapa mental. Presentarás oralmente a tus compañeros/as a la mujer de tu elección.

- Busca en Internet a mujeres españolas conocidas.
- Redacta su biografía y haz su descripción según tus criterios de la mujer española actual.
- Explica las razones de tu elección y expresa tu opinión.

18 Con método

Analyser un poème

1 Je lis le poème attentivement et je m'interroge sur sa structure (strophes, vers, etc).

- S'agit-il d'un sonnet ? D'une ode ? D'un *romance* ? D'une *copla* ?
- S'agit-il de *versos de arte mayor* ou de *arte menor* ?
- Le **poème de Lorca** (p. 249) est un *romance* car il est composé d'octosyllabes (*versos de arte menor*). Ce poème appartient donc à un registre populaire. Il est composé de 3 strophes de 4 vers et d'un distique répété 3 fois.

2 Je suis attentif/ive aux sons que j'entends et aux rythmes qu'ils créent (allitérations, assonances, répétitions…).

- S'agit-il de *rimas asonantes* ou *consonantes* ? Dans le **poème de Lorca** les rimes sont assonantes [i/a] sur les vers pairs. Ces rimes mettent en valeur la musicalité des vers ; douce et répétitive.
- Au niveau du rythme, on remarque que le distique « *Niñas, ¡corred las cortinas!* » fonctionne comme un refrain et ajoute à la musicalité du poème.
- Au niveau phonique, on note la présence d'une allitération en [s] qui parcourt tout le poème comme un souffle qui le traverse ou comme si ce poème devait être chuchoté à l'oreille de quelqu'un…

3 J'observe les différents thèmes abordés, la présence de personnages et la portée sur le lecteur.

- Dans le **poème de Lorca**, la protagoniste est Carmen. Les rues se sont vidées comme si la danse de Carmen pouvait être mortelle. Elle envoûte ses proies d'où l'importance de fermer les rideaux. La fenêtre représente une frontière dangereuse pour les jeunes filles qui pourraient être tentées de faire la même chose que Carmen.

4 Je commente le ton à l'aide des émotions qui sont mises en valeur : l'épopée, l'exaltation lyrique, la célébration de la nature, la nostalgie de l'être aimé.

- Dans **la copla** (p. 248), on peut remarquer que le ton est léger. Il s'agit de célébrer la femme. L'intonation est lyrique.
- Dans le **poème de Lorca**, le poids du destin pèse. Carmen est comme une sirène de nuit qui hypnotise les passants au point qu'ils peuvent en mourir (v. 15-16). Le ton est dramatique par le refrain qui se veut précautionneux (v. 5-6) et à la fois lyrique.

5 Je me demande quelle est l'intention du poète : faire un éloge ? critiquer ? dénoncer ? émouvoir ?

- Dans **la copla**, l'auteur fait l'éloge de la « femme espagnole ». Il utilise un argument d'autorité pour confirmer son propos en faisant référence au peintre Julio Romero de Torres. Le ton est emphatique et permet ainsi de rendre hommage à la beauté féminine incarnée par « la morena ».

ANALIZAR UN POEMA

LOS TIPOS DE POEMA
- el romance
- la redondilla
- el soneto

LOS RECURSOS SIMBÓLICOS
- **La metáfora:** comparación entre un término real (A) y otro con el que se compara (B). Se diferencia de **la imagen** porque la conjunción comparativa «como» no aparece.
- **La personificación:** atribuir cualidades humanas a seres no humanos.
- **Una hipérbole:** es una exageración desproporcionada. Da un sentido desmesurado de la realidad.

LOS RECURSOS FÓNICOS
- **La aliteración:** repetición de fonemas con frecuencia superior a la normal. Permite producir diversas sensaciones.
- **La anáfora:** repetición de una palabra al comienzo de varios versos. Da vitalidad y fuerza.

LOS RECURSOS DE CONSTRUCCIÓN
- **El quiasmo:** inversión en el orden de un enunciado. Crea un efecto de paralelismo.
- **El polisíndeton:** repetición innecesaria de una misma conjunción. Crea un efecto de acumulación. Puede dar lentitud o velocidad al ritmo del poema.

Cine y series

Siglo XX

Carmen, Carlos Saura, 1983
Una reinterpretación muy hispánica de la Carmen de Prosper Mérimée en versión flamenca.

Carmen y Lola, Arantxa Echevarría, 2018

Una historia de amor entre adolescentes gitanas que deberán elegir entre la familia, la tradición y su amor.

Elisa y Marcela, Isabel Coixet, 2019
La directora catalana Isabel Coixet llevó al cine la historia de amor de Elisa y Marcela, dos jóvenes gallegas que disfrazándose y

cambiando de identidad consiguieron casarse en 1901 en lo que fue el primer matrimonio homosexual de España.

Siglo XXI

Las chicas del cable
Serie que pone en escena a diferentes tipos de mujeres, en el Madrid de los años 30, que intentan emanciparse a pesar de los dictados de la sociedad.

La casa de papel
El personaje de Nairobi, con su famosa réplica «Empieza el matriarcado», representa la mujer dominadora que sabe tomar las riendas del grupo.

Vis a vis
En esta serie, el personaje de Saray tiene un carácter imponente y traspasa los estereotipos encarnando una gitana que baila y canta en la cárcel.

Literatura

Siglo XX

Nada, Carmen Laforet, 1944
Novela de aprendizaje en la que el lector es testigo del destino de Andrea, joven muchacha huérfana que llega a Barcelona después de la Guerra Civil para estudiar

filosofía y letras. A través de las emociones de la protagonista, el lector asiste a la transformación de Andrea de gusano a mariposa.

Modelos de mujer, Almudena Grandes, 1996

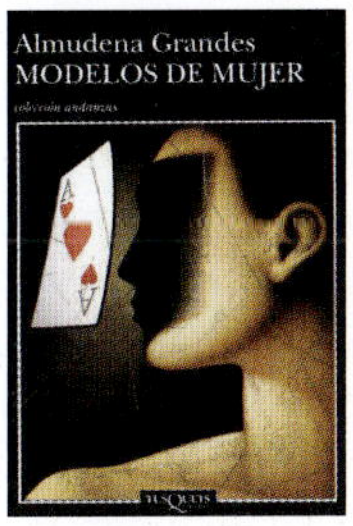

Siete relatos independientes protagonizados por mujeres de edades y vidas diferentes que hacen frente al amor, a la vida y a la muerte.

Siglo XXI

El tiempo entre costuras, María Dueñas, 2009
Se trata del destino de Sira Quiroga, una joven modista que abandona Madrid antes de que

estalle la Guerra Civil española. Sus aventuras en Marruecos, protectorado español, permiten mostrar a una mujer fuerte capaz de traspasar límites.

Que nadie duerma, Juan José Millás, 2019
El día en que Lucía pierde su empleo es también el día en que su vida va a dar un giro definitivo. Decide ser taxista y así va a recorrer las calles de Madrid, hasta Pekín en su mente. Esa mujer da

rienda suelta a su imaginación para liberarse de la rutina. Lo cotidiano y lo extraordinario se entremezclan en esta novela de amor y terror.

Música

Siglo XX

La copla andaluza
Es un tipo de canción que nació a principios del siglo XX y se popularizó a partir de los años 40 con figuras como Estrellita Castro, Concha Piquer y Lola Flores. Las letras suelen tener por tema el amor romántico, la fatalidad, celos, amores y desamores.

Siglo XXI

La niña, María Pelaé, 2019
Considerada «la Lola Flores millennial», María Pelaé ha hecho irrupción en el panorama musical con su estilo que mezcla flamenco y rap. Sus letras abordan temas como las redes sociales o la

reivindicación de la identidad sexual con un tono humorístico y desenfadado.

Le jour du BAC

L'épreuve se compose d'une partie écrite et d'une partie orale.
La **partie écrite** consiste en :
→ une **synthèse guidée** d'un dossier documentaire composé de 3 ou 4 documents adossés à l'une des thématiques du programme.
→ une **traduction** d'un passage d'un des textes du dossier.
L'usage du dictionnaire unilingue est autorisé.

Partie écrite 3 h 30

Documento A Esto se acabará pronto

El zapatero está harto del comportamiento «escandaloso» de su mujer e intenta hablarle.

ZAPATERO. (*Armado de paciencia.*) –Me han provocado, me han, a veces, hasta insultado, y no teniendo ni tanto así de cobarde he quedado con mi alma en mi almario[1], por el miedo de verme rodeado de gentes y llevado y traído por comadres y desocupados. De modo que ya lo sabes. ¿He hablado bien? Ésta es mi última palabra.

ZAPATERA. –Pero vamos a ver: ¿a mí qué me importa todo eso? Me casé contigo, ¿no tienes la casa limpia? ¿No comes? [...] ¿Qué más quieres? Porque, yo, todo; menos esclava. Quiero hacer siempre mi santa voluntad.

ZAPATERO. –No me digas... tres meses llevamos casados, yo, queriéndote... y tú, poniéndome verde[2]. ¿No ves que ya no estoy para bromas?

ZAPATERA. (*Seria y como soñando.*) –Queriéndome, queriéndome... Pero (*Brusca.*) ¿qué es eso de queriéndome? ¿Qué es queriéndome?

ZAPATERO. –Tú te creerás que yo no tengo vista y tengo. Sé lo que haces y lo que no haces, y ya estoy colmado[3], ¡hasta aquí!

ZAPATERA. (*Fiera.*) –Pues lo mismo se me da a mí que estés colmado como que no estés, porque tú me importas tres pitos[4], ¡ya lo sabes! (*Llora.*)

ZAPATERO. –¿No puedes hablarme un poquito más bajo?

ZAPATERA. –Merecías, por tonto, que colgara[5] la calle a gritos.

ZAPATERO. –Afortunadamente creo que esto se acabará pronto; porque yo no sé cómo tengo paciencia.

ZAPATERA. –Hoy no comemos... de manera que ya te puedes buscar la comida por otro sitio. (*La Zapatera sale rápidamente hecha una furia.*)

ZAPATERO. –Mañana (*Sonriendo.*) quizá la tengas que buscar tú también. (*Se va al banquillo.*)

Federico García Lorca, *La zapatera prodigiosa*, (escena 5, acto I), 1930.

1. *lieu où réside l'âme* 2. poner verde: *insulter* 3. estar colmado: *en avoir assez* 4. *je n'en ai rien à faire de toi* 5. colgar: *(ici) ameuter*

Documento B Una criatura encantadora

Marcelino quiere presentar a Maribel, la chica de la que está muy enamorado, a su madre Doña Matilde y a Doña Paula, pero ella no siente lo mismo por él y está muy incómoda.

MARCELINO. –Vamos, Maribel... No debes ser así... Mamá tiene muchos deseos de charlar contigo.

DOÑA MATILDE. –¡Pues claro que sí! ¡Tenemos que hablar de tantas cosas! [...]

(*MARIBEL vuelve a mirar a los dos, que están sonrientes y felices. Y, tímidamente, se sienta, estirándose las faldas para que no se le vean demasiado las piernas.*)

MARIBEL. –Con su permiso. (*Y de nuevo se levanta cuando escucha la voz de DOÑA PAULA, que ha salido por la puerta del foro.*)

DOÑA PAULA. –¡Ay, qué bien! ¡Si por fin ha venido! ¡Si por fin ha venido! MARCELINO. –Pasa, tía. Mira, Maribel. Te voy a presentar a mi tía Paula, la hermana de mi madre... Ella es la dueña de esta casa, donde mamá y yo estamos pasando unos días.

DOÑA PAULA. –¡Encantada! ¡Encantada! ¡Pero qué mona[1]! ¡Pero si es una chica preciosa! Muchísimo gusto en conocerla, hija mía... Muchísimo gusto...

MARIBEL. –Lo mismo le digo.

DOÑA MATILDE. –Pero siéntese, siéntese.

MARIBEL. –Con su permiso.

(*Y vuelve a sentarse, acobardada[2]. Lo más recatadamente[3] posible.*)

DOÑA PAULA. –¡Y qué moderna va vestida! Pero ¿te has fijado qué zapatos, Matilde? Son elegantísimos.

DOÑA MATILDE. –Claro que me he fijado... Pues ¿y la blusita? ¿Y el peinado?... ¡Y todo! Una verdadera monería.

MARCELINO. –Ya os dije yo que os iba a gustar mucho...

DOÑA PAULA. –Parece que han nacido el uno para el otro, ¿verdad, Matilde?

DOÑA MATILDE. –Claro que sí, Paula.

DOÑA PAULA. –Y nosotras, ¿qué le parecemos?

MARIBEL. –Pues qué sé yo... Así, al pronto[4]...

MARCELINO. –La encontraréis un poco cohibida[5],

pero es que se ha llevado una sorpresa cuando le he dicho que os iba a presentar... Creyó, incluso, que se trataba de una broma. MARIBEL. –Es que una no está acostumbrada a estas cosas, la verdad... Y vamos...

DOÑA PAULA. –Las chicas modernas ya se sabe... Se puede decir que viven un poco al margen del hogar y, por consiguiente, no son muy propicias a las reuniones familiares.

DOÑA MATILDE. –Fiestas, cócteles, espectáculos... ¿Es cierto, o no?

MARIBEL. –Sí. Algo de eso hay.

DOÑA MATILDE. –Y hace usted muy bien, hijita mía. Si nosotras, en nuestra época, hubiéramos podido disfrutar de esta libertad que ustedes disfrutan...

DOÑA PAULA. –¡Pero los prejuicios y la estrecha moralidad, con todas sus monsergas[6], nos impedían toda clase de iniciativas!

DOÑA MATILDE. –A propósito. ¿Quiere usted que pongamos un poco de música? Tenemos música moderna.

MARIBEL. –No, gracias... Me voy a ir en seguida.

MARCELINO. –Pero por Dios, Maribel. Si es tempranísimo.

MARIBEL. (*Con rabia.*) –Tú te callas, ¿quieres?

Miguel Mihura, *Maribel y la extraña familia*, (acto primero), 1956.

1. *Quelle est jolie !* 2. *lassée* 3. *sagement* 4. *de but en blanc* 5. *intimidée* 6. *sermons*

Documento C Si paramos todas, se para todo

Las mujeres trabajamos como mulas. Siempre, desde siempre. Dentro de casa por supuesto, y fuera también. Hace menos de un siglo, las mujeres del medio rural trabajaban en los campos, en los huertos, con el ganado, recolectaban esparto[1] en el monte, hacían la comida, arreglaban la casa, cuidaban de los niños, y no poseían ni un solo céntimo que fuera suyo. En las ciudades, las mujeres limpiaban, lavaban, planchaban[2] para su familia y hacían lo mismo para otras por un salario irregular, ínfimo, impregnado del humillante tufo[3] de la caridad. El dinero que ganaban no se consideraba un sueldo, sino una simple ayuda para sus padres o sus maridos. En mi infancia, las cosas no habían cambiado demasiado. Luego sí. Cambiaron tanto que creímos que ya estaba todo hecho. El feminismo impulsó la única revolución social triunfante en el siglo XX, la única capaz de transformar efectivamente la vida de las personas. Pero la conquista de la igualdad jurídica no bastó para implantarla en la realidad, porque la igualdad no es un concepto relativo, porque no se puede trocear[4], ni se debe negociar con él. Las mujeres no aspiramos a ser más iguales, sino a ser absolutamente iguales, y para lograrlo, no podemos seguir aceptando que nos traten como a una minoría cuando somos la mayoría de la población, en España y en cualquier otro país. Por eso voy a la huelga el 8 de marzo. Porque las mujeres no hemos hecho otra cosa que trabajar como mulas siempre, desde siempre, ha llegado el momento de parar para demostrar que, si paramos nosotras, se para todo. No lo duden.

Almudena Grandes, *A la huelga*, discurso en Cadena Ser, 08/03/2018.

1. *sparte (corde)* 2. planchar: *repasser* 3. el hedor = el mal olor 4. *couper en morceaux*

Documento D

Julio Romero de Torres, *Manola*, 1900-1910.

Síntesis guíada

1. Explique de qué manera los documentos A y D hacen el retrato de una mujer que transgrede las normas.
En unas 200 palabras

2. En el documento B, se oponen dos tipos de mujeres a través de la voz de tres protagonistas. ¿Qué visión nos da de ellas el autor?
En unas 150 palabras

3. Explique de qué manera la autora pone en evidencia la condición femenina en el documento C. En unas 150 palabras

Traducción

4. Traduzca el documento C del principio hasta «sus maridos» (l. 10).

Séquence

19 Luchas sin fin

LLCE

Thématique Dominations et insoumissions

→ ¿Las revoluciones del mundo hispánico constituyen una ruptura total con el pasado?

¿Conquistando derechos?

¡Tierra y libertad!

La historia revolucionaria en los murales de Diego Rivera
© TeleSur, Venezuela, 2010.

AUDIO 98

Diego Rivera (muralista mexicano), *Historia de México a través de los siglos* (detalle), Palacio Nacional de México, Ciudad de México, 1929-1935.

Para expresarte

- un mural: *une fresque*
- un(a) líder/héroe/heroína: *un(e) leader, un(e) héros/héroïne*
- los campesinos: *les paysans*
- los obreros: *les ouvriers*
- los soldados: *les soldats*
- los indígenas: *les indigènes*
- retratar/pintar: *peindre*

¿SABÍAS QUE...?

El **Muralismo mexicano** es un movimiento pictórico nacido de la **Revolución mexicana** (1910). Es un arte al servicio de las ideas revolucionarias. Sus tres mayores exponentes son **David Alfaro Siqueiros, José Clemente Orozco y Diego Rivera**. El Muralismo toma forma en los muros para ser accesible para todos cumpliendo así su **función pedagógica** de transmitir su mensaje al pueblo.

Entra en acción

1. Observa el mural y di quiénes pueden ser estos hombres. ¿Por qué razón habrán sido retratados?
2. Escucha el audio y di lo que ha celebrado México.
3. Apunta algunas informaciones sobre Diego Rivera y su movimiento pictórico.
4. Completa: los murales de Diego Rivera en el Palacio Nacional representan...
5. Di quiénes fueran Benito Juárez, Hidalgo y Zapata y por qué han pasado a la historia mexicana.

PON EN PRÁCTICA

6. En la audioguía del Palacio Nacional, se explica por qué es fundamental conocer la historia del país. Imagina el texto y grábalo con un(a) compañero/a.
Nuestra identidad... • La realidad de hoy... • El origen de nuestras costumbres y fiestas...

¡Viva Zapata!

La legislación liberal no preveía ninguna defensa contra los abusos de los poderosos[1]. Campesinos y obreros vivían desamparados frente a caciques, señores feudales e industriales. Pero los campesinos mexicanos poseían una larga tradición de luchas; los obreros no solamente carecían[2] de los más elementales derechos, sino de una experiencia o una teoría en qué apoyar sus demandas y justificar su combate. Los campesinos mexicanos hacen la Revolución no solamente para obtener mejores condiciones de vida, sino también para recuperar las tierras que en el transcurso de la Colonia y del siglo XIX les habían arrebatado[3] encomenderos y latifundistas[4]. Casi todos los programas y manifiestos de los grupos revolucionarios contienen alusiones a la cuestión agraria. Pero solamente la Revolución del Sur y su jefe, Emiliano Zapata, plantean con claridad, decisión y simplicidad el problema. No es un azar que Zapata, figura que posee la hermosa y plástica poesía de las imágenes populares, haya servido de modelo, una y otra vez, a los pintores mexicanos. Con Morelos y Cuauhtémoc es uno de nuestros héroes legendarios. Realismo y mito se alían en esta melancólica, ardiente y esperanzada figura, que murió como había vivido: abrazado a la tierra. Su programa contenía pocas ideas, estrictamente las necesarias para hacer saltar las formas económicas y políticas que nos oprimían. En suma, el programa de Zapata consistía en la liquidación del feudalismo y en la institución de una legislación que se ajustara a la realidad mexicana.

Diego Rivera, *El líder campesino Emiliano Zapata*, Museum of Modern Art, New York, 1931.

Octavio Paz (escritor mexicano), *El laberinto de la soledad*, 1950.

1. *les puissants* 2. carecer: *manquer* 3. arrebatar: *prendre par la force* 4. *grands propriétaires terriens*

Lo esencial

Vocabulario

- **levantarse en armas:** se soulever
- **luchar por sus ideales:** lutter pour ses idéaux
- **lograr una sociedad más justa:** obtenir une société plus juste
- **acabar con los abusos:** en finir avec les abus
- **enfrentarse a la clase dominante:** se confronter à la classe dominante

Gramática

La conjonction *sino*

- «Los obreros no solamente carecían de los más elementales derechos, **sino** de una teoría en qué apoyar sus demandas».

Précis p. 281

La préposition *para* (le but)

- «Los campesinos luchan no solamente **para** obtener mejores condiciones de vida, sino también **para** recuperar las tierras».

Précis p. 282

Pronunciación

Les lettres z et s

Écoute les mots et indique lequel de ces deux sons tu entends : [θ] ou [s] ?

Entra en acción

1. Antes de leer el texto, observa el cuadro y describe a Emiliano Zapata y a sus hombres.
2. Los campesinos y los obreros son los grandes protagonistas de la Revolución:
   a. Lee el texto e identifica la situación en la que se encontraban antes.
   b. Apunta sus objetivos al hacer la Revolución.
3. Enumera las características del programa de Zapata y comenta qué era lo fundamental para él.

PON EN PRÁCTICA

4. En el contexto de una exposición para dar a conocer los movimientos revolucionarios del siglo XX en tu instituto, escribe un corto manifiesto a favor de la Revolución mexicana.
   El pueblo exige… • Resulta imprescindible para nuestra nación… • No podemos tolerar más…

Traducción BAC

Traduce el primer párrafo desde «La legislación liberal» (l. 1) hasta «justificar su combate» (l. 12).

- Analiza primero las frases: busca el sujeto y el verbo.
- Asegúrate de comprender el sentido de cada frase antes de traducirla.
- Efectúa una lectura final y comprueba las concordancias: ¡cuidado con el posesivo en este fragmento!

¿Todo tiempo pasado fue mejor?

¡Qué noches las de La Habana!

VÍDEO 37

La Cuba exótica y vibrante anterior a 1959 se muestra en Miami
© EFE, 2016.

Para expresarte

- seducir: *séduire*
- placentero/a: *plaisant(e)*
- atractivo/a: *atrayant(e)*
- la variedad: *la variété*
- el ocio: *les loisirs*

Desde los años veinte La Habana era la ciudad de la música, de la gozadera[1], a cualquier hora, del trago[2] en todas las esquinas, y eso le daba vida a mucha gente, no sólo ya a maestros como yo, que donde usted me ve pasé siete años en el conservatorio y toqué también en la Filarmónica de La Habana, sino a cualquiera que quisiera buscarse la vida con la música y tuviera agallas[3] para insistir... Después, los treinta y los cuarenta fueron el tiempo de los salones de baile, los clubes sociales y los primeros cabarets grandes con casino de juego, Tropicana, el Sans Souci, el Montmartre, el Nacional, el Parisién, y de los cabarecitos de la playa, donde mi socio[4] el Chori era el rey. Pero en los cincuenta aquello se multiplicó por diez, porque se abrieron más hoteles, todos con cabarets, y empezaron a ponerse de moda los night-clubes, había no sé cuántos en El Vedado, en Miramar, en Marianao, y ahí no cabían orquestas grandes, sino un piano o una guitarra, y una voz. Fue la época de la gente del feeling, y de las boleristas[5] sentimentales como yo les decía. Eran unas mujeres especiales, cantaban con deseos de cantar y dejaban la piel en el escenario, vivían las letras de sus canciones y lo que hacían era pura emoción, pura emoción. Una de ellas fue Violeta del Río...

Leonardo Padura (escritor cubano), *La neblina del ayer*, 2005.

1. *la jouissance* 2. *la gorgée, (ici) l'alcool* 3. tener agallas: *avoir le courage*
4. *associé* 5. *chanteuses de boléros*

Entra en acción

1. Observa el cartel. Di a quién se dirige y enumera las actividades que propone.
2. Enumera las actividades a las que se dedicaban los turistas estadounidenses en los años 50 del siglo XX en Cuba.
3. Ve el vídeo. Cita el nombre de la exposición y explica la imagen que tenían los estadounidenses de Cuba:
   paraíso • exotismo • glamur
4. Lee el texto. Identifica al personaje que habla y di a qué se dedicaba.
5. Apunta cómo se nota que la música era indispensable para disfrutar de la noche cubana.
6. Precisa cómo eran las relaciones entre los estadounidenses y cubanos.

PON EN PRÁCTICA

7. Cuéntale a tu compañero/a cómo te imaginas la ciudad de La Habana antes de la Revolución.

¡Vivan los barbudos!

EN TU MÓVIL — Flashe la page pour écouter la chanson.

Y en eso llegó Fidel

Aquí pensaban seguir
Ganando el ciento por ciento
Con casas y apartamentos y
echar al pueblo a sufrir
Y seguir de modo cruel
Contra el pueblo conspirando
para seguirlo explotando...

Y en eso llegó Fidel
Y se acabó la diversión
Llegó el comandante y mandó
a parar.

Aquí pensaban seguir, tragando
y tragando tierra
Sin sospechar que en la sierra,
Se alumbraba el porvenir.
Y seguir de modo cruel
La costumbre del delito
Hacer de Cuba un garito[1]

Y en eso llegó Fidel
Y se acabó la diversión
Llegó el comandante y mandó a
parar.

Aquí pensaban seguir
Diciendo que los cuatreros
Forajidos, bandoleros, asolaban[2]
al país.
Y seguir de modo cruel
Con la infamia por escudo[3],
Difamando a los barbudos...

Y en eso llegó Fidel
Y se acabó la diversión
Llegó el Comandante y mandó
a parar.

Aquí pensaban seguir
Jugando a la democracia
Y el pueblo que en su desgracia[4]
Se acabara de morir.
Y seguir de modo cruel
Sin cuidarse ni la forma
Con el robo[5] como norma...

Y en eso llegó Fidel.
Y se acabó la diversión
Llegó el Comandante y mandó
a parar.

Carlos Puebla (cantautor cubano), 1960.

1. Establecimiento de diversión y juego de mala reputación *(un tripot)*. 2. asolar: *ravager* 3. *bouclier* 4. *malheur* 5. *le vol*

Los guerrilleros Ernesto «Che» Guevara (a la izquierda), Fidel Castro (en el centro) y Camilo Cienfuegos (a la derecha) entran en La Habana, 16/02/1959.

Entra en acción

1. Lee el poema y deduce quien será el sujeto de «Aquí pensaban seguir». Di qué le reprocha Carlos Puebla.
2. Apunta los versos que te hacen pensar que Carlos Puebla apoya a los revolucionarios.
3. Explica el verso del estribillo «Y se acabó la diversión».
4. Precisa qué quiso denunciar y a quién quiso rendir homenaje Carlos Puebla.

PON EN PRÁCTICA

5. Debate con tus compañeros/as: «Diversión y Revolución parecen opuestos aquí. ¿Lo son de verdad?».
seriedad/gravedad histórica • frivolidad/ligereza • compatibilidad/incompatibilidad

Lo esencial

Vocabulario

- **apoyar el movimiento revolucionario:** soutenir la cause révolutionnaire
- **ganarse al pueblo:** réussir à obtenir le soutien du peuple
- **implementar reformas:** mener des réformes
- **aclamar a los vencedores:** ovationner les vainqueurs
- **vivir la noche:** vivre la nuit
- **sacar provecho de:** tirer profit de
- **atraer/ser como un imán:** attirer comme un aimant/le miel les abeilles

Gramática

Les temps du récit (imparfait et passé simple)

- «La Habana **era** la ciudad de la música. **Eran** unas mujeres especiales, **cantaban** con deseos de cantar...».
- «Y en eso **llegó** Fidel... Y se **acabó** la diversión».

Ortografía

L'accent écrit à l'imparfait

Mets l'accent sur les mots si nécessaire.

pertenencia • hacias • resistia • habian • democracia • violencia • injuria • pertenecia • resistencia • defendia

Traducción — BAC

Traduce un fragmento del texto de Padura desde «Fue la época» (l. 16) hasta el final.

- Identifica en qué persona está redactado el texto y busca el sujeto y el verbo de cada frase.
- Ten en cuenta que en este fragmento conviven el pretérito indefinido y el imperfecto, los tiempos de la narración.
- Una lectura final sin el texto en español, te permitirá corregir errores y comprobar las concordancias.

¿Y ahora qué?

¿Promesas rotas?

LA PRENSA LATINA
INICIO NOTICIAS EDICIÓN DIGITAL TRABAJOS PUBLICIDAD CONTACTO

Campesinos mexicanos intentan boicotear el desfile de revolución como protesta

Centenares de campesinos intentaron sin éxito boicotear este miércoles el desfile en la capital por el 109 aniversario de la Revolución Mexicana, como parte de sus protestas. [...] Los líderes de las organizaciones del sector primario exigen que se respete la propuesta que hizo la Comisión de Agricultura, que pidió a los diputados recursos[1] por valor de 24.000 millones de pesos (unos 1.200 millones de dólares).

La comisión también demandó un mayor presupuesto[2] para el Instituto Nacional de Pueblos Indígenas, para construir y conservar caminos rurales y para destinar a programas para mujeres del campo. [...]

Cuestionado sobre el conflicto con los campesinos el pasado 15 de noviembre, el presidente Andrés Manuel López Obrador se mostró confiado en que los campesinos serían «responsables» en su forma de actuar, y aseguró que están recibiendo «recursos como nunca».

Además, defendió un presupuesto en «beneficio del pueblo» y que no permitirá la corrupción, acusando Gobiernos anteriores de permitir un «negocio» a través de los «subsidios».

www.laprensalatina.com, 20/11/2019.

1. *ressources* 2. *budget*

Para expresarte

- el medio rural, agrario: *l'environnement rural/agraire*
- las protestas: *les contestations*
- una mejora de las condiciones de vida: *une amélioration du niveau de vie*

Escoge tu camino

POR ETAPAS

1. Observa el cartel y explica en qué consiste el Desfile Histórico.
2. Lee el texto y di qué quisieron hacer los campesinos y por qué.
3. Precisa cuál fue la reacción del presidente López Obrador.

EN DIRECTO

Explica en qué consiste el Desfile Histórico y di cuál parece ser la situación de los/as campesinos/as 109 años después de la Revolución.

PON EN PRÁCTICA

Los/las campesinos/as solicitan la mediación del presidente. Imagina la carta que le escribirían.

Los skaters cubanos

En La Habana.

Sin apoyo oficial, con pocos recursos y muchas veces asediados por la policía, los skaters de Cuba patinan con tablas donadas sobre rampas artesanales, pero confían en que el debut olímpico de este deporte extremo en Tokio-2020 revierta su situación. [...] En un país donde el salario promedio mensual ronda[1] los 50 dólares [...] «no hay tiendas donde puedas comprar» los implementos deportivos, se queja Roberto José Torres, de 22 años. En el mercado negro los precios son altos. Una tabla cuesta entre 50 y 100 dólares.

Che Alejandro Pando (46 años) fue pionero del skate en Cuba a comienzos de los años 80 [...]. «Tenías que hacerte las tablas y estar inventando con las ruedas a ver cómo rayos las hacías, usando cajas de bolas (rodamientos) de batidora rusa», recuerda este artista del tatuaje. Y «prácticamente sin contacto con el enemigo imperialista (Estados Unidos), hasta los trucos (las piruetas) nos los imaginábamos», agrega. [...] Desesperado por la falta de materiales, Ariel Gómez lanzó en 2010 una maniobra, pero de mercadotecnia: «Empezamos a grabarnos videos y a publicarlos en internet, pidiendo como ayuda, que todo el que [...] tuviera la posibilidad de traer cosas, estaría muy bien». [...] Los skaters de América Latina, Europa y Estados Unidos multiplicaron sus viajes a la isla y también sus donaciones. Sin embargo, en la calle la situación es otra. «No se puede patinar por la calle», porque «nos detienen, nos llevan para la estación (de policía) y nos ponen multas[2]», dice Raúl Ortega, de 19 años.

[...] El Che Pando, aunque considera que «hay calidad suficiente para representar a Cuba», duda que «la imagen de estos patinadores callejeros», con «tatuajes, piercing, pelo largo y que toman (alcohol), le cuadre (sea aceptada)» a las autoridades.

Rigoberto Díaz (periodista cubano), «Los skaters de Cuba sobreviven con donaciones y sueñan con Tokio-2020», *El Nuevo Herald*, 19/07/2019.

1. rondar: *être aux alentours de* 2. *des amendes*

Lo esencial

Vocabulario

- **pedir recursos financieros:** demander des aides/ressources financières
- **cumplir con las expectativas:** satisfaire les attentes
- **ajustarse a los cánones de:** se ranger du côté de
- **mantener el orden establecido:** garder l'ordre établi
- **los logros obtenidos:** les acquis

Gramática

Les verbes de volonté

- «Los líderes de las organizaciones del sector primario **exigen que** se respete la propuesta».

Précis p. 285

L'expression de la concession

- «**Aunque** considera que hay calidad suficiente para representar a Cuba, duda que...».

Précis p. 281

Pronunciación

Les lettres *g*, *j* et *r*

Écoute les mots et indique lequel de ces sons tu entends : [g], [x] ou [r] ?

Entra en acción

1. Identifica las expresiones que muestran las dificultades de los patinadores con las autoridades.
2. Apunta los detalles que evidencian la difícil situación económica de Cuba:
   economía • material • motivación
3. Completa: Para combatir la falta de materiales, los patinadores cubanos...
4. Explica en qué la imagen de estos «patinadores callejeros» se opone a la típica imagen de los revolucionarios cubanos.

PON EN PRÁCTICA

5. Imagina el texto de agradecimiento que Ariel Gómez subió a Internet tras todas las donaciones recibidas por los skaters.

Proyecto

Realiza una exposición sobre un país hispanohablante que haya conocido una Revolución y preséntala a la clase.

- Selecciona imágenes, obras de arte o vídeos.
- Muestra los cambios y la vida hoy en algunos aspectos de la sociedad como la educación, la libertad de expresión, el arte o el mundo del trabajo.

19 *Con método*

Analyser un document iconographique

1 J'identifie les différents types de documents.

- Plusieurs types : une photographie, un tableau, une fresque, une affiche publicitaire, l'affiche d'une exposition ou d'un film, un dessin...
- En fonction de leur nature, ils peuvent avoir ou non une structure différente.
- Sur l'**affiche *Come to Cuba*** (p. 258), nous pouvons lire des petites phrases, comme le slogan « *the loveliest land* » servant à promouvoir le tourisme dans l'île, objectif du document. Ce n'est pas le cas, ou très rarement, pour un tableau ou une œuvre d'art où tout passe surtout par le côté plastique.

2 Je décris le document.

- Il s'agit de décrire tout ce que l'on voit : au centre, au second plan, les différentes parties, la figure principale, les personnages, les couleurs, la taille, la perspective, la lumière.
- Dans l'œuvre de Diego Rivera, ***Emiliano Zapata*** (p. 257) on remarque au premier plan la figure principale, Zapata ; au second plan, son armée portant en guise d'armes des outils agricoles, ce sont des paysans. Au fond, des feuilles, des plantes : la nature. À ses pieds, un homme gît avec une vraie arme, son épée. Il est mort.

3 J'imagine l'histoire que veut raconter le document et l'intention de l'artiste.

- Il s'agit de dégager ce que l'artiste veut nous transmettre, quel est le message qu'il veut nous faire passer : promouvoir, dénoncer, critiquer, faire connaître, provoquer, détruire des préjugés, des tabous...
- Sur l'**affiche *Come to Cuba***, l'éventail d'activités placé au centre nous indique que toutes ces activités plaisantes peuvent avoir lieu dans la diversité des paysages magnifiques de l'île.
- Dans l'œuvre ***Emiliano Zapata***, la couleur blanche de Zapata et de son armée met en avant la lumière, la pureté et la justesse de la cause révolutionnaire. Le grand propriétaire qui gît par terre indique le combat et la mise à mort nécessaire d'un système dégradant et injuste.

4 Je reçois le message et je partage mon avis.

- Une œuvre d'art éveille des sentiments, des impressions, des sensations, de l'énervement... Elle nous est destinée.
- Dans l'œuvre ***Emiliano Zapata***, l'artiste cherche à nous solidariser, à nous faire adhérer à la lutte révolutionnaire, à ce qu'on la soutienne.

ANALIZAR UNA IMAGEN

EL TIPO

- una obra maestra
- una obra de arte
- un cuadro
- un lienzo
- un mural
- un cartel publicitario
- un póster
- un cartel de una película
- una ilustración
- un dibujo

INTENCIÓN Y MENSAJE

- hacer resaltar
- subrayar
- reforzar
- contribuir
- lo que se pone de relieve
- lo que se esconde
- ensalzar

LOS PERSONAJES

- la vestimenta
- la ropa
- el atuendo
- la mirada
- el gesto
- el ademán
- los rasgos
- la actitud
- estar de pie, de perfil, tumbado/a
- yacer

LA DESCRIPCIÓN

- la figura principal
- los personajes
- en primer plano
- en segundo plano
- en el centro
- a la derecha
- a la izquierda
- la perspectiva
- la estructura
- la oscuridad
- la luz
- la luminosidad

Para tu dosier

Cine

Revolución mexicana

***La cámara Casasola*, Carlos Rodrigo Montes de Oca Rojo, 2010**

La memoria gráfica sobre los años de la Revolución se debe en buena medida al archivo Casasola. La colección de 850.000 piezas fue comenzada por los hermanos Agustín y Miguel Casasola, pioneros del fotoperiodismo en México.

***Revolución*, varios directores, 2010**

Para celebrar el centenario del inicio de la revuelta, el Gobierno pidió a diez cineastas realizar un cortometraje sobre la revolución. Los directores elaboraron visiones muy personales sobre el concepto.

***Los últimos zapatistas, héroes olvidados*, Francesco Taboada Tabone, 2002**

A principios de los años 2000, el cineasta mexicano Taboada Tabone partió al encuentro de los últimos soldados que combatieron al lado del general Emiliano Zapata, «El Caudillo del Sur», durante la Revolución mexicana.

Revolución cubana

El cine de Tomás Gutiérrez Alea

Historias de la revolución

Son tres episodios ocurridos en la dictadura, en Sierra Maestra y, finalmente, en la toma de Santa Clara, con los que el cineasta y el gobierno cubano planteaban conflictos éticos en medio de la lucha.

Memorias del subdesarrollo

En 1968 Tomás Gutiérrez Alea dibujó la realidad de estos tiempos nuevos.

Fresa y chocolate

En 1993 estrenó su popular película que no le produjo el Instituto de Cine Cubano y que reunía a un estudiante comunista y un artista homosexual perseguido por el régimen.

***La red avispa*, Olivier Assayas, 2019**

La Habana, principios de los 90. René González, piloto cubano, roba un avión y huye de Cuba, dejando atrás a su amada esposa e hija. Comienza una nueva vida en Miami. Otros desertores cubanos pronto le siguen e inician una red de espionaje. Su misión es infiltrarse en organizaciones anticastristas violentas, responsables de ataques terroristas en la isla.

Literatura

México

***Como agua para chocolate*, Laura Esquivel, 1989**

Novela que se inscribe en la corriente del realismo mágico latinoamericano y narra la historia de amor de Tita y Pedro: razón frente a corazón y tradición frente a modernidad en tiempos de la Revolución mexicana. La obra está organizada como si fuera un libro de cocina e incluye algunas recetas. La novela fue llevada al cine en 1993 por el director mexicano Alfonso Arau.

***La muerte de Artemio Cruz*, Carlos Fuentes, 1962**

El protagonista, Artemio Cruz, en su lecho de muerte, recuerda su vida y su participación en la Revolución mexicana.

***Las indómitas*, Elena Poniatowska, 2016**

En este conjunto de ensayos Elena Poniatowska, Premio Cervantes 2013, rinde homenaje a las mujeres anónimas que han participado en las diferentes luchas sociales en México, desde principios del siglo XX hasta nuestros días. Entre ellas, las «soldaderas» de la Revolución mexicana.

Cuba

***La neblina del ayer*, Leonardo Padura, 2005**

En esta fascinante novela, Mario Conde, exinvestigador de policía, atraído por la belleza y el misterio de la foto de una bolerista fallecida, Violeta del Rio, iniciará una investigación que lo llevará a La Habana prerrevolucionaria, alegre y vibrante de los cabarets y la vida nocturna.

Le jour du BAC

L'épreuve se compose d'une partie écrite et d'une partie orale.
La **partie écrite** consiste en :
→ une **synthèse guidée** d'un dossier documentaire composé de 3 ou 4 documents adossés à l'une des thématiques du programme.
→ une **traduction** d'un passage d'un des textes du dossier.
L'usage du dictionnaire unilingue est autorisé.

Partie écrite

3 h 30

Documento A Tengo

Cuando me veo y toco
yo, Juan sin Nada no más ayer,
y hoy Juan con Todo,
y hoy con todo,
vuelvo los ojos, miro,
me veo y toco
y me pregunto cómo ha podido ser.

Tengo, vamos a ver,
tengo el gusto de andar por mi país,
dueño de cuanto hay en él,
mirando bien de cerca lo que antes
no tuve ni podía tener.
Zafra[1] puedo decir,
monte puedo decir,
ciudad puedo decir,
ejército decir,
ya míos para siempre y tuyos,
nuestros,
y un ancho resplandor
de rayo, estrella, flor.

Tengo, vamos a ver,
tengo el gusto de ir
yo, campesino, obrero, gente simple
tengo el gusto de ir
(es un ejemplo)
a un banco y hablar con el adminis-
trador
no en inglés,
no en señor,
sino decirle compañero, como se dice
en español.

[...]

Tengo que como tengo la tierra tengo
el mar,
no country,
no jailáif,
no tenis y no yacht,
sino de playa en playa y ola en ola,
gigante azul abierto democrático:
en fin, el mar.

Tengo, vamos a ver,
que ya aprendí a leer,
a contar,
tengo que ya aprendí a escribir
y a pensar
y a reír.
Tengo que ya tengo
donde trabajar
y ganar
lo que me tengo que comer.
Tengo, vamos a ver,
tengo lo que tenía que tener.

Nicolás Guillén, 1964.

1. *culture de la canne à sucre*

Documento B

David Alfaro Siqueiros, *Del porfirismo a la Revolución*, 1957-1966.

Documento C Pancho Villa

Pancho Villa entró a Camargo[1] una luminosa mañana de primavera, su cabeza de cobre[2] oxidado coronada por un gran sombrero bordado de oro, no un lujo sino un instrumento de poder y un símbolo de lucha, un sombrero manchado de polvo[3] y sangre; igual que sus anchas manos callosas y sus estribos[4] de bronce azotados por el viento de la montaña: la pátina de pólvora[5], espina y roca, senderos pinos e inmensas llanuras ciegas se colgaban a su tosco traje[6] de campo color de ante, sus polainas de gamuza, su marrazo de acero y su acicate de plata, su chaquetilla y sus pantalones abrochados con plata y oro, todo brillante de oro y plata, pero no la especie atesorable sino los metales que nos visten para la guerra y para la muerte: un traje de luces.

Era un hombre del norte, alto y robusto, con un torso más largo que sus cortas piernas indias, con brazos largos y manos poderosas y esa cabeza que parecía cercenada hace tiempo del cuerpo de otro hombre, hace mucho y muy lejos también, una cabeza cortada del pasado aleada como un casco de metal precioso a un cuerpo mortal, útil pero inútil, del presente. Los ojos orientales, risueños pero crueles, rodeados de un llano de divertidas arrugas, la sonrisa pronta, los dientes salidos brillando como granos de maíz muy blanco, el bigote raído y la barba con tres días de crecimiento.

Los terratenientes habían huido y los prestamistas[7] se habían escondido. Villa rió frenando apenas su caballo castaño en las calles empedradas de Camargo, donde su columna central de la División del Norte se reunía con las de los demás generales antes del asalto sobre Zacatecas, el empalme comercial de las haciendas devastadas que él había saqueado para liberar al pueblo de la esclavitud y el agio y las tiendas de raya[8]. Entró pisando fuerte sobre el empedrado, encabezando un séquito de rumores metálicos en contrapunto a la oquedad extraña de las calles de piedra: chocaban los frenos de hierro, las barbadas de argolla, los cabestrillos y los frenos de cobre; chasqueaban los vaquerillos con crin de caballo y los acicates y los fuetes.

Todo el pueblo estaba allí, tirando confeti desde los balcones de hierro forjado, serpentinas desde los postes de luz, apaciguando el encuentro de metal y piedras con la marea color de rosa, azul y escarlata de las fiestas mexicanas, desbordada en los grandes garrafones de vidrio con aguas frescas, las rebanadas[9] de dulces de colores y las anchas cazuelas burbujeantes con salsas negras, rojas y verdes.

Carlos Fuentes, *Gringo Viejo*, 1985.

1. Ciudad del estado mexicano de Chihuahua. 2. *cuivre* 3. *poussière* 4. *étriers* 5. *poudre* 6. *costume* 7. *les prêteurs* 8. *Boutiques mexicaines où les travailleurs achètent en échange de leurs salaires.* 9. *les tranches*

Documento D Cuba, 60 años después

Cuba acaba de conmemorar el 60° aniversario de la Revolución que terminó con la dictadura de Fulgencio Batista. Las imágenes de los jóvenes guerrilleros por las calles de Santiago de Cuba a principios de enero de 1959 dieron la vuelta al mundo y tuvieron un gran impacto político internacional durante varias generaciones. La llegada al poder de Fidel Castro en el punto álgido del enfrentamiento ideológico entre Estados Unidos y la Unión Soviética repercutió en las tendencias políticas de los países democráticos ya fuera por rechazo o simpatía hacia el régimen de La Habana. En estos 60 años el panorama político mundial ha cambiado tanto que es casi irreconocible. La descolonización africana, la caída y desaparición del bloque comunista, la democratización de Latinoamérica, el auge económico sin precedentes de China, el hundimiento institucional del mundo árabe o la consolidación del proyecto europeo son apenas algunos de los importantes hitos que han desfilado por este periodo. No obstante, hay algo que no ha cambiado: durante todo este tiempo los vencedores de aquella Revolución han detentado el poder en Cuba realizando apenas pequeños cambios políticos más por circunstancias externas –por ejemplo, el grave perjuicio económico que provocó el fin de la URSS– que por convencimiento de la necesidad de apertura del sistema hacia una democracia que finalmente nunca se ha producido. Una constante de estas seis décadas ha sido el enfrentamiento con EE. UU. Una pugna política y económica –caracterizada principalmente por el larguísimo y todavía vigente embargo económico decretado por Washington– que en ocasiones se ha deslizado peligrosamente al terreno militar. Esta perspectiva cambió con el acercamiento protagonizado por Barack Obama y Raúl Castro en 2014. Pero apenas cuatro años después aquellas expectativas apenas han supuesto una pequeña mejora. El discurso agresivo ha vuelto a instalarse en la Casa Blanca.

Editorial *El País*, 6/01/2019.

Síntesis guiada

1. Los documentos A y D hacen referencia a las relaciones entre Cuba y Estados Unidos. Explique como han sido dichas relaciones durante todo este tiempo. En unas 200 palabras

2. Revolución es sinónimo de lucha y reconocimiento popular. Observe cómo se representa en los documentos B y C. En unas 150 palabras

3. Comenta en qué medida el conjunto de estos documentos implican o no un cambio social. En unas 200 palabras

Traducción

4. Traduzca el documento D desde el principio hasta «el régimen de La Habana» (l. 10).

Méthode BAC

L'épreuve orale de spécialité

Déroulement de l'épreuve

→ L'épreuve consiste en un **oral de 20 minutes** qui s'appuie sur un **dossier personnel** composé de **6 à 8 documents**. Tu devras constituer ton dossier à partir de documents étudiés ou non en classe.

→ Ton dossier devra se rattacher à une ou plusieurs **thématiques du programme** du cycle terminal.

→ Tu présenteras ton dossier **en espagnol** pendant 10 minutes pour justifier tes choix et en exprimer la logique interne. Ensuite tu échangeras pendant 10 minutes en espagnol avec l'examinateur/trice.

Exemple de dossier personnel

Mujeres de armas tomar

Documento 1 **La soldadera Petra Herrera**
Fragmento del ensayo *Las indómitas* de Elena Poniatowska, 2016.

Documento 2 **Adela Velarde Pérez o «La Adelita»**
Fotografía de archivo, Instituto Nacional de Antropología e Historia, México.

Documento 3 ***La Adelita, Pancho Villa y Frida***
Cuadro de Frida Kahlo, 1927.

Documento 4 **Esta es la historia de «La Adelita», la mujer que inspiró el corrido de la Revolución mexicana**
Artículo publicado en *El Sol de Puebla*, 19/11/2019.

Documento 5 **El corrido popular «Adelita»**
Canción de la Revolución mexicana.

Documento 6 **Mamá Elena**
Fragmento de la novela *Como agua para chocolate* de Laura Esquivel, 1989.

Documento 7 Un extrait d'une des œuvres intégrales étudiées au cours du cycle terminal.

EN TU MÓVIL
Flashe la page pour voir les documents du dossier.

1 Choisir les documents

Définis le thème de ton dossier

- À partir des documents étudiés dans les **séquences 18 et 19** sur la révolution et les transformations sociales, ainsi que sur la représentation stéréotypée ou non de la femme, nous te proposons ici un dossier autour de **« La femme et la révolution mexicaine »**.
- Nous avons choisi de **croiser deux thématiques : « Domination et insoumission »** (axe 2, « Révolutions et ruptures ») et **« Représentations culturelles : entre imaginaires et réalités »** (axe 3, « Du type au stéréotype : construction et dépassement »).

Propose des documents variés

- Pour **trouver des documents et varier leur nature**, tu pourras t'aider des œuvres qui sont proposées dans les pages ***Para tu dosier*** du manuel (p. 243, 253, 263).
- **Choisis des documents qui se complètent**, qui apportent des nuances et/ou des points de vue variés ou opposés.

Los documentos 1 y 2 del dosier muestran a una mujer guerrera, igual al hombre y capaz de asumir el mismo papel.

Por el contrario, los documentos 3 y 4 proponen una visión más conservadora. Son mujeres que siguen a los hombres aportándoles ayuda suplementaria.

En el artículo (doc. 4), Adelita hacía de enfermera para cuidar a los hombres heridos en el frente.

Finalmente, Mamá Elena (doc. 6) y la Adela del corrido (doc. 5) son mujeres que permanecen en la retaguardia. Su papel es mas clásico, digamos, pero no su carácter.

2 Expliciter le fil conducteur

- **À partir des idées essentielles de chacun des documents**, tu devras rédiger une question qui prend en compte la/les thématique(s) de l'ensemble du dossier.

Dans le dossier proposé, nous avons élaboré une question englobant la totalité du rôle de la femme dans la révolution mexicaine :

Las mujeres en la Revolución mexicana: ¿papel protagonista o rol secundario?

3 Introduire son propos

- Tu peux commencer par **citer une phrase** d'un des documents qui t'a particulièrement marqué(e) et/ou plu. Ensuite, tu pourras **annoncer le titre du dossier** et l'expliquer.

He escogido el título «Mujeres de armas tomar», por el juego de palabras que presenta esta expresión. Por un lado, todas las mujeres de este corpus de textos son mujeres con carácter, que se afirman, de modo diferente, unas más otras. Pero todas son «mujeres de cuidado» como dice el texto de Mamá Elena. Y «armas tomar» en un periodo revolucionario parece lógico. El título es tanto una metáfora como una realidad.

- **Présente très brièvement tes documents** (nature, argument : trois phrases au plus). Pour les présenter, tu les rattacheras aux parties que tu as créées à l'intérieur du dossier :

Mujeres protagonistas : documentos 1 y 2
Papeles secundarios : documentos 3 y 4
Mujeres de cuidado : documentos 5 y 6

> **Rédige quelques phrases** pour chacune des parties. Cela t'aidera pour te lancer à l'oral et **maîtriser davantage ton stress.** Ne t'inquiète pas si tu te trompes ! Rectifie et continue. Cela nous arrive à tous/toutes !

4 Développer ses arguments

- **Explique le fonctionnement du dossier** et mets en évidence la logique interne
- **Dis pourquoi tu as choisi ces documents** : quels aspects, quelles nuances ils apportent les uns par rapport aux autres et en quoi ils se ressemblent ou ils se différencient.
- **N'oublie pas d'expliciter le lien avec les axes et les thématiques du programme !**

Por un lado, en el texto de la autora Elena Poniatowska, tenemos una visión de la mujer que supera el estereotipo. Es una mujer fuerte, que crea su ejército de mujeres y que es igual que el del hombre, una revolucionaria de pleno derecho. No necesita ya afeitarse la barba ni vestirse de hombre, ha roto con los estándares, los ha sobrepasado. La Revolución ha provocado una transformación social, ha roto las costumbres (eje número 2 del programa « Révolutions et ruptures »). Ha provocado una ruptura con una sociedad patriarcal.
Por otro lado, hay otro tipo de mujeres revolucionarias, las que luchan por la causa pero de una manera más tradicional. Son las que representa en su cuadro Frida Kahlo. Son mujeres que siguen a los soldados, «las soldaderas», pero aportando ayuda logística: cocinando, curando heridos, etc. No son mujeres protagonistas, sino que desempeñan papeles secundarios.

> **Établis une fiche de vocabulaire** sur ton dossier. Quelques mots/expressions apprises par cœur pourront t'aider à éviter des blancs.

Desempeñar un papel, una visión estándar de la mujer, sobrepasar los límites/el machismo, actuar como, etc.

5 Élaborer une conclusion

- **Apporte une réponse claire à ta problématique** et ouvre vers d'autres questionnements.

En el texto de Laura Esquivel, el capitán le pregunta a Mamá Elena dónde están sus tres hijas. Podemos plantearnos para qué hace esta pregunta. ¿Pretende llevárselas? Y si así lo hiciera, ¿en qué se convertirían estas mujeres, serían protagonistas luchando codo a codo con los hombres? o por el contrario tendrían un papel secundario curando a los heridos de las batallas? o incluso, ¿por qué no?, ni lo uno ni lo otro ¿se escaparían para volver a su vida cotidiana que, sin lugar a dudas, no lo sería tanto durante la Revolución? Y en lo que concierne al capitán, ¿sería capaz de llevárselas y desafiar de esta manera la autoridad de Mamá Elena «la dureza de su mirada»? ¿Revolución contra matriarcado?

> **Lors de l'interaction avec l'examinateur/trice,** mets tout en œuvre pour créer un véritable échange : fais des interventions les plus complètes possible. Rappelle-toi : **on vit un oral, on ne le subit pas !**

Méthode BAC

Le Grand oral

EN TU MÓVIL

Flashe la page pour découvrir des documents en lien avec les questions proposées.

1 Préparer les deux questions

Option 1

Une question disciplinaire

- Une des questions que tu peux présenter au jury peut porter sur les **problématiques étudiées** dans l'enseignement de Langues, littératures et civilisations étrangères et régionales au cours de l'année, par exemple :

> *¿Las revoluciones del mundo hispánico constituyen una ruptura total con el pasado?*
> *¿Se puede afirmar que el arte transmite una imagen estereotipada de la mujer española?*
> *¿Hasta qué punto las sociedades hispanas son inclusivas?*

- Tu peux également proposer une **problématique personnelle** qui devra être validée par ton enseignant(e).
- **Identifie ce qui relie les documents que tu as abordés** (thématique, époque, courant artistique...).
- À partir des documents choisis, **formule une problé-matique** qui permet de les croiser.

> ***¿En qué medida las diferentes manifestaciones artísticas y literarias son un reflejo de la sociedad?***
> - *Según las épocas, las temáticas abordadas y la manera de representarlas varían. Por ejemplo, la imagen de la mujer en el arte no era la misma en los años 1920 que ahora.*
> - *El contexto político e histórico también influye en la manera de representar los acontecimientos o personalidades, como lo ilustra el ejemplo del Muralismo mexicano nacido de la Revolución mexicana.*
> - *Las manifestaciones artísticas no solo reflejan la realidad, sino que la cuestionan o sirven para denunciar.*

L'épreuve du grand oral ne demande pas de se focaliser sur un seul aspect du programme mais plutôt de montrer tes capacités à réfléchir, argumenter et relier tes savoirs.

Option 2

Une question transversale

- Si tu choisis de présenter **une question croisant tes deux enseignements de spécialité**, tu peux **chercher les liens** entre les problèmatiques respectives des deux programmes.
- Il est possible de **croiser** ton enseignement de spécialité Langues, littératures et civilisations étrangères et régionales avec n'importe quel autre enseignement de spécialité suivi.

► La thématique « **L'Espagne et l'Amérique latine dans le monde** » peut être reliée à la problèmatique « **Quels sont les caractéristiques contemporaines et les facteurs de la mobilité sociale ?** » du programme de Sciences économiques et sociales à partir d'un exemple du monde hispanique.

> **Peut-on utiliser les mêmes paramètres ou critères pour comprendre la mobilité sociale dans les différents pays du monde ?**
> - Définis la mobilité sociale.
> - Liste les critères d'étude et les facteurs de mobilité sociale.
> - Explique comment cela se traduit dans le monde hispanique (ex. les préjugés sociaux et ethniques dans les sociétés hispaniques).

► La thématique « **Dominations et insoumissions** » peut être reliée à l'axe « **Création, continuité et ruptures** » de l'enseignement Humanités, Littérature et Philosophie en partant de l'exemple du muralisme étudié dans la séquence 19.

> **Les révolutions et ruptures sociales du XXe siècle entraînent-elles aussi une rupture ou un changement des codes de l'art ?**
> - Le XXe siècle a été une ère de ruptures et de transgressions dans tous les domaines de la culture.
> - La phénoménologie, l'empirisme logique, les courants marxistes en philosophie représentent une forme de rupture avec des formes de pensée instituées.
> - Explique comment cela se traduit dans le monde hispanique (ex. du Mexique où, au lendemain de la Révolution de 1910, apparaît un nouveau style artistique, le muralisme, qui répond à la volonté de montrer au peuple ses conquêtes).

Déroulement de l'épreuve

→ L'épreuve consiste en un **oral de 20 minutes**. Tu présenteras au jury **deux questions** que tu auras préparées pendant l'année avec tes professeur(e)s.

→ Les questions devront porter sur les **deux enseignements de spécialité suivis en Terminale**, soit pris **isolément**, soit abordés de **manière transversale**, et mettre en lumière un des grands enjeux de leur programme.

→ Le jury choisira de t'interroger sur l'une des deux questions. Tu disposeras de **20 minutes de préparation** pour mettre en ordre tes idées et réaliser, si tu le souhaites, un support écrit pour illustrer ou compléter tes propos.

2 Réfléchir et organiser sa prise de parole

- **Organise ton support en trois colonnes**, chacune correspondant à un temps de l'épreuve. N'oublie pas qu'il ne s'agit pas d'un brouillon et que tu devras remettre au jury un support **clair et structuré**.
- **Liste les aspects du programme** qui renvoient à la question posée et **note les mots-clés ou idées** que tu peux associer a chacun d'entre eux.
- **Note et classe par ordre d'importance les points** que tu veux aborder pour répondre à la question.

> Tu peux utiliser différentes couleurs ou élaborer une carte mentale qui sera plus facile à visualiser qu'une liste de mots.

- **Réfléchis à des références ou à des citations** que tu pourras utiliser pour illustrer ta réponse.

> Pense à les traduire ou à les expliquer en français pour les membres du jury non-hispanophones.

- **Anticipe les questions** que le jury pourra te poser.
- **Réfléchis aux aspects de la problématique** qui sont **en lien avec ton projet d'études** : découverte de réalités sociales, de courants ou de mouvements artistiques/littéraires, prise de conscience des défis de la science…

3 Pendant l'oral

Premier temps (5 minutes)

Présentation d'une question

- **Présente ta réponse** à la question, sans notes, et explique pourquoi tu l'as choisie.
- **Expose** de manière claire et succincte **ta problématique et ton plan.**
- Montre ta capacité à **structurer** et à **synthétiser des informations** que tu pourras développer davantage lors de l'échange.
- Lors de ta présentation, **fais attention à ta posture** : détends-toi, reste droit(e), sans pour autant être rigide.
- **Regarde le jury** et implique-le dans ta présentation grâce à des **questions réthoriques** qui pourront être développées lors de l'échange qui suivra.

Deuxième temps (10 minutes)

Échange avec le candidat

- Pendant cette partie, tu dois **montrer tes connaissances** du programme des deux enseignements de spécialité suivis au cours de l'année de Terminale.
- Même si le jury a choisi une question disciplinaire, il peut te demander d'**établir des liens** entre cette discipline et une partie du programme de l'autre enseignement de spécialité.

> Chacun des deux premiers temps de l'épreuve orale terminale peut se dérouler, en partie, en espagnol. C'est à toi de choisir !

Troisième temps (5 minutes)

Échange sur le projet d'orientation du candidat

- Explique en quoi la question traitée éclaire **ton projet de poursuite d'études**, voire ton projet professionnel.
- **Expose les aspects qui t'ont le plus marqué(e)** lors de l'étude des documents et comment ils t'ont permis de nourrir ta réflexion autour de ton projet d'orientation. Tu seras évalué sur ta capacité à conduire et à **exprimer une réflexion personnelle** qui témoigne de ta curiosité intellectuelle et de ton aptitude à exprimer tes motivations.

Conjugaisons

Infinitivo *(Infinitif)*	Presente de indicativo *(Indicatif présent)*	Presente de subjuntivo *(Subjonctif présent)*	Imperativo *(Impératif)*	Imperfecto de indicativo *(Indicatif imparfait)*

LES VERBES RÉGULIERS

Hablar *parler*	hablo hablas habla hablamos habláis hablan	hable hables hable hablemos habléis hablen	habla hablad	hablaba hablabas hablaba hablábamos hablabais hablaban
Comer *manger*	como comes come comemos coméis comen	coma comas coma comamos comáis coman	come comed	comía comías comía comíamos comíais comían
Vivir *vivre*	vivo vives vive vivimos vivís viven	viva vivas viva vivamos viváis vivan	vive vivid	vivía vivías vivía vivíamos vivíais vivían

LES VERBES À DIPHTONGUE — *E → IE* — *O → UE*

Pensar *penser*	pienso piensas piensa pensamos pensáis piensan	piense pienses piense pensemos penséis piensen	piensa pensad	pensaba pensabas pensaba pensábamos pensabais pensaban
Contar *raconter*	cuento cuentas cuenta contamos contáis cuentan	cuente cuentes cuente contemos contéis cuenten	cuenta contad	contaba contabas contaba contábamos contabais contaban

LES VERBES À AFFAIBLISSEMENT — *E → I*

Pedir *demander*	pido pides pide pedimos pedís piden	pida pidas pida pidamos pidáis pidan	pide pedid	pedía pedías pedía pedíamos pedíais pedían

Même modèle pour : seguir, corregir, despedir, elegir, impedir, medir, servir, vestir, reír

LES VERBES À ALTERNANCE — *E → IE* ET *I* — *O → UE* ET *U*

Sentir *sentir, ressentir*	siento sientes siente sentimos sentís sienten	sienta sientas sienta sintamos sintáis sientan	siente sentid	sentía sentías sentía sentíamos sentíais sentían

Même modèle pour : divertir, mentir, preferir, sugerir

Dormir *dormir*	duermo duermes duerme dormimos dormís duermen	duerma duermas duerma durmamos durmáis duerman	duerme dormid	dormía dormías dormía dormíamos dormíais dormían

LES VERBES EN *-ACER* / *-ECER* / *-OCER* / *-UCIR*, TYPE *CONOCER* — *C → ZC*

Conocer *connaître*	conozco conoces conoce conocemos conocéis conocen	conozca conozcas conozca conozcamos conozcáis conozcan	conoce conoced	conocía conocías conocía conocíamos conocíais conocían

Même modèle pour : nacer, obedecer, padecer, parecer, pertenecer, relucir

LES VERBES EN *-DUCIR*, TYPE *DEDUCIR* — *C → ZC* — *C → J*

Deducir *déduire*	deduzco deduces deduce deducimos deducís deducen	deduzca deduzcas deduzca deduzcamos deduzcáis deduzcan	deduce deducid	deducía deducías deducía deducíamos deducíais deducían

Même modèle pour : conducir, introducir, producir, traducir, seducir

Pretérito indefinido o pretérito perfecto simple *(Passé simple)*	Futuro *(Futur)*	Condicional *(Conditionnel)*	Gerundio *(Gérondif)* Participio pasivo *(Participe passé)*

LES VERBES RÉGULIERS

hablé hablaste habló hablamos hablasteis hablaron	hablaré hablarás hablará hablaremos hablaréis hablarán	hablaría hablarías hablaría hablaríamos hablaríais hablarían	(g.) hablando (p. p.) hablado
comí comiste comió comimos comisteis comieron	comeré comerás comerá comeremos comeréis comerán	comería comerías comería comeríamos comeríais comerían	(g.) comiendo (p. p.) comido
viví viviste vivió vivimos vivisteis vivieron	viviré vivirás vivirá viviremos viviréis vivirán	viviría vivirías viviría viviríamos viviríais vivirían	(g.) viviendo (p. p.) vivido

LES VERBES À DIPHTONGUE

E → IE *O → UE*

pensé pensaste pensó pensamos pensasteis pensaron	pensaré pensarás pensará pensaremos pensaréis pensarán	pensaría pensarías pensaría pensaríamos pensaríais pensarían	(g.) pensando (p. p.) pensado
conté contaste contó contamos contasteis contaron	contaré contarás contará contaremos contaréis contarán	contaría contarías contaría contaríamos contaríais contarían	(g.) contando (p. p.) contado

LES VERBES À AFFAIBLISSEMENT

E → I

pedí pediste pidió pedimos pedisteis pidieron	pediré pedirás pedirá pediremos pediréis pedirán	pediría pedirías pediría pediríamos pediríais pedirían	(g.) pidiendo (p. p.) pedido
Même modèle pour: seguir, corregir, despedir, elegir, impedir, medir, servir, vestir, reír			

LES VERBES À ALTERNANCE

E → IE ET I *O → UE ET U*

sentí sentiste sintió sentimos sentisteis sintieron	sentiré sentirás sentirá sentiremos sentiréis sentirán	sentiría sentirías sentiría sentiríamos sentiríais sentirían	(g.) sintiendo (p. p.) sentido
Même modèle pour: divertir, mentir, preferir, sugerir			
dormí dormiste durmió dormimos dormisteis durmieron	dormiré dormirás dormirá dormiremos dormiréis dormirán	dormiría dormirías dormiría dormiríamos dormiríais dormirían	(g.) durmiendo (p. p.) dormido

LES VERBES EN *-ACER* / *-ECER* / *-OCER* / *-UCIR*, TYPE *CONOCER*

C → ZC

conocí conociste conoció conocimos conocisteis conocieron	conoceré conocerás conocerá conoceremos conoceréis conocerán	conocería conocerías conocería conoceríamos conoceríais conocerían	(g.) conociendo (p. p.) conocido
Même modèle pour: nacer, obedecer, padecer, parecer, pertenecer, relucir			

LES VERBES EN *-DUCIR*, TYPE *DEDUCIR*

C → ZC *C → J*

deduje dedujiste dedujo dedujimos dedujisteis dedujeron	deduciré deducirás deducirá deduciremos deduciréis deducirán	deduciría deducirías deduciría deduciríamos deduciríais deducirían	(g.) deduciendo (p. p.) deducido
Même modèle pour: conducir, introducir, producir, traducir, seducir.			

Conjugaisons

AUTRES VERBES IRRÉGULIERS

Infinitivo (Infinitif)	Presente de indicativo (Indicatif présent)		Presente de subjuntivo (Subjonctif présent)		Imperativo (Impératif)		Imperfecto de indicativo (Indicatif imparfait)	
Andar *marcher*	ando andas anda	andamos andáis andan	ande andes ande	andemos andéis anden	anda	andad	andaba andabas andaba	andábamos andabais andaban
Caer *tomber*	caigo caes cae	caemos caéis caen	caiga caigas caiga	caigamos caigáis caigan	cae	caed	caía caías caía	caíamos caíais caían
Dar *donner*	doy das da	damos dais dan	dé des dé	demos deis den	da	dad	daba dabas daba	dábamos dabais daban
Decir *dire*	digo dices dice	decimos decís dicen	diga digas diga	digamos digáis digan	di	decid	decía decías decía	decíamos decíais decían
Estar *être*	estoy estás está	estamos estáis están	esté estés esté	estemos estéis estén	está	estad	estaba estabas estaba	estábamos estabais estaban
Haber aux. *avoir*	he has ha	hemos habéis han	haya hayas haya	hayamos hayáis hayan			había habías había	habíamos habíais habían
Hacer *faire*	hago haces hace	hacemos hacéis hacen	haga hagas haga	hagamos hagáis hagan	haz	haced	hacía hacías hacía	hacíamos hacíais hacían
Ir *aller*	voy vas va	vamos vais van	vaya vayas vaya	vayamos vayáis vayan	ve	id	iba ibas iba	íbamos ibais iban
Oír *entendre*	oigo oyes oye	oímos oís oyen	oiga oigas oiga	oigamos oigáis oigan	oye	oíd	oía oías oía	oíamos oíais oían
Poder *pouvoir*	puedo puedes puede	podemos podéis pueden	pueda puedas pueda	podamos podáis puedan			podía podías podía	podíamos podíais podían
Poner *mettre*	pongo pones pone	ponemos ponéis ponen	ponga pongas ponga	pongamos pongáis pongan	pon	poned	ponía ponías ponía	poníamos poníais ponían
Querer *vouloir, aimer*	quiero quieres quiere	queremos queréis quieren	quiera quieras quiera	queramos queráis quieran	quiere	quered	quería querías quería	queríamos queríais querían
Saber *savoir*	sé sabes sabe	sabemos sabéis saben	sepa sepas sepa	sepamos sepáis sepan	sabe	sabed	sabía sabías sabía	sabíamos sabíais sabían
Salir *sortir*	salgo sales sale	salimos salís salen	salga salgas salga	salgamos salgáis salgan	sal	salid	salía salías salía	salíamos salíais salían
Ser *être*	soy eres es	somos sois son	sea seas sea	seamos seáis sean	sé	sed	era eras era	éramos erais eran
Tener *avoir, posséder*	tengo tienes tiene	tenemos tenéis tienen	tenga tengas tenga	tengamos tengáis tengan	ten	tened	tenía tenías tenía	teníamos teníais tenían
Traer *apporter*	traigo traes trae	traemos traéis traen	traiga traigas traiga	traigamos traigáis traigan	trae	traed	traía traías traía	traíamos traíais traían
Venir *venir*	vengo vienes viene	venimos venís vienen	venga vengas venga	vengamos vengáis vengan	ven	venid	venía venías venía	veníamos veníais venían
Ver *voir*	veo ves ve	vemos veis ven	vea veas vea	veamos veáis vean	ve	ved	veía veías veía	veíamos veíais veían

Pretérito indefinido o pretérito perfecto simple *(Passé simple)*		Futuro *(Futur)*		Condicional *(Conditionnel)*		Gerundio *(Gérondif)* Participio pasivo *(Participe passé)*	

AUTRES VERBES IRRÉGULIERS

anduve anduviste anduvo	anduvimos anduvisteis anduvieron	andaré andarás andará	andaremos andaréis andarán	andaría andarías andaría	andaríamos andaríais andarían	(g.) (p. p.)	andando andado
caí caíste cayó	caímos caísteis cayeron	caeré caerás caerá	caeremos caeréis caerán	caería caerías caería	caeríamos caeríais caerían	(g.) (p. p.)	cayendo caído
di diste dio	dimos disteis dieron	daré darás dará	daremos daréis darán	daría darías daría	daríamos daríais darían	(g.) (p. p.)	dando dado
dije dijiste dijo	dijimos dijisteis dijeron	diré dirás dirá	diremos diréis dirán	diría dirías diría	diríamos diríais dirían	(g.) (p. p.)	diciendo dicho
estuve estuviste estuvo	estuvimos estuvisteis estuvieron	estaré estarás estará	estaremos estaréis estarán	estaría estarías estaría	estaríamos estaríais estarían	(g.) (p. p.)	estando estado
hube hubiste hubo	hubimos hubisteis hubieron	habré habrás habrá	habremos habréis habrán	habría habrías habría	habríamos habríais habrían	(g.) (p. p.)	habiendo habido
hice hiciste hizo	hicimos hicisteis hicieron	haré harás hará	haremos haréis harán	haría harías haría	haríamos haríais harían	(g.) (p. p.)	haciendo hecho
fui fuiste fue	fuimos fuisteis fueron	iré irás irá	iremos iréis irán	iría irías iría	iríamos iríais irían	(g.) (p. p.)	yendo ido
oí oíste oyó	oímos oísteis oyeron	oiré oirás oirá	oiremos oiréis oirán	oiría oirías oiría	oiríamos oiríais oirían	(g.) (p. p.)	oyendo oído
pude pudiste pudo	pudimos pudisteis pudieron	podré podrás podrá	podremos podréis podrán	podría podrías podría	podríamos podríais podrían	(g.) (p. p.)	pudiendo podido
puse pusiste puso	pusimos pusisteis pusieron	pondré pondrás pondrá	pondremos pondréis pondrán	pondría pondrías pondría	pondríamos pondríais pondrían	(g.) p. p.	poniendo puesto
quise quisiste quiso	quisimos quisisteis quisieron	querré querrás querrá	querremos querréis querrán	querría querrías querría	querríamos querríais querrían	(g.) (p. p.)	queriendo querido
supe supiste supo	supimos supisteis supieron	sabré sabrás sabrá	sabremos sabréis sabrán	sabría sabrías sabría	sabríamos sabríais sabrían	(g.) (p. p.)	sabiendo sabido
salí saliste salió	salimos salisteis salieron	saldré saldrás saldrá	saldremos saldréis saldrán	saldría saldrías saldría	saldríamos saldríais saldrían	(g.) (p. p.)	saliendo salido
fui fuiste fue	fuimos fuisteis fueron	seré serás será	seremos seréis serán	sería serías sería	seríamos seríais serían	(g.) (p. p.)	siendo sido
tuve tuviste tuvo	tuvimos tuvisteis tuvieron	tendré tendrás tendrá	tendremos tendréis tendrán	tendría tendrías tendría	tendríamos tendríais tendrían	(g.) (p. p.)	teniendo tenido
traje trajiste trajo	trajimos trajisteis trajeron	traeré traerás traerá	traeremos traeréis traerán	traería traerías traería	traeríamos traeríais traerían	(g.) (p. p.)	trayendo traído
vine viniste vino	vinimos vinisteis vinieron	vendré vendrás vendrá	vendremos vendréis vendrán	vendría vendrías vendría	vendríamos vendríais vendrían	(g.) (p. p.)	viniendo venido
vi viste vio	vimos visteis vieron	veré verás verá	veremos veréis verán	vería verías vería	veríamos veríais verían	(g.) (p. p.)	viendo visto

Sommaire

Ce précis vient compléter les notions grammaticales abordées au fil des séquences.

1 L'alphabet

- L'alphabet espagnol se compose de 27 lettres. Elles sont toutes de genre féminin. Les voici avec leur nom en violet :

A *la a*	H *la hache*	Ñ *la eñe*	U *la u*
B *la be*	I *la i*	O *la o*	V *la uve*
C *la ce*	J *la jota*	P *la pe*	W *la uve doble*
D *la de*	K *la ka*	Q *la cu*	X *la equis*
E *la e*	L *la ele*	R *la erre*	Y *la i griega / la ye*
F *la efe*	M *la eme*	S *la ese*	
G *la ge*	N *la ene*	T *la te*	Z *la zeta*

- La consonne *ñ* est propre à l'espagnol :
  mañana
- Seulement les consonnes *c*, *l*, *n* et *r* peuvent être doubles :
  destrucción, calle, innovación, torre
- On ne coupe jamais le *ll* ou le *rr* en fin de ligne.
- Les groupes *ph* et *th* n'existent pas en espagnol :
  biosfera, temática

2 L'accent

A L'accent tonique

- En espagnol, tous les mots ont un accent tonique « naturel », c'est-à-dire, qu'on appuie la prononciation sur une syllabe.

  – Si le mot termine par une voyelle, par un *-n* ou par un *-s*, l'accent tonique tombe sur l'avant-dernière syllabe :
  clase, estudian, evaluaciones

  – Si le mot termine par une consonne, sauf *-n* et *-s*, l'accent tonique tombe sur la dernière syllabe :
  arroz, diversidad, canal

B L'accent écrit

- Lorsque le mot **n'obéit pas à la règle « naturelle » de l'accent tonique**, il est signalé par **un accent écrit** :
  reacción, ángel
- Portent un **accent écrit** tous les mots accentués sur une syllabe **antérieure à l'avant-dernière** :
  teléfono, repítemelo
- Les monosyllabes ne portent pas d'accent écrit, sauf les homonymes. C'est l'accent dit « diacritique » qui sert à distinguer deux mots qui ont la même forme :

de préposition : **de**	≠	*dé* verbe *dar* : **donne**
el article : **le**	≠	*él* pronom personnel : **il, lui**
mi adj. possessif : **mon, ma**	≠	*mí* pronom personnel : **moi**
que pronom relatif/conjonction : **qui, que**	≠	*qué* interrogatif/exclamatif : **quel, quelle**
se pronom personnel : **se**	≠	*sé* verbes *saber/ser* : **sais, sois**
si conjonction : **si**	≠	*sí* pronom personnel/adverbe : **soi, oui**
te pronom personnel : **te, toi**	≠	*té* nom : **thé**
tu adjectif possessif : **ton, ta**	≠	*tú* pronom personnel : **tu**

3 L'heure et la date

A L'heure

- Pour dire l'heure en espagnol, on n'emploie pas le mot ***hora(s)***, il est sous-entendu avec l'article ***la(s)*** qui s'accorde avec le chiffre qui le suit :

  la una une heure

  las dos deux heures

  *En verano se hace de noche a **las diez**.*
  L'été, il fait nuit à dix heures.

- C'est toujours le verbe ***ser*** qui sert à dire « il est ». À la différence du français, il s'accorde avec le chiffre de l'heure :

  ***Es** la una.*
  Il est une heure.

  ***Son** las cinco.*
  Il est cinq heures.

- Pour dire l'heure précise, on ajoute : ***y*** + minutes (et + minutes), ***y cuarto*** (et quart), ***y media*** (et demie), ***menos cuarto*** (moins le quart), ***menos*** + minutes (moins + minutes), ***en punto*** (pile).

  *Son las cinco **y cuarto**.*
  Il est cinq heures et quart.

  *Es la una **menos diez**.*
  Il est une heure moins dix.

  *Son las diez **en punto**.*
  Il est dix heures pile.

Attention ▸ En espagnol, le compte se faisant habituellement sur douze heures, on précise : ***de la mañana*** (du matin), ***de la tarde*** (de l'après-midi), ***de la noche*** (du soir), ***de la madrugada*** (après minuit).

*Salí a las 8 **de la mañana** y he vuelto a las 5 **de la tarde**.*
Je suis parti(e) à 8h et je suis rentré(e) à 17h.

B La date

- Les jours :
  lunes, martes, miércoles, jueves, viernes, sábado, domingo
- Les mois :
  enero, febrero, marzo, abril, mayo, junio, julio, agosto, septiembre, octubre, noviembre, diciembre

- Pour exprimer la date, on emploie la préposition ***de*** devant le mois et l'année :

*Ocurrió el 11 **de** septiembre **de** 1973.*
C'est arrivé le 11 septembre 1973.

- On ne met pas d'article dans l'en-tête d'une lettre :

Toledo, 8 de julio de 2020
Tolède, le 8 juillet 2020

- Pour dire « nous sommes le... », on emploie ***estamos a*** :

*Hoy **estamos a** 25 de enero.*
Aujourd'hui, nous sommes le 25 janvier.

4 L'article

	Défini	Indéfini	
Singulier	*el* le	*un* un	masculin
	la la	*una* une	féminin
	lo le, ce que/qui	–	neutre
Pluriel	*los* les	*unos* des, quelques	masculin
	las les	*unas* des, quelques	féminin

- Comme en français, il existe deux formes contractées quand les prépositions ***a*** ou ***de*** précèdent l'article ***el*** = ***al*** (au), ***del*** (du) :

*¿Te vienes **al** concierto **del** grupo cubano?*
Viens-tu au concert du groupe cubain ?

- Pour éviter la répétition de deux sons, on emploie ***el/un*** à la place de ***la/una*** devant un nom féminin singulier commençant par ***a*** ou ***ha*** toniques (accentuées) :

***el** ala de **un** águila*
l'aile d'un aigle

A L'article défini. Emplois spécifiques

L'emploi de l'article défini espagnol est similaire au français, sauf dans certains cas spécifiques.

- Expression de l'âge

*Fui por primera vez a México a **los** 17 años.*
Je suis allé(e) pour la première fois au Mexique à 17 ans.

- Les pourcentages

*Las ventas de música latina han subido **el** 18%.*
Les ventes de musique latino ont augmenté de 18 %.

- Expression de l'heure ›3. L'heure et la date

*Las clases empiezan a **las** ocho.*
Les cours commencent à 8h.

- Les jours de la semaine

– Au singulier si on sous-entend « dernier » ou « prochain » :

*Fuimos **el** lunes al museo e iremos al cine **el** viernes.*
Nous sommes allé(e)s lundi au musée et nous irons au cinéma vendredi.

– Au pluriel pour indiquer la périodicité :

*Veo mi serie preferida **los** domingos.*
Je regarde ma série préférée le dimanche.

- Pour traduire **« celui/celle/ceux/celles de »**

L'équivalent en espagnol est ***el/la/los/las de*** :

*Mejor que las películas policiacas, prefiero **las de** espías.*
Mieux que les films policiers, je préfère ceux d'espionnage.

- Pour traduire **« celui/celle/ceux/celles que/qui »**

L'équivalent en espagnol est ***el/la/los/las que*** :

*La canción que ha ganado el grammy latino es **la que** escuchas.*
La chanson qui a gagné le grammy latino est celle que tu écoutes.

- L'article neutre ***lo***

– Il ne s'emploie jamais devant un nom. Il sert à substantiver un adjectif ou un participe passé :

***Lo importante** y **lo divertido** es tener un estilo propio.*
Ce qui est important et amusant, c'est d'avoir son propre style.

– Dans les tournures ***lo que*** (ce que/qui) et ***lo de*** (ce qui concerne, l'idée de) :

*La verdad, no entiendo **lo de** la xenofobia.*
Je t'assure, je ne comprends pas ce qui concerne la xénophobie.

Attention ▸ Omission de l'article défini

– Devant la plupart des noms de pays et régions et devant les continents :

México y Guatemala tienen una frontera común.
Le Mexique et le Guatemala ont une frontière commune.

– Devant ***casa*** au sens de « chez » :

La fiesta es en casa de Aitor.
La fête est chez Aitor.

B L'article indéfini. Emplois spécifiques

L'article indéfini singulier a le même emploi qu'en français. Au pluriel, il est peu employé. On l'utilise toutefois :

- Avec des noms fortement déterminés

*Hay **unas** rebajas increíbles.*
Il y a des soldes incroyables.

- Pour exprimer l'approximation

*Creo que cuesta **unos** veinte euros.*
Je crois que cela coûte une vingtaine d'euros.

- **Avec des objets allant par pair**

unas tijeras
des ciseaux
unos zapatos
des chaussures
unos guantes
des gants

Attention ▸ **Omission de l'article indéfini**

–Devant *otro/a, cierto/a, cualquier(a)*

Este fin de semana voy a ver otra exposición de arte urbano.
Ce week-end, je vais voir une autre exposition d'art urbain.

–Devant le superlatif *más/menos* qui suit le nom

Aquí están los grafitis más chulos de la ciudad.
›9. Les superlatifs
Ici se trouvent les graffitis les plus chouettes de la ville.

5 Le nombre

- **Pour mettre un mot au pluriel, on ajoute :**
  - un *-s* s'il se termine par une voyelle
    la ventana abierta ➜ *las ventanas abiertas*
  - un *-es* s'il se termine par une consonne ou un *-y*
    el mar ➜ *los mares*
    el rey ➜ *los reyes*
  - un *-s* ou un *-es* s'il se termine par un *-í* accentué
    iraní ➜ *iranís / iraníes*
    marroquí ➜ *marroquís / marroquíes*
    un colibrí ➜ *los colibrís / los colibríes*
  - un *-ces* s'il se termine par *-z*
    juez ➜ *jueces* *voz* ➜ *voces*

6 Le genre

- **Pour former le féminin d'un mot, de manière générale on procède comme suit :**
  - s'il se termine par *-o*, on le remplace par *-a*
    chico atrevido ➜ *chica atrevida*
  - s'il se termine par *-án, -ín, -ón, -dor, -tor, -sor,* on ajoute *-a*
    holgazán ➜ *holgazana* *profesor* ➜ *profesora*
  - dans les autres cas, la terminaison reste inchangée
    un joven amable ➜ *una joven amable*

* Il y a des exceptions :

rey ➜ ***reina***, *héroe* ➜ ***heroína***, *actor* ➜ ***actriz...***

7 L'apocope

- **On appelle apocope la disparition d'une voyelle ou d'une syllabe à la fin de certains mots :**
  - devant un nom masculin singulier
    bueno ➜ ***buen***
    alguno ➜ ***algún***
    tercero ➜ ***tercer***
    malo ➜ ***mal***
    ninguno ➜ ***ningún***
    santo ➜ ***san***
    uno ➜ ***un***
    primero ➜ ***primer***
    *El **primer** sábado de cada mes hay un **buen** concierto.*
    Le premier samedi du mois il y a un bon concert.
  - devant un nom masculin et féminin singulier
    grande ➜ ***gran***
    cualquiera ➜ ***cualquier***
    tanto/a ➜ ***tan***
    *Es un **gran** hombre.*
    *Es una **gran** mujer.*
  - devant un nom (peu importe le genre) ou devant ***mil*** mais pas devant un autre nombre
    ciento ➜ ***cien***
    *De cada ciento veinte hogares, **cien** mujeres trabajan.*
    Sur cent vingt foyers, cent femmes travaillent.

8 Les comparatifs

Supériorité (+)	*más... que* plus... que	*Una caricatura es **más** crítica **que** un retrato.* Une caricature est plus critique qu'un portrait.
Égalité (=)	*tan(to/a/os/as)... como* aussi... que	*En Bogotá hay **tantos** grafitis **como** en Buenos Aires.* À Bogota il y a autant de graffitis qu'à Buenos Aires.
Infériorité (–)	*menos... que* moins... que	*Mi hermano ha visitado **menos** museos **que** yo.* Mon frère a visité moins de musées que moi.

- **Comparatifs de supériorité** à forme propre :

bueno/a bon(ne) ***mejor*** ➜ meilleur(e)
malo/a mauvais(e) ➜ ***peor*** pire
grande grand(e) ➜ ***mayor*** plus grand(e)
pequeño/a petit(e) ➜ ***menor*** plus petit(e)
*La densidad de población es **mayor** en Francia **que** en España.*
La densité de la population est plus grande en France qu'en Espagne.

9 Les superlatifs

Superlatifs relatifs (Servent à comparer implicitement à tous les autres)		
Supériorité (+)	*el/la/los/las... más* le/la/les plus	***Es el móvil más complejo.*** C'est le portable le plus complexe.
Infériorité (–)	*el/la/los/las... menos* le/la/les moins	***Es el ordenador menos caro.*** C'est l'ordinateur le moins cher.

Attention Contrairement au français, si le superlatif suit immédiatement le nom, on ne répète pas l'article.

*El fútbol es **el** deporte **más** popular.*

Le football est le sport le **plus** populaire.

Superlatifs absolus (Expriment le plus haut degré sans comparer)	
muy + adj. très + adj.	*La Boca es un barrio **muy interesante**.* La Boca est un quartier très intéressant.
adj. + *-ísimo(a)* très + adj. / -issime	*La Boca es un barrio **interesantísimo**.* La Boca est un quartier très intéressant.

10 Les démonstratifs

- **Les adjectifs et pronoms démonstratifs ont la même forme au singulier et au pluriel, les pronoms ayant en plus une forme neutre.**

	Singulier		Pluriel		Éloignement dans l'espace, le temps ou la phrase
Masculin	*este*	ce/celui-ci	*estos*	ces/ceux-ci	Proche de celui/celle qui parle *yo, aquí, ahora* je, ici, maintenant
Féminin	*esta*	cette/celle-ci	*estas*	ces/celles-ci	
Neutre	*esto*	ceci	–		
Masculin	*ese*	ce/celui-là	*esos*	ces/ceux-là	Proche de celui/celle auquel/à laquelle on s'adresse *tú, ahí* tu, là
Féminin	*esa*	cette/celle-là	*esas*	ces/celles-là	
Neutre	*eso*	cela	–		
Masculin	*aquel*	ce/celui-là	*aquellos*	ces/ceux-là	Éloigné de celui/celle qui parle *él/ella, allí, entonces* il/elle, là-bas, alors
Féminin	*aquella*	ce/celle-là	*aquellas*	ces/celles-là	
Neutre	*aquello*	cela	–		

>16. Les adverbes

- **Le choix du démonstratif dépend :**

– de l'éloignement dans l'**espace** par rapport au locuteur :

*Me voy a comprar **este** disco de reguetón y **ese** de ahí, y también **aquel** del escaparate.*

Je vais m'acheter ce disque de reggaeton et celui-là, ainsi que celui là-bas dans la vitrine.

***Estas** playas están más limpias que **aquellas** donde fuimos el año pasado.*

Ces plages sont plus propres que celles où nous sommes allé(e)s l'année dernière.

– de l'éloignement dans le **temps** par rapport au locuteur :

*La memoria histórica sirve para no olvidar **aquellos** tiempos.*

La mémoire historique sert à ne pas oublier ces temps-là.

*En **este** momento estoy muy ocupada.*

Je suis très occupée en ce moment.

– de l'éloignement dans la **phrase** du mot auquel il fait référence :

*Dos de los líderes de la Independencia latinoamericana fueron José Martí y Miguel Hidalgo, **este** en México y **aquel** en Cuba.*

Deux des leaders de l'Indépendance latino-américaine ont été José Martí et Miguel Hidalgo, celui-ci au Mexique et celui-là à Cuba.

Attention Les formes *ese, esa, esos* peuvent avoir une valeur péjorative. Dans ce cas, on les place souvent après le nom :

*No me gusta la música **esa**.*

Je n'aime pas cette musique.

*El hombre **ese** nunca saluda.*

Cet homme ne dit jamais bonjour.

11 Les possessifs

A Les adjectifs possessifs avant le nom

		Singulier (un objet possédé)		**Pluriel** (plusieurs objets possédés)	
Un possesseur	**1re pers.**	*mi*	mon, ma	*mis*	mes
	2e pers.	*tu*	ton, ta	*tus*	tes
	3e pers.	*su*	son, sa, votre (politesse)	*sus*	ses, vos (politesse)
Plusieurs possesseurs	**1re pers.**	*nuestro/a*	notre	*nuestros/as*	nos
	2e pers.	*vuestro/a*	votre	*vuestros/as*	vos
	3e pers.	*su*	leur, votre (politesse)	*sus*	leurs, vos (politesse)

- **Ces adjectifs se placent devant le nom et s'accordent en genre et en nombre avec lui :**
  ***mis** amigos/as* mes ami(e)s
  ***vuestra** familia* votre famille

B Les adjectifs possessifs après le nom

		Singulier (un objet possédé)		**Pluriel** (plusieurs objets possédés)	
Un possesseur	**1re pers.**	*mío/a*	mien, mienne	*míos/as*	miens, miennes
	2e pers.	*tuyo/a*	tien, tienne	*tuyos/as*	tiens, tiennes
	3e pers.	*suyo/a*	sien, sienne, vôtre (politesse)	*suyos/as*	siens, siennes, vôtres (politesse)
Plusieurs possesseurs	**1re pers.**	*nuestro/a*	nôtre	*nuestros/as*	nôtres
	2e pers.	*vuestro/a*	vôtre	*vuestros/as*	vôtres
	3e pers.	*suyo/a*	leur, vôtre (politesse)	*suyos/as*	leurs, vôtres (politesse)

- **Ces adjectifs se placent après le nom et s'accordent en genre et en nombre avec lui.**
  *No es culpa **mía**.*
  Ce n'est pas de ma faute.
  *¿Ángel es primo **vuestro**?*
  Ángel est votre cousin ?

C Les pronoms possessifs

- **Les pronoms ont les mêmes formes que celles du tableau ci-dessus, précédées de l'article défini : *el mío, la mía, los vuestros, las suyas…***
  *¿Este móvil es **el tuyo**?*
  Ce portable, c'est le tien ?
  *Yo ya he avisado a mis padres, ahora avisad a **los vuestros**.*
  J'ai déjà prévenu mes parents, maintenant prévenez les vôtres.
  *¿Me gusta más tu bici que **la mía**.*
  Je préfère ton vélo au mien.

Attention

En espagnol, on emploie moins souvent les possessifs qu'en français.
Me pongo <u>los</u> guantes.
Je mets **mes** gants.

12 Les indéfinis

adjectifs	*mucho/a(s)*	beaucoup de	*muchas acciones*	beaucoup d'actions
	poco/a(s)	peu de	*pocos resultados*	peu de résultats
	bastante(s)	assez de	*bastante comida*	assez de nourriture
	demasiado/a(s)	trop de	*demasiados desechos*	trop de déchets
	todo/a(s)	tout, tous, toute(s)	*toda la vida*	toute la vie
	varios/as	plusieurs	*varios intentos*	plusieurs tentatives
	cierto/a(s)	certain(e)(s)	*ciertas empresas*	certaines entreprises
	tanto/a(s)	tant de	*tanta gasolina*	tant d'essence
	cada	chaque	*cada ciudadano*	chaque citoyen
adjectifs et pronoms	*alguno/a(s)*	quelque(s), quelques-un(e)s	*alguna novedad*	quelque nouveauté
	ninguno/a	aucun, aucune	*ninguna solución*	aucune solution
	cualquier/a, cualesquiera	n'importe quel(le)(s)	*cualquier trabajador*	n'importe quel travailleur
	otro/a(s)	un(e) autre, d'autres	*otro momento*	un autre moment
	ambos/as	les deux	*ambos informes*	les deux rapports
pronoms	*algo*	quelque chose	*hacer algo*	faire quelque chose
	alguien	quelqu'un	*contratar a alguien*	embaucher quelqu'un
	nada	rien	*no compres nada*	n'achète rien
	nadie	personne	*no vino nadie*	personne n'est venu

Attention

- Certains de ces mots peuvent aussi être adverbes et dans ce cas ils ne s'accordent pas. >16. Les adverbes
- En espagnol, on n'emploie pas l'article indéfini (*un*, *una*) devant *otro/a*, *cierto/a*, *cualquiera*. >4. L'article
- Les indéfinis *alguno*, *ninguno* perdent leur voyelle finale devant un nom masculin singulier; *cualquiera* perd la voyelle finale devant un nom masculin ou féminin singulier. >7. L'apocope

13 Les relatifs

- **Les relatifs font référence à une personne, un animal, une chose, un lieu dont on a parlé précédemment.**
- ***Que* (que, qui) a comme antécédent une personne, un objet ou un fait dont on a parlé :**
  *He importado mis contactos a la cuenta **que** he abierto.*
  J'ai importé mes contacts sur le compte que j'ai ouvert.
- ***Quien, quienes* (qui) ont toujours comme antécédent une personne :**
  *Los ingenieros en nanotecnología son **quienes** diseñan herramientas diminutas.*
  Ce sont les ingénieurs en nanotechnologie qui dessinent des outils minuscules.
- ***El/la cual, los/las cuales* (lequel, laquelle, lesquels, lesquelles, ce qui) peuvent faire référence à une personne, un objet ou un fait :**
  *No tengo cobertura, **lo cual** me impide conectarme a internet.*
  Je n'ai pas de réseau, ce qui m'empêche de me connecter à internet.
- ***Cuyo/a(s)* (dont) introduisent un rapport de possession. Ils précèdent le nom auquel ils se rapportent et avec lequel ils s'accordent en genre et en nombre :**
  *Hay muchos usuarios **cuyos** perfiles están vacíos.*
  Il y a beaucoup d'utilisateurs dont les profils sont vides.
- ***Donde* (où) désigne un lieu dont on a parlé :**
  *Puedes enchufar el ordenador **donde** quieras.*
  Tu peux brancher l'ordinateur où tu veux.

14 Les conjonctions

- Les conjonctions servent à relier deux mots ou deux phrases. Elles sont **toujours invariables.** Les principales sont :

y/e	et	***El año pasado visité Córdoba y Granada.*** L'année dernière, j'ai visité Cordoue et Grenade.
ni	ni	***No conozco Argentina ni Chile.*** Je ne connais pas l'Argentine ni le Chili.
o/u	ou	***¿Prefieres el tren o el avión?*** Tu préfères le train ou l'avion ?
pero	mais	***El monumento es precioso, pero hay demasiados turistas.*** Le monument est magnifique mais il y a trop de touristes.
sino	mais	***No es un paisaje árido sino húmedo y de montaña.*** Ce n'est pas un paysage aride mais humide et de montagne.
porque	parce que	***No iremos en autobús porque hay huelga de transportes.*** Nous n'irons pas en bus parce qu'il y a grève des transports.
ya que	puisque	***No vi bien el Valle de los Caídos ya que llovía a cántaros.*** Je n'ai pas bien vu le Valle de los Caídos parce qu'il pleuvait des cordes.
como	comme	***Como te dije, estaré de vacaciones a partir de julio.*** Comme je te disais, je serai en vacances à partir de juin.
si	si	***Si vais al Prado, tenéis que ver* Las meninas.** Si vous allez au Prado, vous devez voir *Les Ménines*.
aunque (+ indicatif) (bien que + subj.) *aunque* (+ subjonctif) (même si + ind.)		***Aunque he estado en Madrid, no he ido a Malasaña.*** Bien que j'aie été à Madrid, je ne suis pas allé(e) à Malasaña. ***Aunque vaya a la playa, no me bañaré.*** Même si je vais à la plage, je ne me baignerai pas.

Attention

- On utilise ***e*** à la place de ***y*** devant un mot commençant par ***i-*** ou ***hi-*** :
  Padre e hijo se parecen como dos gotas de agua.
  Père et fils se ressemblent comme deux gouttes d'eau.
- On utilise ***u*** à la place de ***o*** devant un mot commençant par o ou ***ho-*** :
  ¿Recordar u olvidar? Se souvenir ou oublier ?
- ***Sino*** remplace ***pero*** dans une phrase négative :
  La memoria histórica no busca venganza sino reconciliación.
  La mémoire historique ne cherche pas la vengeance mais la réconciliation.

15 Les prépositions

- Les différents mots qui composent la phrase peuvent être introduits par des prépositions. Celles-ci sont **toujours invariables.** Les plus courantes sont :

a

- **Introduit un COD de personne ou un COI**
  Veo pasear a la gente. Je vois les gens se promener.
- **Indique la direction (avec des verbes de mouvement)**
  ¿Vais este año a la costa? Vous allez cette année sur la côte ?
- **Indique le temps ou l'espace pour situer un événement**
  La biblioteca abre a las diez.
  Está al lado del instituto.
  La bibliothèque ouvre à 10h. Elle est à côté du lycée.
- **Exprime la périodicité**
  El camión de reciclado de vidrio pasa dos veces a la semana.
  Le camion de recyclage du verre passe deux fois par semaine.
- **Indique la manière dont quelque chose est fait**
  Lo hizo a escondidas.
  Il/Elle l'a fait en cachette.

con

- **Indique le moyen de faire quelque chose**
  Hacen ropa con materiales reciclados.
  On fait des vêtements avec des matériaux recyclés.
- **Indique l'accompagnement**
  Me gusta ir con mis amigos/as al skatepark.
  J'aime aller avec mes ami(e)s au skatepark.
- **Indique le contenu**
  Tengo una hucha con dinero.
  J'ai une tirelire avec de l'argent.

de

- **Indique la provenance, l'origine**
  *Alejandro es **de** Venezuela.*
  Alejandro est du Venezuela.

- **Indique la propriété, l'appartenance**
  *En el jardín **de** mis abuelos hay árboles frutales.*
  Dans le jardin de mes grands-parents il y a des arbres fruitiers.

- **Indique la matière dont quelque chose est faite**
  *Prefiero las camisetas **de** algodón ecológico.*
  Je préfère les tee-shirts en coton écologique.

- **Indique le moment *(de día, de madrugada, de momento...)***
  *Cuando hemos vuelto era ya **de** noche.*
  Quand nous sommes rentré(e)s, il faisait déjà nuit.

- **Sert à exprimer la date**
  *el 12 **de** octubre **de** 1492*
  le 12 octobre 1492

Attention ▸ On n'emploie pas la préposition ***de*** avec « ***ser*** + adjectif + infinitif » / « ***ser*** + infinitif » ni comme partitif :
Es vital luchar contra el calentamiento climático.
Il est vital de lutter contre le réchauffement climatique.
En ecología, lo eficaz es hacer prevención.
En écologie, ce qui est efficace est de faire de la prévention.

desde

- **Indique le moment ou le lieu de départ**
  ***Desde** la firma del protocolo de Kioto en 1997, se ha avanzado poco.*
  Depuis la signature du protocole de Kyoto en 1997, il y a eu peu d'avancées.
  *Solo hay 1 km **desde** mi casa al instituto, voy a pie.*
  Il n'y a que 1 km de chez moi jusqu'au lycée, j'y vais à pied.

en

- **Indique la situation dans l'espace ou dans le temps**
  *Velázquez nació **en** Sevilla **en** 1599.*
  Vélasquez est né à Séville en 1599.

- **Indique le moyen utilisé**
  *¿Prefieres ir **en** tren o **en** avión?*
  Tu préfères y aller en train ou en avion ?

- **Équivalent de *sobre* (sur)**
  *Por favor, no pongas los pies **en** la mesa.*
  S'il te plaît, ne mets pas les pieds sur la table.

hasta

- **Indique la limite dans le temps, l'espace, les actions, les quantités**
  *Las clases no empiezan **hasta** septiembre.*
  Les cours ne commencent qu'en septembre.
  *Me puedo gastar **hasta** 10 euros.*
  Je peux dépenser jusqu'à 10 euros.

para

- **Indique le but**
  *Hemos fabricado pancartas **para** la manifestación.*
  Nous avons fabriqué des pancartes pour la manifestation.

- **Indique la direction**
  *Los migrantes rurales se van **para** las ciudades.*
  Les migrants ruraux partent pour les villes.

- **Indique le délai ou le moment où aura lieu quelque chose**
  *Objetivos de desarrollo sostenibe están previstos **para** 2030.*
  Des objectifs de développement durable sont prévus pour 2030.

- **Indique le destinataire**
  *Es un regalo **para** ti.*
  C'est un cadeau pour toi.

- **Indique le point de vue**
  ***Para** mí, no se respetan suficientemente los animales.*
  Pour moi, on ne respecte pas suffisamment les animaux.

por

- **Indique le lieu par où l'on circule**
  *Vamos a Barcelona **por** la autopista.*
  Nous allons à Barcelone par l'autoroute.

- **Indique le motif, la cause**
  *No te he llamado **por** no molestarte.*
  Je ne t'ai pas appelé pour ne pas te déranger.

- **Indique le moyen, l'instrument**
  *Me han contactado **por** mail.*
  On m'a contacté par mail.

- **Indique l'échange ou le prix**
  *En ese restaurante hacen menús **por** 12 euros.*
  Dans ce restaurant, ils font des menus à 12 euros.

- **Indique la proportion**
  *El uso de las redes sociales aumentó un diez **por** ciento.*
  L'utilisation des réseaux sociaux a augmenté de 10 %.

- **Indique un lieu ou un moment imprécis**
  ***Por** el mes de julio estaremos **por** Andalucía.*
  Vers le mois de juillet nous serons quelque part en Andalousie.

- **Introduit un complément d'agent (voix passive)**
  *Los productos de origen animal no son consumidos **por** los veganos.*
  Les produits d'origine animale ne sont pas consommés par les végans.

16 Les adverbes

- Les adverbes servent à modifier le sens de certains mots dans la phrase. Ils sont **toujours invariables.**

A Adverbes de lieu

- ***Aquí, acá*** (ici) désignent ce qui est proche de la personne qui parle :
  *Estas verduras se cultivan **aquí**.* Ces légumes sont cultivés ici.
- ***Ahí*** (là) désigne ce qui est à moyenne distance de la personne qui parle :
  *Mira, **ahí** van a construir el nuevo carril bici.*
  Regarde, c'est là qu'on va construire la nouvelle piste cyclable.
- ***Allí, allá*** (là-bas) désignent ce qui est loin de la personne qui parle :
  ***Allá** van los turistas todo el año.*
  Les touristes vont là-bas toute l'année.

Attention ▸ Les adverbes de lieu peuvent s'utiliser en corrélation avec ***este, ese, aquel***. ›10. Les démonstratifs

B Adverbes de temps

- ***Ya*** (déjà)
  *¿**Ya** has visto esa serie?* As-tu déjà vu cette série ?
- ***Siempre*** (toujours)
  ***Siempre** me han gustado las historias de espías.*
  J'ai toujours aimé les histoires d'espions.
- ***Todavía/aún*** (encore)
  ***Todavía** no se ha estrenado la tercera temporada.*
  On n'a pas encore sorti la troisième saison.

Attention ▸ Contrairement au français, on n'emploie pas ***siempre*** (toujours) à la place de ***todavía*** ou ***aún*** (encore) :
***Todavía** no he aprendido a calcular logaritmos.*
Je n'ai toujours pas appris à calculer des logarithmes.

C Adverbes d'affirmation et de négation

- Affirmation : ***sí*** (oui), ***cierto*** (certes, certainement), ***claro*** (clairement), ***seguro*** (sûrement, certainement), ***también*** (aussi)...
  ***Sí, seguro**: en mayo habrá **también** elecciones autonómicas.*
  Oui, certainement, en mai il y aura aussi des élections régionales.
- Négation : ***no*** (non), ***tampoco*** (non plus), ***nunca/jamás*** (jamais)
  *En su programa no han incluido **tampoco** propuestas ecológicas.*
  Dans leur programme, ils/elles n'ont pas non plus inclus de propositions écologiques.

Attention ▸ ***No*** se place toujours devant le verbe. ***Tampoco, nunca*** ou ***jamás*** peuvent se placer devant le verbe, ou après si la phrase est introduite par ***no*** :
***Nunca** les concederán la amnistía. = **No** les concederán **nunca** la amnistía.*
On ne leur accordera jamais l'amnistie.

D Adverbes de quantité

- ***Mucho*** (beaucoup), ***poco*** (peu), **casi** (presque), ***bastante*** (assez), ***demasiado*** (trop)...
  *El candidato prometió **mucho**, pero no cumplió **casi** nada.*
  Le candidat a promis beaucoup mais il n'a presque rien tenu.

E Adverbes de manière en *-mente*

- Ils se forment en ajoutant ***-mente*** à la forme féminine des adjectifs qualificatifs. Si l'adjectif a la même forme au masculin et au féminin, on ajoute ***-mente*** directement :
  seguro → *segura* → *seguramente*
  suave → *suave* → *suavemente*

Attention ▸ Quand plusieurs adverbes se trouvent à la suite, seul le dernier finira par ***-mente*** :
*Avanza segura y **rápidamente**.*
Il/Elle avance sûrement et rapidement.

17 Les pronoms personnels

sujets		COD		COI		réfléchis		introduits par une préposition	
yo	moi, je	*me*	me	*me*	me	*me*	me	*mí*	moi
tú	tu	*te*	te	*te*	te	*te*	te	*ti*	toi
él *ella* *usted*	lui, il elle vous	*lo, le* *la*	le la vous	*le*	lui vous	*se*	se	*el* *ella* *usted* *sí*	lui elle vous réfléchi : soi
nosotros/as	nous	*nos*	nous	*nos*	nous	*nos*	nous	*nosotros/as*	nous
vosotros/as	vous	*os*	vous	*os*	vous	*os*	vous	*vosotros/as*	vous
ellos/as *ustedes*	eux, ils vous	*los, les, las*	les vous	*les*	leur vous	*se*	se	*ellos, ellas, ustedes* *sí*	se réfléchi : soi

Attention ▸ Avec la préposition *con*, on emploie des formes contractées : ***conmigo, contigo, consigo.***

*Este verano iré **contigo** a hacer senderismo.*

Cet été, j'irai avec toi faire de la randonnée.

- **Les pronoms personnels sujets sont beaucoup moins employés qu'en français puisqu'en espagnol la personne est déjà indiquée par la terminaison du verbe :**

  Salimos a las seis.

  Nous sortons à six heures.

  Cependant, on les utilise quand la phrase risque d'être ambigüe ou lorsqu'on veut insister sur la personne :

  *A **ella** le gustaría ir a Buenos Aires, pero **tú** prefieres Montevideo.*

  Elle aimerait aller à Buenos Aires mais tu préfères Montevideo.

A Le vouvoiement

- **Lorsqu'on veut vouvoyer pour marquer le respect ou la distance, on emploie *usted* (avec le verbe conjugué à la 3e personne du singulier) si on s'adresse à une personne et *ustedes* (avec le verbe à la 3e personne du pluriel) si on s'adresse à plusieurs personnes.**

  *¿Tienen **ustedes** reserva?*

  Avez-vous réservé ?

Attention ▸ Avec ***usted/ustedes***, on emploie les pronoms complément et les possessifs de la 3e personne.

›11. Les possessifs

B L'ordre des pronoms compléments

- **En espagnol, l'ordre est toujours COI + COD :**

  *El profesor **nos lo** ha explicado.*

  Le professeur nous l'a expliqué.

Attention ▸ Lorsque deux pronoms commencent par la lettre « l », ils ne peuvent pas se suivre. Le pronom COI ***le/les*** prend dans ce cas la forme ***se*** :

Ya <u>se lo</u> he contado.

Je <u>le lui</u> ai déjà raconté.

C L'enclise

- **L'enclise consiste à placer les pronoms COD, COI et réfléchis soudés après le verbe, aux formes suivantes :**

  – à l'infinitif :

  *Vas a **perderlos**.*

  Tu vas les perdre.

  *¿Crees que debes **decírselo**?*

  Tu crois que tu dois le lui dire ?

  – au gérondif :

  *Sigue **esperándome**.*

  Continue à m'attendre.

  *Estoy **preparándotelo**.*

  Je suis en train de te le préparer.

  – à l'impératif affirmatif :

  Ayúdame.

  Aide-moi.

  Explícanoslo.

  Explique-le-nous.

Attention ▸ Du fait de l'allongement du mot, l'accent tonique peut changer de place. Il faut appliquer la règle de l'accent écrit.

›2. L'accent

18 Les verbes du type *gustar*

- **Beaucoup de verbes espagnols qui expriment un sentiment, une sensation, une préférence suivent le modèle de construction de *gustar* (aimer), semblable à celle de « plaire » en français. Ces verbes s'accordent avec leur sujet, qui est placé derrière eux :**

  ***Me gusta** <u>el fútbol</u>. **Me gustan** <u>los deportes de equipo</u>.*

  J'aime le football. J'aime les sports collectifs. = Le football me plaît. Les sports collectifs me plaisent.

- Ont cette même construction :

  – ***apetecer*** (avoir/faire envie) :

  *¿**Te apetece** salir a pasear?*

  As-tu envie d'aller te promener ?

  – ***avergonzar*** (avoir/faire honte) :

  ***Le avergüenzan** sus defectos.*

  Il/Elle a honte de ses défauts.

  – ***costar*** (avoir du mal à) :

  *A los gemelos/as **les cuesta** separarse.*

  Les jumeaux/elles ont du mal à se séparer.

  – ***doler*** (avoir mal) :

  *A mi padre **le duele** la espalda.*

  Mon père a mal au dos.

  – ***encantar*** (adorer) :

  ***Me encantan** las noches de verano.*

  J'adore les nuits d'été.

  – ***interesar*** (être intéressé par) :

  *No **me interesan** mucho los deportes individuales.*

  Je ne suis pas très intéressé(e) par les sports individuels.

19 Les équivalents de « on »

- **Il y a plusieurs manières d'exprimer « on » en espagnol en fonction de la valeur que prend la tournure :**

  – Pour exprimer un fait général, on emploie ***se*** **+ verbe à la 3e personne du singulier ou du pluriel :**

  *Desde aquí **se puede** ir andando al centro.*

  D'ici, <u>on</u> peut aller à pied au centre-ville.

– Si « on » veut dire « nous », en espagnol on emploie simplement la **1re personne du pluriel** :

*¿**Visitamos** el puerto?*

On visite le port ?

– Si le sujet est une personne ou un groupe de personnes très indéterminé, on utilise la **3e personne du pluriel**, sans sujet exprimé :

***Han restringido** el acceso al casco antiguo.*

On a restreint l'accès au centre historique.

– Si « je » est sous-entendu, on emploie *uno/una* suivi de la **3e personne du singulier** :

*A **uno** le gustaría verlo todo.*

On aimerait tout voir.

20 L'emploi du subjonctif

› Conjugaisons p. 270

- **Avec le subjonctif, on exprime une action éventuelle, subjective, non encore réalisée ou irréalisable. Voici les emplois les plus fréquents, suivant les valeurs de la phrase.**

A Dans la principale

- L'éventualité : ***quizás*, *tal vez*, *acaso*** (peut-être)

  *Hoy quizás **vaya** a ver una exposición.*

  Aujourd'hui, j'irai peut-être voir une exposition.

- **Le souhait, le regret : *ojalá* (pourvu que), *lástima que* (dommage que)...**

  *¡Lástima que **haya** tan poca solidaridad!*

  Dommage qu'il y ait si peu de solidarité !

- La défense : ***no*** + verbe au subjonctif

  *No **pidas** más.*

  Ne demande pas plus.

Attention ▶ Pour exprimer l'ordre, l'impératif emprunte ses formes au subjonctif présent pour la 3e personne du singulier et pour les 1re et 3e personnes du pluriel :

*Para ir al Prado, **cojamos** la línea 2 del metro.*

Pour aller au Prado, prenons la ligne 2 du métro.

B Dans la subordonnée

- Le but : ***para que*** (pour que)...

  *Se necesitan leyes para que **haya** menos discriminación.*

  Il faut des lois pour qu'il y ait moins de discrimination.

- La volonté, le désir : ***querer que*** (vouloir que), ***desear que*** (désirer que), ***esperar que*** (espérer que)...

  *Espero que **baje** el número de personas sin domicilio fijo.*

  J'espère que le nombre de personnes sans domicile fixe diminuera.

- Le sentiment : ***gustar que*** (aimer que), ***preferir que*** (préférer que), ***temer que*** (craindre que)...

  *Temo que no se **tomen** las medidas necesarias.*

  Je crains qu'on ne prenne pas les mesures nécessaires.

- Le doute : ***dudar que*** (douter que), ***no creer que*** (ne pas croire que)...

  *¿No crees que **sea** suficiente?*

  Tu ne crois pas que cela soit suffisant ?

- La possibilité : ***puede que*** (il se peut que), ***es posible/imposible que*** (il est possible/impossible que)...

  *Puede que todo se **solucione**.*

  Il se peut que l'on trouve solution à tout.

- L'avis, le jugement : ***parecer que*** (sembler que), ***ser increíble que*** (être incroyable que)...

  *¿Te parece bien que **vayamos** mañana al cine?*

  Ça te dirais d'aller au cinéma demain ?

- L'obligation : ***ser necesario/preciso que, hacer falta que*** (falloir)...

  *Es preciso que **conozcas** bien la historia contemporánea.*

  Il faut que tu connaisses bien l'histoire contemporaine.

- La restriction : ***sin que*** (sans que), ***a no ser que*** (à moins que)...

  *Viendo documentales aprendes sin que te **des** cuenta.*

  En regardant des documentaires, tu apprends sans t'en rendre compte.

- La demande, l'ordre, la prière, le conseil : ***pedir que*** (demander de), ***decir que*** (dire de), ***mandar que*** (ordonner de), ***aconsejar que*** (conseiller de)...

  *Te aconsejo que **entres** en una asociación.*

  Je te conseille d'entrer dans une association.

- Le futur : ***cuando*** (quand), ***mientras*** (tant que), ***en cuanto*** (dès que)...

  *Cuando **participes** en este proyecto, te sentirás orgullosa.*

  Quand tu participeras à ce projet, tu te sentiras fière.

- La condition hypothétique :

  – Dans le présent ou le futur : ***si*** + imparfait du subjonctif

  *Si **hubiese** menos coches, habría menos contaminación.*

  S'il y avait moins de voitures, il y aurait moins de pollution.

  – Dans le passé : ***si*** + plus-que parfait du subjonctif

  *Si **hubiésemos vivido** en Madrid en los 80, habríamos conocido la Movida.*

  Si nous avions vécu à Madrid dans les années 80, nous aurions connu la Movida.

- La concession : ***aunque*** (même si)...

  *Aunque te lo **cuenten**, no podrás hacerte una idea exacta.*

  Même si on te le raconte, tu ne pourras pas t'en faire une idée précise.

21 Ser et estar

› Conjugaisons p. 270

- Le verbe « être » se traduit en espagnol par deux verbes : ***ser*** et ***estar***. Pour pouvoir choisir, on tiendra compte du mot qui suit le verbe.

SER exprime une caractéristique essentielle			ESTAR exprime un état plus ou moins durable		
+ nom : + pronom : + numéral : + infinitif :	*Es una chica.* *Es ella.* *Somos cinco.* *Lo ideal es viajar.*	C'est une fille. C'est elle. Nous sommes cinq. L'idéal est de voyager.	+ gérondif :	*Está descansando.* Il est en train de se reposer.	
+ complément de matière : d'origine : d'appartenance :	 *Es de oro.* *Soy de Cuba.* *Es mío.*	 C'est en or. Je suis de Cuba. C'est à moi.	+ complément de lieu : de temps : d'attitude :	 *Están en el instituto.* *Estamos en mayo.* *Estoy de pie.*	 Ils/Elles sont au lycée. Nous sommes en mai. Je suis debout.
+ adjectif de nationalité : de couleur : de forme : trait physique : caractère :	 *Soy chileno.* *Es rojo.* *Es cuadrado.* *Es rubio.* *Son divertidas.*	 Je suis Chilien. C'est rouge. C'est carré. Il est blond. Elles sont amusantes.	+ adjectif d'état physique : état moral : de circonstance :	 *Está pálida.* *Estoy triste.* *Estás solo.*	 Elle est pâle. Je suis triste Tu es seul.
+ participe passé (voix passive) :	*La ley es votada por el Parlamento.* La loi est votée par le parlement.		+ participe passé (état résultant d'une action) :	*El coche está parado.* La voiture est arrêtée.	

- Le sens de certains adjectifs change selon qu'on emploie ***ser*** ou ***estar*** :

ser listo/a être intelligent(e) ≠ *estar listo/a* être prêt(e)

ser bueno/a être bon(ne)/gentil(le) ≠ *estar bueno/a* être en bonne santé

ser malo/a être méchant(e)/mauvais(e) ≠ *estar malo/a* être malade

ser rico/a être riche ≠ *estar rico/a* être délicieux/euse

ser moreno/a être brun(e) ≠ *estar moreno/a* être bronzé(e)

22 La concordance des temps

› Conjugaisons p. 270

- En espagnol, quand la proposition subordonnée est au subjonctif, le temps de ce verbe dépend du temps de celui de la principale. C'est la règle de la concordance des temps.

Temps de la proposition principale	Temps de la proposition subordonnée
Présent Futur Passé composé Impératif	→ Subjonctif présent ou passé composé
Imparfait Passé simple Plus-que-parfait Conditionnel	→ Subjonctif imparfait ou plus-que-parfait

***Quiero** que **vengas** conmigo.*
Je veux que tu viennes avec moi.

***Quería** que **vinieras** conmigo.*
Je voulais que tu viennes avec moi.

***Habrías llegado** a tiempo si **hubieras madrugado**.*
Tu serais arrivé(e) à l'heure si tu t'étais levé(e) tôt.

***Llegarías** a tiempo si **madugaras**.*
Tu arriverais à l'heure si tu te levais tôt.

Crédits

Crédits photographiques :

Couverture (Danseuse) : Getty images/DigitalVision/Mónica Rodríguez ; (Rosalía) : L'œil du spectacle/Alain Leroy. Rosalía appears courtesy of Columbia Records, a division of Sony Music Entertainment ; (Martiño Rivas) : Getty images/WireImage/Juan Aguado ; (Emiliano Zapata) : Photo12/Alamy/ClassicStock/Charles Phelps Cushing ; (Diego Velázquez) : Bridgeman Images/Look and Learn/Elgar Collection ; (Personnage en bas) : Istock/Primeop76 ; (Bâtiment barrio La Boca) : Onlyworld/Domingo Leiva ; (Éléments graphiques) : Istock/Aldo Grangetto, Deepblue4you, Just_Super, Juanestey, Scisettialfio, Poike, Popphoto2526, Monkeybusinessimages, ImagesbyK, DrPAS, Filipefrazao, Mycteria, Bennyb, Max-kegfire, Kirill Shutterstock/Kodochigov, CarmenRM, Flickr/David Corona.

S01 13 : Aurimages/BBQ_DFY/Netflix/DR ; 14 : Shutterstock/G.Fer ; 15 : Aurimages/BBQ_DFY/Mandarina/Mediaset España/DR ; 17 : Aurimages/BBQ_DFY/El Terrat/Movistar+/DR ; 18 : Aurimages/BBQ_DFY/Caracol/Netflix/DR ; 22 : Aurimages/BBQ_DFY/Mil Grullas Cine/Macaco Films/DR ; 26 : Pxhere/M.Hassan ; 27 : Collection Christophel/Diagonal TV/TVE/DR.

S02 29 : Fernando Vicente ; 30 : Ivan Canu ; 31h et b : Cortesía de 100 Bares Producciones – Telefe/Viacom International Studios – Tornasol ; 32 : Leemage/Bianchetti ; 33 : SFHIR ; 35 : Universidad de Salamanca/Casa-Museo Unamuno ; 38 : Miguel Ángel Gaüeca, Cortesía del autor y de la Galería Espacio Mínimo © Adagp, Paris, 2020 ; 39 : Akg-images/Erich Lessing © Salvador Dalí, Fundación Gala-Salvador Dalí/Adagp, Paris, 2020.

S03 41 : Wikimedia Commons/DBascones/DR ; 44 : Atlético/DR ; 46 : Manel Cráneo ; 47 : Age-fotostock/G. Azumendi ; 50 : Miguel Martín de las Pueblas Hidalgo/@delaspueblas ; 54 : Theresa Grieben/Babbel Magazine ; 55 : Shutterstock/J.R. Velasco.

S04 57 : Corbis via Getty Images/Swim Ink 2, LLC ; 58 : Age-fotostock/DanitaDelimont.com/B.Tharp ; 59h : El bando Creativo ; 59b : Consuelo Lago ; 60 : Coll. part./Photo C. Furman/Museo Pueyrredón ; 61b : Getty Images/O. Garces/LatinContent ; 66 : Centro de Historia Argentina y Americana (CHAyA).

S05 69 : Archivo Lafuente/Adagp, Paris, 2020 (détail) ; 70 : Banco de Imágenes de VEGAP/Adagp, Paris, 2020 ; 71 : Malpaso Ediciones ; 72 : Collection Christophel/Avalon/DR ; 73 : Banco de Imágenes de VEGAP/Adagp, Paris, 2020 ; 74 : Avec l'aimable autorisation de Valtonyc/DR (détail) ; 75 : Eneko ; 78 : Joaquín S. Lavado (Quino)/Caminito S.a.s – Literary Agency ; 82 : Eneko ; 83 : Herederos de Forges.

S06 85 : Andy Cifuentes ; 86 : Irene Márquez ; 87 : La Izquierda Diario/DR (détail) ; 88 : AFP/Hans Lucas/J.Solle (détail) ; 94 : Irene Márquez.

S07 97 : Rosario Marquardt & Roberto Behar/R&R Studios ; 98 : Infographie Belin Éducation/Humensis (h : Akg-images/IAM/World History Archive ; g : DR ; d : Carlos Rivaherrera) ; 99hd : Photo12/Heritage Images ; 99bd : Photo12/Alamy/World History Archive ; 100md : Florence, Biblioteca Medicea Laurenziana, ms. Med. Palat. 220, f. 433r. Reproduced with permission of MiBACT. Further reproduction by any means is prohibited ; 102 : Infographie Belin Éducation/Humensis (danseuse Shutterstock/Stanislaw Tokarski) ; 103 : Photo12/Alamy/R.Ellis (détail) ; 106 : Ill. Pedro de Rojas in *La vida moderna* (Semanario, Buenos Aires), 11/05/1910/DR ; 110 : Shutterstock/K. Dagan ; 111 : Colección Museo Amparo, México. Imagen cortesía Museo Amparo/Adagp, Paris, 2020.

S08 113 : Getty Images/via LightRocket/Pacific Press/G. Holtermann-Gorden (détail) ; 114 : Collection Christophel/Gary Sanchez Productions/DR ; 115 : Museo de Arte Popular (MAP)/coll. part. ; 116 : Penguin Random House/Knopf Double Day/DR ; 117 : 2020 Devil's Due Comics. Cover by Josh Blaylock and Tim Seeley. (Alexandria Ocasio-Cortez and the Freshman Force™) ; 121 : Jessica Sabogal et Tatyana Fazlalizadeh/Photo Melinda James ; 122 : Maxppp/EFE/G.Viera ; 123 : Yreina Cervántez/Photo T.Murphy/DR.

S09 125 : Shutterstock/Spirit Boom Cat ; 127 : Uxia ; 128 : Ediciones B/DR ; 130 : Archivo TIC, A. C./DR ; 131 : Grupo Impricol ; 134 : Libros Cupula/Grupo Planeta ; 135 : Calixto Shibaja ; 138 : diariodelistmo.com/Voz en Libertad-Imagen de Veracruz/DR ; 139 : miradas.com.ve/DR.

S10 141 : Maxppp/2014 Xinhua News Agency, All rights reserved ; 142hg : Salvemos Manglar Tajamar ; 142hd : Shutterstock/M.Connolly (Montage Belin Éducation) ; 143 : Shutterstock/Rawpixel (détail) ; 144 : Gobierno de México/DR ; 145 : https//ciudadaniai.org ; 147 : http//ciberactivismo.cl/DR ; 150 : Reuters/J. D. Lopez ; 151 : Colectivo Rexiste/rexiste.org.

S11 153 : Photo12/Alamy/E. Davó (détail) ; 155 : Hemis/Alamy/Antiquarian Image ; 156 : Ill. Paula Weinberg/Graphisme Judith Rial ; 157 : Logia Clara Campoamor–GLFE/DR (détail) ; 158 : Fernando Vicente ; 159h : Photo12/Alamy/A.Manzano ; 159mg : Photo12/Alamy/A.Segre (détail) ; 159md : Photo12/Alamy/L.Vallecillos (détail) ; 163 : Distrito Centro de Madrid/DR ; 166 : Istock/@jjfarquitectos ; 167 : Hemis/Alamy/C.Mora.

S12 169 : @coaschile/https//www.instagram.com/coaschile/Photo Hugh Honeyman (détail) ; 170 : Aurimages/courtesy Everett Collection/Screen Media Films/DR (détail) ; 171h : Asociación por la Memoria y los Derechos Humanos Colonia Dignidad/DR ; 171b : Maxppp/EPA/B.Hernandez ; 172 : Aurimages/BBQ_DFY/Sebastián Puenzo/Historias Cinematográficas/DR ; 173 : Franco Fafasuli/DR ; 178 : Sipa/EFE/B.Hernández ; 179h : Akg-images ; 179b : Maxppp/EFE/C. Succo.

S13 181 : Shutterstock/M.Ianovska (détail) ; 183 : Photo12/Ann Ronan Picture Library ; 184 : Benito Quinquela Martín/DR ; 185 : Shutterstock/M. Maslanka.

S14 197 : Neon-photography.com/Tobias Stoffels (détail) ; 198 : Age-fotostock/Mary Evans Picture Library ; 199 : Bearbero ; 200 : Collection Christophel/©El Deseo/DR ; 201 : Proyecto de inovación social diseñado por Rosa Jiménez Pereda, www.proyectolaescalera.org ; 203 : Ayuntamiento de Santa Cruz Xoxocotlán-Oaxaca/DR ; 206 : Veronica Labat, Sunday Promenade, Argentina, 2011, 50x69 cm, Acrylic on canvas (courtesy of GINA Gallery of International Naïve Art) ; 207 : Hemis/Alamy/Factofoto.

S15 209 : Gema Peralbo Design ; 210 : Photo12/Alamy/C.Mora (Montage Belin Éducation) ; 211 : Collection Christophel/Cinesur ; 212 : Ill. Marieta Alonso-Collada/Eolas Ediciones ; 213 : Soledad Sede ; 214 : Carlos Rosillo/Ediciones El País S.L ; 218 : Tusquets Editores/Planeta de Libros ; 221 : Eneko ; 223 : MaxPPP/Newscom/EFE/J.J.Martín.

S16 225 : Collection Christophel/Mediapro/RTV Comercial/Wing and a Prayer Pictures/ICAIC/DR ; 226 : Carlos González Pintado ; 227h : Collection Christophel/Instituto Cubano del Arte e Industrias Cinematográficos (ICAIC)/DR ; 227b : Collection Christophel/Instituto Cubano del Arte e Industrias Cinematográficos (ICAIC)/DR (détail) ; 228 : The Mars Society ; 229h : Luis Cetraro/DR ; 229b : Photo12/Alamy/R.I. Betancourt 9 ; 234 : US Embassy Montevideo (Vidéo Gonzalo García)/DR ; 235 : VIX Mujer/DR.

S17 236 et 242hg : Collection Christophel/Geko Films/Versatile/DR ; 237 : Cortesía de Editorial Planeta, S.A. ; 238 : Kike Para/Ediciones El País S.L ; 239 : Alto Perú ; 240 : Cortesía de Editorial Planeta, S.A./Booket/DR ; 241 et 242hd : Aurimages/Corner Producciones/El Deseo/BBQ_DFY/DR ; 243hg : Aurimages/Everett Collection/DR ; 243hd : Collection Christophel/La Casa de Production/Les Films du Volcan/El Ministerio de Cultura y Deportes de Guatemala/DR ; 243mg : Tusquets Editores ; 243md : Alfaguara/Penguin Random House/DR ; 243bg : Akg-images/A.Held ; 243bm : José Antonio Berni, Argentina ; 245 : Archivo Histórico del Museo Nacional del Ecuador/Fondo Audiovidual/Código F1333.029.

S18 246 : Revista Blanco y Negro, suplemento del diario ABC, 12/09/1929 ; 248 : Bodegas Cruz Conde (Bodegas y Destilerías del Sur S.A.) ; 249 : Photo12/Alamy/UtCon Collection ; 250 : Tusquets Editores ; 251g : © Filip Custic – Rosalía appears courtesy of Columbia Records, a division of Sony Music Entertainment ; 251d : Bridgeman images ; 253hg : Aurimages/Tvtec servicios audiovisuales/BBQ_DFY/DR ; 253hm : Rodar y Rodar/Netflix España/Lanube Películas/Zenit/TV3/DR ; 253mg : Ediciones Destino, S.A./DR ; 253mm : Booket/Grupo Planeta/DR ; 253bg : Tusquets Editores ; 253bm : Ediciones Debolsillo/DR ; 253bd : María Pelaé/33producciones.es/DR ; 255 : Photo12/Alamy/Historic Collection.

S19 256 et 262hd : 2020, Banco de México Diego Rivera Frida Kahlo Museums Trust, México, D.F./Adagp, Photo Aurimages/Collection Dagli Orti/Palais national Mexico City (détail) ; 257 : 2020, Banco de México Diego Rivera Frida Kahlo Museums Trust, México, D.F./Adagp, Photo Bridgeman images/Granger collection ; 258 et 262hg : The Wolfsonian – Florida International University, Miami Beach, Floride – The Vicki Gold Levi Collection (Photo L. Gardiner) ; 259 : Consejo de Estado/DR ; 260 : Secretaría de la Defensa Nacional, México ; 261 : Getty Images/The Image Bank Unreleased/Atlantide Phototravel (détail) ; 263hg : IMCINE/Eréndira Producciones/DR ; 263hm : Collection Christophel/Fondo Estatal para la Cultura y las Artes de Morelos/DR ; 263hd : Miramax/DR ; 263md : Aurimages/BBQ_DFY/Scope Pictures/CG Cinema/RT Feature/DR ; 263bg : Penguin Random House ; 263bd : Tusquets editores ; 264 : Aurimages_P12/The Granger Coll NY © Adagp, Paris, 2020.

Éléments graphiques : iStockphoto.com et Shutterstock.com.

...s audio et vidéo:

...1 16: #MarasNoEsUnaSerie, 2019 – CEAR (Comisión Española de Ayuda al Refugiado) en colaboración con Globomedia (Grupo MEDIAPRO)/ maraslaseries.com; 19: Atresmedia en colaboración con Good Mood Productions, 2020/DR; 23: FórmulaTV, www.formulatv.com, España, 2018/ DR; 24: RTVE.

S02 31: 100 Bares Producciones – Telefe/Viacom International Studios – Tornasol; 32: EFE; 36: RNE (grupo RTVE).

S03 43: El Periódico, Barcelona (España), 2018/DR; 44: Atlético de Madrid, campaña navideña, 2019/DR; 45: Pelicano Cine (Argentina)/Cordon Films (Uruguay), 2018; 51: Libertad Digital S.A. (España); 52: Euronews, 2018/DR.

S04 59: Maleja Medina (RTVC, Colombia), 2015/DR; 60: ZonaNorteHoy (Provincia de Buenos Aires, Argentina), 2019/DR; 61: Lia Samantha/ Renzo Devia/Creador Pictures, 2017/DR; 64: serie Horizontes TV, Canal Encuentro, 2008/DR.

S05 70: Congreso de España, 2016/DR; 73: Ana Curra/DR; 75: Euronews, 2018/DR; 80: Facultad de Ciencias de la Información de la Universidad Complutense de Madrid (UCM), 2017/DR.

S06 86: La Sexta (Atresmedia), 2018/DR; 89: Miss Bolivia, 2018/DR; 92: Noticia sobre «Sólo quiero bailar», TVE, 2019/DR.

S07 99: Director Patricio Guzmán, Atacama Productions, Chile, 2015 – Pyramide Distribution; 100: Claro video México & TV UNAM, 2019/DR . 102: Enlace México TV, 2014/DR; 108: MVS Radio, República mexicana, 2019/DR.

S08 114: El Nuevo Georgia, Atlanta (Georgia, USA), 2017/DR; 117: France 24; 120: Telemundo, NBC Universal Inc, 2019/DR.

S09 126: Fiona Ya Por Favor, 2018/DR; 129: Atresmedia; 136: Euskal Irrati Telebista (EITB).

S10 142: Werevertumorro, 2016/DR; 145: Ciudadanía Inteligente/Radio Nopal; 148 Los Supercívicos (México), 2017/DR.

S11 156: Telemadrid; 159: Juanjo Castro, España, 2017/DR;164: Telemadrid.

S12 171: Caracol TV/Afp, 2019/DR; 173: Associated Press (AP archive); 176: RFI.

S13 182: Director Patricio Guzmán, Atacama Productions, Chile, 2019/DR; 184: Canal Encuentro (Argentina), 2010/DR; 187: Producciones Aparte, Antena 3 Films (Atresmedia Cine), 2015/DR; 192: TEDx Río de la Plata.

S14 199: La Información, (Dixi Media Digital, S.L, España), 2017/DR; 200: © El Primer Deseo A.I.E., El Deseo D.A., S.L.U., 2019; 201: www. proyectolaescalera.org; 204: Buena Vista International/Pampa Films/ Tornasol Films, 2011.

S15 211: Cinesur/Nour films (Argentina), 2018/DR; 213: DW Español, 2018/DR; 214: El País Semanal/Ediciones El País, 2019; 220: Telediario, RTVE.

S16 227: Por María Carolina Piña, RFI; 229: Por Mauro L. Muñoz, El Litoral, Santa Fe (Argentina), 2019/DR; 232: Universidad Nacional de Cuyo, Argentina, 2019/DR.

S17 236: Evidencia Films/Geko Films, 2014; 239: Alto Perú/Grupo El Comercio/peru2021.org; 241: Kramer & Sigman Films/El Deseo, 2014/DR.

S18 248: Inamu Discos, 1957/DR; 251: El Independiente (Madrid, España), 2020/DR.

S19 256: TeleSur (Venezuela), 2010/DR; 258: EFE.

Coordination éditoriale et édition: Sara Festi.
Direction éditoriale: Giovanni Picci.
Assistants éditoriaux: Marlène Landon et Olivia Alonso Barba.
Lecture-correction: Dulce Gamonal.
Conception de la maquette et direction artistique: Studio Humensis.
Réalisation de la maquette intérieure: Aude Gertou.
Illustrations de couverture: Raphaël Chantalat.
Illustrations: Emmanuelle Pioli (p. 20, 21, 34, 76, 77, 90, 132, 133, 146, 188, 189, 202) et Nans Grall (p. 48, 49, 62, 104, 105, 118, 160, 161, 174, 216, 217, 230).
Infographies: Mathilde Boucher.
Iconographie: Chloé Williamson et Loan Herr (couverture).
Recherche vidéo: INIT-ep.
Droits textes: Kathy Reymann.
Photogravure et prépresse: Station Graphique et Arthur Caillard.
Fabrication: Marianne Sigogne et Zoé Farre-Vilalta.

Imprimé en France par SEPEC à Péronnas - 17932200911
Dépôt légal : avril 2020
N° d'édition : 03580903-03/Oct2020